ZHONGWAI JIAOYUSHI

中外教育史

第2版

吴艳茹　杜海燕　何睦◎主编

北京师范大学出版集团
BEIJING NORMAL UNIVERSITY PUBLISHING GROUP
北京师范大学出版社

图书在版编目(CIP)数据

中外教育史/吴艳茹等主编. —2 版. —北京：北京师范大学出版社，2023.7(2024.11 重印)

教师教育精品教材

ISBN 978-7-303-28739-0

Ⅰ.①中… Ⅱ.①吴… Ⅲ.①教育史－世界－师范大学－教材
Ⅳ.①G519

中国国家版本馆 CIP 数据核字(2023)第 018145 号

教 材 意 见 反 馈　　gaozhifk@bnupg.com　010-58805079
营 销 中 心 电 话　　010-58802755　58800035
编 辑 部 电 话　　010-58807068

ZHONG WAI JIAO YU SHI

出版发行：北京师范大学出版社　www.bnup.com
　　　　　北京市西城区新街口外大街 12-3 号
　　　　　邮政编码：100088
印　　刷：保定市中画美凯印刷有限公司
经　　销：全国新华书店
开　　本：787 mm × 1092 mm　1/16
印　　张：23.5
字　　数：454 千字
版　　次：2023 年 7 月第 2 版
印　　次：2024 年 11 月第 25 次印刷
定　　价：52.00 元

策划编辑：王建虹　　　　　　责任编辑：王建虹
美术编辑：李向昕　　　　　　装帧设计：李尘工作室
责任校对：段立超　陈　民　　责任印制：马　洁

第 2 版前言

《中外教育史》是为教育专业本科生编写的教材，也适合对教育史感兴趣的读者和备考教育专业研究生的学习者。本教材力求结构明晰、脉络严整、材料精当，以帮助学习者在掌握教育史知识体系的同时开阔思维、深化认识。自 2015 年出版后，本教材在较广范围内得到采用，累计印刷十几次，行销 30 个省。党的二十大报告对推进中国式教育一体化建设教育强国提出了新要求，教育的基础性、先导性、全局性地位和作用更加凸显。为进一步提升教材的质量和适用度，体现与时俱进的精神，编写组对教材进行了认真修订。

新版本仍由中国教育史（上卷）和外国教育史（下卷）两部分构成，各卷按照教育发展的时间脉络分为三编，共 18 章。主要修订内容包括：①整体框架有小幅调整，如下卷增加"亚非文明古国的教育""欧洲近代教育思潮"等章节，以提升教材的完整性；②部分章节重新撰写，如外国古代教育部分和外国近代教育制度部分，以提升教材的针对性；③部分章节内容适度扩充，如增加新民主主义教育思想、涂尔干和康德等近代教育家思想、20 世纪 90 年代欧美各国教育改革概况等，以提升教材的适用性；④将各章原附的"拓展阅读书目"改为"拓展阅读推介"，精选两部相关的重要著作，配以简明扼要的介绍，引导读者循迹追踪、延伸学习。

参与新版教材编写的作者来自天津师范大学、沈阳师范大学和韶关学院，按章节顺序为：吴艳茹（上卷第一编、下卷第二、第三章），何睦（上卷第二编），杨云兰（上卷第三编），李旭东（下卷第一、第四章），唐耀辉（下卷第五章），陶能祥（下卷第六章第一至第六节），杜海燕（下卷第六章第七节、下卷第三编）。全书由吴艳茹负责组织和统稿，杜海燕负责配套资源及联系工作。另外，天津师范大学研究生张薇、罗聪参与了部分章节的资料整理工作。由于人事变迁或岗位调动，第一版的部分撰稿人不再参加修订工作，衷心感谢他们在第一版撰稿过程中的辛勤付出。

本教材的出版和修订得到北京师范大学出版社的大力支持，尤其感谢编辑王剑虹女士的热情帮助。书稿编写过程中吸纳、借鉴了诸多前代先贤的思想言论和当代学者的研究成果，在此深表谢忱。由于编写者学术水平有限，缺点和疏漏在所难免，恳请读者批评指正。

编　者

2023 年 2 月

第 1 版前言

"中外教育史"是教育科学体系中的一个重要分支，它以中外各个历史时期教育理论与实践的演进为研究对象，总结教育发展的历史经验，探讨教育发展的客观规律，为解决当代教育问题提供启示和借鉴。中外教育史的基本内容是围绕着两条线索展开的：其一，教育制度史，主要考察不同历史时期的教育方针政策和学校组织机构的发展变化情况；其二，教育思想史，主要探讨不同历史时期主要教育家的教育思想和有代表性教育流派的教育主张，分析其渊源、流变及影响。学习中外教育史，有助于开阔教育视野，深化教育认识，提升教育理论素养。

本书是面向教育专业本科生的教材，在编写中贯穿以下思路：第一，以《教师教育课程标准》和《教师资格标准》为依据，以指导和辅助学生有效学习为指向，力求知识体系简洁明朗，选材丰富翔实有新意，切合当代教师教育的现实需求；第二，以不同历史时期教育制度的发展演进作为框架，力求清晰、完整地呈现教育发展的历史轨迹，使学生既能掌握教育的历史发展脉络，又能够运用历史观点思考现实问题；第三，凸显各个时期的主要教育思想，注意使各种教育思想镶嵌在具体的制度环境之中，以避免零散和孤立，同时有利于学生在宏观背景下考察教育思想之间的关联与传承。

本书由中国教育史和外国教育史两卷构成，各卷均按照教育发展的时间脉络分为三编，共 17 章。参与本书编写的作者有：吴艳茹（上卷第一编），何睦（上卷第二编），杨云兰（上卷第三编），姚远（下卷第一编），刘范美、张其志（下卷第二编第四章），陶能祥（下卷第二编第五章），杜海燕（下卷第三编）。

本书在编写过程中吸纳、借鉴了诸多前代先贤的思想言论和当代学者的研究成果，在此深表谢忱。由于编写者学术水平所限，难免会有疏漏之处，敬请读者批评指正。

编　者
2014 年 10 月

目　录

上卷　中国教育史

下卷　外国教育史

上卷　中国教育史

知古不知今，谓之陆沉；知今不知古，谓之盲瞽。[①]

——（东汉）王充

[①]　（东汉）王充：《论衡·谢短》，82页，北京，商务印书馆，1934。"陆沉"指昏昧迁执、泥古不化。"盲瞽"指眼睛看不见，借喻为无知、不明事理。

第一编　先秦时期的教育

概　说

先秦时期，广义上包括秦朝建立之前的各个历史时代，自原始社会至秦始皇统一六国为止。狭义上，则是从我国进入文明时代开始，包括夏、商、西周、春秋战国几个历史阶段。在这段长达 1800 多年的历史中，我们的祖先创造了光辉灿烂的文明，教育领域所取得的成就主要体现在两个方面：其一，夏、商、西周时期官学教育体系建立，中国古代的学校教育制度渐趋成形；其二，春秋战国时期私学产生，百家争鸣，中国古代的教育思想由此奠基。

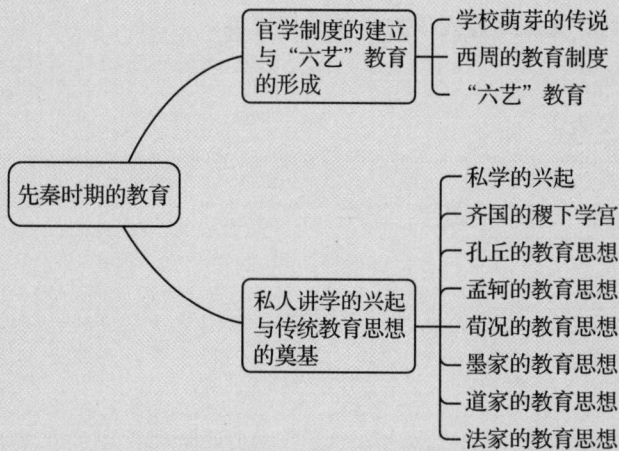

先秦时期的教育
- 官学制度的建立与"六艺"教育的形成
  - 学校萌芽的传说
  - 西周的教育制度
  - "六艺"教育
- 私人讲学的兴起与传统教育思想的奠基
  - 私学的兴起
  - 齐国的稷下学宫
  - 孔丘的教育思想
  - 孟轲的教育思想
  - 荀况的教育思想
  - 墨家的教育思想
  - 道家的教育思想
  - 法家的教育思想

第一章

夏、商、西周时期的教育

学习目标

1. 了解中国学校教育的起源；
2. 明确夏、商、西周三代学校教育的特征；
3. 重点掌握西周的学校教育制度。

重要概念

学在官府　国学　乡学　六艺

　　中国文化教育传统历史悠久，原始氏族公社时期已经产生了以培养年青一代和传递文明成果为目的的特殊社会现象——教育。不过，此时的教育活动还未能从社会生产和生活中分化出来，既没有专门的场所也没有专门的教育人员。直到原始社会末期，由于社会事务日益复杂，需要培养专门人员从事管理，建立一种有组织、有计划的专门教育机构成为社会发展的必然要求。与此同时，建立专门教育机构的相关条件也已逐步具备：首先，生产力水平不断提高，出现剩余产品，一部分人得以脱离生产劳动成为专门的教育者和受教育者；其次，文字的产生，极大地丰富、拓展了教育的内容和形式。于是，萌芽形态的学校在原始社会末期出现了。

　　根据古籍的记载，传说中的"明堂""成均""虞庠"是我国最早的学校。尽管这些学校的正规化、专门化程度还不高，但为文明时代的学校教育奠定了最初的基础。公元前21世纪，中国第一个奴隶制国家——夏朝建立。夏、商、西周史称"三代"，是中华文明的初盛时期，也是我国学校教育正式创建的时期。在这一历史阶段，教育的发展产生了质的变化，适应奴隶主阶级需要的制度化教育取代了自然形态的原始教育。

第一节
夏商时期的教育：学校教育发端

一、夏朝的教育

　　夏朝（约公元前2070—约前1600）是我国奴隶社会的初创时期，统治疆域辽阔，由黄河南北直至长江流域。以武力开国、立国的夏朝，为满足对内镇压对外征战的政治需要，在文教政策方面呈现出明显的"重戎尚武"特点。其教育目的是培养善战的武士，教育内容偏重军事训练，尤其重视射箭的技艺。弓箭的发明，是人类早期生活中的重大事件。射术是否精湛，往往成为社会地位高低的重要衡量条件。故而，元代学者马端临在《文献通考·学校考》中，将夏朝教育的特征凝练为"以射造士"。

　　夏朝的学校有"庠""序""校"三种，功能不尽相同。庠，是以养老、敬老、人伦道德教育为主要内容的学校；序，最初为习射的场所，后发展为奴隶主贵族举行公共活动和教育子弟的场所；校，则是以习武、比武为主要内容的军事教育机构。

　　尽管关于夏朝学校教育的古籍比较匮乏且存在很多矛盾之处，但现有资料表明，在奴隶社会初期，教育事务已经成为国家行政管理的重要任务之一，教育为政治服务，并且形成了初步的等级层次。学校有大学、小学之分，如《古今图书集成·学校部》记载："夏后氏设东序为大学，西序为小学"；亦有中央、地方之分，如《史记·儒林列传》记载："乡里有教，夏曰校"。

二、商朝的教育

商朝(约公元前 1600—约前 1046)是我国奴隶社会的发展时期。在此阶段，生产力水平日益提高，文化积累更加丰富，教育也取得了明显的进步。商朝是以武力颠覆夏朝而建国的，重武自然属于情理之中。但在武力之外，商朝统治者高度重视意识形态宣传，大力宣扬鬼神、天命等宗教观念，试图建立一套神权政治体系。这种政治需要投射到教育上，表现为强调礼仪、音乐等教育内容，尤其重视乐教，因为宗教活动需要音乐歌舞来渲染气氛。鉴于此，马端临将商朝的教育特点凝练为"以乐造士"。

商朝的学校有庠、序、瞽宗、学四种，前两种学校是因袭夏朝而设的，后两种学校则是商朝的创新。庠，仍然以养老为名目，但思想道德教育的功能已大为增强。序，仍然以习射为主要内容，但重点已不再是军事训练，而是强调习射与习礼的结合，通过习射来习礼。《礼记·明堂位》中记载："殷人设右学为大学，左学为小学，而作乐于瞽宗。"这里所言的"瞽宗"和"学"，都是贵族子弟学习礼乐的场所。

商朝学校的基本教育内容是习武和习礼。习武是为了征战，以习射为主；习礼是为了祭祀鬼神，以学习乐歌和祭祀礼仪为主，两者都反映了奴隶主贵族的政治需要。除此之外，学校还增加了一些新的教育内容。在商代，文字已经发展到了相当成熟的水平，应用范围日益广泛；天文历法方面的进步推动了数学的发展，商朝人已经采用了十进位法，甲骨文中出现的最大数字达到 3 万。贵族子弟需要学会识字、书写和计算，而这些技艺都需要经过长期的训练，因此，读、写、算必然地纳入了学校教育内容当中。

与前代相比，商朝学校的结构更复杂，教育内容更丰富多样，在继承夏代教育的同时有所拓展和深化，为西周时期学校教育制度的形成奠定了重要的发展基础。

第二节
西周时期的教育：官学制度建立

西周(公元前 1046—前 771)，是我国奴隶制社会的全盛时期。建立在分封制、井田制和宗法制基础之上的奴隶制国家高度繁荣，文化教育获得突破性发展。周王是国家的最高统治者和全国土地的拥有者，所谓"普天之下，莫非王土；率土之滨，莫非王臣"①。周王将土地和人民分封给诸侯，诸侯再将之分封给卿、大夫，卿、大夫则委派士来管理自己的产业，各级奴隶主贵族的爵位和财产均要由嫡长子继承，由此建立起严格的世袭等级制度。为了有效维护这种政治秩序，西周统治者将政策核心由重神转向了尊礼，高度重视"礼"教的价值，力图借助伦理观念来规范人心，使社会各等级都能遵守礼制。鉴于此，马端临将西周的教育特点归纳为"以礼造士"。等级名分观念的培植成为教育的中心任务，中国古代重德轻智的教育传统由此起步。

一、西周的教育行政体制——"学在官府"

学在官府，是中国奴隶社会教育的重要特点。这里的"学"，并非学校之义，而是指学术、典籍。西周时期，一切文化教育事业均由国家垄断，学术典籍都掌握在官府手中，所谓"惟官有书，惟官有器"。官府是传授专门知识的唯一基地，官府有学而民间无学。

"学在官府"具有两个典型特征：第一，政教合一，即学校直接设置在官府之中，教育机构与行政机构一体，教育与政治紧密相连；第二，官师合一，即教师由官吏兼任，官员既是教育管理者也是教师，官职是教职的前提条件。由此可见，西周时期社会分工尚不明确，没有专门的教育行政机构，教师尚未成为独立的社会职业。

二、西周的官学系统

在夏、商两代的基础上，西周的学校教育获得进一步发展，形成了一套比较完备的学制系统。整体而言，西周的学校分为国学和乡学两大类。设在国都，由中央政府办理的学校统称为国学；设在城郊之外，由地方政府办理的学校统称为乡学(见图1-1)。

(一)国学

国学，是专为贵族子弟而设的学校。根据学生的年龄和课程难易程度，国学分为小学和大学两级。

1. 小学

小学建在王宫的东南，属于宫廷贵胄学校，学生均为贵族子弟。入学年龄存在明显的等级差异，王太子8岁入学，公卿大夫的嫡子13岁入学，余者15岁入学，学习年限约为7年。教学内容涉及德、行、艺、仪等方面，主要是道德行为准则和生活知识

---

① 袁愈荌译：《诗经全译》，唐莫尧注，297页，贵阳，贵州人民出版社，1991。

```
                                                    ┌─ 辟雍（中）
                                                    ├─ 东序（东）
                                      ┌─ 天子设学 ──┼─ 成均（南）
                           ┌─ 大学 ──┤             ├─ 瞽宗（西）
                  ┌─ 国学 ─┤          │             └─ 上庠（北）
                  │        │          └─ 诸侯设学 ── 泮宫
西周学校          │        └─ 小学
系统       ──────┤        ┌─ 闾 ── 塾
                  │        ├─ 闾 ── 塾
                  └─ 乡学 ─┤
                           ├─ 闾 ── 塾
                           └─ 闾 ── 塾
```

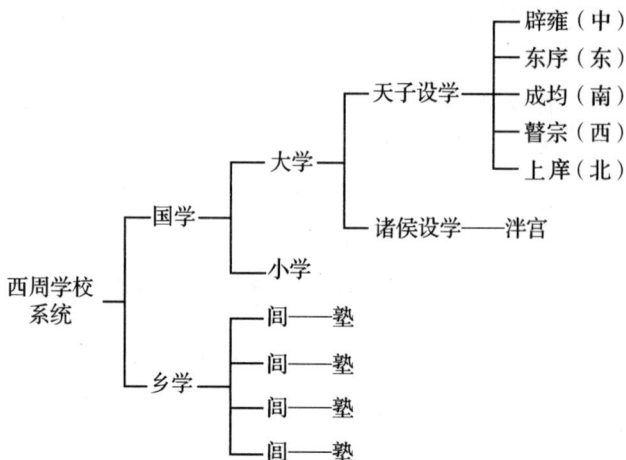

图 1-1　西周的学制系统

技能的基本训练。担任王宫警卫的高级军官师氏和保氏兼任小学教师。

2. 大学

大学建在王都近郊，入学受到身份和条件限制。《礼记·王制》记载："王大子、王子、群后之大子，卿大夫元士之嫡子、国之俊选皆造焉。"可见，大学学生包括两类，其一为贵族子弟，凭身份入学；其二为平民中的优秀子弟，经过一定的推荐选举程序而入学。王太子的入学年龄为 15 岁，其他人则 20 岁入学，修业年限为 9 年。

天子设立的大学规模较大，分为五学。按其方位，中为辟雍、南为成均、北为上庠、东为东序、西为瞽宗。因居中者为尊，故总称"辟雍"。诸侯所设大学规模较小，仅有一学，称"泮宫"。大学的目标在于习大艺、履大节，培养有德有仪、能征善战的治世之才，因此，教育内容以礼乐为重，射御次之，书数又次之。

国学的主持者——大司乐，是国家最高的礼乐官，负责宗教祭祀和国家典礼，兼管国学教育事务。大司乐下属的官员，包括乐师、师氏、保氏、大胥、小胥等，皆为国学教师。

（二）乡学

乡学，是地方学校，按地方行政区划设立。地方区域大小不等，设学名称也不同，如闾塾、党庠、州序、乡校等。乡学程度低，只有小学一级，由各级地方行政官员负责，鲜明地体现了政教合一的特点。乡学教育的内容也是以德行艺能为主，会定期选送优秀者入大学深造。

三、西周的教育内容——六艺

礼乐之教

六艺，即礼、乐、射、御、书、数，是在夏、商两代基础上形成、发展起来的一套课程体系。其中，礼乐射御为"大艺"，属于大学课程；书数为"小艺"，属于小学课程。六艺构成了西周教育的基本内容，奠定了中国古代社会的课程基础。

（一）礼、乐

礼，即政治伦理道德课，是大学中最重要的课程。国学所教之礼，具体包括"五礼"：吉礼、凶礼、宾礼、军礼、嘉礼。礼，涵盖了政治、伦理、军事、社会生活等一切方面的法律和道德规范，是西周的立国之本。贵族子弟只有学会了"礼"，其行动才会合乎规范，彰显贵族的尊严，进而才能为官和治民。

乐，即综合艺术课，是各门艺术的总称。"乐者，乐也"，凡是使人快乐、使人的感官得到享受的东西，都可泛称为"乐"。[①] 作为课程，乐教的主要内容是音乐、诗歌、舞蹈。

乐与礼紧密相连，凡是行礼的地方都需要有乐配合。因此，乐教不仅具有艺术教育的功能，而且是政治伦理教育的载体。《礼记·文王世子》中记载："凡三王教世子，必以礼乐。乐所以修内也，礼所以修外也。礼乐交错于中，发形于外，是故其成也怿，恭敬而温文。"可见，礼的作用在于约束人的外部行为，具有一定的强制性；乐的作用在于陶冶人的内心情感，使具有外部强制性的礼变为能获得自我满足的内在精神需要。礼、乐二者，共同构成了六艺教育的中心，发挥着各自不同但相辅相成的教育作用。

（二）射、御

射、御，即军事训练课。射，指射箭技术的训练；御，指驾驭战车技术的训练。奴隶制国家要求贵族子弟成为"持干戈以卫社稷"的武士，因此，射箭和驾车是他们必须掌握的基本军事技能。习射的要求主要为准确度、速度、力度和礼节；习御的要求主要为节奏、灵活、控制、准确、速度和仪态。二者都将礼节仪态纳入评判优劣的标准，充分体现了西周"尊礼"的主导思想。

（三）书、数

书、数，即基础文化课。书，指文字书写；数，指计算、算法。六艺教育的起始阶段，重点就在于识字、写字。西周时期已经有供小学文字教学的字书，周宣王时太

[①] 张瑞璠：《中国教育史研究·先秦分卷》，23页，上海，华东师范大学出版社，1991。

史籀所作的《史籀篇》，是中国教育史上记载最早的儿童识字课本，但已失传。数的教学，主要包括学习数数目、甲子记日法和培养一般计算能力。

六艺教育，是奴隶社会现实需要的产物，包含了多方面的教育内容，既重思想道德，又重文化知识；既重传统文化，又重实用技能；既重文事，又重武备；既重礼仪规范，又重内心情感修养。但随着社会的发展，到了西周后期，六艺教育逐渐发生蜕变，实用色彩日益弱化，特别是射、御已失去其原本的军事意义。

四、西周的家庭教育

西周时期除了学校教育之外，幼儿教育也受到高度重视。幼儿教育主要是在家庭中进行。《礼记·内则》中记载："子能食食，教以右手；能言，男唯，女俞。男鞶革，女鞶丝。六年，教之数与方名。七年，男女不同席，不共食。八年，出入门户，及即席饮食，必后长者，始教之让。九年，教之数日。"从这段史料中可以发现，西周的幼儿教育颇具计划性，涉及基本生活技能、道德礼仪规范、基础文化知识等多项内容，而且男女教育有着明显的区别。男孩十岁时"出就外傅，寄宿于外，学书计"；女孩则不再出门，由女师教导她们学习烹饪、女工、纺织、祭祀等家务杂事，培养顺从柔婉的性格。可见，西周时代女子没有接受学校教育的权利和机会，在社会上和家庭中都处于弱势，没有地位。

综观夏、商、西周三代的教育，可以发现一些鲜明的总体特征：在文教政策上，学术文化为官方垄断，学在官府；在学校性质上，均为官学，由政府创建和管理；在教师来源上，由官员兼任，官师合一；在学生来源上，基本都是贵族子弟，举荐入学的平民优秀生只占少数；在教育内容上，直接服务于政治统治需要。不过，教育内容的重点随着三代的更迭在不断改变，由夏代的"尚武"，到商代的"重乐"，再到西周的"尊礼"。礼，渊源于因敬畏鬼神而举行的祭祀活动。周代的礼制，不排斥对神的祭祀，但重心转向强调等级制的社会规范和道德规范。借助伦理观念来约束人心，使言行合度；借助音乐教化来陶冶人格，培植自觉意识。后代的"礼教"或"礼乐之教"，都是"周礼"的别称或延伸。"以礼造士"的周代教育必然地将德育置于学校教育的首位，中国封建社会教育重德轻智的传统也由此而奠基。

自测题 >

一、单项选择题

1. 学校教育产生于（　　）。

A. 原始社会末期　　　　　　　　B. 奴隶社会早期

　　　　C. 奴隶社会中期　　　　　　　　D. 封建社会早期

　　2.西周时期天子设立的大学称(　　)。

　　　　A. 成均　　　　　B. 辟雍　　　　　C. 泮宫　　　　　D. 太学

　　3.西周六艺教育中属于"小艺"的是(　　)。

　　　　A. 礼乐　　　　　B. 射御　　　　　C. 诗书　　　　　D. 书数

二、简答题

　　1.简述学校教育萌芽需要具备的基本条件。

　　2.简述西周时期的官学体系。

三、论述题

　　1.试述奴隶社会各阶段教育发展的共性特点及差异。

　　2.评论西周时期"学在官府"的教育行政管理制度。

四、资料分析题

　　下面两段文字出自《礼记·乐记》，请以此为依据分析西周"六艺"教育中礼、乐的地位及相互关系，并进行简要评论。

　　乐者，天地之和也；礼者，天地之序也。和，故百物皆化；序，故群物皆别。乐由天作，礼以地制。过制则乱，过作则暴。明于天地，然后能兴礼乐也。论伦无患，乐之情也；欣喜欢爱，乐之官也。中正无邪，礼之质也；庄敬恭顺，礼之制也。

　　乐由中出，礼自外作。乐由中出，故静；礼自外作，故文。大乐必易，大礼必简。乐至则无怨，礼至则不争。揖让而治天下者，礼乐之谓也。

拓展阅读推介 >

1　梁启超：《跟大师学国学：读书指南》，中华书局，2010

　　　　此书是《国学入门书要目及其读法》和《要籍解题及其读法》之合集。前者介绍中国基本典籍的特点和读法，文字浅显简明。后者是梁启超在清华学校教授"群书概要"课程的讲稿，对重要典籍的作者、成书年代及过程、内容真伪及篇次、价值及读法、校释书优劣等问题一一细究，予人以翔实有用的指导，深受青年学生欢迎。

2　李弘祺：《学以为己：传统中国的教育》，华东师范大学出版社，2016

　　　　"学以为己"是作者对传统中国教育本质的概括。基于这一主旨，此书以完整的结构驾驭广泛的素材，运用经济史、政治史、宗教史、哲学史和民俗史等多学科成果，清晰而全面地展现了中国传统教育的发展历程。对于中国教育的理想、传统教育制度的变迁、教育思想的发展脉络、历代教育内容的演变等主题的阐释，视野开阔、巨细靡遗。

第二章

春秋战国时期的教育

　　春秋战国时期(公元前770—前221)是中国社会由奴隶制向封建制过渡的大变革时期。代表地主阶级利益的新兴势力逐步夺取了政权，周天子的权力和地位每况愈下，各诸侯国自行其是、恃强凌弱，政治多元化成为春秋战国时期的基本特点。在这个烽烟四起、战乱频繁的时代，学在官府的教育垄断被打破，新的教育组织形式——私学应运而生，学校教育获得了全新的发展。思想控制的放松为多种学术流派的涌现创造了契机，各学派的思想和主张各具特色，既相互对立又相互补充，构成一幅百家争鸣、九流并兴的斑斓图画，成就了中国教育思想发展的第一个高峰。

第一节
私学的兴起

　　私学，是源自民间的一种办学形式，与官学相对。春秋战国时期私学的兴起是中国教育制度上的一次历史性大变革，符合时代进步的潮流，开辟了中国教育史的新纪元。

一、私学兴起的主要原因

　　私学的兴起，主要是两方面因素共同作用的结果。其一，官学衰落、学术文化的下移使私学获得了产生及发展的必要条件；其二，士阶层的崛起使私学的存在价值得以显现。

(一)官学衰落，学术下移

　　带有贵族学校性质的官学在西周末年就已经形同虚设，到了春秋时期，更是名存实亡。导致官学衰落的原因来自多个方面。首先，王权衰落，礼崩乐坏。春秋时期的周王室日渐沦为争霸诸侯的傀儡，共主地位丧失，大权旁落，规范政治秩序和伦理道德的礼制体系破坏殆尽。各诸侯国为了在竞争中取胜，越来越重视军事力量的积累和实用人才的选任，以礼乐之教为核心的官学显然难以满足现实需要，必然趋于式微。其次，战争频繁，统治者无暇顾及文教事业。春秋时期战乱连年不断，王室、诸侯都忙于争权夺利，根本无心关注学校教育，无论国学还是乡学都日趋衰废。最后，世袭制度使贵族子弟无心向学。世袭制度决定了贵族子弟无须学习亦可获得权力和财富，贵族中普遍存在"可以无学，无学不害"①的思想，人人心怀苟且，得过且过。这在一定程度上影响了办学、求学的积极性。

随着官学的日趋衰废，掌管学术的文化官员必须在动荡的社会中寻找自己的出路。拥有专门知识和技术的王宫百工携带文献典籍、礼器乐器，逃离官府，流落四方。"学术官守""礼不下庶人"的教育传统已经难以维系，"天子失官，学在四夷"②成为历史的真实写照。这些拥有一技之长的文化人分散至各诸侯国，进而扩散至士阶层乃至庶民，使原本由贵族垄断的文化学术下移到民间，私学由此孕育产生。

(二)士阶层崛起

士，原本为古代男子的通称。西周时期，士特指一个社会阶层，是奴隶主贵族政权机构中的低级官吏。士有武士和文士之分，以领主提供的俸禄为生。武士的职责是护卫，文士的职责是操持礼乐仪式，都不能过问政治。

春秋战国时期的士，属于自由民，指那些脱离生产劳动，凭借一定的文化知识或一技之长谋生的人。这是一个不稳定的社会阶层，与农、工、商并列，位居四民之首。诸侯争霸期间，各种内政、外交、军事问题的解决都需要具有足够知识、能力和智谋的人，士由此有了用武之地。各国的诸侯公卿乃至新兴地主阶级为壮大自身力量都竞相养士，礼贤下士成为各国的时尚，用人原则由"亲亲"转向"贤贤"。随着公室私门养士之风的盛行，士的来源也日趋复杂。原周王室司礼乐的官员(如史官出身的老子)、没落的贵族子弟(如宋国贵族后裔的孔子)、受过教育的农工商等庶民(如木匠出身的墨子)，都纷纷加入士的行列当中。

士，作为一支举足轻重的社会力量，对于当时的政局具有重大影响。他们大多以政治家、军事家的身份出现，指导诸侯公卿制定大政方针、处理行政事务。所谓"得士者昌，失士者亡""一怒而诸侯惧，安居而天下息"，并非妄言。与此同时，也有很多士以教育为己任，聚徒讲学，培养人才，传播、扩散学术文化。各种思想潮流和学术流派随之纷纷涌现，为封建文化的发展奠定了坚实的基础。

就实质而言，养士用士制度是一种政治幕僚制度，但由于它具有养才选才的功能，因此客观上成为推动教育发展的强大力量，对于学校的变革构成直接影响。"士"在当时是身价颇高、富有吸引力的一种职业，为了成为士，人们纷纷就学读书、从师受教。封闭保守且日渐衰败的官学显然无法适应这种社会需求，于是，新的教育机构——私学应时代的呼声而出现，并迅速发展兴盛起来。

---

① 左丘明：《左传·昭公十八年》，1434页，上海，上海古籍出版社，1997。
② 《左传·昭公十七年》，1422页。

二、私学的基本特征

与西周时期的官学相比，春秋战国的私学呈现出一些相当显著的特征。[①]

(一)社会基础——土地私有

西周官学建立在土地国有的经济基础、奴隶主贵族占统治地位的阶级基础之上，教育经费均由国家支出；私学则建立在土地私有的个体经济基础、以新兴地主阶级为首包括农工商等自由民在内的阶级联盟基础之上，教育经费基本为自筹。

(二)管理制度——独立自主

西周官学由国家政权机关主办，学在官府、官师一体、政教合一，并非独立的教育组织机构，教师由官员兼任；私学则是私人根据社会或个人需要创立，学在四夷、官师分离、政教分离，是独立的教育组织机构，教师成为一种独立职业。

(三)施教对象——有教无类

西周官学的入学受身份限制，少数贵族子弟垄断了受教育权利；私学则以自由受教为原则，向平民开放，冲破了种族、地域和阶级界限，使文化知识下移到民间。

(四)教育内容和方式——不拘一格

西周官学以传统的"六艺"为基本内容，偏重历史文化、政治观念和道德思想，有固定的教育场所和设施，制度较为规范；私学则突破了"六艺"的束缚，思想自由，内容新颖，与现实生活联系紧密，各家私学不一定有固定场所，流动性强，设备简单。

总体而言，自由是私学的最主要特点。春秋战国时期的私学冲破了"学在官府"的束缚，自由办学、自由就学、自由讲学、自由竞争，一扫僵化刻板的官学陋习。这种新的教育组织形式符合变革时期社会对人才培养的现实需求，扩大了教育对象，丰富了教育内容，使文化知识传播于民间；推动了学术发展，为百家争鸣创造了条件、开辟出园地。

三、各家私学概况

私学发端于春秋中叶。通常认为，私学的首创者是孔子时代的一批教育家，孔子

---

① 孙培青：《中国教育史(第三版)》，28页，上海，华东师范大学出版社，2009。

则是其中的最杰出代表。战国时期，蔚为大观的百家争鸣极大地促进了私学的繁荣，各家各派都以私学为基地传播自己的思想和言论。在众多学派之中，对教育发展影响最大的是儒、墨、道、法四家。

(一)儒家私学

孔子是儒家私学的创始人。据史料记载，孔子"弟子盖三千焉，身通六艺者七十有二人"①，可见其教育规模之大，对后世的影响广泛而深远。战国时，儒家分成八派，以孟子为代表的"孟氏之儒"和以荀子为代表的"孙氏之儒"都继承和发展了孔子的思想，且各具特色。孟子讲学主要在邹鲁地区和中原一带，他以儒家正统自居，率弟子游历各国二十余年，培养学生难以尽数，著名的如公孙丑、万章、彭更、乐正子等。荀子长期在齐国的稷下学宫讲学，资望极高。荀门私学以批判性和兼容性著称，很多法家学者就是出自荀子门下。

(二)墨家私学

墨子是墨家私学的创始人。墨子原为儒者，后因反对儒家重礼厚葬而成为叛逆，自立学派，"背周道而用夏政"②。墨家私学组织严密、纪律严明，颇具宗教社团气息。其门徒多为小手工业者，刻苦耐劳，具有赴汤蹈火的献身精神。教育内容以生产劳动、科学技术等实用知识为主，崇尚论辩。墨子讲学主要在北方各国，收徒极严，弟子不多，约百人，但其传人禽滑厘、田襄子、孟胜等为本学派开创了更大的局面。战国时期，墨家与儒家并称为"显学"。据《吕氏春秋·仲春纪》记载，"孔墨之后学，显荣于天下者众矣，不可胜数。"儒墨两大学派的对峙与抗衡，扩大了教育的范畴，丰富和深化了教育思想。

(三)道家私学

道家思想的开创者是老子。一般认为，老子反对一切人为的教育，因此并无私学活动。不过，老子熟谙经典、博学多识，连孔子也曾专门向他问礼，或许没有公开设教，但小范围的授徒讲学应在情理之中。战国时道家分为两派。其一为稷下黄老学派，以道家思想为主，兼采各家之长，适应现实需要，富有革新精神。该学派的教育活动十分活跃，弟子众多，影响极大。其二以庄子为代表，承袭老子"道"的哲学思想，崇尚自然，追求个人精神的解脱。与老子类似，作为隐士的庄子并未开办过正式的私学，但显然存在私下教授门徒的情况。

---

① (西汉)司马迁：《史记·孔子世家》，文天译注，166页，北京，中华书局，2016。
② (西汉)刘安：《淮南子·要略》，杨坚点校，231页，长沙，岳麓书社，2015。

(四)法家私学

法家产生于春秋时期,因主张法制和变法而得名。早期的法家强调礼、法并重,与儒家较为接近;其后,对"法"的重视不断加强,与儒家渐行渐远、背道而驰,甚至成为最坚决彻底的反儒派。不过,法家与儒家的内在关联却始终未断。法家承前启后的人物李悝,其师承就是孔子的门生子夏;先秦法家思想的集大成者韩非则是儒学大师荀子的学生。法家学者基本都是在私学教育中成长起来的,但他们反对学术争鸣,提出禁百家之学;以法为教,着力培养"明法""行法"的人才,将法律诉讼、兵法耕战等实用知识作为教育的基本内容。

三、官私兼容的高等学府——稷下学宫

公元前 4 世纪,齐国都城临淄的稷门之外,建起一座规模宏大的学府,广招天下贤士在此讲学论辩,名为稷下学宫。该校名义上是齐国官办,但实为各派私学之总汇,具有高等学府性质,是当时名闻列国的文化教育与学术研究中心,也是我国教育史上第一个有系统文字记载的学校。历经几度盛衰,延续 150 年之久。稷下学宫是战国时期养士之风的产物,兼备官学和私学两种性质,集讲学、著述、育才、政务咨议于一体,形成了一套独具特色的学校教育制度。

(一)"不治而议论"的办学宗旨

稷下学宫是齐国国君为招揽才俊之士、实现富国强兵的政治理想而建立的,但从其办学的实际情况来看,这所学校并没有受到官府的管控,真正实现了学术的独立化和教育的专门化。稷下学宫的办学基本原则——"不治而议论",就是各家各派可以独立自主地阐述自己的政治主张、学术思想和理论观点,不以国君的好恶为转移,不迎合官府的政治主张;同时,政府也不以行政权力去过问或控制各家讲学,对于符合自己需要的"议论"就采纳,不合则听其自然,不加罪处理。选留教师的根本依据,在于有无真才实学,而不看其政治立场和学术派别。该办学宗旨真正体现了尊贤礼士、尊师重教、学术自由的办学特点。

(二)融官学与私学为一体的管理体制

稷下学宫的办学经费和教育设施都来自齐国政府的划拨,被统称为"稷下先生"的教师均拥有高低不等的学衔,与官学的管理方式颇为一致。不过,考察其内部运作可以发现,稷下学宫实质上是诸子百家私学松散组合而成的一所学校,各学派大师均按照原有的私学制度管理自己的学生、开展自己的教学和学术活动。齐国政府对于各家

私学一概接纳，来此讲学研究的学者都能得到很高的地位和优厚的待遇，而且来去自由。来者不拒，去者赠送路费，去而复归者仍将受到欢迎。可见，稷下学宫是一种特殊形态的学校——冠国立大学之名，行私学办理之实。其动态的组合方式，开放宽松的管理体制，为百家争鸣提供了沃土，有力地推动了教学水平的提高和学术研究的发展。

（三）自由讲学与学术论辩相结合的教学形式

稷下学宫没有统一的教学计划和规定的教科书，教学内容及方式方法均由各学派教师自行选择安排。学派之间教学门户完全开放，各派弟子可以随意旁听大师们迥然不同的授课。"期会"，是稷下学宫定期举行的一种重要的学术活动，类似于学术报告会或学术讨论会。全校师生和四方游士都可自由参加，相互论辩问难，彼此吸纳融合，不同的学术观点借此得以坦诚交锋。平等而活跃的学术氛围使这所学校焕发出蓬勃生机，各家私学纷纷冲破门户束缚，破旧论、立新说、标新立异蔚然成风；教学和学术研究的领域得到前所未有的拓展，政治、伦理、经济、军事、哲学、历史、天文地理、语言逻辑、工程技术、农田水利……教学内容之丰富、研究课题之繁多，可谓无所不包。稷下学宫将教学与学术研究相互结合，极大地促进了教学质量和学术水平的提升，而且对于后世的"书院"制度也产生了一定影响。

（四）细密规范的学生管理

随着稷下学宫的声望日隆、影响渐广，来此求学者不断增多，需要建立一定的常规以约束和引导学生的行为。为此，稷下学宫制定了历史上第一个学生守则——《弟子职》。《弟子职》是《管子》中的一篇，详细地列出了学生在入学受业、饮食起居、洒扫应对、课余交友等方面必须遵循的基本要求和常规准则。该学规为教师的日常管理和学生的自我约束提供了依据及标准，有利于学校良好风气的形成。在其作用下，稷下学宫的教学秩序随意松散却又井然有序，师生之间民主平等但又各循其分。后世学校制定学则、学规大都以此为范本。

稷下学宫，其教学管理、学术研究和人才培养的水平在当时都堪称世界之冠，特别在学术思想方面，开创了具有深远影响的稷下百家之学。这所融官学与私学为一体的学校，是我国古代和世界文化教育发展史上的一个伟大创举，树立了我国古代高等学府的光辉典范。

第二节
儒家学派的教育思想

儒，本是奴隶社会的一种职业，从事该职业的人具有专门的知识和技能，通过为富贵人家"相礼"谋生。春秋时期，孔子承袭西周的礼制宗法思想，建构起一套虽不甚严密但颇具影响的思想体系，由于主张礼治，故被后人称为儒学。孔子之后，儒家发生分化，出现众多支派，其中"主仁义"的孟子和"重礼乐"的荀子成为其中的佼佼者，为儒学的兼收并蓄、持续演进作出了突出贡献。

一、孔子的教育思想

孔子（公元前551—前479），名丘，字仲尼，春秋末期鲁国陬邑（今山东曲阜）人，中国古代伟大的思想家、教育家，儒家学派创始者。孔子出身于没落贵族家庭，3岁丧父，家境贫寒。自幼聪颖好学，四处寻师求教，博习诗书礼乐。30岁时，正式招生办学，开启了自己的教育生涯。孔子的私学相当成功，社会影响甚广，门徒日众。约40岁时，创立儒家学派，通过讲学活动大力宣传自己的学说。在50岁，获得了从政机会，先后任鲁国中都宰、司空、司寇等职。由于与当时的执政者季桓子政见不一，被迫弃官，率弟子周游列国历时14年。在此期间，孔子一面进行政治游说，一面坚持讲学不息。68岁，受礼聘返回鲁国，专注于教育和古代文献的整理，完成了《六经》的编撰工作。孔子的思想学说和生平事迹，由弟子们记录汇编成《论语》一书，《论语》是研究其教育思想的主要资料。

（一）论教育的作用

孔子认为教育对于社会发展具有重要作用。首先，教育是立国的三个基本要素之一。《论语·子路》中记载，"子适卫，冉有仆"。子曰："庶矣哉！"冉有曰："既庶矣，又何加焉？"曰："富之。"曰："既富矣，又何加焉？"曰："教之。"孔子在这里指明"庶—富—教"是建设国家必经的三个阶段。在具备了一定数量的人口、富足的物质生活的基础上，进而教化国民明礼仪、守道德，国家方能强盛持久。从三者的先后顺序中，可以发现孔子强调"教"必须建立在"庶"和"富"的基础之上，缺乏必要的人口和经济基础，教育的社会作用将难以有效发挥。其次，教育是治国安民的一项重要手段。《论语·为政》中记载，"道之以政，齐之以刑，民免而无耻；道之以德，齐之以礼，有耻且格。"

要想使百姓知廉耻，而且心甘情愿地归服，治国者应该重德政而轻刑罚。教育是推行德政的得力工具。通过教育传递人伦规范，人人懂得依礼而行，天下自然安定有序，不治而治。

孔子相信教育在人的发展过程中具有决定性作用。在《论语·阳货》中，他提出了"性相近，习相远"的论断。性，即先天素质；习，即后天习染。人与人之间在天赋素质方面并没有多大差别，之所以成长为不同的人，主要是后天环境和教育的影响结果。因此，一个人要想获得发展，必须接受教育。与此同时，孔子还将人性分为三类，"生而知之者"为上智，"学而知之者"和"困而学之者"为中人，"困而不学者"为下愚。教育对于三类人中的"上智"和"下愚"没有太大影响，但社会上的绝大多数人都属于中人，教育对他们的发展具有重大作用，只要努力求学都可以取得进步。尽管"惟上智与下愚不移"的言论值得商榷，但孔子的上述观点具有极强的进步意义，不仅高度肯定了教育的个体作用，而且为打破等级限制、人人受教提供了理论依据。

(二)论教育对象与教育目的

1. 教育对象——"有教无类"

孔子主张打破贵族垄断教育的旧习，扩大教育对象的范围。"有教无类"是孔子创办私学的一条基本原则。这里的"类"可以作多种解释。其一，族类，即招收学生时不分民族、国别。考察孔门弟子的籍贯，可谓五花八门，几乎涵盖了当时的各个诸侯国。其二，类别，即招收学生时不问等级出身、不分贫富贵贱。在孔子的门生中，既有穷居陋巷箪食瓢饮的颜回，也有投机经商富至千金的子贡；既有父为贱人家无置锥之地的仲弓，也有出身贵族名门的孟懿子和南宫敬叔。其三，定规，即招收学生时灵活机动、不循成规。具体来说，对年龄没有限制（在孔子的学生中，秦商只比孔子小 4 岁，公孙龙则比孔子小 53 岁），对智力性情没有限制（柴也愚，参也鲁），对学习态度也没有限制（勤奋好学如颜回，怠惰昼寝如宰予）。

总之，孔子收徒没有严格的条件限制，他说"自行束脩以上，吾未尝无诲焉"[①]。关于"束脩"，通常有两种解释：一为"十条干肉"，引申义为学费、敬师礼；二为古代儿童在 15 岁时举行的束发仪式，引申为入学年龄。无论哪种解释，都能佐证孔子"来者不拒"的教育对象观。当然，受时代的局限，女子是被排除在孔子的受教育范围之外的。

2. 教育目的——"学而优则仕"

孔子的政治理想是通过施行德政以改良社会，而行德政需要大批贤才，必须借助教育之力专门培养。因此，他将教育目的定位为培养从政治世之才。孔子的学生子夏

---

① 《论语·述而》，见刘俊田等译：《四书全译》，160 页，贵阳，贵州人民出版社，1988。

将其思想概括为"仕而优则学，学而优则仕"①，就是说，学习是为了从政做准备，学习优秀且有余力的人才能做官；做官以后还要坚持学习，进修提高。这种将学习与官职紧密联系、倡导"任人唯贤"的思想，与奴隶社会的世袭世禄制度相比，具有重大的进步意义。

关于从政治世之才应该达到怎样的规格标准，孔子的回答是"人有五仪：有庸人、有士、有君子、有贤人、有大圣"②。儒家理想的培养目标是处于人才最高等级的"圣人"，其基本标准为"仁智合一"，即德性与智慧高度统一；贤人和君子也属于人才，虽逊于圣人，但衡量标准基本一致，都需要做到德才兼备、修己安人。

(三)论教育内容

为了实现培养治世贤才的教育目的，孔子继承了西周的"六艺"教育传统，但并不拘泥于此，经过创新和改造，形成了独具一格的教育内容体系。《论语·述而》中记载，"子以四教：文、行、忠、信"，就是说，孔子教育学生的内容包括文化典籍、言行、忠诚、信实四个方面。其中的行、忠和信都属于德育的范畴，可见，孔子的教育内容是以伦理道德教育为主体，以知识教育为辅助。《六经》本是孔子编定并使用的一套基本教材，后世沿用日久，逐渐演变成了六种科目的代称，由此"六经"作为课程总称取代了"六艺"。

《诗》是中国最早的诗歌选集，共 305 篇。《诗》中包含的内容非常广泛，教育价值相当丰富，孔子对其给予了高度评价，他说："诗，可以兴，可以观，可以群，可以怨，迩之事父，远之事君，多识于鸟兽草木之名。"③兴(激发情感)、观(提高观察力)、群(培养合群性)、怨(讽刺批判现实)，主要体现了美育价值；事父君，属于德育范畴；多识鸟兽草木之名，则属于智育范畴。

《书》又名《尚书》，是古代历史文献的汇编。相传孔子删订为百篇，现今流传下来的共 28 篇。该书记载了夏商以来，特别是周初奴隶制国家的诏令文告。《书》的编撰目的是让学生学习先王之道，选取的材料都符合垂世立教、示人规范的政治标准。

《礼》又称《仪礼》或《士礼》，是西周和春秋时期婚、丧、祭、饮、射、朝、聘等各种典礼仪节的汇编，共 17 篇。孔子极其重视礼的教育，提出"非礼勿视，非礼勿听，非礼勿言，非礼勿动"。

《乐》是各种艺术教育形式的总称，具有陶冶性情、净化心灵、移风易俗等特殊价值，通常与礼相配合。孔子认为教育活动应从学"诗"开始，以激发情感和意志；进而

---

① 《论语·子张》，326 页。
② 荀况撰：《荀子·哀公》，(唐)杨倞注、耿芸标校，310 页，上海，上海古籍出版社，1996。
③ 《论语·阳货》，305 页。

学"礼"，以约束其言行；最后学"乐"，以形成其性格。所谓"兴于诗，立于礼，成于乐"①。

《易》又名《周易》，是卜筮使用的书。该书重在讲述事物的变化，认为阴阳两种势力的相互作用是产生万物的根源，提出"刚柔相推，变在其中"的朴素辩证观，进而通过各种卦象和卦辞推测自然和社会的变化。

《春秋》是中国现存的第一部编年史，记载了鲁隐公元年至鲁哀公十四年共242年的历史，涉及政治、经济、军事、天文、地理、灾异等多方面资料。孔子编写《春秋》的目的在于用历史来"正名"，即用周礼规定的等级名分来矫正不合"礼"的社会现实。

孔子编修的六经是中国教育史上最早的成套教材，是教材建设史上的重大事件。通观六经，可以发现孔子的教育内容具有如下特点。第一，重人事轻鬼神。其教育内容偏重于历史、政治、伦理等社会现实知识，不设宗教科目，敬鬼神而远之。第二，重文事轻武备。传统"六艺"中的射、御等军事知识和技能学习被淡化，居于次要地位。第三，缺乏自然知识、科学技术和生产劳动知识。在孔子看来，学习是为了从政，"君子谋道不谋食"，无须关心物质生产劳动。

(四)论教学方法

孔子的教育实践经验非常丰富，在此基础上他总结提炼出大量富含价值的教学方法和原则。其中最具代表性的有以下几点。

1. 因材施教

孔子是中国历史上最早倡导因材施教的教育家。宋代教育家朱熹在总结孔子思想时提出了这一概念。因材施教，首先要求教师承认学生之间存在个别差异，并充分了解学生的个性特征和才能志趣。孔子对自己学生的情况就相当了解，既清楚学生的长处，如"由也果""赐也达""求也艺"，也明了学生的缺点，如"柴也愚""参也鲁""师也辟""由也喭"。其次，教师要有的放矢地灵活运用各种方式激励学生，实现扬长避短、补偏救弊的效果。《论语·先进》记载，子路和冉有曾问过孔子同一个问题——"闻斯行诸?"却得到了不同的回答。旁边的学生困惑不解，孔子解释说，冉有做事经常退缩不前，所以我鼓励他"听到了就去实行"；子路敢作敢为，所以我让他慎重行事。

2. 启发诱导

孔子是世界上最早提出启发式教学的教育家。启发式教学的核心在于培养学生的独立思考能力。孔子相信，只有经过自己的独立思考，获得的认识和经验才是坚实可靠的。因此，在教学过程中教师首先要设法激发学生的求知欲望，引导他们积极思考问题、努力表达自己的观点；其次，因势利导、适时点拨，使学生触类旁通，举一反

---

① 《论语·泰伯》，179 页。

三。这就是"不愤不启，不悱不发，举一隅不以三隅反，则不复也"①的道理。愤，即心求通而未得；悱，即口欲言而不能。如果学生没有处在"愤"或"悱"的主动求索状态下，仅靠教师的灌输将无助于他的进步。

3. 学、思、行结合

孔子将学习过程归结为学—思—行三个环节，三者之间紧密相连。首先，学是基础，是求知的唯一手段。为学者必须广博地学习各种有益的知识，既要吸纳典籍中的间接经验，也要获取实践中的直接经验。对于学习过的知识要经常复习，以便牢固地掌握。其次，学与思要相互结合，所谓"学而不思则罔，思而不学则殆"②。在学习时，要多问几个为什么，让积极的思考贯穿学习的整个过程。最后，学与行要相互联系，实现"学以致用"。学是手段，行才是目的。孔子说："诵《诗》三百，授之以政，不达；使于四方，不能专对；虽多，亦奚何为？"③的确，学习得来的知识和道德如果不能应用于实际生活，不能解决现实问题，学习也就丧失了自身的价值。

(五)论道德教育

孔子的教育目的是培养德才兼备的君子和贤人，在他的教育体系中道德教育占据着首要地位。道德教育的主要内容是"礼"与"仁"。"礼"是社会关系的基本标准和行为规范，人人都应该做到知礼守礼。不过，"礼"本身只是手段而非目的，"仁"才是最高的道德准则。就这样，孔子在礼的旧形式中注入了"仁"的新内容，从而实现了对周礼的改良，既提升了道德高度又呼应了时代的变动和需要。仁的基本含义是爱人，深富情感性。仁爱的情感与外在的强制灌输是直接抵触的。因此，道德教育必须依靠学习者的自觉努力。鉴于此，孔子提出了一些富有启示意义的德育原则。

1. 立志有恒

孔子强调，人生在世不能仅仅安于物质生活，应该树立高远的理想和志向，追求有价值的精神世界。具体来说，就是要立志追求仁德，"苟志于仁矣，无恶也。"④立志不难，难在坚守有恒，怎样才能做到"笃信好学，守死善道"呢？首先，安贫乐道，不为物质享乐所牵绊，君子"谋道不谋食""忧道不忧贫"⑤；其次，不畏强权，抵御外界干扰，"志士仁人，无求生以害仁，有杀生以成仁"⑥，"三军可夺帅也，匹夫不可夺志也"⑦。

---

① 《论语·述而》，161 页。
② 《论语·为政》，97 页。
③ 《论语·子路》，243 页。
④ 《论语·里仁》，119 页。
⑤ 《论语·卫灵公》，286—287 页。
⑥ 《论语·卫灵公》，279 页。
⑦ 《论语·子罕》，197 页。

2. 克己内省

克己，就是约束、克制自己的言行，使之符合道德准则和社会规范。当一个人能够克制自己非分的欲望，不因利己而损人、损社会，他的言行才会合乎"礼"的规范，其道德才能达到"仁"的境界，所谓"克己复礼为仁"①。内省，就是对自己的言行进行自我反省。其目的一方面在于寻找自己的缺点和错误，"躬自厚而博责于人"②；另一方面在于锻炼自己的思考和辨别是非善恶的能力，"见贤思齐焉，见不贤而内自省也。"③

3. 慎言敏行

言，是道德认识水平的体现；行，则是道德修养的最终检验标准。因此，孔子强调在德育过程中，要特别重视道德行为的训练和道德习惯的培养。作为君子，应做到言辞谨慎而行动敏捷，要时刻提醒自己保持言行一致，"言必信，行必果"④。教师在考查学生的道德修为时，也要以能否"躬行"为主要指标，不仅要听其言，更要观其行。

4. 改过迁善

人非圣贤，难免会有过失。问题的关键在于如何对待过失。对于自身犯下的错误，正确的态度是敢于承认并积极改正。有了过错但能够虚心改正，不再重犯，将会得到大家的尊敬，如同子贡所言："君子之过也，如日月之食焉。过也，人皆见之；更也，人皆仰之。"⑤如果掩盖错误、文过饰非，那就成为真正的过错了。对于他人的过错，孔子则强调应采取宽容的态度，"既往不咎"。

（六）论教师

孔子从教四十余年，以自身的实践和言论近乎完美地诠释了为师之道。在一名优秀教师应具备哪些素养这一问题上，孔子为后人留下了很多宝贵的精神财富。

1. 学而不厌，诲人不倦

孔子认为，教师能够教好的前提是，自己首先要学好。教师自己"学而不厌"，才可能激发起学生的学习欲望。自青少年时期，孔子就勤奋好学，学无常师，而且将这一习惯延续终身。他的学识并非生而知之，而是"好古敏以求之"的结果。无论身处何时何地，总是怀着"三人行，必有我师"的态度，遇事必问。"学不厌"是为师的前提，"教不倦"则是为师者的珍贵品格。孔子以教为乐，教诲学生毫无保留，"爱之，能勿劳乎？忠焉，能勿诲乎？"⑥；即使身处困境，依然讲诵弦歌不衰。学生子贡因此赞美他

---

① 《论语·颜渊》，228 页。
② 《论语·卫灵公》，282 页。
③ 《论语·里仁》，125 页。
④ 《论语·子路》，250 页。
⑤ 《论语·子张》，329 页。
⑥ 《论语·宪问》，257 页。

说："学不厌，智也；教不倦，仁也。仁且智，夫子既圣矣。"①

2. 以身作则，言传身教

孔子在教学实践中非常重视身教的价值。他说："其身正，不令而行；其身不正，虽令不从。"②凡是要求学生做到的事情，教师必须首先做到。榜样是一种巨大的教育力量，为师者处处以身作则，严格要求自己，学生才会受到感化，进而学习效仿他的行为。当然，强调身教，并不是说言教不重要。言教重在说理，以提高道德认识；身教重在示范，以成就道德行为。优秀教师都善于将有言之教与无言之教恰当地结合在一起。那些言不由衷、口是心非的空洞说教，即便内容正确，也难以引发学生的共鸣和认同。

3. 师生平等，相互促进

如何对待和处理师生关系，这是教学活动中一个至关重要的问题。在孔子看来，师道当然是神圣庄严的，但尊师重道与师生平等并不存在矛盾。他教导学生说："当仁，不让于师。"③当学生反驳自己或向自己提意见时，他总是诚恳对待、从谏如流。此外，孔子还认为教学过程并不是教师的单方面传授，师生之间可以实现教学相长。据《论语·八佾》记载，子夏问："巧笑倩兮，美目盼兮，素以为绚兮，何谓也？"孔子答："绘事后素。"子夏由此联想到礼与仁的关系，继续问："礼后乎？"孔子非常高兴地说："启予者商也，始可与言《诗》已矣。"这个小故事传神地勾勒出一幅师生相互启发、共同受益的和谐场景。

孔子是举世公认的伟大的思想家和教育家，是中国古代教育理论的奠基者。其教育思想和实践对后世产生了重大而深刻的影响。他创立私学，实行"有教无类"的办学方针，扩大了教育对象的范围，促进了文化学术下移；提出教育在社会发展和个体发展中的重要作用，提高了教育的地位；提倡"学而优则仕"，提出德才兼备的人才观，为封建官僚的政治体制准备了条件；重视古代文化的继承和整理，编定六经，奠定了后世儒家经籍教育体系的基础；总结教育实践经验，提出众多行之有效的教育原则和方法；诲人不倦的为师风范，为后人树立了光辉的榜样。

二、孟子的教育思想

孟子（公元前 372—前 289），名轲，字子舆，战国中期鲁国邹人。幼年丧父，其母

---

① 《孟子·公孙丑上》，见刘俊田等译：《四书全译》，397 页，贵阳，贵州人民出版社，1988。
② 《论语·子路》，244 页。
③ 《论语·卫灵公》，288 页。

贤德,"孟母三迁""断织教子"的故事广为流传。受业于孔子之孙子思的门人,后人将子思、孟子二人的学说合称"思孟学派"。孟子成年后即开始私人讲学,曾率弟子周游列国 20 多年,推行"仁政"思想,虽处处受到礼遇但政见未被采纳。晚年回到故乡专心从事著书和讲学。后世儒家认为孟子是孔子思想的嫡传,尊其为"亚圣"。《孟子》七篇记述了孟子及弟子的言论,是研究其教育思想的主要资料。

(一)论教育的作用

教育的社会作用——得民心。孟子在政治上的基本主张是"施仁政",强调君主应以德服人,而仁政必须以教育辅助之。"善政不如善教之得民也。善政,民畏之;善教,民爱之。善政得民财,善教得民心。"[1]政治手段只会让百姓畏惧,教育手段则能得到百姓的衷心拥戴。通过施行良好的教育,百姓懂得了忠孝仁爱的道理并遵循不悖,社会就可以实现安定,政权也将因此得到稳固。

教育的个体作用——求放心。孟子认为,人性本善,每个人生来都具有四种善端(恻隐之心、羞恶之心、恭敬之心、是非之心)。"端",即开端、起点或可能性,如果能够对这些先天善性加以修养扩充,就会成长为仁、义、礼、智。仁义礼智是天生的良知良能,并非外界的后天施与,因此,教育对个人的作用就在于找回散失的本性,保存和发扬天赋的善端,也就是"求放心"。任何人只要接受教育、勤于学习都可以有所成就,所谓"人皆可以为尧舜"[2];反之,则与禽兽无异。由此可见,孟子一方面主张道德天赋,另一方面高度重视教育对于人发展的作用。

(二)论教育目的与教育内容

在考察夏商周各代的学校之后,孟子将中国古代学校的教育目的概括为——"明人伦"。人伦,是人类的本质属性,具体包括五对关系,即后世所称的"五伦":父子有亲、君臣有义、夫妇有别、长幼有序、朋友有信。这是用来维护上下尊卑的宗法社会秩序的一套核心道德观念。"明人伦",就是通过教育培养遵循人伦关系的仁义贤德之士。

与"明人伦"的教育目的相适应,孟子建立了一个伦理道德教育的内容体系。该体系以"孝"和"悌"为中心,由仁、义、礼、智四德教育构成。他说:"仁之实,事亲是也;义之实,从兄是也;智之实,知斯二者弗去是也;礼之实,节文斯二者是也。[3]"意思是说,仁的实际内容是孝敬父母,义的实际内容是顺从兄长,智的实际内容是懂得

---

① 《孟子·尽心上》,610 页。
② 《孟子·告子下》,584 页。
③ 《孟子·离娄上》,500—501 页。

仁和义的道理而不违背，礼的实际内容是能恰当合理地遵循仁和义。孟子之所以把孝和悌作为伦理道德的核心，是期望以父子、兄弟的血缘宗法关系来影响君臣、臣民之间的政治关系，从而实现社会改良。这种思路，开端于孔子，孟子使之理论化和系统化，成为中国整个封建社会教育的一个基本特征。

(三)论理想人格与道德教育

和孔子一样，孟子也主张培养君子和贤士，但他心目中的理想人格是"大丈夫"。何谓"大丈夫"？孟子作出的描述就是"居天下之广居，立天下之正位，行天下之大道；得志，与民由之；不得志，独行其道。富贵不能淫，贫贱不能移，威武不能屈"[1]。在他看来，大丈夫要具有崇高的精神境界及道德修养，而且能够抗拒物欲的引诱和强权的胁迫。即使不得志，也能够独自坚守原则。孟子提出的"大丈夫"概念，是对中国古代文化作出的重大贡献，为道德教育开辟出一个新的空间。如何才能实现这一人格理想？孟子认为主要依靠自我修养。具体来说，在德育过程中应遵循以下原则：

1. 持志养气

持志，就是坚持崇高的志向。孟子强调志士仁人应该把道德理想放在人生的首位，个人幸福次之。如果二者发生矛盾不可兼得，要做到"舍生取义"。一个人有了高尚的志向和追求，就会具有与之相应的精神状态——"气"。志与气紧密联系，互为因果，"志壹则动气，气壹则动志"[2]。因此，在德育过程中要将持志与养气结合起来，一方面要有志于道，坚定不移；另一方面要注意平时的存养，通过积累善言善行来养育"浩然之气"[3]，从而获得道义上至高至强的力量。

2. 动心忍性

这条原则强调的是意志磨炼的重要性。志统率着气，浩然之气是由刚强之志统率的，而坚强的意志必须经过艰苦的磨炼才能成就。自古以来凡有大成就者，都曾在艰难困苦中磨炼出超凡的意志，"故天将降大任于是人也，必先苦其心志，劳其筋骨，饿其体肤，空乏其身，行拂乱其所为，所以动心忍性，增益其所不能。"[4]只有身处逆境当中，心灵才会受到震撼，性格才能得到磨砺，才智也由此得以补足。在一定意义上，环境越是恶劣，对人的造就也就越大，因此孟子说"生于忧患，死于安乐"。

3. 反求诸己

一个人在做任何事情时，如果得不到预期的效果，都要从自己本身寻找原因。孟子说"爱人不亲，反其仁；治人不治，反其智；礼人不答，反其敬；行有不得者皆反求

---

① 《孟子·滕文公下》，460 页。
② 《孟子·公孙丑上》，396 页。
③ 浩然之气，即盛大刚直之气。后世多将"浩然之气"理解为一种最高的正气和节操。
④ 《孟子·告子下》，601 页。

诸己，其身正而天下归之。"①意思是，爱别人而别人却不亲近自己，就该反问自己的仁爱程度够不够；管理别人却没有管好，就该反问自己的智慧谋略足不足；尊敬别人却没有得到应答，就该反问自己恭敬之意诚不诚。总之，凡事都应反躬自问、时时反思，进而对自己提出更高的要求。

(四)论教学原则与方法

在教学活动层面，孟子和孔子的思想存在一定区别。孔子重视通过闻、见获取知识，强调学思并重；孟子则轻视闻、见的作用，更强调理性思考的价值。在他看来，学习是一种对内心世界的探索，教学的关键在于启发学生的学习主动性，而不是强制性地灌输知识。

1. 深造自得

个体要想获得高深的学术造诣，必须深入学习、刻苦钻研。"深造"是不可或缺的基础，但"自得"才是关键。孟子说："自得之，则居之安；居之安，则资之深；资之深，则取之左右逢其源。"②作为学生，必须发挥主动精神，自觉追求学问，这样才能形成稳固而深厚的智慧，遇事才能运用自如、左右逢源。作为教师，应当尊重学生的愿望，设法激发他们的学习主动性，而不可强为人师。另外，"自得"也意味着独立思考，有自己的见解，不轻信、盲从权威经典，所谓"尽信《书》，则不如无《书》。"③

2. 盈科而进

这一原则强调的是学习过程应该循序渐进。孟子在此使用了一个形象的比喻，"流水之为物也，不盈科不行。君子之志于道也，不成章不达。"④流水不注满低洼之处就不会向前行进，君子立志行道也是同样道理，不达到一定程度就不能通达。凡事进程过于迅疾，势必会影响其实际效果，所谓"其进锐者，其退速度。"⑤教学是一个自然有序的过程，需要遵循其独有的规律，"盈科而后进"。急于求成，盲目推进，不但没有助益，反而会造成危害。

3. 专心有恒

学习需要专心致志、持之以恒。不论学生的智慧高低、教学的内容难易，只要注意力集中、专心学习就能有所收获；心不在焉、三心二意，自然一无所得。专心的同时还必须持久连贯。孟子举例说，"有为者辟若掘井，掘井九轫而不及泉，犹为废井

---

① 《孟子·离娄上》，484 页。
② 《孟子·离娄下》，509 页。
③ 《孟子·尽心下》，632 页。
④ 《孟子·尽心上》，616 页。
⑤ 《孟子·尽心上》，628 页。

也。"①学习就像挖井一样，一定要坚持到底，不能功亏一篑。孟子又举例说，即使是天下最易成活的植物，晒它一天，冻它十天，也不能生长。所以，学习需要坚持不懈，不能时断时续、一曝十寒。

4. 教亦多术

学习重在学生的专心自得，并不意味着教师无所作为。孟子认为，教师的作用在于灵活运用多种方法对学生进行启发、引导。他说："君子之所教者五：有如时雨化之者，有成德者，有达财（材）者，有答问者，有私淑艾者。"②对于不同的学生，有的应及时教化，有的应成全其德行，有的应发展其才能，有的可以解答其疑问，有的虽不曾及门但可间接受教。总之，教师可以采取多种多样的教学方法，促进学生成长发展。

三、荀子的教育思想

荀子（约公元前313—前238），名况，字卿。战国末年赵国人，先秦儒家最后一位大师。他长期在齐国的稷下学宫讲学，是最有德望的教师，曾"三为祭酒"③。后为楚相春申君所器重，任兰陵县令。晚年定居兰陵专事著述和教学。传世的著作《荀子》，共32篇，大部分为其亲笔所写。

（一）论教育作用

1. 教育的社会作用

荀子认为"礼"对贵贱、贫富、君臣、长幼进行了严格的等级划分，使人与动物得以区分，是维持社会生存发展的根本。由于"礼"必须通过教育才能发挥其应有的作用，所以他高度重视礼法教育。主张君主治理国家应该以礼教为前提，以法治为辅助，这样才能实现社会安定，国富民强。

2. 教育的个体作用

荀子明确反对孟子的"性善论"，提出"人之性恶，其善伪也"的命题。首先，性与伪是相互对立的。性，就是人性，指人的先天素质。伪，就是人为，指通过后天修养、学习而产生的种种变化。人的本能中不存在仁义礼智等道德品质，人之所以能为善，是后天人为努力的结果。其次，性与伪又是相互联系的。性为素材，伪是对素材的加工。只有二者统一，"性伪合"，才能实现对人的改造。因此，教育的作用就在于"化性起伪"，即通过人为的努力变化人的本性，使人改恶迁善。最后，教育要想实现"化性

---

① 《孟子·尽心上》，619页。
② 《孟子·尽心上》，626页。
③ 在学宫举行祭祀活动时，名望崇高的举酒祭神的教师称"祭酒"。

起伪"，必须重视环境影响和个人努力这两个因素。所谓"蓬生麻中，不扶自直；白沙在涅，与之俱黑"，环境对人的影响力相当重大，而环境又是可以由人来选择的。当环境、教育和人的主观能动性相互协调、目标一致时，任何人都可以改变本性，即便是"涂之人"也有可能成为大禹一样的圣贤。

(二)论教育目的与教育内容

荀子的教育目的是培养贤能之士，即具有儒家学者身份且擅长治国理政的各级官吏。他把儒者划分为三个等级：俗儒、雅儒和大儒。俗儒徒有儒者之名，学术肤浅，仅会教条诵读，对当权者阿谀奉承，欺愚者以求衣食，根本称不上人才。雅儒学习并实践诗书礼义，能尊贤畏法，虽创新不足，但不自欺欺人，光明磊落，属于可堪任用的人才。大儒，是最为理想的人才。他们知识广博、见识高超，能"以浅持博，以古持今，以一持万"，能自如应对各种新问题新环境。一旦被举用，即使是百里之地的小国，三年即可一统天下。显然，大儒是教育所要培养的理性人格。

在教育内容方面，荀子继承了孔子的六经教育并加以推广。与强调"内省"的孟子不同，荀子认为教育是一个不断积累知识、道德的"外铄"过程，所以他非常重视文化知识的学习，将儒家经典作为教育的基本内容。在荀子看来，六经作用不同，各具特色，已经囊括了天地间的一切学问和道理，"《礼》之敬文也，《乐》之中和也；《诗》《书》之博也，《春秋》之微也，在天地之间者毕矣。"[1]在诸经之中，荀子最重视《礼》。与孔子的兴诗、立礼、成乐的顺序不同，荀子主张以明礼义为本，提出"学至乎《礼》而止矣"。

(三)论教学

1. 学习过程——闻、见、知、行

荀子认为学习是一个由初级阶段向高级阶段不断发展的过程，由低到高可以分为闻、见、知、行四个环节。闻和见，是学习的起点和基础，是知识的来源；知，是思维的过程，是感性认识向理性认识提升的过程；行，是学习的最高阶段，由"知"所得来的认识不一定可靠，必须通过"行"加以验证。所以，荀子说"不闻不若闻之，闻之不若见之，见之不若知之，知之不若行之，学至于行之而止矣。"[2]荀子的学习过程理论完整而系统，比较准确地阐述了知与行的关系，具有一定的辩证法因素，而且为教学活动的开展指明了一条清晰的路径。

2. 学习方法——积少成多，坚持不懈

荀子认为学习需要做好渐进的心理准备，积小方可成大，既不能妄想一步登天，

---

[1] 《荀子·劝学》，5页。
[2] 《荀子·儒效》，68页。

也不能轻视每一个细微的进步。他说，"不积跬步，无以致千里；不积小流，无以成江河。"①从小事做起，珍惜每时每刻，最终必将取得成功。学习还要有锲而不舍的精神，长期坚守，不能懈怠。"真积力久则入，学至乎没而后止也。故学数有终，若其义则不可须臾舍也。"②意思是说，只要真诚地学习、努力地践行，时间久了，必能深入体会其中的乐趣；礼义道德的学习是终生的事业，学习的教程虽有尽头，但进取之愿望却不可以有片刻的松懈。

3. 学习态度——虚壹而静

虚，即虚心，就是在学习时不先入为主，不以已有的见解阻碍认识新事物。壹，即专一，就是精神专注，不因见其他事物而分心。静，即保持头脑清醒，不让无关的思绪或情感来扰乱正常的思维活动。所谓虚壹而静，就是要求学习者在学习过程中保持虚怀若谷、精神专注、头脑清醒的状态，这样才能取得显著的学习成效。荀子很不赞赏那些学识广泛但用心浮躁、不能专一的人，他说："多知而无亲，博学而无方，好多而无定者，君子不与。"③

4. 思维方法——兼陈中衡

荀子认为，"凡人之患，蔽于一曲，而闇于大理。"④意思是，人们在思考问题时很容易犯一个错误，那就是对复杂的事物和现象缺乏全面了解，只见树木，不见森林。这种片面之"蔽"，妨碍了人们对事物的正确认识。为此，荀子提出了"兼陈中衡"的方法。"兼陈"，就是把事物的各个方面或各种情况都展示出来；"中衡"，就是通过比较权衡而确定适当的、中正的。这种思维方法有助于学习者突破自身知识、经验的局限，不固守一端，尽可能地在全面、客观、公正的基础上作出解释和判断。

（四）论教师

荀子高度重视教师对于国家和个体的作用，竭力倡导尊师。从国家层面来看，礼是最高的社会规范，教师则是礼的化身，"无礼，何以正身？无师，吾安知礼之为是也？"⑤由此，荀子将教师提高到与天、地、君、亲并列的地位，强调君与师同为治国之本，教师应该得到广泛尊崇。"国将兴，必贵师而重傅；……国将衰，必贱师而轻傅。"⑥可见，是否尊师关系到国家之兴亡。从个体层面看，教师是学生与经典之间的桥梁、捷径，"人有师法而知，则速通"⑦。正是通过教师的言传身教，那些内容或隐晦或

---

① 《荀子·劝学》，3 页。
② 《荀子·劝学》，4—5 页。
③ 《荀子·大略》，291 页。
④ 《荀子·解蔽》，218 页。
⑤ 《荀子·修身》，14 页。
⑥ 《荀子·大略》，293 页。
⑦ 《荀子·儒效》，68 页。

简约的经典著作才能被学习者所理解和掌握。所以，教师拥有绝对权威，求学必须主动接近贤师，否则难以学习到经典的真义与精髓。

荀子在重视教师、倡导尊师的同时，也对教师提出了相当严格的素质要求。他说："师术有四，而博习不与焉。尊严而惮，可以为师；耆艾而信，可以为师；诵说而不陵不犯，可以为师；知微而论，可以为师。故师术有四，而博习不与焉。"①意思是说，仅仅具有广博的知识还称不上是合格的教师，为师之道在于四个方面：其一，有尊严有威信，使人敬服；其二，有丰富的阅历和崇高的信仰；其三，讲课有条有理、不凌乱且不违反师法；其四，见解精深且能合理表述。

孔、孟、荀是先秦儒家最重要、最具代表性的三位大师。创始人孔子的学说主要见于《论语》，其语言朴素简洁，基本以格言的方式存在，并未构成严密的理论结构体系。孟子和荀子两派各有侧重地发展了孔子的学说，为儒学的演进作出了不同的尝试。相对而言，建立在"人性本善"基础上的孟子的教育理论，以"内发"和"复性"为特征，偏重人才培养的伦理价值；建立在"人性本恶"基础上的荀子的教育理论，以"外铄"和"成性"为特征，偏重人才培养的政治价值。二者培养德才兼备的贤才这一目标是一致的，但发展路向却完全相反，但恰恰是这种相反相成，使儒家教育思想得到了极大的丰富和深化。

第三节
墨家学派的教育思想

墨家学派产生于战国初期，由孔门儒学分化发展而来，与儒家对立，并称"世之显学"。创始人墨子，名翟，鲁国人（一说宋国人），生卒年无从确考，约在公元前468—前376年。出身微贱，生活俭朴，代表"农与工肆之人"的利益；精于手工机械，具有丰富的科技知识。墨子曾"学儒者之业，受孔子之术"，后自立学派，成为学术史上第一个批判儒家的思想家。儒、墨两大学派的论战，真正揭开了战国时期百家争鸣的序幕。墨家学派弟子众多，大部分来自劳动阶层，组织纪律严格，富有团结精神和侠义之风。汉代儒术独尊，墨家思想由此成为绝学。现存《墨子》一书，为墨子的学生及后学所作，共53篇，是研究墨家教育思想的主要材料。

---

① 《荀子·致仕》，141页。

一、论教育作用

(一)教育的社会作用

墨子的政治理想是建立一个"兼相爱、交相利"的社会。他认为，社会冲突的根源就在于人的"自爱"和"自利"。有力气的人不肯以劳助人，有资产的人不愿以财分人，有道义的人不想以教益人，结果是"饥者不得食，寒者不得衣，乱者不得治"①。要想改变这种状况，关键在于"兼相爱，交相利"。兼相爱，是为了打破等级差别；交相利，是为了实现"天下为公"。教育正是实现兼爱社会的必由手段，"天下匹夫徒步之士少知义，而教天下以义者功亦多"②，教育通过教天下人知义而实现社会的完善。

(二)教育的个体作用

墨子反对天命论，认为人性是在后天的环境和教育中形成、变化的。他以染丝为例，说明环境和教育对人的品性形成所具有的重要影响，"染于苍则苍，染于黄则黄，所入者变，其色亦变。"③人的天性如同待染的素丝，成为什么颜色取决于染缸中有什么样的染料。由于人的善恶是后天环境和教育习染所致，并非先天命定，所以，人人都可以受教，人人亦应该受教，而且对于环境和教育必须加以谨慎选择。与孔子"性相近，习相远"的人性观相比，墨子的"素丝说"更明确且富有天赋平等的色彩，其社会意义也更趋于进步。

二、论教育目的

墨家的教育目的是培养兼士(或称贤士)，也就是实现"兼相爱，交相利"社会理想的人。墨子认为用人非贤是社会政治腐败的根源。贵族世袭制度决定了用人唯亲，无德无才之人窃取高位，违法乱纪，由此酿成天下大乱。所以，"尚贤"为从政之本，"贤士"为国家之珍。教育的任务就在于培养急公好义、济世利民、勇于献身的贤能之才。具体来说，兼士应符合三条标准：

(一)厚乎德行

这是对兼士提出的道德要求。兼士应以兴天下之利、除天下之害为己任。在需要

---

① 方勇译注：《墨子》，81 页，北京，中华书局，2015。

② 《墨子·鲁问》，456 页。

③ 《墨子·所染》，13 页。

的时候，能够毫不迟疑地损己利人，"以身之所恶以成人之所急"①。墨家的"仁"比儒家的"仁"更彻底，儒家强调"爱有差等"，而墨家则主张打破一切人为的区别和阻隔，使天下相亲，以四海为家，利用自身去服务于他人。无论贵贱、亲疏、贫富，都能"饥则食之，寒则衣之，疾病侍养之，死丧葬埋之"②。

(二)辩乎言谈

这是对兼士提出的思维论辩要求。兼士应具备良好的逻辑思维能力，以雄辩的逻辑力量"上说下教"，向社会推行兼爱的主张。辩，就是争鸣。争鸣的目的是在论战中取胜，使自家学说得到接纳和传播。关于如何论辩的学问，称"辩术"。战国时期的辩术已经相当成熟，墨子、孟子、荀子、庄子均以善辩著称于世，但只有墨子建立起独立的"辩"学并传授他人。孟、荀、庄的论辩长于机智的"博喻"，而墨子的论辩则以严谨的推理为特征。

(三)博乎道术

这是对兼士提出的知识技能要求。兼士应投身于社会实践，具备兴利除害的各种实际能力。道术所涉及的范围很广，主要包括自然科技知识和军事技术。春秋战国时期战争频繁，兼士欲扶危济困必须精通军事，尤其精于防御战术和防御器械制作。此外，道术也包括经济、文史、政论等方面的知识，只要与改善民众生活、安定社会秩序相关，墨家都采取兼收并蓄的态度。

三、论教育内容

与培养兼士的教育目标相适应，墨子确定了一套富有特色的教育内容体系，大体包括政治与道德、自然科技、文史知识、思维论辩四个方面。墨家以反儒著称，在设置教育内容时同样突破了儒家六艺教育的范畴，特别体现在以下几个方面。

(一)重视自然科技知识

这是儒墨两家在教育内容上的最显著区别。孔子认为自然科技知识与治国安民无关，属于小人之所为，将其排斥在教育内容体系之外。墨子则将自然科技知识列为教育内容的一个重要组成部分。墨家传授的自然科技知识涉及天文学、生物学、数学、力学、光学等多个学科领域，内容既有广度又具深度。例如，数学教学讲到有穷与无

---

① 《墨子·经说上》，340页。
② 《墨子·兼爱下》，139页。

穷、点与线、实与虚、相交、极限等问题，力学教学讲到力的性质、运动、平衡等原理，光学教学中论述光与影的关系、物与像的关系等。

(二)重视思维论辩教育

墨子认为，论辩争鸣要基于事实，合乎逻辑，以理服人。因此，他非常重视对学生进行思维论辩教育。墨家的辩术教育由论辩的标准、原则和方法等多方面构成。"三表法"是辨明是非的标准。"三表"，即"上本之于古者圣王之事""下原察百姓耳目之实""发以为刑政，观其中国家人民百姓之利"①。意思就是，要根据历史的事实和经验、普通民众的体会和感受、是否符合国家人民利益这三条标准，来衡量各种认识和言论是否正确。此外，论辩的基本原则是以类为基础，非"类"不辩；论辩的基本方法是类比推理。

(三)排斥乐教

"乐"在孔子的教育内容体系中占有非常重要的地位，所谓"兴于诗，立于礼，成于乐"。但墨子却主张"非乐"。他承认"乐"本身是美好的，人人想往。不过，正是因为"乐"会吸引人们自觉地追求，所以蕴含了危险。"乐"的最大害处是使人不安于分内之事，导致非分之想和非分之行。妇人不思纺织，农夫不思耕种，士君子不思尽力，王公不思治政，人人耽于享乐，国家必然大乱。鉴于此，墨家得出结论："今天下君子，请将欲求兴天下之利，除天下之害，当在乐之为物，将不可不禁而止也。"②

三、论教育方法

墨家的教育方法非常富有特色，激励师生有所作为、敢于创造，与相对来说较为保守、被动的儒家形成鲜明对比。

(一)主动

儒家主张君子应垂拱等待教育时机，人问则告之，不问则不语。如同一口大钟，"叩则鸣，不叩则不鸣。"墨子反对这种被动的教学观，主张教育者积极主动施教，"虽不叩必鸣"。有人主动求学自然是来者不拒，对于那些不来求学的人也要"强说之"。因为"求善者寡，不强说人，人莫知之也。"③兼士既然心怀道义，理当"勉以教人"，以自

---

① 《墨子·废以为刑政》，286 页。
② 《墨子·非乐》，282 页。
③ 《墨子·公孟》，427 页。

己的言辞和行动去感化大众，影响社会。

(二)创造

儒家主张"述而不作，信而好古"。墨子批评这种保守的态度，提出"古之善者则述之，今之善者则作之，欲善之益多也。"①意思是说，对于古代的优秀成果要继承，在今天则要创造出新的成果，从而使好的事物更多一些。这种"述且作"的主张，既反映了墨家对待传统文化的正确态度，也体现了他们倡导创新的可贵思想。

(三)量力

墨家要求学生珍惜光阴，强力而行。与此同时，也强调教育要循序渐进、量力而为。教育中的"量力"应指向于三个方面：其一，量"精力"，根据学生的实际精力设定教学内容的多少，当增则增，当减则减。其二，量"能力"，根据学生的学习程度和接受能力设定教学内容的难易水平，深者益深，浅者益浅。其三，量"才力"，根据学生的个性和特长确定教学的目标方向，"能谈辩者谈辩，能说书者说书，能从事者从事"②。

总体而言，墨家的教育思想称不上系统严整，经验主义和理想主义色彩相当明显，但其中蕴含着很多令人耳目一新的合理主张，特别是以自然科技知识和思维论辩术为主体的教育内容体系。墨家学派以实利济世为宗旨，以实用知识为内容，以操作训练为基本形式的教育思想和实践，为中国教育史留下了一份独特而宝贵的精神遗产。

第四节
道家学派的教育思想

道家学派始于春秋而盛于战国，因以"道"为关注的中心问题而得名。创始人老子（约公元前 571—前 471），又称老聃、李耳，字伯阳，楚国人。曾为周朝的守藏史，闻见广博，富有智慧。与儒、墨、法各家积极入世的"有为"思想不同，老子主张"自然""无为"，其思想以哲学思辨见长。晚年隐居，著有《道德经》五千言，即《老子》。老子之后，道家最重要的代表人物是庄子，与老子并称为"老庄"。庄子（约公元前 369—前286），名周，字子休，宋国人。他发展了老子的人生哲学，鄙弃名利，崇尚自然。代

---

① 《墨子·耕柱》，405 页。
② 《墨子·耕柱》，395—396 页。

表作《庄子》，现存 33 篇。

一、论教育作用

老子认为，道，是万物之本源，是"天下母"。人类的一切活动都应当取法于"道"，教育同样要以"道"为根本。道的本质特征在于自然无为，顺应万物而不加干涉。因此，教育不是在人身上施加文明影响的过程，而是把得之于社会的影响逐渐损弃的过程，也就是"为学者日益，为道者日损。"[①] 庄子提出，名和知是人生的两大凶器，教育不应使人以有限的生命去追求无尽的知识，那样只会使人的心灵疲惫不堪。教育的作用在于使人"复归于朴"，也就是恢复到如婴儿般无知无欲的素朴状态。

在道家看来，通过教育使人返璞归真具有重要的社会意义。道德、知识、法律等智慧文明的产生发展过程，正是人类不断堕落的过程，"大道废，有仁义；智慧出，有大伪；六亲不和，有孝慈；国家昏乱，有贞臣。"[②] 文明带来了社会罪恶，为了去除罪恶就必须抛弃文明——绝仁弃义、绝圣弃智、绝巧弃利。为此，老子倡导"无为"，主张行"不言之教"。"无为"，并非消极不为，而是不凭主观意志强为。教育要依据事物的发展变化规律，创造条件，促使事物自行发生变化。无为则无不为，如此才能消除社会动乱，实现长治久安。

二、论理想人格

道家追求的最高范畴是"道"，然而"道可道，非常道"，永恒不变的常道难以言说、虚无缥缈。因此，老子修道旨在与道同隐，隐而不争，居而忘名。这与儒、墨、法各家的人才培养指向形成了鲜明对比，勾勒出了一幅破除世俗名利羁绊的"隐士"形象。

庄子进一步发挥了老子的思想，将心中的理想人格定义为凭借天地之道而遨游于无穷之境，无所依赖，无所限制，消融于自然的至人、神人、圣人。他说："若夫乘天地之正，而御六气之辩，以游无穷者，彼且恶乎待哉？故曰：至人无己，神人无功，圣人无名。"[③] 这种特立独行的理想人格，不仅破除了名利的束缚，而且摆脱了生死的忧虑，心灵不为外物所主宰和役使。犹如游龙，时进时退、忽上忽下，尽情遨游于天地之间，体悟生之快乐。庄子无视世俗社会的价值标准，将精神的绝对自由（即逍遥）作为理想追求，虽然有其浪漫主义和个人主义的缺陷，但引人深思，提醒人们回到起点，

---

① 汤漳平、王朝华译：《老子》，190 页，北京，中华书局，2014。

② 《老子》十八章，70 页。

③ （清）王先谦集解，方勇点校：《庄子·逍遥游》，5 页，上海，上海古籍出版社，2020。

重新审视教育目的本身的合理性。

三、论学习方法

道家主张"绝学无忧"[①]，但并非完全排斥学习。他们反对的是学习那些有违自然的"人为"知识。"人为"知识学的越多，离开"道"就越远，学习过程就将变为背"道"而驰。基于此，道家对于如何学习提出了一些独特的见解。

（一）致虚

致虚，就是平心静气，排除一切主观人为的影响，按照事物的本来面目去认识事物。老子说："致虚极，守静笃。万物并作，吾以观复。夫物芸芸，各复归其根。"[②]意思是，内心既已清虚，就应坚守这种清静之状；由此心灵才能同时观照到万物的生长和循环往复；明白尽管世间事物变化纷纭，但最后都各自回到它的起点。为了做到虚静，必须清除杂念，破除小我己见。"不自见，故明；不自是，故彰；不自伐，故有功；不自矜，故长。"[③]摆脱了固执己见、自以为是、自我炫耀、自高自大等问题，人的心灵才会清明，也才能达于成功。

（二）观双

观双，就是观照二者之间的相互依存和相互转化，即采取辩证的态度认识事物，避免以偏概全。《老子》一书中提出了很多相对的范畴，如：刚柔、损益、福祸、荣辱、智愚、巧朴、轻重、虚实等。这些范畴最终都归结为"无"与"有"的对立统一。"无名，万物之始也；有名，万物之母也。故常无欲，以观其妙；常有欲，以观其徼。此两者，同出而异名。"[④]既要从"无"的方面去认知"道"的精深微妙，又要从"有"的方面去认识"物"的终极意义。能够综合这两个方面来认识事物，就是进入"学道"的大门了。

（三）存疑

道家崇尚自然，反对教条，主张对于自然现象、社会规则、圣贤言论等都要采取质疑的态度。庄子在《大宗师》中提出，"知天之所为，知人之所为者，至矣。"知道自然的作为，并且了解人的作为，这就达到了认识的最高境界。虽然这样，可还是存在着忧患。"夫知有所待而后当，其所待者特未定也。庸讵知吾所谓天之非人乎？所谓人之

---

① 《老子》十九章，73 页。
② 《老子》十六章，61 页。
③ 《老子》二十二章，86 页。
④ 《老子》一章，2 页。

非天乎?"人们的知识一定要有所依凭才能认定是否恰当，而认识的对象却是不稳定的。怎么知道我所说的本于自然的东西不是出于人为呢？怎么知道我所说的人为的东西又不是出于自然呢？因此，求知学道不能完全依赖书本，要敢于对经典、对权威提出质疑，避免在学习中陷入盲从和僵化。

四、论教师

老子相信"知者不言，言者不知"，主张教师施行"不言之教"。所谓不言，并非真的不讲话，而是要求教师把握自然之道，按照自然规律施教，不对学生加以人为的强制。"天地有大美而不言，四时有明法而不议，万物有成理而不说。"[1]言本是意的工具。当人把握了意义，就应该忘掉语言，以免它干扰意义。天地有大美却不言语，四时有明显的规律却不议论，万物有生成的道理却不说话。所以，教育也应取法于天地，避免过多的灌输和教导。

高水平的教学应该像流水一般，滋润万物而不争。"善行无辙迹，善言无瑕谪，善数不用筹策"[2]，善于行路的人根本不会让人看到车辙的痕迹，善于言词的人滴水不漏、无可指责，善于计算的人根本不用筹码。教师很少说话，是为了让学生在接受教育的同时不感觉有负担，让学生享受自觉自悟的愉悦。"不言之教"要求教师必须以身作则，通过自身的言行为学生树立典范。

道家的教育思想具有鲜明的自然主义倾向，他们敏锐地看到社会文明发展对于人类自然本性所造成的压抑和伤害，由此提出遵循自然规律、尊重人的自主意识、发挥主体内在自觉的教育主张。尽管道家排斥一切社会文明成果的做法显示了它消极、偏激的一面，但其清新独到的教育理念、超越世俗的理想人格追求，带给后人诸多启发。如果说儒家的教育思想为人生注入了伦理化、道德化的内涵，那么道家的教育思想则开启了人生哲理化、审美化的道路。

第五节
法家学派的教育思想

法家是战国时期的主要学派之一，其思想渊源可追溯到春秋时期在齐国成功推行

---

① 《庄子·知北游》，251页。
② 《老子》二十七章，104页。

变法的管仲。此后，李悝、商鞅、吴起等人使其渐趋成形，战国后期韩非最终完成了法家理论的系统化。李悝（约公元前 450—前 390），魏国人，是最早从学者立场、以法理为依据论法的法家人物，著有中国第一部刑法法典——《法经》。商鞅（约公元前 390—前 338），卫国人，受业于李悝，著有《商君书》，他的言论和实践促使法家与儒家形成了真正的对立。韩非（约公元前 280—前 233），韩国人，法家思想的集大成者。他继承并发展了商鞅的思想，著有《韩非子》，其学说为秦始皇建立统一的中央集权帝国提供了有力的理论武器。

一、论教育作用

法家认为，趋利避害是人的本性，人心总是利己而害人。"夫凡人之情，见利莫能勿就，见害莫能勿避。"①上至君主大臣，下至士农工商，无论贵贱人人皆是。在处理相互关系时，父子君臣之间都是基于自身的利害得失，以计算之心相待。这种逐利的本性不是道德教育的力量所能改变的。既然不能指望人自觉为善，也无法借助教育使人改恶为善，那么，唯一的对策就是设法使人不得为非，也就是利用严刑峻法约束、控制人的行为，从而实现社会安定。如韩非所言："夫严家无悍虏，而慈母有败子。吾以此知威势之可以禁暴，而德厚之不足以止乱也。"②基于这样的思维逻辑，法家坚决反对儒家温情脉脉的仁义礼智教育，转而提倡赏罚分明的法治教育。法治教育的作用在于，矫正人性的自私，即通过赏罚使民众"变其节，易其行"。以赏诱之，以罚禁之，由此使民众的"私利"朝着"公利"转化，使人的自然性（私利）与社会性（公利）得到协调统一。

二、禁私学，倡耕战

为了统一思想，使万民之心归服，法家主张设立法令禁止私学。商鞅认为，私人讲学各擅自说，蛊惑人心，造成思想纷乱，不利于"法"的推行。"辩慧，乱之赞也；礼乐，淫佚之征也；慈仁，过之母也。"③巧言善辩、聪明有智谋，是民众违法乱纪的助手；礼乐，是导致民众放荡的原因；仁慈，是犯罪的根源。尤其是儒家所倡导的诗书、礼乐、仁义、孝悌，对于国家就像虱子一样有害。韩非更是将儒生视作"五蠹"之首，认为正是他们扰乱法纪、败坏世风，导致国贫兵弱。所以，对那些博学诗书、擅长谈辩、精于礼乐的文士，应采取禁之、贱之的态度，使他们失去尊贵的地位；对那些导

---

① 刘晓艺校点：《管子·禁藏》，358 页，上海，上海古籍出版社，2015。
② 唐敬果选注：《韩非子·显学》，129—130 页，北京，商务印书馆，1930。
③ 商鞅、韩非子著：《商君书·韩非子》，张觉点校，18 页，长沙，岳麓书社，1990。

致"二心"、破坏统一的私家学派，则应"禁其行""破其群""散其党"。

在对百家之学实行"禁言壹教"的同时，法家大力倡导培养勤耕善战之农士。春秋战国时期，农业和军事原本就是决定诸侯国存亡兴衰的两大要务，而法家更是从法制的角度，将"耕战"推到了前所未有的高度。商鞅指出，必须通过法律手段设立各种官职和荣誉，使民众认识到求取官爵要凭借耕战之功而不是靠花言巧语。韩非以耕战的实用效果为依据，批评其他学派人才培养目标的不足取，他说："博习辩智如孔、墨，孔、墨不耕耨，则国何得焉？修孝寡欲如曾、史，曾、史不战攻，则国何利焉？"[①]像孔子和墨子那样知识渊博、机智巧辩的人，像曾参和史鲍那样讲究孝道、清心寡欲的人，如果他们不从事农耕、不参加作战，对国家能有什么益处呢？由此可见，法家禁私学、倡耕战的实际意图是推行一种社会教育，使民众思想统一、遵纪守法、积极从事耕战。

三、论教育内容——"以法为教"

儒家倡导"以德治国"，故以诗书礼乐为教育内容的主体；法家主张"不务德而务法"，故猛烈抨击诗书礼乐，将"法"作为教育的基本内容。所谓"法"，就是统治集团颁布的有关政治、经济和文化等方面的政策、法令。法家相信，正法严刑是去除祸乱，维护社会安定的良方。"以法为教"，就是推行法制教育，使万民都清楚地知道如何避免自己的行为触犯法律。法令是全体国民都要遵循的，因此，法制教育具有全民性。教育的任务就是使每个人都能够知法、畏法、守法，使法令深入人心。

法令的价值在于确定名分。商鞅在《定分》中举例说，一只兔子跑了，一百个人蜂拥而上、围追堵截，并不是说捉到兔子后每人都能分得一份，而是因为兔子的所有权没有确定。名分未定，故任何人都可以追逐。所以，法令必须具有严肃性和权威性。一经制定，不得随意更改，"有敢剟定法令，损益一字以上，罪死不赦。"[②]此外，法令本身必须简明、通俗，使愚者和贤者都能理解。如果法令不明，即便是尧舜这样的圣人也有可能改变节操去做坏事。

四、论教育方法——"以吏为师"

在法家看来，教育的唯一内容是法律，而向整个社会传授、推广法律的教育手段就是"以吏为师"。吏师，是一些精通法令条文的官吏，以解释、宣传法令为职责，他们是法令与百姓之间必备的中介环节。商鞅认为，没有教师的传授，人们就对法令会

---

① 《韩非子·八说》，101 页。
② 《商君书·韩非子》，52 页。

产生曲解和误读。所以，一定要认真选拔、精心培养一些通晓法令的官吏，作为天下人学习法的教师；还要建立吏师制度，从中央到地方形成覆盖全国的吏师网络，使法制教育能够推广到社会各个阶层。吏师责任重大，国家每年公布一次法令，主管法令的吏师要先学习和熟知，然后教民。教民的方式基本为问答。官员和民众询问法令条文，吏师必须给予确切答复。一旦证实吏师没有答复或错误答复，将按律惩处。

为了引导民众自觉自愿地遵守法律、投身耕战，法家还提出了"信赏必罚"的主张。赏，就是以利诱人，用丰厚的奖赏取信于民，使他们乐于从事耕战。罚，就是通过刑律禁止某些行为。法家认为"赏"只是"罚"的辅助手段，因此一向重罚轻赏，主张实施严刑峻法。

法家学派重功利轻言辞、重践行轻论说，克服了儒家空谈仁义道德的"迂阔"之弊，其思想适应社会政治的现实需求，具有独到之处。但是，"以法为教"，排斥文化知识和道德教育；"以吏为师"，否定学校和专职教师的存在价值；禁百家之学，桎梏思想和言论自由，这些主张具有明显的极端性和片面性。法家的教育思想和实践直接导致了中国古代文化教育领域的一次大规模倒退，给后世留下了深刻的教训。

第六节
战国后期的重要教育论著

战国末年，在经历了长时间的思想学术争鸣之后，各大学派都开始对自家学说进行理论总结，集中论述教育问题的理论著作不断涌现。这些教育论著思想深刻、观点鲜明、涉及问题广泛，共同促成了中国古代教育理论发展的一个高峰。其中，最具代表性和影响力的是儒家经典《礼记》中的三个篇章——《大学》《中庸》《学记》。

一、《大学》中的教育思想

《大学》是先秦时期儒家道德教育的重要文献。文中明确阐释了大学教育①的基本纲领和程序步骤，体系完整、逻辑严密。宋代理学家认为它是"初学入德之门"，故将其列作四书之首，成为后世的基本教材之一。

格物致知

---

① 中国古代的"大学"是与"小学"相对的一个概念，以 15 岁为年龄分界，小学的教育内容是"小艺"和"小节"（初级文化知识和道德规范），大学的教育内容则是"大艺"和"大节"。

(一)"三纲领"

"大学之道，在明明德，在亲民，在止于至善。"这是对大学教育目的的纲领性概括。明明德，就是使天生的善性——"明德"得到明复和发扬。亲民，即新民，就是推己及人，把个人自身的善转化为他人乃至全体民众的善。止于至善，就是以达到至善的境界为最终目标。每个人的身份不同，至善的境界要求亦不同，"为人君止于仁，为人臣止于敬，为人子止于孝，为人父止于慈，为国人交止于信。"

"三纲领"以思孟学派的性善论为出发点，由个人的道德修养延伸至整个社会的革故鼎新，充分体现了儒家以教化为手段的仁政、德治思想。

(二)"八条目"

为实现"三纲领"的教育目的，《大学》进一步提出了八个教育步骤：格物、致知、诚意、正心、修身、齐家、治国、平天下。"八条目"由小到大、由近及远、由浅入深，构成了一个前后相续、环环相扣的完整的道德教育过程。

(1)格物、致知，是大学教育的初始阶段。其任务在于学习儒家德行艺能等方面的知识，并加以综合，达到融会贯通。

(2)诚意、正心、修身，属于意志和情感方面的综合修养阶段。诚意，指意念和动机的纯正；正心，指摆脱情绪的影响，保持认识的中正和信念的坚定；修身，指超越个人的自省和自律，在与他人的相互关系中再认识和提高自我。

(3)齐家、治国、平天下，是大学教育的实践目标。前文所述的五个环节都是做"修己"的功夫，"修己"是"治人"的前提，"治人"是"修己"的目的。所谓齐家，即在修身的基础上，成为家族的楷模，为人效法。治国是齐家的扩大和深化，平天下则是治国的扩大和深化。可见，儒家为政以德的基本精神是一以贯之的。

二、《中庸》中的教育思想

《中庸》是一篇阐述儒家教育哲学思想的作品，文中将"中庸"确定为最高的道德标准，要求人们在道德修身和为人处世的过程中做到不偏不倚、安于本分、中正平和。以此为出发点，《中庸》对于教育作用、教育途径和学习过程等问题进行了集中论述。经过宋代教育家朱熹的整理，本篇也列入《四书》。

(一)论教育作用："性"与"教"的关系

《中庸》开篇提出了这样的命题——"天命之谓性，率性之谓道，修道之谓教。"意思是：上天所赋予的叫作性，顺从和发扬这种本性叫作道，修明推广此道叫作教。从这句话中可以发现三层含义，第一，人性是与生俱来的秉性，具有趋善性；第二，对待人性的正确态度应该是保存和扩充，使善性发扬光大；第三，人性要得到保存和发扬，需要依靠教育的力量。通过这样的论说，儒家将先天的人性与后天的教育联系起来，彰显出学习和教育对于人性发展的重要性。

(二)论教育途径："尊德性"与"道问学"

《中庸》提出，人可以通过两条途径得到完善。其一，尊德性，就是尊崇德性，发掘自身的先天善性；其二，道问学，就是注重学习和询问，向外部世界求得文化知识。这两条途径是相辅相成的，学习和教育需要以人性为依据，人性的完善需要借助于学习和教育。无论是内省还是外求，共同的目的都是提升自身的修养，"致广大而尽精微，极高明而道中庸"。身居上位时不会骄慢，身居下位时不会背叛。

(三)论学习过程：学、问、思、辨、行

《中庸》将学习过程概括为五个彼此衔接的步骤：博学之，审问之，慎思之，明辨之，笃行之。博学，就是广泛地学习多方面知识；审问，就是对所学的知识内容设问置疑；慎思，就是对审问过的内容进行谨慎的思考；明辨，就是通过慎思而明确是非真伪；笃行，就是将明辨的结论付诸行动。"学、问、思、辨、行"这五个步骤是对孔子的"学、思、行"思想和荀子的"闻、见、知、行"思想的继承与发展，被后世学者引为求知为学的基本方法，流传久远。

三、《学记》中的教育思想

《学记》是中国古代最早的一篇专门论述教育问题的著作，是对先秦时期儒家教育教学活动的理论总结。全文仅1200余字，篇幅短小但体系完备、内容丰富、论述精当。文中主要涉及以下几方面问题。

(一)教育作用

从儒家的德治思想出发，《学记》将教育的作用凝练为"建国君民"和"化民成俗"。统治者要想建设国家、教化臣民，必须把教育放在优先的位置。这是因为，人虽然具有天生的善性，但不经过教育的仔细雕琢，就无法懂得道理，更不能遵守君主的法令。君主治理国家仅凭借发布政令、求贤就士等手段是不够的，必须通过兴办学校培养人才，通过广施教化提高全民的道德素养，由此民众才能自觉遵守社会秩序，维护国家利益。换言之，教育的作用在于为政治服务，就这样，《学记》将教育与个人发展、社会进步紧密联系在一起，教育是实现政治理想的重要手段。

(二)教育制度与学校管理

1. 关于学制的设想

《学记》以托古的方式提出了一个从地方到中央按行政区划建制设学的学制构想，"古之教者，家有塾，党有庠，术有序，国有学。"家、党、术、国是由低到高的行政区域，塾、庠、序、学则是与之相对的不同等级的学校。

2. 教育进程与考核制度

《学记》将大学的修业年限确定为九年，入学后每隔一年考查一次，考查内容的侧重点各不相同，体现了德智并重、循序渐进的特点。"一年视离经辨志；三年视敬业乐群；五年视博习亲师；七年视论学取友，谓之小成。九年知类通达，强立而不反，谓之大成。"第一年考查明析经义的能力和学习的志趣；第三年考查学习是否专心，同学相处是否团结友爱；第五年考查学识广博的程度，与教师是否亲密无间；第七年考查学术见解的水平和交游择友的能力，合格者为"小成"；第九年考查学业能否触类旁通，志向能否坚定不移，合格者为"大成"。

3. 学校管理

《学记》提出了大学教育的七项要旨，"大学始教，皮弁祭菜，示敬道也。宵雅肄三，官其始也。入学鼓箧，孙其业也。夏楚二物，收其威也。未卜禘不视学，游其志也。时观而弗语，存其心也。幼者听而弗问，学不躐等也。此七者，教之大伦也。"这七项要旨是大学进行日常教育教学管理的基本规程和行动指南，涉及新生入学教育、课堂教学管理、政府官员视学等多个层面，明确、具体，具有很强的指导性。

(三)教育教学原则

《学记》在总结先秦各学派经验的基础上，提出了一套精辟且深刻的教育教学原则体系。这是《学记》最为后人称道的精华所在。

1. 预时孙摩

《学记》提出，教育要想取得成功，必须遵循四个具体原则，"禁于未发之谓预；当其可之谓时；不凌节而施之谓孙；相观而善之谓摩。"预，就是预防，要提前预计到学生可能产生的不良倾向，采取措施预先防止。时，就是及时，要抓住学习的恰当时机，及时施教，否则"勤苦而难成"。孙，就是顺序，要遵循一定的规律循序渐进，否则会使学生深感困苦却没有收益。摩，就是观摩，师友之间切磋琢磨，共同进步。

2. 启发诱导

《学记》继承并发扬了孔子启发性教学的思想，提出"君子之教，喻也。道而弗牵；强而弗抑；开而弗达。道而弗牵则和；强而弗抑则易；开而弗达则思。"意思是说，教师要积极引导而不是硬牵着学生走，这样师生关系才会和睦融洽；督促劝勉学生但不强迫和压抑，这样学生才会感到学习虽有压力但却容易达到目标；引导学生打开思路但不要提供现成答案，这样才能养成学生独立思考的习惯。

3. 长善救失

人在学习时容易出现四种失误，"或失则多，或失则寡，或失则易，或失则止。此四者，心之莫同也。知其心，然后能救其失也。"贪多务得、狭窄片面、浮躁自满、畏难而退，这四种缺点在不同学生身上表现不同，产生的原因亦不同。作为教师，必须了解学生的心理差异和问题症结，发扬其优点，克服其缺点。

4. 藏息相辅

正课学习和课外活动必须兼顾，相互促进，"大学之教也，时教必有正业，退息必有居学。"《学记》认为，丰富多彩的课外活动是正课学习的继续和补充，"不兴其艺，不能乐学。故君子之于学也，藏焉修焉，息焉游焉。"所以，教师要有意识地引导学生处理好课内学习与课外活动之间的关系。正课学习时，目标明确，学有所成；课外活动时，积极投入，兴意盎然。"藏"与"息"相辅相成，教学活动才能变得张弛有度、充满乐趣。

(四)论教师

1. 教师的地位——尊师重道

《学记》进一步发挥了先秦儒家重视教师的优良传统，提出"凡学之道，严师为难。师严然后道尊，道尊然后民知敬学。"意思是说，在教育工作中，最难能可贵的就是尊师。只有尊重教师才能重视他传授的道，进而百姓才会形成敬学的风尚。因此，君主要树立榜样，率先尊师。

2. 对教师的要求——教学相长

《学记》对教师提出了很多严格要求，涉及知识、品德、理论、技巧等各个方面，如"能博喻然后能为师""学者有四失，教者必知之""记问之学，不足以为人师"等。除此之外，《学记》在教育史上首次提出"教学相长"这一重要命题。"学然后知不足，教然后知困。知不足，然后能自反也；知困，然后能自强也。故曰：教学相长也。"这是对教师如何实现自我提高而提出的一个要求①，本意是指教师自身的学习是一种学习，教导学生的过程也是一种学习，"教"能激发教师去"学"，反过来教师的"学"又会促进"教"。读书和教学实践这两种学习活动相互作用，才能推动教师不断进步。

《学记》对先秦时期的教育思想、教育实践进行了系统的概括和总结，是研究中国古代教育的一份宝贵资料。文中阐述的内容涵盖了教育学的各个基本问题，被认为是

---

① 后人对"教学相长"的解释大多为引申义，指教师和学生双方在教学过程中相互促进，共同提高。

中国"教育学的雏形"。《学记》不仅对中国古代教育的发展产生了深远影响，时至今日仍具有重要的参考价值，值得人们反复地认真研读、借鉴。

自测题 >

一、单项选择题

1. 提出"有教无类"主张的是(　　)。

    A. 孔子　　　　　　B. 孟子　　　　　　C. 墨子　　　　　　D. 韩非

2. 将自然科技知识作为重要教育内容的是(　　)学派。

    A. 儒家　　　　　　B. 墨家　　　　　　C. 道家　　　　　　D. 法家

3. 下述思想属于法家的是(　　)。

    A. 学而优则仕　　B. 兼陈中衡　　　　C. 道法自然　　　　D. 以吏为师

4. 提出"三纲领"和"八条目"的著作是(　　)。

    A.《大学》　　　　B.《中庸》　　　　C.《论语》　　　　D.《学记》

二、简答题

1. 简述春秋战国时期私学兴起的原因及特点。

2. 比较儒家和墨家教育思想的异同。

3. 比较孟子和荀子教育作用观的异同。

4. 评论法家教育思想的得与失。

三、论述题

1. 论述并评价孔子在教育史上所作的主要贡献。

2. 论述《学记》中关于教育教学原则的主张。

四、资料分析

根据下述资料，分析先秦时期儒家学派关于教师的基本观点。

孔子："后生可畏，焉知来者之不如今也。""温故而知新，可以为师矣。"

孟子："人之患在好为人师。""予不屑之教诲也者，是亦教诲之而已矣。"

荀子："故人无师无法而知，则必为盗；勇，则必为贼；云能，则必为乱；察，则必为怪；辩，则必为诞。人有师有法而知，则速通；勇，则速威；云能，则速成；察，则速尽；辩，则速论。故有师法者，人之大宝也；无师法者，人之大殃也。"

拓展阅读推介 >

1　李泽厚：《论语今读》，中华书局，2015

此书是对儒家原典思想的现代阐释。《论语》中的思想代代相传，长久地渗透在中国两千年来的政教体制、社会习俗、心理习惯和日常言行之中，是中国文化的"心魂"所在。作者围绕"今日如何读《论语》"这一中心，与孔子展开对话，利用当代的语言和观念进行译注、评论和阐释，赋予《论语》以新的意义。

2　高时良译注：《学记》，人民教育出版社，2016

此书是在译者原著《学记评注》(1982)、《学记研究》(2006)基础上修订而成。全书共四编。第一编考释《学记》的写作背景和作者的学术流派属性。第二、第三编对《学记》正文进行校文、注音、释义、译意、评说。第四编评估历代《学记》注释，和《学记》在中国及世界教育学史中的地位及影响。全书征引翔实，解释明晰，分析全面。

第二编　秦至清末的教育

概　说

　　从秦建立中国历史上第一个统一的封建王朝到清末鸦片战争爆发前，中华大地虽历经了无数次的改朝换代，但中华文明却通过教育这一传递方式，维持两千多年绵延未绝。其中贯穿始终的是三条线索：即儒学在教育中核心地位的确立及后续发展；选士制度的进化历程及至科举制的完善；官办教育体系经历的建立、完备和衰败过程，以及私学与之形成的此消彼长。

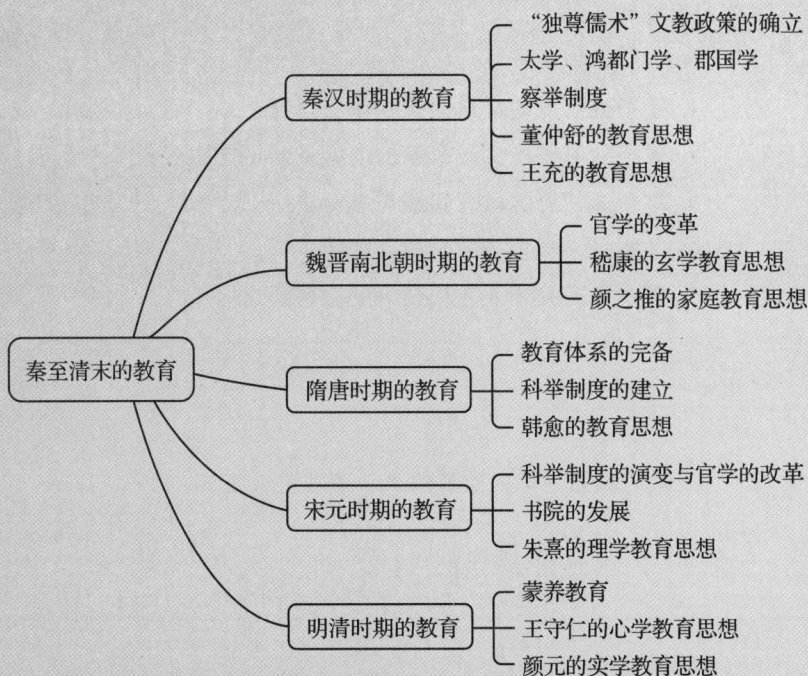

```
                                   ┌─ "独尊儒术"文教政策的确立
                                   ├─ 太学、鸿都门学、郡国学
                      秦汉时期的教育 ─┼─ 察举制度
                                   ├─ 董仲舒的教育思想
                                   └─ 王充的教育思想

                                        ┌─ 官学的变革
                    魏晋南北朝时期的教育 ─┼─ 嵇康的玄学教育思想
                                        └─ 颜之推的家庭教育思想

秦至清末的教育 ─┤                            ┌─ 教育体系的完备
                      隋唐时期的教育 ─────────┼─ 科举制度的建立
                                            └─ 韩愈的教育思想

                                        ┌─ 科举制度的演变与官学的改革
                      宋元时期的教育 ─────┼─ 书院的发展
                                        └─ 朱熹的理学教育思想

                                        ┌─ 蒙养教育
                      明清时期的教育 ─────┼─ 王守仁的心学教育思想
                                        └─ 颜元的实学教育思想
```

第三章

秦汉时期的教育

学习目标

1. 了解秦汉时期文教政策的确立过程；
2. 掌握独尊儒术文教政策的内容及对中国古代教育的影响；
3. 掌握董仲舒的教育实践与教育思想；
4. 了解汉代学校与经学教育的特点；
5. 掌握王充关于人才和知识的教育理念。

重要概念

太学　鸿都门学　独尊儒术　董仲舒　王充

秦代作为中国历史上第一个统一的封建王朝，应用法家思想，建立了维护国家统一和君主集权的文教政策。其后的汉代则在中国教育史上占据极其重要的地位。在这一时期，影响中国社会两千多年的儒学上升为政治统治的核心理念，儒家经学也开始成为社会教育的主体内容。其中，董仲舒以孔孟的"仁""义"为儒家的基本理论，结合"春秋公羊学"与"易经阴阳学"的思想，把各家各派有利于"一统"的学说在孔子的名义下统一起来，形成了一个庞大的新儒学体系，被汉武帝接纳并定位正塑，形成了"独尊儒术"的文教政策。这一政策的确立，使教育在社会政治和社会生活中的地位空前提高，使儒学在全社会的教育观念和教育实施方面都处于主导和支配地位。

第一节
国家教育体制的确立

一、秦汉的文教政策

(一)秦代的文教政策

公元前 221 年，秦灭六国，建立了中国历史上第一个大一统的封建王朝。为了贯彻中央集权的统治制度，秦朝以法家思想指导教育实践，在文化教育上采取了一系列措施，主要包括：

1. 统一文字

先秦时期，由于各诸侯国的地理条件和文化传统不同，所用文字也有差异，不利于秦统一后政令的推行。因此，秦朝建立以后，以小篆为文字形体的标准，采取"书同文"的政策。这是使汉字走向统一、规范、定型过程中的关键性一步。文字的统一，对中国古代教育发展无疑具有重大贡献，对形成中华民族统一的文化心理也有不可轻视的作用。

2. 严禁私学

在中国教育史上，春秋战国时期是私学发展的鼎盛时期。秦统一六国后，出于加强中央集权的君主专制政治需要，严禁私学，并采取了"焚书""坑儒"等残暴措施来达到这一目的。

3. 吏师制度

为了达到思想的高度统一，使法家思想深入人心，秦采取了由执法官吏担任教师的教育政策。这种将官与师结合起来，取消专职教师的制度，无疑是教育发展史上的一次倒退。

(二)汉代的文教政策

汉初总结了秦朝速亡的教训，摒弃严刑酷法，奉行"无为而治"的黄老学说。到汉武帝时期，国力已基本恢复，社会也面临着新的危机，"无为而治"已经不能适应封建统治的需要，必须采取新的政策。于是，在文教方面，汉武帝采纳了董仲舒在《对贤良策》(又称《天人三策》)中提出的三大建议，即"推明孔氏，抑黜百家"；"兴太学以养士"；"重视选举，任贤使能"。特别是在学术思想方面，主张罢黜百家，独尊儒术，"诸不在六艺之科、孔子之术者皆绝其道，勿使并进"。确立了以"罢黜百家，独尊儒术"为中心的文教政策。为确保儒术"独尊"，采取了以下几项主要措施：

1."罢黜百家，独尊儒术"

董仲舒主张以儒家思想作为统一思想学术的准绳。他提出天人感应说，认为"天"是主宰一切的有意志的神。帝王"受命于天"，"天不变，道亦不变"。但他指出，政令的统一必须以思想学术的统一为前提。因为儒家重视正名定分，最适合于封建中央政体的需要，所以董仲舒主张儒家思想作为统一思想学术的准绳。他在《对贤良策》中说："诸不在六艺之科，孔子之术者，皆绝其道，勿使并进。邪辟之说灭息，然后统纪可一而法度可明，民知所以矣。"(《汉书·董仲舒传》)绝其道并不是要取缔各种学术，而是不给它们以发展的条件。通过大力尊崇儒学，给予培养和做官的前途，自然成为大多数士人的追求方向，其他学派也就难以与之"并进"了。董仲舒这一"罢黜百家，独尊儒术"的政策建议，被汉武帝采纳，开了中国封建社会以儒家为"正统"的先河。

汉武帝还下令设立五经博士，作为贯彻"罢黜百家，独尊儒术"的配套政策。博士始置于战国，原是掌管典籍簿册的咨政议政官员，诸子、术数、方技等都立博士。"五经"即儒家的《诗》《书》《礼》《易》《春秋》五种经典。汉武帝建元五年(公元前136年)置五经博士。原来的传记、诸子等博士则因历久不置而废。此后，博士的职位就只有被官方认可的儒家五经大师才能担任，其他学派虽然没有被明令取缔，但已不能取得官方学术的地位了。由于博士的殊荣只给儒家学者，太学里传授的是儒学经典，高官厚禄也只送给那些精通儒学的人，因此，儒学很快就取得了独尊的地位。

2. 兴太学以养士

太学的设立，是中国教育史上的一件大事，汉后各代王朝都依例设立。董仲舒反对当时"任子"和"訾选"的入仕制度，认为选用官吏应以"量材而授官，录德而定位"为原则，只有贤能的官吏才能担当起教化人民的职责。于是他提出朝廷求得贤才最根本、最可靠的方法是兴办太学，教育培养贤士。太学设在国都，在朝廷的直接管辖下，聘请高明的教师培养天下的士人，并需要对他们经常的考查提问，以发展他们的才能。

董仲舒具体规定了儒家的《诗》《书》《礼》《乐》《易》《春秋》六经作为太学的教材。他说："《诗》《书》序其志，《礼》《乐》纯其美，《易》《春秋》明其知。"六经各有自己的特殊作用。由于太学培养出来的人才，受过系统的儒家经典的教育，选派他们担任各级官吏，便可以按照儒家的一套统治术去教化万民。太学的兴办，使政府得以直接操纵教育大权，决定人才的培养目标，也是独尊儒学的重要手段之一。

3. 重选举——察举制的确立

所谓察举，就是由皇帝下诏公开征求人才，由中央和地方各级主管官员将本人发现或民间公认的出众人才，向各级政府推荐，经过一定形式的考察后择优录用、授予官职的整个过程。察举在汉初已有施行，汉文帝曾两次下诏举贤良；汉武帝时采纳董仲舒的建议，于元光元年(公元前134年)下诏郡国每年察举孝者、廉者各一人。自此通过高级官吏荐举人才，并用"对策"的方式加以选拔，开始成为制度化定例。此后，地方官吏按照一定的标准，把各地品德高尚、才干出众、学识渊博的平民或下级官吏推荐给朝廷，由朝廷直接任官，或经过某种形式的考核，择优录用。因此，察举的本质是一种自下而上推选人才为官的制度。

察举的名目很多，大致分为两类：一类属常科，又作岁举，即为每年定时由各州郡长官按规定名额向朝廷荐举人才之制，主要包括孝廉、秀才(东汉为避光武帝刘秀之讳改作茂才)等科；另一类属非常科，或作特科、特举，即根据皇帝需要临时指定的特别选士科目，包括贤良方正(贤良文学)、明经、明法、至孝、童子等科。

汉武帝时期，在察举取士的标准上，突出强调精通儒术和具有儒家伦理道德修养，使察举制形成主要以儒术取士的局面。因此，察举的设置，在体现了选贤任能的人事选拔原则的同时，也极大地促进了儒学教育社会风气形成和发展。此外，东汉时期顺帝接受大臣左雄的建议，进一步加强了察举制中考试的因素，为后世以考试为核心的科举选士制度提供了借鉴。

二、汉代的学校教育

(一)太学

汉代太学

太学在汉武帝初创始时，只有博士弟子五十人，后经不断扩充，到西汉末年已达三千人。东汉以后，在光武帝刘秀的热心提倡下，学者云集京师，诸生横巷，比西汉时期又有了长足的发展，鼎盛时学生达三万余人。太学作为当时的最高学府，受到政府的高度重视，皇帝定期必亲往太学省视考察。

太学的教师由"博士"担任。对于博士的举用西汉只用荐举，东汉还须经过一番考试。因此当时所有博士，皆一世硕儒，在社会上据有极受尊崇的地位。太学的学生最初称作"博士弟子"，或"弟子"。东汉时，常称"诸生"，或称"太学生"。根据《史记》及《汉书·儒林传》的记载，西汉太学生入学的资格分为两种：一由京师地方直接挑选，凡年在十八岁以上的学生，均有被选入学的资格；二由郡国县邑于各辖地选送，他们被选的资格，要"好文学，敬长上，肃政教，顺乡里，出人不悖所闻者"。太学生在社会上的地位也非常高，两汉的太学里产生了不少人才。如西汉息夫躬、萧望之、匡衡、何武，东汉王充、郑玄、郭林宗、贾伟节等知名学者或重要官员，都是由太学出身。太学生自身亦以知识界的领袖、国家的栋梁自许。

(二)郡国学

两汉行政区划均以郡国为单位，郡直隶朝廷，国分封诸王侯，因此汉代的地方官学称郡国学。郡国学始于地方官办学。《汉书·循吏传》记载，汉景帝时，文翁任蜀郡太守，鉴于蜀地乃僻陋蛮夷之地，便于郡内兴学。后至汉武帝时，"乃令天下郡国皆立学校官"（《汉书·文翁传》）。汉平帝时又对地方教育制定了统一的学制，将地方官学分为学、校、庠、序四类："郡国曰学，县、道、邑、侯国曰校。校、学置经师一人。乡曰庠，聚曰序。序、庠置《孝经》师一人。"（《汉书·平帝纪》）。其中，"学"及"校"有升入中央太学的资格，可见汉代地方教育与中央教育之间具有一定贯通性。东汉时期官学发展更盛，除中原地区外，边陲之地亦设学。郡国学办学目的有三：一是培养本郡的属吏，二是向朝廷推荐优秀学生，三是通过学校定期举行的"乡饮酒""乡射"等传统的行礼活动，向社会推行普遍的教化。

(三)鸿都门学

鸿都门学创立于东汉末年，因校址在鸿都门，所以称作鸿都门学。这是中国古代最早的一所传授书法绘画艺术的专科学校。它的创设背景源于东汉灵帝对太学教育培养人才的不满，及其背后的宦官集团与官僚士大夫集团的政治斗争。因此，鸿都门学所招收的学生和教学内容都与太学相反，多数是士族看不起的社会地位不高的平民子弟。学生在学期间，开设辞赋、小说、尺牍、字画等课程，打破了专习儒家经典的惯例。鸿都门学出身的学生毕业后，多给予高官厚禄，开了文艺进入仕途的先河。

(四)经学教育

两汉时期，儒学取得了独尊的地位，带来了儒家经学教育与研究的繁荣局面。在这一过程中，由于经过不同的传授途径和编定者，形成了不同的儒经传本，其中最主要的是今文经学和古文经学。今文经学认为，"六经"为孔子本人所著，治学倾向于在阐发微言大义的名义下，依据政治的需要来解释经学，迎合统治者。古文经学认为，孔子"述而不作""六经皆史"，认为"六经"虽经过孔子的整理和编辑，但不是孔子的创作。因此在学术上重视文字训诂、名物考据，倾向于研究《六经》的本意，恢复儒学的本来面目。

从西汉末年到东汉末年，今古文经学者为了争得自己的学术地位和博士席位，不断展开论争。官方支持今文经学派，古文经学者主要依托私学传授和研究。在论争中，不同学派的学者为了在讨论和争辩中扬长避短，积极了解对方的学说，这样便打破了以往学术上固执己见、互不交流的封闭局面。特别是古文经学者为提高自己学术地位，不得不到民间传授，客观上带动整体私学的繁荣。至东汉时期，出现了郑玄等众多兼通今古文经学的学者，促使今古文经学最终走向融合。

第二节
董仲舒的教育思想

董仲舒(公元前 179—前 104)，广川(今河北枣强)人，是西汉著名的儒家思想家和教育家。他自幼对《公羊春秋》与《易经阴阳》有特别的研究，学识渊博。汉景帝时，他因专精《春秋》而被选任为博士。公元前 140 年，董仲舒接受汉武帝的策问，逐一回答了汉武帝的关于治理国家的思想理论和方略的三个策问，一举成名，被汉武帝封为中大夫。这就是历史上有名的"天人三策"。后任江都相和胶西王相，中年收徒讲学，"下帷讲诵"，开始教育生涯。其教育思想理论为后世统治者采纳，使儒学成为中国社会正统思想，影响长达两千多年。著作流传至今的有《春秋繁露》一书。

一、论教育的作用

(一)人性论和"性三品"

董仲舒继承了先秦儒家通过探讨人性来说明教育作用的思想。在人性论问题上，他调和孟荀的"性善"论和"性恶"论，认为人生来就具有性和情两个方面，性属阳，是善的；情属阴，是恶的，也就是人具有善和恶两种性。善是教育的结果，必须通过教育，防止恶性，培养善性。他批评孟子的性善说，认为孟子既然说人性已善，那就没有教育的必要了。

董仲舒还明确提出了"性三品"说。他把人性分为"圣人之性""中民之性"与"斗筲之性"。他把"圣人之性"当作上品，这种人生来就是善的，如黄帝、孔子、周公等，他们制定社会标准和内容，且生而知之，不必受教育。斗筲之性为下品，没有善资，只能采用刑法对待他们，不必进行教育。这两种人，都是极少数的人。只有"中民之性"代表了万民之性，待圣王教化以后才能成善。董仲舒把这些人说成是待王教而后善，目是要为"任德教而不任刑罚"的治术主张提供人性论的依据。因此，董仲舒认为只有加强对"中品之人"的教育才能稳定社会秩序。

"性三品说"进一步论证了教育的必要性和可能性，论证了他关于教育作用的思想。以来的唐代韩愈及宋明理学家，继承和发展了他的"性三品"学说。

(二)重视教化的作用

董仲舒认为，王者的首要任务是进行德治与教化，"教化立而奸邪皆止""教化不立而万民不正"。他在《举贤良对策》中说："凡以教化不立而万民不正也。夫万民之从利也，如水之走下，不以教化堤防之，不能止也。是故南面而治天下，莫不以教化为大务。"他把教化看成防止百姓道德下滑的有力工具。他继而提出："今之郡守县令，民之师帅，所使承流而宣化也。故师帅不贤，则主德不宣，恩泽不流"。董仲舒认为吏为"民之师帅"，教化的统治术能否推行，关键在各级官吏。如果地方各级行政官员领导不好，君主的仁德就不会被很好地宣传。

二、董仲舒的道德教育思想

(一)"道之以德"的教育核心原则

董仲舒认为帝王要按"天道"的法则来统治人民，应当以德教为主，刑罚为辅。他认为，教育不是只要求教育者履行责任和义务，更不是扩张自己的价值与权力，而是要从尊重他人的价值与权力出发，以"仁者之爱"的情怀去关心爱护他人。因此，他要求教育者必须"躬自厚而薄责于外"，多检视自己的恶，少盯视他人的恶，要自责而不要责人。他说："仁之法在爱人，不在爱我；义之法在正我，不在正人。我不自正，虽能正人，弗予为人；人不被其爱，不予为仁。"[①]董仲舒的道德教育不是教育别人，而是"治我"。"治我"要严，待人要宽，否则不是道德教育。

(二)以"三纲五常"为核心的道德教育内容

"三纲五常"是董仲舒伦理思想体系的核心，也是董仲舒道德教育的中心内容，即所谓的"王道三纲"："君为臣纲，父为子纲，夫为妻纲。"董仲舒认为王道三纲，可求于天，并用他的"天人感应""阳尊阴卑"的理论对这一思想进行论证。尽管"三纲"思想并

---

① (汉)董仲舒撰：《春秋繁露·仁义法》，张世亮、钟肇鹏、周桂钿译注，314页，北京，中华书局，2012。

非由董仲舒首先提及，但他对此进行了系统论证并使之在教育和伦理实践中产生深刻影响。从此以后，臣忠、子孝、妻顺成为封建社会中最重要的道德规范。

与"三纲"相配合的是"五常"。"五常"即仁、义、礼、智、信。作为道德概念早已提出，但董仲舒把它提升为"五常"之道并作了新的发挥。"三纲"是道德的基本准则，"五常"则是与个体的道德认知、情感、意志、实践等心理、行为能力相关的道德观念。"三纲"与"五常"结合的纲常体系成为中国封建社会道德教育的中心内容。

(三)道德修养的原则与方法

1. 以仁安人

董仲舒主张在道德教育中，要特别注意"以仁安人，以义正我"。也就是以"仁者爱人"的情怀去爱护、关心他人，宽以容众，同时要以义来约束自己，"自攻其恶"，经常自我检查反省，以提高自己的道德修养。

2. 强勉行道

董仲舒指出："强勉行道，则德日起而大有功。"就是说，奋勉努力地进行行道德修养，德性就能日益显著，取得良好的成效。在"行道"过程中，应"尽小慎微"，采取"众小成多，积小致巨""渐以致之""累善累德"的方法，日积月累，持之以恒，以陶铸崇高的善性。

3. 必仁且智

董仲舒在道德教育过程中还提出"必仁且智"的命题，主张道德教育必须做到"仁"与"智"的统一。他突出强调了道德修养中情感与认知的统一。"仁者爱人"，但不是一种盲目或无原则的爱，而要靠"智"即道德认知来调节。

4. 重义轻利

董仲舒认为，道德修养的焦点在于对"义"与"利"的态度上。"义"满足人们心灵精神上的要求，"利"满足人们的身体器官上的要求，二者不可或缺，但对道义的追求应高于对个人利益的追求。只有这样，人生才能获得高度的和谐和最终的满足。"正其谊（义）不谋其利，明其道不计其功"[1]，是董仲舒对这一道德修养原则总的概括。这一原则对中国封建社会的伦理道德教育曾经产生过重要的影响。

三、教学的原则和方法

(一)知识来源——"内视反听"

"内视反听"指既能反省自己的言行，也能听取别人的意见。董仲舒认为天在创造

---

① （汉）班固撰：《汉书·董仲舒传》，1108 页，长沙，岳麓书社，1993。

人类时，也赋予人以道德。所以"天道"寓于人心之中，天道和人心相通，认识了人的本心，也就认识了"天道"。人通过内心反省，就可以体会"天意"。人的知识就是经过"内视反听"的内省过程得来的，进而达到"明善心以反道"的境界，所以他说："内视反听，故独明圣者知其本心。"①这种观点与孟子的"万物皆备于我"的神秘唯心主义思想是一脉相承的。

(二)强勉学问

学习本身是极为艰苦的事，并不是每一项内容都令人感兴趣，因此董仲舒认为教学贵在强勉努力，刻苦钻研，才能前进，才能达到"博"与"明"的境地。即"事在强勉而已矣，强勉学问，则闻见博而知益明。"②

(三)专一虚静

董仲舒认为学习必须专心一致，才能知"天道"。董仲舒治学时非常重视独立思考，注意排除外界干扰，专心致志地探究学问。他曾提出学习要"善一""常一"和"专一"。所谓"善一"，就是要有所专长，专精于一；所谓"常一"，就是要始终如一地努力学习一种学问；所谓"专一"，就是在学习过程中要专心致志。他曾形象地举例说："目不能二视，耳不能二听，手不能二事，一手画方，一手画圆，莫能成。"③

学习要达到精深，必须虚静。他说："夫欲致精者，必须静其形……形静志虚者，精气之所趋也。"④学习时头脑要冷静，排除杂念，虚心以求，学习就能达到致精的程度。由于他一心一意地钻研儒家经典，学识渊博，被时人誉为"群儒之冠"，有"汉代孔子"之称。

(四)博贯多连

董仲舒要求学习必须进行思考与研讨，认为只有这样才能完全掌握知识的要旨。为此他主张学习中要使用"得一端而多连之，见一空而博贯之"⑤的带有逻辑推理性质的思维方法，这样才能有助于知识的融会贯通。他以学习《春秋》为例，《春秋》涉及两个半世纪的历史，其人物、事件庞杂，制度变化剧烈，是六经中最具难度的一部。但只要掌握孔子书写时所用的"春秋笔法"，便可以触类旁通，领会其中的价值判断。

总之，董仲舒适应当时政治统一的需要，把战国以来的各家学说以及儒家各派在

① 《春秋繁露·同类相动》，484页。

② 《春秋繁露·玉杯》，1095页。

③ 《春秋繁露·天道无二》，455页。

④ 《春秋繁露·通国身》，220页。

⑤ 《春秋繁露·精华》，99页。

《公羊春秋》的名义下融汇起来，建立了一套"天人感应"的思想体系。他提出"罢黜百家，独尊儒术"，同时又提倡"礼乐教化"，主张兴办太学，求贤养士，实行"量材而授官"，建议"州郡举茂材孝廉"。汉武帝采纳了董仲舒提出的文化教育政策，并加以实施，确立了中国封建社会的文教发展方向。

第三节
王充及其教育思想

王充(约公元 27—公元 100)，字仲任，会稽上虞(今浙江省绍兴市上虞区)人，是东汉杰出的唯物主义思想家和教育家。在洛阳太学求学期间，曾师从班彪。此后，王充出任过一些地位不高的从属职务，后辞官回乡，以教书为生。他一生在政治上没有施展才能的机会，便把主要精力和大部分时间用来著书立说和从事教育活动。王充的著作中仅《论衡》一书现存，其宗旨是"去伪存真，疾虚立实"。

一、论教育的作用

王充与董仲舒类似，把人性分为三种：有生来就善的，是中人以上的人；有生来就恶的人，是中人以下的人；有无善无恶，或善恶混杂的人，是中人。但不同的是，他认为人性的善恶，并非受命于天，而是由自然的"气"构成的，人性"秉气有厚薄，故性有善恶"。他继而认为生来就善或恶的人很少，绝大多数是中人，而中人之性可以通过教育使之定型，因此生来就恶的人也可以通过教育使恶为善。总之，在他看来，人的善恶在于教育。因此，他特别强调统治者应该重视教育，发挥教育在治国化民中的重要作用。

二、对经学教育的批判

(一)"疾虚妄"的倡导

王充所处的时代，是汉代实行"独尊儒术"政策达百年之后，儒家思想已逐渐偶像化，天人感应、谶纬迷信的宗教神学体系已显现弊端的时代。在这种背景下，王充作为一位唯物主义思想家和教育家，高举"疾虚妄"的旗帜，对当时的经学教育进行了批判与驳斥。王充的批判主要集中在两个方面：一是虚妄之言，揭露充斥于"五经"传记的阴阳灾异和神仙鬼怪，主张用自然知识来驳斥伪说和迷信。二是夸张增饰之言，揭露传记中的浮夸不实之词，主张应用文献，以历史事实驳斥那些歪曲历史的伪书。

(二)距师、问难

"距师"即与师保持距离，也就是不能完全附和老师，要有自己的思考和见解。西汉中期以后，儒学定于一尊，被立为官学，许多儒生把研习儒家经典的经学当作仕进的敲门砖。他们只知死守师门家法，学习"五经"不求甚解。王充曾批判当时的学风："世儒学者好信师而师古，以为圣贤所言皆无非，专精讲习，不知难问。"[1]他认为当时儒者总是喜欢迷信老师崇拜古人，而不知道去辩驳和"问难"，这是一种盲目迷信的恶习。"问难"不同于一般不明白时的提问，而是质问，提问者是经过个人思考，有自己的看法。为了反对迷信圣贤的习气，他写了《问孔》《刺孟》等文章，提出："苟有不晓解之问，造难孔子，何伤于义？诚有传圣业之知，伐孔子之说，何逆于理？"大胆地向孔孟问难。不仅对于扫除东汉教育上的迷信、烦琐、僵化之风有积极意义，也是对师生关系上的一种有益探索。

(三)学用结合的人才培养目标

王充把人才分为四个层次：理想的人才培养目标，第一是"鸿儒"，标准是能独立思考，著书立说；第二是"文人"，独立思考能力略逊但文才尚佳，善于写一般的奏章公文；第三是"通人"，文笔谈不上，但能博览古今，知识渊博；第四是"儒生"，连博览也谈不上了，只能掌握一门专业(一经)，从事教学而已，这是人才的最低档次，只比没文化的俗人强一点。

可以看出，王充特别推崇首先研究能力和创新意识，其次是文才，再次才是知识的渊博程度，最后是专门传授经籍的教师。王充讥讽这类人是鹦鹉学舌，就像"门人""邮者"一样，毫无自己的创意成果。他主张人才应博览古今、学用结合。不过，王充的这些主张虽然出于对当时经学教育的强烈不满，但存在片面轻视传授知识的一般教师的倾向。

三、论教学过程与原则

(一)"学之乃知，不问不识"

王充反对生知说，反对知识的先验论。他说："天地之间，含血之类，无性(生)知

---

[1]　王充著：《论衡·问孔》卷九，28 页，北京，商务印书馆，1934。

者。"①他反对那种认为圣人能前知千岁、后知万世的说法，认为"学自知，不问自晓"的事是古今所没有的。他说："才有高下，知物由学，学之乃知，不问不识"。② 人的先天条件虽有不同，但要知道事情、认识世界却是由于学习；只有学习了才能知道，不询问学习不能明白事物。

正因此，王充重视后天学习的知识的力量，认为有知识就有力量，"人有知学，则有力矣"③。他指出没有学问的人，好像谷和米，不能食用，价值不大；有学问的人，好像谷已成粟，米已成饭，可以直接利用了。他这样早就有了知识就是力量的认识，是难能可贵的。

(二)"见闻为"与"开心意"

王充认为教学过程有"见闻为"的感性认识和"开心意"的理性认识两个阶段。所谓"见闻为"，就是说教学中首先要依耳闻、目见、口问、手为，直接接触客观事物。他很重视日见日为的作用，并说，"齐部世刺绣，恒女无不能。襄邑俗织锦，钝妇无不巧。日见之，日为之，手押也"。④ 一个普通妇女经过日见日为也能刺绣织锦，并能熟能生巧。相反，如果不是日见日为，即使是聪明的"巧女"，叫她们去刺绣织锦，就显得十分笨拙了。不与外界事物相接触，不目见、耳闻、口问、手为，就不能学得知识。

所谓"开心意"，就是说，教学中不能停留在"见闻为"的感性认识阶段，他认为如果只凭耳目，只能得到片面的、不完整的或不完全正确的知识，所以还必须把感性认识加以深化提高。他说："故是非者，不徒耳目，必开心意"。⑤ 即要求开动脑筋，进行理性思考。基于此，他曾批评过墨子过于强调感性经验，以致墨子也承认鬼神存在。

(三)"效验"说

王充认为教学过程还应包括以实际效果来检验知识真伪的功夫。他对这一点很重视，曾说："凡论事者，违实不引效验，则虽甘义繁说，众不见信。"⑥这就是说，认识和理论必须符合客观事实，必须通过实际效果来检验，凡是符合事实效果的就是正确的；否则就是错误的。违背事实效果的思想理论，即使说得再好听再动人，也是不能令人信服的。他说，"引物事以验其言行"⑦，即引用实际事物来证实他的言论行动，这就是他注重"效验"的教学方法论。

---

① 《论衡·实知》卷二十六，61页。
② 《论衡·实知》卷二十六，60页。
③ 《论衡·效力篇》卷十三，86页。
④ 《论衡·程材》卷十二，76页。
⑤ 《论衡·薄葬》卷二十三，18页。
⑥ 《论衡·知实》卷二十六，62页。
⑦ 《论衡·自然》卷十八，56页。

综上所述，王充教学思想中唯物主义表现在几个方面：从认知识来源上看，他反对"生知"，主张"学知"；从治学精神上看，他反对迷信权威，倡导实事求是，学用结合的学术精神；从教学过程上看，他认为教学过程应包括"见闻为"的感性认识和"开心意"的理性认识两个阶段；从教学效果上看，他注重"效验"，强调以实际效果来检验知识的真伪。

总之，汉承秦制，但在教育上则转而采用儒家的主张，重新肯定教育在育才和化民两方面的作用，把教育作为巩固"大一统"的重要工具。董仲舒由教化提出改革吏治，由改革吏治建议兴办太学，培养既忠君又善于治民的官吏，其根本目的是维护和加强封建中央集权制。并且，把春秋战国以来所形成的私家养士风气，发展成由封建国家统一的养士制度，亦是他对中国古代教育的贡献。东汉时期的王充，在儒学和谶纬迷信深度捆绑的时期，敢于宣布世界没有鬼神的存在，并向僵化的学校教育和学术思想进行严厉的批判，这种思想与勇气在历史上起到了先驱者的作用。

自测题 >

一、选择题

1. 汉代首先提出"独尊儒术"思想的是（　　　）。

    A. 王充   B. 郑玄   C. 贾谊   D. 董仲舒

2. "太学"这一官办教育机构是在哪个朝代出现的？（　　　）

    A. 唐代   B. 汉代   C. 秦代   D. 周代

3. "立五经博士"是哪一位统治者的决策？（　　　）

    A. 汉武帝   B. 秦始皇   C. 周文王   D. 唐太宗

4. 王充的主要著作是（　　　）。

    A.《举贤良对策》   B.《论衡》

    C.《春秋繁露》   D.《深察名号》

5. 王充认为人才的最高层次是（　　　）。

    A. 鸿儒   B. 文人   C. 通人   D. 儒生

二、简答题

1. 秦代在文教政策方面有哪些重要举措。

2. 概述董仲舒道德教育思想的基本内容。

3. 简述王充的人才观。

三、论述题

1. 论述汉代"独尊儒术"文教政策的主要内容及其影响。

2. 评述董仲舒的文教思想。

四、资料分析

根据下述资料，分析董仲舒教育思想对汉代人才选拔制度的影响，并谈谈其在中国教育史上的作用。

使列侯、郡守、二千石各择其吏民之贤者，岁贡各二人以给宿卫，且以观大臣之能，所贡贤者有赏，不肖者有罚。夫如是，诸侯、吏二千石皆尽心於求贤，天下之士可得而官使也。遍得天下之贤人，则三王之盛易为，而尧、舜之名可及也。毋以日月为功，实试贤能为上，量材而授官，录德而定位，则廉耻殊路，贤不肖异处。——《汉书·董仲舒传》

拓展阅读书目 >

1　董仲舒：《春秋繁露》，中华书局，2012

此书是包含《春秋繁露》全文的译注。《春秋繁露》是西汉大儒董仲舒的代表作，集中体现了董仲舒的政治哲学思想，即以儒家思想为中心，杂以阴阳五行学说的思想体系。此书以《春秋繁露义证》（苏舆撰，钟哲点校，1992 年中华书局出版）为底本，参以他本，汇校勘定，是现存版本中对初学者较为友好的版本。

2　张鸿、张分田：《王充》，陕西师范大学出版社，2017

此书将我国古代著名的无神论者王充呈现于读者面前，并结合其著作，介绍了王充跌宕起伏的一生和主要学术成就。伴随阅读的深入，一位崇实恶虚，博通百家的通儒形象，将不断丰满、立体，最终还原于读者的脑海之中。

第四章

魏晋南北朝时期
的教育

学习目标

1. 掌握魏晋南北朝时期学校教育的发展；
2. 了解玄学与教育的关系；
3. 掌握颜之推的家庭教育思想。

重要概念

国子学　四学馆　玄学　嵇康　颜之推　《颜氏家训》

　　魏晋南北朝(220—589)是我国古代由统一转为分裂和长期战乱的时期，中国教育也进入了一个新的历史阶段。由于战乱的洗礼，两汉以来作为统治思想的纲常名教受到了巨大冲击，士大夫对两汉经学的烦琐学风，以及三纲五常的陈词滥调普遍感到厌倦，于是在意识形态方面转而寻找新的"安身立命"之地。玄学的"自然无为"、道教的"长生不死"、佛教的"神不灭"等理论随之得以广泛传播。反映在教育思想领域，这一时期出现了较为错综复杂的局面，儒学的独尊地位受到冲击，玄学、佛道教育思潮开始形成，而且相当活跃。形成正统的儒家经学教育思想、道家玄学教育思想，以及佛教教育思想并存，交相辉映的局面。此外，这一时期颜之推的家庭教育思想在教育史上也占据了十分重要的地位。

第一节
魏晋南北朝的学校教育

一、魏晋时期的学校教育

　　东汉末年至三国鼎立时期，由于战乱历久，社会各层次教育都处于停摆状态。东吴和蜀汉建立后，由于国力弱小，基本没有精力整顿教育。只有曹魏曾对由于战祸而荒废的太学制度进行了一定程度的恢复和发展。魏文帝曹丕制定了五经课试的方法，使考试与选拔结合在一起。五经课试承袭了东汉桓帝所制定的依通经多少而授予官职大小的课程办法，有利于提高太学的教育质量，对后世有很大影响。

　　西晋太学是曹魏太学的进一步发展，太学生人数达到了七千余人，并且随着当时社会士庶分化的加剧，太学生中也出现了门人、弟子、散生、寄学、寄学陪位等不同位等。西晋除继续兴办传统的太学外，还专为士族子弟另设国子学，其招学对象须为五品以上官员的子弟，传授内容与太学相同。国子学的设置，使中央官学开始呈现多样化、等级化的态势。西晋灭亡以后，东晋在江南建国，大量中原士大夫纷纷南徙避乱，虽然东晋政府以这一批知识分子为中心，也修建了太学，但东晋兴学并不是想通过学校来培育人才，而是借以粉饰太平。加上由于君权薄弱，内乱屡起，学校受政潮影响，时兴时废，可有可无。

　　由于魏晋时期时局变乱丛生，地方教育也受到很大影响。州郡学校大都在平靖时开设，在变乱时则停闭。东晋虽然年代较长，但由于权在地方，地方教育往往由封疆大吏自发提倡，因此各地很不平衡，也没有统一或长久的教育规划。

此外，两晋时期儒学已显示出颓势，学校课程虽然仍以儒家五经六艺为主。但当时学风已转变为以究习老、庄为时髦，虽然官方一再提倡儒学的正统地位，但效力衰微。

二、南朝的学校教育

南朝在政治上重用儒林学者，并下诏令，选官不通一经者不得为官，这种用人制度，有力地促进了教育的发展。南朝宋（420—479）时期，社会较为安定，官学也迎来了短暂的繁荣时期。宋文帝于元嘉十五年（438）在京师设置了四学馆，分别是研究佛老学说的"玄学"馆，研究古今历史的"史学"馆，研究词章的"文学"馆，研究经术的"儒学"馆。四学馆分设于京师四处，主持学者也是根据其学术专长分管各馆。"四馆"的兴建在教育史上具有一定的贡献，它不但开中国古代设置专科学校的先河，并且打破了汉魏以来中央官学以儒家经典为内容的局限，扩大了中央官学设置的范围，也反映了当时社会思想文化领域的实际变化。

宋明帝泰始六年（470）又设立了总明观。观内包含儒、玄、文、史四科，在某种程度上可以说是四学馆的继续。有所不同的是，虽然分科与四学馆相同，但四科皆属总明观统一管辖，管理上相比四学馆更加集中。从功能上来看，除了作为教育机关，总明观还进行学术研究活动。总明观停废于萧齐初年，历时15年。

梁武帝（502—549年在位）时期在学校建设方面也很有建树，中央官学有五种：五馆、集雅馆、国子学、士林馆和律学。五馆建于天监四年（505），梁武帝以当朝硕儒为五经博士，各主一馆，教授弟子，是称"五馆"。五馆既不限资格，也不限名额，由官府选置学官授以经书，甚至提供伙食，所以四方学子负笈求学的非常踊跃，每馆学生多至数百。五馆既是我国古代学校制度史上的一项独创，同时也是有别于国子学的一种正式官学。集雅馆、士林馆与五馆性质相似，都是以五经为讲授内容，但分设并立，以解决不同出身不同程度者的学习需要。律学是研究律制构成的学科，南北朝时为专业教育的一种，但律学地位较五经低。

尽管南朝学校教育有明显的时代特征，存在时间较短，但确曾盛极一时，它的存在扩大了中国古代国家层面的办学形式，促进了学校教育的发展。

三、北朝的学校教育

十六国时期北方虽然兵事连年，但各国仍从各自的目的出发重视崇儒兴学，学校教育获得了局部的、暂时的恢复和发展，为后来北朝教育的发展奠定了基础。北魏统一北方以后，出现了将近150年的安定时期，教育事业也得到了比较充分的建设。北魏的中央学校有太学、国子学、四门小学、皇宗学，此外还有属于专科性质的律学和算学。北魏道武帝拓跋珪(398—409年在位)提倡经学，在首都平城设立太学，置五经博士，充当教授，学生最多时达到3000人。

北魏明元帝(409—423年在位)时期，改国子学为中书学，属中书省管辖，学内设中书博士以教授中书学生，这是北魏的特创。力主汉化改革的孝文帝(471—499年在位)执政后，更加极力推崇汉学教育，除了设立国子太学以外，又于太和十六年(492)设立专门面向皇族子弟的皇宗学。迁都洛阳后，又仿古礼立四门小学，设四门小学博士。四门小学和皇宗学的延续，都是北魏为皇室子弟专设的学校，反映了北魏统治者对汉化的迫切要求。

北魏东西分裂以后，四方学校残毁殆尽。北齐与北周时有所恢复，特别是北齐，除循北魏制度，设太学、四门学外，还改国子学为国子寺，作为统理学官、生员的机构，这一教育行政机构后为隋唐因袭。

总体来看，北朝学校教育较南朝稳定发达，并成为日后隋唐学校教育制度的基础。

四、九品中正制对教育的影响

魏晋南北朝时期战争频繁，社会动荡，士人流徙迁移，致使察举制度难以实行。此时地方豪强势力强大，统治者不得不依靠他们的支持才能生存，于是形成了士族门阀集团。士族集团的内部要分配政治权力，就必须对选士制度进行改革。"九品中正制"度就是在这一背景下产生的。

"中正"，就是在地方设"中正"官负责考察当地人才的家世和德才，按九品定级，朝廷再按品授官。具体分为九品：上上、上中、上下、中上、中中、中下、下上、下中、下下。九品中正制在实施初期选任中正比较慎重，国家也能选到一些有用之才。但是后来世家大族的势力日益膨胀，中正官职几乎全部被位居朝廷的大士族所把持。他们品评士人，往往把门第家世作为唯一标准。以致"上品无寒门，下品无世族"。这样一方面阻塞了下层仕进的通道，挫伤了寒门士子的学习积极性；另一方面士族子弟由于前程无忧，也不愿下苦功去学习，严重地影响了当时的教育质量。

第二节
嵇康的玄学教育思想

嵇康（223—262），字叔夜，谯郡（今安徽）宿县人。他自幼不涉经学，好读老庄，及弹琴咏唱。嵇康做过曹魏的"中散大夫"，并与曹宗室有姻亲关系。司马氏当政后，他隐居不仕，与阮籍、刘伶、向秀、山涛、阮咸、王戎时常聚于竹林喝酒、纵歌，世称"竹林七贤"，成为玄学的代表人物。嵇康的著作不仅文辞优美，而且富有时代批判精神。他留给后世的有诗六十首及论著共十卷，其教育思想主要反映在《与山巨源绝交书》《难自然好学论》《养生论》《家诫》等篇章中。

一、玄学与嵇康的教育作用论

玄学是魏晋南北朝兴起的一种社会思潮。"玄学"之称的由来，是因为魏晋时期的清谈之风。清谈家们围绕着《周易》《老子》《庄子》三本玄妙深奥的书展开讨论，称为"三玄"，清谈的内容主要涉及有与无、生与死、动与静、名教与自然、圣人有情或无情、声有无哀乐、言能否尽意等形而上的问题。玄学是当时一批知识精英跳出传统的思维方式，对宇宙、社会、人生所作的哲学反思。在正统的儒家信仰发生严重危机后，为士大夫重新寻找精神家园提供了话题。在众多玄学家中，嵇康是比较有影响的一位思想家。

嵇康认为人性所反映的是自然之性而不是社会人伦之理。所谓自然之性的含义有二：一是指人的生理本性，它与万物自然本性一样，是先天固有或附着于形体的；二是作为人性，表现为对物质生活和精神生活的需求与欲望，也就是说，人首先是一个生物体而不是伦理化了的精神实体。因此，求生欲望是人生存与发展的本然要求。

嵇康从这种自然人性论出发，以强烈的批判精神否定传统文化和儒家教育，认为自然人性的破坏和社会上存在的一切虚伪和狡诈的道德沦丧现象，其根源都是因为过往文化教育发展的结果，儒家提倡的礼乐名教更是破坏自然人性、制造一切社会罪恶的根源。嵇康认为儒家名教不是社会进步，而是使人类走向虚伪，干扰了人类那原始完善的"大朴"之心。因此他主张全盘否定儒家教育，这样社会才会安定太平，风俗才会美化古朴，人性才能复归自然。

二、自然主义教育思想

秵康虽然对世俗教育猛烈抨击，但并没有全部否定教育存在的合理性。他认为，"自然"是支配世界运行的客观规律，主张倡立理想的自然主义教育理论。自然主义教育就是遵循自然法则去认识和获得"生生之理"和"自然之理"，培养"以无措为主，以通物为美"的"君子"。秵康在《养生论》和《答难养生论》中，系统地论述了君子如何从身心两个方面获得自然的发展。他认为人的精神和肉体是相互依存、相互影响的，身体必须借助精神才能立足于社会，精神必须依赖身体才能存在。只有"清虚静泰，少私寡欲"，"守之以一，养之以和"，才能获得身心自然和谐的发展，人性也才能复归自然。

秵康还在《声无哀乐论》中构想了一个自然主义教育的理想模式："古之王者，承天理物，必崇简易之教，御无为之治。君静于上，臣顺于下；玄化潜通，天人交泰，枯槁之类，浸育灵液，六合之内，沐浴鸿流，荡涤尘垢，群生安逸，自求多福，默然从道。怀忠抱义，而不觉其所以然也。"所有这一切，完全是一幅自在自为的人类生活画卷。他认为只要人们不假外求，任其真性，自然能达到仁、义、忠、信等道德规定。

从本质上说，秵康的自然主义教育理想仍是一种道德教育，但与儒家的教育目的有别。儒家是培养履践封建人伦道德的"圣人"；而秵康尽可能地保全生命本貌，使人成为尽释自然之性的"至人"。

三、秵康的音乐教育思想

秵康通晓音律，尤其喜爱弹琴，曾弹奏一名曲《广陵散》。并善于创作新曲，《长清》《短清》《长侧》《短侧》四曲，被称为"秵氏四弄"，与蔡邕创作的"蔡氏五弄"合称"九弄"，是我国古代一组著名琴曲。隋炀帝曾把弹奏"九弄"作为科举取士的条件之一。

此外，秵康还著有音乐理论著作《琴赋》和《声无哀乐论》。他认为音乐是客观存在的，音乐不会因为社会的动荡或人的喜恶改变其本质的属性。他主张声音的本质是"和"，合于天地是音乐的最高境界。因为有了"和"，音乐才有了感人至深的精神力量。而音乐的作用在于"和心足于内，和气见外"。足于内，是指音乐对个人和谐发展的作用，音乐能使人自娱自乐，借以解除寂寞、抒发情怀、寄托志趣、养神健体。见于外，是把音乐对人的个体教育作用推及社会。他不但把音乐作为顺应人性、发展人性的重要教育手段，而且还把它视为"万国同风""穆然相爱"的最佳良方。

秵康充分肯定了音乐教育的作用，认为喜怒哀乐从本质上讲并不是音乐的感情而是人的情感，因此音乐的作用即在于"歌以叙志，舞以宣情"。这既是肯定了音乐之所以具有教育作用在于音乐的内在机理，即音乐自身的特殊感染力，也是其玄学教育思想的具体体现。

第三节
颜之推的家庭教育思想

颜之推与严氏家训

颜之推(531—约595),字介,琅琊临沂(今山东临沂)人,生活年代跨越南北朝至隋朝。出身于士族家庭,父亲颜勰博学多识,梁朝时任职咨议参军。颜家世代相传《周官》《左氏春秋》等儒家专门学术,因而早年得到家学的良好熏陶,奠定了一生的学术思想基础。晚年转而笃信佛教,宣扬因果报应,主张儒佛调和。

颜之推从士大夫的立场出发,写出了我国第一部系统的、完整的经典家教名著《颜氏家训》。《颜氏家训》共二十篇,是颜之推为了用儒家思想教训子孙,以保持自己家庭的传统与地位,而写出的一部系统完整的家庭教育教科书,也是其一生关于士大夫立身、治家、处事、为学的经验总结,在中国古代家庭教育和儿童教育发展史上具有重要地位,被后世誉为"家教规范",时至今日仍颇具学习借鉴的价值。

一、士大夫教育思想

颜之推延续了儒家从人性论角度论述教育作用的传统,认为人性分为三品,性的品级与教育有直接关系。他说:"上智不教而成,下愚虽教无益,中庸之人,不教不知也。"[①]由于绝大多数士族子弟都属于中庸之人,他们只有通过接受教育才能获得知识。

颜之推对当时许多士族子弟不学无术,饱食终日深恶痛绝,批评他们庸庸碌碌,夸夸其谈,不务实学,脱离实际。因此,他从"利"的角度主张学习的目的在于"行道以利世",要掌握"应世经务"的真实本领,即强调了士大夫受特殊知识教育的必要性。他认为教育的目标在培养治国之才。但他的治国人才涵盖很广,包括:朝廷之臣,文史之臣,军旅之臣,蕃屏之臣,使命之臣,兴造之臣。这种观点冲破了儒家以培养较抽象的君子、圣人为教育目标,以儒家教育统括一切专门教育的传统,使教育功能的发挥,不再局限于道德修养与"化民成俗"方面,转而重视对各种专门人才的培养。也因此,颜之推主张教育内容侧重知识的广博,除了经史百家等书本知识外,他特别强调要掌握一技之长,以为立身之本,所谓"积财千万,不如薄技在身"。因此,他认为教育应包括处身士大夫社会生活所需要的"杂艺",即琴、棋、书、画、数、医、射等,甚至

---

① 颜之推撰:《颜氏家训·教子》,檀作文译,7页,北京,中华书局,2011。

提出士大夫子弟也应重视农业生产知识。

二、《颜氏家训》中的家庭教育思想

(一)固须早教

颜之推认为，儿童早期教育的理论是开展家庭教育的价值基础。早期教育之所以重要，有两方面原因：其一，幼童时期学习效果较好。"人生小幼，精神专利。长成以后，思虑散逸，固须早教，勿失机也。"①就是说人在幼年时单纯专一，容易接受教育，而长大以后思想复杂了，就不容易调教了，所以一定要抓住早期教育的最佳时机。其二，人在年幼时期，心理纯净，各种思想观念和行为习惯尚未形成，可塑性很大。

因此颜之推认为家庭教育要及早进行，有条件的还应在儿童未出生时就实行胎教。而早期教育最重要的就是培养儿童良好的行为习惯，最好儿童出生之后，便应该让明白孝仁礼仪的人"导习之"。他提出："当及婴稚识人颜色，知人喜怒，便加教诲，使为则为，使止则止，比及数岁，可省笞罚。"②就是说，应在婴儿识人脸色、懂得喜怒时加以教导训诲，叫做就得做，叫不做就不做，等到长大几岁，就可省掉鞭打惩罚。

(二)威严有慈

颜之推主张正确处理慈爱与严格要求二者之间的关系，慈爱和严教结合。他非常反对当时许多家庭对子女溺爱的现象："吾见世间无教而有爱，每不能然，饮食运为，恣其所欲，宜诫翻奖，应呵反笑，至有识知，谓法当尔。"③为此颜之推推崇棍棒教育，认为肉体惩罚是家庭教育中不可缺少的有效手段。他说："笞怒废于家，则竖子之过立见。"如果在家庭内部取消鞭笞一类的体罚，那么孩子们的过失马上就会出现。

颜之推主张父母对孩子从小就要严格要求，勤于教诲，不能溺爱和放任，但也不能过于严厉。理想的家庭状态应是"父母威严而有慈，则子女畏惧而生孝"。家庭教育的关键是处理好"爱"与"教"的关系，做到严慈有度。

(三)均爱勿偏

颜之推在反对溺爱子女的同时，也反对偏爱子女。他说："人之爱子，罕亦能均，自古及今此弊多矣。贤俊者自可赏爱。顽鲁者亦当矜怜。有偏宠者，虽欲以厚之，多

---

① 《颜氏家训·勉学》，107 页。
② 《颜氏家训·教子》，107 页。
③ 《颜氏家训·教子》，7 页。

所以祸之。"①家庭教育中，切忌偏宠，平等对待子女。偏宠孩子，意愿与效果相反，会引起不被偏爱的子女的强烈反感和抵触情绪，还会造成子女间的矛盾。颜之推以"刘表之倾宗覆族，袁绍之地裂兵亡"等由偏爱导致骨肉相残的悲剧为例证，值得家庭教育者深思。

（四）重视风化陶染

颜之推重视家庭中父母或其他成年人对年幼者的示范作用。他说"人在年少，神情未定，所与款狎，熏渍陶染，言笑举动，无心于学，潜移暗化，自然似之"。② 意思是，人在年少的时候，精神意态还没有定型，和家人交往亲密，受到熏渍陶染，家人的一言一笑一举一动，即使没有刻意去学习，也会潜移默化，自然相似。家长的言行常被儿童奉为金科玉律，即所谓"同言而信，信其所亲；同令而行，行其所服。"③关系亲密的人所说的话，人们容易相信；所敬佩的人所发出的指令，人们愿意接受。由此，他强调父母必须加强自我道德修养，否则"父不慈则子不孝，兄不友则弟不恭"④。

此外，颜之推认为子女也一定要谨慎地结交师友，以免误入歧途。他说"与善人居，如入芝兰之室，久而自芳也；与恶人居，如入鲍鱼之肆，久而自臭也"。⑤ 在这里，颜之推强调让儿童置身于优良的社会交往环境的重要性。因为人在幼小的时期，可塑性大，容易受到很大的影响，因此生活在什么样的环境中或者和什么样的人交往，就会变成什么样的人。

（五）重视语言规范

颜之推认为语言的学习应该成为儿童教育的一项重要内容。一事一物，不经查考，不敢随便称呼。学习语言要注意规范，不应强调方言，要重视通用语言。在颜氏子孙中，出现了如颜师古这样的著名语言文字学家，与颜氏家庭重视语言教育有一定关系。

（六）重视心理观察

颜之推还提出了观察儿童心理的可能性。他认为儿童的心理活动可以通过言行等外在现象来观察，这些观察到的结果，可以作为儿童未来教育规划的依据。他说："江南风俗，儿生一期，为制新衣，舆浴装饰，男则用弓矢纸笔，女则刀尺针缕，并加饮

---

① 《颜氏家训·教子》，16 页。
② 《颜氏家训·慕贤》，85 页。
③ 《颜氏家训·序致》，1 页。
④ 《颜氏家训·治家》，34 页。
⑤ 《颜氏家训·慕贤》，85 页。

食之物，及珍宝服玩，置之儿前，观其发意所取，以验贪廉愚智，名之为试儿。"[1]这主要是针对婴儿期感知与运动发展的特点，用比较标准化的实物作为测试材料，研究儿童道德认知和智力等心理发展的倾向和差异性。这也是中国古代儿童教育理论中，早期儿童心理测试的最早记载。

总之，《颜氏家训》一书提出了关于家庭教育的众多有益思想，如高度重视早期教育的重要意义，指出儿童"精神专利"，易于背诵经典，以及关于爱子与教子相结合的思想直到今天仍有一定的借鉴意义。除伦理思想外，还涉及修身养德、教子治家、经世为政等多方面的内容，具有很强的务实性和可操作性等特征。但《颜氏家训》又不放弃棍棒教育的主张，使其家教理论具有明显的封建专制主义的色彩，也应予以注意。

魏晋南北朝时期长期分裂动乱，学校废置无常，官学数量大大减少，但也出现了一些具有重要历史意义的新情况和新特点。在选士制度上，这一时期由于豪强地主垄断政权，形成了势力强大的门阀士族集团，加之乡、亭、里等地方组织遭受严重破坏，致使汉朝以来的"乡举里选"为主的察举制代之为九品中正制。在教育思想领域，这一时期由于玄学盛行和佛道广泛传播，出现了较为错综复杂的现象。其中，嵇康高举反传统、反现实的理论大旗，猛烈抨击世俗教育的虚伪性，提出了理想的自然主义观点，并在养生、音乐教育等方面都有所创见，在中国教育历史上占有光辉的一页。但玄学清谈之风与九品中正制结合，逐渐在士族间形成看虚妄轻慢的学风。针对于此，具有儒学和佛学背景的颜之推，围绕士族子弟教育为中心，在结合自身治学治家经验编撰的《颜氏家训》中，提出许多有益主张，对后世封建家庭教育产生了重大影响。

自测题 >

一、单项选择题

1. 魏文帝时制定（　　），按通经的多少授予不同等级的官职，将选官考试与教育考试更紧密地结合起来。

　　A. 五经课试法　　B. 苏湖教法　　　C. 三舍法　　　　D. 积分法

2. 西晋在太学之外再设的一个中央官学机构是什么？（　　）

　　A. 国子学　　　　B. 宫邸学　　　　C. 四门学　　　　D. 鸿都门学

3. 西晋立（　　），以后发展成为与太学相区别、面向高层官僚子弟的学府，开中央官学教育分别士庶的先例。

　　A. 宫邸学　　　　B. 律学　　　　　C. 国子学　　　　D. 四门学

---

[1]　《颜氏家训·风操》，78 页。

4. 嵇康是魏晋时期(　　)教育思想的代表人物。

    A. 儒学　　　　　　B. 佛学　　　　　　C. 道学　　　　　　D. 玄学

5.《颜氏家训》的作者是(　　)。

    A. 颜之推　　　　　B. 颜渊　　　　　　C. 颜元　　　　　　D. 颜真卿

二、简答题

1. 简述南北朝时期的学校教育的发展。

2. 嵇康教育思想的特色是什么？

3. 颜之推在早期教育方面有哪些见解？

三、论述题

1. 评述嵇康的自然主义教育思想。

2. 试论颜之推家庭教育思想在当前教育中的应用和启示。

四、资料分析

阅读下述资料，谈谈魏晋南北朝时期教育制度存在的问题，以及颜之推的相关教育主张。

梁朝全盛之时，贵游子弟，多无学术，至於谚曰："上车不落则著作，体中何如则秘书。"无不熏衣剃面，傅粉施朱，驾长檐车，跟高齿履，坐棋子方褥，凭斑丝隐囊，列器玩于左右，从容出入，望若神仙，明经求第，则顾人答策，三九公宴，则假手赋诗，当尔之时，亦快士也。……自荒乱以来，诸见俘虏，虽百世小人，知读《论语》《孝经》者，尚为人师；虽千载冠冕，不晓书记者，莫不耕田养马，以此现之，安可不自勉耶？若能常保数百卷书，千载终不为小人也。——《颜氏家训·勉学》

拓展阅读书目 >

1 冯祖贻：《家训之祖：颜氏家训》，中州古籍出版社，2014

    《颜氏家训》对颜氏后代及中国后世家训产生了广泛而深刻的影响，也为后世家训树立了典范，其重人伦、礼为教本、应世经务、蒙养、传统美德等思想，为民族传统文化的继承与发展，作出了不可磨灭的贡献。此书结合颜之推生平，叙述了《颜氏家训》的文本形成及重要思想家特点，并选取《颜氏家训》主要部分进行解读，阐释其启发和意义。

2 卢政：《嵇康美学思想述评》，中国社会科学出版社，2011

    此书对于嵇康美学及教育思想展开全方位的审视，广泛涉及他的哲学观、人生观、艺术观、美育观和教育观，以及自然美、音乐美、诗文美等思想，为我们勾画了一幅嵇康美学思想的立体的和全息的图景。此外，该书还揭示了嵇康美学思想对于当代中国审美文化建构的启迪价值，从而使这种研究本身获得了"此在"性的意义，为其注入了强烈的时代感。

第五章

隋唐时期的教育

学习目标

1. 了解隋唐时期教育制度的演变，熟悉隋唐学校教育的发展及其创新之处；

2. 掌握隋唐科举制的产生背景、制度、途径、意义及其与学校教育的关系；

3. 掌握韩愈的教育思想。

重要概念

六学二馆　国子寺　科举　韩愈　传道、授业、解惑　师说魏晋南北朝时期，由于玄学、佛教和道教的相继兴起，儒学稍衰。隋朝大一统以后重视儒学，到了唐代，这种趋势继续发展，儒学的地位进一步提高。如果说汉代的文教政策是"独尊儒术"的话，那么唐代文教政策的特点就在于重振儒术之风，同时提倡佛教和道教。以崇儒尊孔为基本，以佛、道二教为基本辅助手段。在教育思想领域，以韩愈为代表的正统儒学思想家高举"反佛"大旗，捍卫儒家"道统"，要求教育要"明先王之教"，提出"学所以为道"。儒学教育在这一时期呈现总体复兴的趋势。

第一节
隋唐教育制度

一、隋唐时期的文教政策

（一）崇儒兴学

自东汉后期至魏晋南北朝，社会动乱，儒学地位下降，佛教、道教日益兴盛。到隋朝建立以后，政府逐渐认识到儒学在和平统一时期教化百姓，培育人才方面的巨大作用。从隋文帝时开始，隋政府积极提倡儒家教化，统一思想，下令广泛征集儒家经典，并以高官厚禄礼聘天下儒士集于京城，下令自京城至州县均设学校，隋文帝还亲自至国子监参加典礼。

唐高祖在开国之初，就"颇好儒臣"。为了提高儒学的地位，在国子学立周公、孔子庙各一所，四时致祭。624年颁布《兴学敕》，要求"敦本息末，崇尚儒宗"。唐太宗更是登基前就在王府内设立文学馆，召集房玄龄、魏征等十八名儒为学士。贞观元年（628）唐太宗下令以孔子为先圣，以颜回为先师，并令各州县学设立孔子庙。贞观十四年（640），令孔颖达会同诸儒撰写《五经正义》，颁行天下。这是历史上第一部由官方颁布的经学权威著述，成为全国官学的统一教材，学校成为施行经学教育的场所。同时，也再次统一了儒学，基本上结束了儒学内部的派别之争，维护了儒学的统治地位。唐以后诸帝在文教上也基本上执行尊崇儒术的政策。

（二）兼容佛道

隋唐崇尚儒术，与此同时也兼重佛教和道教。特别是佛教，在隋唐时期得到了很大发展。隋文帝和隋炀帝大力提倡佛教，甚至一度废太学、四门学及州县学，命天下诸州建佛塔，兴佛教。因此隋代佛教的地位超过了儒学，隋朝也成为当时佛教研究的中心。隋朝在提倡佛教的同时，对道教也予以一定的提携，但不及佛教的地位高、影响大。

唐朝注重平衡儒、佛、道三者的关系。从整体来看，佛教在唐朝获得了长足的发展。而道教则由于李唐皇室奉道家开创者老子为始祖，受到维护支持，空前活跃。唐高祖在一份诏书中就宣称"三教虽异，善归一揆"[①]。唐太宗认为三教殊途同归，支持玄奘译佛经。武则天也认为"佛道二教，同归于善。无为究竟，皆为一宗"[②]。整个唐代，儒、佛、道三教虽间有此消彼长的矛盾，但总的来说形成了政治上儒术居于主导地位，佛教和道教作为信仰和精神寄托共存的局面，为宋明理学的形成奠定了基础。

二、隋唐时期的学校教育

(一)中央官学

隋文帝时承袭北齐国子寺之名，在中央设立国子寺，以祭酒作为最高长官，总辖各学。这是我国设立专门的教育行政部门和专门教育长官的开始。隋炀帝大业三年(607)改国子寺为国子监，在国子监中设有国子学、太学、四门学、书学、算学。此外在大理寺还设有律学。

唐在隋的基础上，由中央直接设立的学校大提可以分为三系：一为中央六学，为直系；二为二馆；三为医学，为旁系。直系六学即：国子学、太学、四门学、律学、书学、算学，统隶于国子监。六学中的前三学属于普教性质，学生的入学资格按照出身等级决定，以国子学最高；后三学为专科性质。二馆，一为弘文馆，归门下省直辖；二为崇文馆，归东宫直辖。二馆为收藏、校理书籍和研究教授儒家经典三位一体的场所。此外还有医学，亦属专科性质，自成一系，直辖于太医署。唐太宗时，中央和地方都办了分科较细的医学，这比西方要早几百年。除以上三系外，还有隶于祠部的崇玄学和隶于中书省的集贤殿书院。崇玄学学习《道德经》《老子》等，集贤殿书院则兼有研究院和图书馆的功能。从贞观到安史之乱前，是唐朝国力最强盛的时期，也是学校最发达的时期。

(二)地方官学

唐代在各府、州、县分别设有府学、州学、县学，县内又有市学及镇学。所有府州县市各学校统归地方政府之行政长官长史兼管，长史再隶于国子监。地方学校学生

---

① （宋）王钦若等撰：《册府元龟》卷五十，558页，北京，中华书局，1960。
② （清）董诰等撰：《全唐文·禁僧道毁谤制》，983页，北京，中华书局，1983。

的毕业考试由长史主持，合格者由其于每年冬季报送尚书省参加科举考试，亦可以升入四门学，这是地方官学向中央官学选送学生的开端，也表明了唐朝已经形成了较为严密完整的教育系统。此外。地方学校的教师除教学外，还有服务地方、推行教化的任务。

(三)官学的各项制度

各学招收学生年龄均在14～19岁(律学为18～25岁)，所学课程相同，程度相当，地位的高低是由学生的身份等级决定的。"六学"中以国子学地位最高，学生是三品以上官员的子孙，学额300人。其次是太学，学生限于五品以上官员的子孙，学额500人。再次为四门学，学额1300人，为七品以上官员的子孙及经过选拔的八品以下官吏子弟乃至庶民。书学、律学、算学等专科性质的学校，招生对象与四门学相同，但学额较少，都在50人以下。中央和地方学校一般学习年限为九年，书学、律学学习年限为六年。"二馆"限于皇亲贵戚和高官、功臣子弟，等级最高，学额50人，但实际教学程度并不高于"六学"。

中央官学的教师有博士、助教、直讲等。博士、助教既是学校教师，又为朝廷有品级的官员。如国子学博士是正五品上，助教为从七品上，其他六学的教师等级和待遇依次减等。唐代对教师与国家其他官员一样实行定期考核，主要考核其业务、品德及教学效果，根据考核的结果决定升迁、奖励，如可由四门学助教升为太学助教等。

唐代官学的学生在学期间一律享受公费，包括衣服、膳食都由朝廷和地方政府支付。毕业考试由博士出题，国子祭酒监考。考试及格即取得科举省试资格，如欲继续求学，四门学的毕业生则补入太学，太学毕业生则补入国子学。不过这种升格法并不加深学业程度，只表示地位的提高。

三、科举制度的建立

(一)科举制的产生

隋唐科举

科举制的创立，是中国古代选士制度服务于中央集权需要的发展结果。科举制由"分科举人"而得名，始创于隋，而完备于唐。由于魏晋南北朝时期实行九品中正制，高门士族拥有政治特权，世代垄断高官显位。隋朝统一中国以后，为了加强中央集权、巩固统一，在政治、经济、文化等方面进行了一系列的改革，而首先着手的就是官制和与官制密切相关的选士制度的改革。隋炀帝大业二年(606)始置进士科，一般认为进士科的设置标志着科举制的创立。到了唐代，科举逐渐成为定制，此后宋、元、明、清，历代相袭，在中国历史上推行1300年之久。

(二)科举考试的科目

唐代科举分为三类：由学馆出身的，称为"生徒"；由州县考送的称为"乡贡"；而由天子直接招考的称为"制举"。前两类都属于常规考试，叫作"常科"。"常科"科目很多，而常设考试的有六科：秀才科、明经科、进士科、明法科、明书科、明算科。其他还有三礼、三传、史科、开元礼、道举，以及童子诸科，是不常设的。在常设的六科中，尤以"明经""进士"二科最为重要；而秀才科因取人较严，逐渐无形废止了。"制举"往往因君王的好赏及政府一时的需要，特设某科考取某样人才，无一定的规程。

(三)资格和内容

生徒和乡贡为常科考生。经考试生徒由国子监祭酒挑选，乡贡由长史挑选，送至尚书省下的礼部参加"省试"。唐朝初年虽然规定，凡士子应常贡，只问学力，不限于学校内的学生，但在唐文宗(826—840 年在位)年间开始要求，凡公卿士族子弟，须先入国学肄业才可以应考明经进士；在唐武宗(840—846 年在位)时，又规定无论中央还是地方，一切考生均须由学校出身方准应试。这样，学校教育就与科举制度紧密地联系在一起了。

省试考试内容以儒家经典为主，另有诗、赋、论、策的写作，各科要求不一。考试方法分为帖经试法、墨义试法、策问试法、诗赋试法。省试在京城举行，考生须先往户部报到，户部阅后送经礼部考试。取中者按等级给予及第、出身资格。省试取中以后，还须要入国子监继续深造，再经吏部考试，通过者授予官职，不及格者越三年再试。授官品位，依据常科科目的等级不同而有所分别。唐代已极为重视科举过程的公正，规定："凡贡举非其人者，废举者，校试不以实者，皆有罚。"[①]旨在保证科举制度的顺利推行。

(四)科举制与学校教育的关系

隋唐时期科举制的产生，是封建选官制度的一大进步。它把读书、考试与做官紧密联系起来，有利于打破特权垄断、扩大官吏人才来源、提高官员文化素质。科举取士，把选拔人才和任命官吏的权力，从世家大族的手里集中到中央政府，大大加强了中央集权。

从更长的历史时间来看，在科举制产生以前，选士和育士基本上是脱节的，科举制的产生将二者结合在一起。科举制与学校间存在一种相互制约的关系，学校教育的兴衰直接影响科举取士的质量和数量，科举取士的标准和方法指导着学校教育的内容

①　(宋)欧阳修撰：《新唐书·选举志上》，79 页，北京，中华书局，1975。

和方法。由于科举又是学生出仕的必由之路，科举制的产生刺激了人们学习的积极性，促进了学校教育的发展。但由于封建社会的弊端，社会只重科举，不重教育，使学校教育逐渐成为科举制的附庸。此外，大批知识分子把终身精力消磨于科场考试之中，除少数人可以循着这条路爬上去外，对绝大多数人来说，科举只是一个终身追求而不可得的钓饵。

三、隋唐时期的中外教育交流

(一)新罗、日本等国的留学生

隋唐时期，政治稳定，经济繁荣，科学技术、文化教育都达到了新的水平，加上政策比较开放，与亚洲各国的文化教育交流频繁，长安成了亚洲文化教育的中心。当时，突厥、吐蕃、高昌、渤海国，以及朝鲜半岛的新罗、百济、高丽等，都派遣留学生来长安。特别是日本，依托遣隋使和遣唐使制度派了大量的官员、学生和僧人来华学习。著名者如南渊请安、高向玄理、吉备真备、安倍仲麻吕等。此外，朝鲜半岛上的新罗向唐派遣留学生也较为频密，每一至两年都有留学生随遣使入唐，每次 2～20 人不等。留学生为朝鲜半岛和日本导入中国先进文化和教育制度作出了巨大贡献。

贞观年间，各国留学生来华最盛，人数约在千人以上。凡到长安的留学生，一律入"六学"学习，享受与中国学生一样的待遇，有参加科举者，也有任官职者。唐允许留学生自由地与中国人交往和到各地旅游、访问，居留时间自便。

(二)唐代教育制度对新罗、日本的影响

新罗和日本的留学生回国后，都通过对唐朝国家教育制度全面而深入的借鉴和模仿，推动了本国教育改革。其中，新罗在教育制度上受唐的影响最为深刻。682 年，新罗仿照唐朝的国学馆设立了国学，后来改名为太学监，设有博士、助教，以儒家典籍为教学内容。788 年，效仿唐朝的科举制度，设立读书出身科，以学生毕业时取得的上、中、下三个等级的成绩为依据，录用为不同品级的官吏。

日本方面，早期入华的留学生回国后开设私学，向贵族子弟宣讲儒家学说，为日后的大化改新奠定了思想基础。大化改新后，日本政府模仿唐制的教育改革逐步展开。676 年，天智天皇在京都仿照唐朝的太学馆建立了大学寮，这是日本官立学校的开始。大学寮的入学标准、教学内容、管理方式等各方面都和唐朝的国子监相似，开设明经、文章、明法、算学四科，此后地方上也陆续设立国学。各级学校均以儒家典籍为主要教学内容。文武天皇时期，仿照唐律制定的《大宝律令》对日本的教育又作了较为详细地规定，使日本的教育制度化、法律化。

第二节
韩愈的教育思想

韩愈（768—824），字退之，河南南阳人，唐代著名的文学家、思想家、教育家。韩愈因祖籍昌黎，人称昌黎先生，并著有《韩昌黎集》。他所生活的中唐时期，由于藩镇割据、中央权威削弱，造成社会动荡，引起了佛教的再度泛滥。针对于此，韩愈欲以恢复古道作为挽救时局的方针，一方面主张中央集权，反对封建割据；另一方面猛烈攻击佛教，以维护儒家的道统。韩愈多次担任教育官职，做过四门博士、国子博士和国子祭酒，在此期间他提出并践行了不少教育主张，由于"韩门弟子"众多，他的思想在唐代有很大影响。

一、韩愈的教育理论

（一）教育的作用

韩愈是"性三品"论者。他写了《原性》一文，表达了其人性论的基本观点。他认为人性是先天的，人性具有"仁、义、礼、智、信"等道德品质；"性"分上中下三品。上品的人"善焉"，中品的人"可导而上下也"，而下品的人则是"恶焉"；他认为性之外还有情，情是"接于物而生的"，它包括"喜、怒、哀、惧、爱、恶、欲"七种。情也是分上中下三品的，他认为具有上品之性的人，七情的表现都能"适中"；具有中品之性的人，七情往往"有所甚""有所亡"，即过与不及，不能恰如其分；具有下品之性的人，"直情而行"，毫不控制。

韩愈认为，"三品"的人，都固定在天生的"品"的界限内，是"不移"的，不能互相转化。但在"品"的内部，可用教化和刑罚，使人发生一定的改变。而教育的作用，就是在既定的品格之内使性移动。韩愈的性三品说，坚持上下品不可移，教育的作用必然要受到很大的局限。但是，他提出的"性情"之说，对宋明理学的发展具有很大影响。

（二）教育目的与道统论

关于教育的目的，韩愈要求教育要"明先王之教"，使人们明白"学所以为道"。这里的"道"主要就是儒家的"三纲""六纪"之说以及贯穿于一切事物之中的仁义之道。韩愈之所以推行儒家之"道"，是与其政治主张结合在一起的。韩愈希望通过个人的道德修养实现人人安身立命，报效家国的积极的现世社会。因此他对人才规格的要求是：忠君、廉政、兼礼法、继传统几个要点。忠君是核心内容，廉政、兼礼法、继传统都是培养实行忠君思想的必然要求，儒生具备了这些品德，就可齐家治国平天下了。

"道"也是韩愈思想的最高范畴，其内涵是以封建仁义道德法则为中心的客体精神，这亦为宋明理学家把道德上升到本体论的高度，进而强调道德自律的理学教育思想做了理论准备。为此，他在《原道》中提出道统论，认为"先王之道"从尧开始，代代相传，直至孔孟，从不间断。但孟子死后，道"不得传焉"，并决心以弘儒道为己任："使其由愈而粗传，虽灭死万万无恨。"这一学说在形式上是对佛教传法世系祖传说的模仿，但目的是抬高儒家在历史上的正统地位，与佛老相抗衡，为把韩愈自己说成是儒家旗手资格提供依据。在这里，韩愈表达了肩负起卫道重任，与佛老进行坚决斗争的决心。

二、关于教学和学习思想

(一)业精于勤

韩愈在《进学解》中说道："业精于勤，荒于嬉；行成于思，毁于随。"他以自己学习的经验，教育学生要做到口勤："口不绝吟于六艺之文"；手勤："手不停披于百家之编"；脑勤："沉浸浓郁，含英咀华"，做到"焚膏油以继晷，恒兀兀以穷年"，勤奋学习，长年不懈，才能获得知识。

(二)博精结合

韩愈在教学实践中还领悟到了博与精的辩证关系。一方面韩愈强调博学，"贪多务得，细大不捐""兼收并蓄，待用无遗"；另一方面又要求精约，"提其要""钩其玄"，要形成自己的知识体系。也就是说，博与精是对立统一的，没有博就不可能有精，没有精，博也只不过是一种大杂烩。他反对"学虽勤而不由其统，言虽多而不要其中"。要求学习者做到博约结合，在博的基础上求精。

(三)学习与创造结合

韩愈认为学习古人，要"师其意而不师其辞。"要独立思考，不能尽信书本。主张把学习与创造结合起来，在学习别人的基础上，形成自己的思想和观念。"抒意立言，自成一家新语"，"自树立，不因循"，"不与世沉浮"，只有这样才有可能独辟蹊径，与众不同。

三、《师说》与论教师

韩愈在教育史上最突出的贡献是他关于"师道"的论述。唐代社会上存在着严重的"耻学于师"的风气。而且，"师道之不闻也久矣"，这种风气已从魏晋始流传几百年了。当韩愈刚进国子监当四门博士时，面对这种不良风气，为恢复师道，做《师说》一文，对师道作了精辟的论述。柳宗元评论说：在"今之世不闻有师，有辄哗笑之，以为狂人。独韩愈奋不顾身流俗，犯笑侮，收召后学，作《师说》，因抗颜而为师"[①]。

(一)教师的作用

韩愈从历史的经验中提炼出一个结论："古之学者必有师"，如果没有教师的教诲和指导，任何人都不可能成为有才智的人。他认为"人非生而知之者，孰能无惑？惑而不从师，其为惑也，终不解矣。"生而知之的人是不存在的，因此谁能无惑？如果"惑"而不从师，那才是"惑"呢。在这里他通过肯定人在成长过程中学习的重要性，进而肯定了教师的重要作用。

(二)教师的任务

韩愈认为教师的任务包括三个方面，"师者，所以传道、授业、解惑也。"所谓"传道"，就是传授儒家的政治伦理之道；所谓"授业"，就是讲授儒家的经典，泛指文化知识；所谓"解惑"，就是解答学生在学习"道""业"过程中的疑难问题。在教师的三项任务中，"传道"处于首位，授业和解惑都离不开"传道"这个根本。"传道"是目的，"授业"和"解惑"是"传道"的过程和手段。所以，"授业"和"解惑"时要结合"传道"，才是真正意义上的教师。

(三)择师的标准

韩愈主张不管出身、门第、相貌等如何，只要学有所成，并且合乎儒道，就可以为人师表。"生乎吾前，其闻道也，固先乎吾，吾从而师之；生乎吾后，其闻道也，亦先乎吾，吾师道也。夫庸知其年之先后生于吾乎？是故无贵无贱，无长无少，道之所存，师之所存也。"韩愈把"道"作为择师的根本标准，也是择师的首要标准。从师是为了学道，谁有"道"，谁就有资格为师。韩愈强调"师道"正是对中唐以后耻学于师的不良风气的批判，这在当时是有积极意义的。

---

① （清）董诰等撰：《答韦中立论师道书》，见《全唐文》，5813 页，北京，中华书局，1983。

(四)师生关系

韩愈认为师生之间可以互相为师，两者没有绝对的不可逾越的鸿沟。他说："弟子不必不如师，师不必贤于弟子，闻道有先后，术业有专攻，如是而已。"也就是说，师生关系是相对的，在一定条件下可以相互转化。只要闻道在先，术业有专长者，皆可以为人师表。

《师说》是我国教育史上第一篇比较全面地从理论上论述师道的文章。它的思想意义在于它继承和发展了前人关于师道的观点，是韩愈教育思想的精髓，为我国教育史提供了富有创见的见解。《师说》这篇文章虽然只有 456 字，但它精湛的思想却一直影响着历代教育工作者，是我国古代教育史中珍贵的教育文献。

总体而言，隋唐统治者总结了汉代以来儒学发展的曲折历程，对于儒、佛、道三学，分别主次轻重地作为维护其封建统治的工具。因此这一时期既是儒学教育的复兴阶段，又是儒学教育与佛道思想相结合的阶段。三家思想也在斗争中相互渗透，走向融合。正如韩愈虽是一个重振儒学的卫道者，他提出儒家的"道统"来对抗佛老的"法统"，强调儒学的历史地位和发扬儒学传统的重要性。但从董仲舒的儒家神学过渡到宋明理学，韩愈是一个不可缺少的中间环节，有承前启后的作用。此外，隋代开创的科举考试制度，既是国家设科公开进行的以考试为中心的一种选拔官吏的制度，也是历代选士制度的合乎逻辑的发展。这是中国古代选官制度的一次重大改革，同时又是隋唐以后中国封建社会文化教育的有效指挥棒。

自测题 >

一、选择题

1. 科举制度创立于哪个历史时期?（　　）

    A. 魏晋南北朝　　B. 唐朝　　　　　C. 隋朝　　　　　D. 宋朝

2. 唐朝科举生源中，在官学中通过了规定的学业考试，选送到尚书省应试的，称为（　　）。

    A. 乡贡　　　　　B. 生徒　　　　　C. 举人　　　　　D. 进士

3. "六学二馆"是哪个朝代中央官学体系的简称?（　　）

    A. 隋代　　　　　B. 宋代　　　　　C. 唐代　　　　　D. 汉代

4. 以下唐朝的学校中，不属于国子监管辖的是（　　）。

    A. 太学　　　　　B. 四门学　　　　C. 律学　　　　　D. 医学

5. 韩愈的教育思想最显著特点是什么?（　　）

    A. 读书理论　　　　　　　　　B. 家教思想

C. 师道思想　　　　　　　　　　　　D. "性三品"思想

二、简答题

1. 简述科举制度创立的原因和历史意义。

2. 简述隋唐兼容佛道文教政策的主要内容。

3. 简述韩愈的"性三品"论。

三、论述题

1. 评析韩愈《师说》中关于教师的论述。

2. 试述科举制度与学校教育之间的关系。

四、资料分析

根据下述资料，分析韩愈对儒家人性论的发展和在当时的意义。

孟子之言性曰：人之性善；荀子之言性曰：人之性恶；扬子之言性曰：人之性善恶混。夫始善而进恶，与始恶而进善，与始也混而今也善恶，皆举其中而遗其上下者也，得其一而失其二者也。……人之性善恶果混乎？故曰：三子之言性也，举其中而遗其上下者也，得其一而失其二者也。曰：然则性之上下者，其终不可移乎？曰：上之性，就学而易明；下之性，畏威而寡罪。是故上者可教，而下者可制也。其品则孔子谓不移也。曰：今之言性者异于此，何也？曰：今之言者，杂佛老而言也。杂佛老而言也者，奚言而不异！

——韩愈《原性》

拓展阅读书目 >

1　童第周译注：《韩愈文选》，人民文学出版社，1997

　　韩愈是唐朝著名的文学家、思想家和教育家。韩愈的教育思想是：道之所存，师之所存（道理在哪，真正的老师就在哪），认为只要是有学问的人，就是自己的老师。他把"道"作为择师的根本标准。此书收录了其《太学生何蕃传》《与孟东野书》《答李翊书》《原道》等与其教育思想相关的重要篇目。

2　吴宗国：《唐代科举制度研究》，北京大学出版社，2010

　　此书追述了科举制度的产生过程，论述了科举在唐代选官制度中的地位变化，对唐代科举制度中常科和制科中一些主要问题、科目选和学校等问题进行了比较深入的阐述，还探讨了进士科考试科目和录取标准的变化，并对由科举制度发展而产生的座主门生关系、请托行卷盛行、门荫衰落和进士家族、社会等级再编制等问题进行了论述。

第六章

宋元时期的教育

学习目标

1. 了解宋元文教政策和科举制度的改革创新举措；
2. 了解书院的发展演进；
3. 掌握朱熹的教育思想。

重要概念

宋代三次兴学　三舍法　苏湖教法　理学　朱熹　白鹿洞书院
朱子读书法

宋代相对稳定的社会环境，为文教事业的发展创造了条件。这一时期的教育在制度上更趋于健全化，思想上更趋于理论化和系统化。元代是蒙古族建立的多民族统一帝国，其文教政策的特点体现为一方面吸收汉族文化，另一方面服务于维护本民族文化传统及政治特权。在学术思想层面，尽管唐代韩愈等人高呼捍卫和发扬儒家道统，但儒学要想重振，必须自身有一个新的发展。这一发展是在宋代借由理学的产生而实现的。理学产生于北宋，完成于南宋。南宋朱熹在总结张载和二程（程颢、程颐）思想的基础上始集大成，建立了一个比较完整的客观唯心主义体系。后人称为"程朱理学"。元、明、清三代，程朱理学一直是官方推崇的统治学说。

第一节
宋元时期的教育制度

一、宋元时期的文教政策和学校教育

（一）文教政策

宋朝是在结束唐末五代近 200 年的分裂割据之后建立起来的，因此统一国家之后，确立了"兴文教、抑武事"的治国策略。推行"兴文教"政策，必然要尊孔崇儒。尊孔崇儒的步骤包括，在全国范围内恢复重修被战乱毁坏的各地文宣王庙、祭孔、封孔、封赐孔子后裔，以及在教育、科举考试中强化经学的地位等。此外，宋代在尊孔崇儒的同时也大力提倡佛教和道教，其结果是使儒、佛、道三家在长期斗争中走向融合，孕育出以儒学为主体，糅合佛、道思想的新的思想体系——理学。

元朝是蒙古族建立的多民族封建大帝国，因此在文教政策上针对不同族群，采取了不同政策。一方面，对于占人口绝大多数的汉族，特别是士大夫阶层，元政府延续了宋代尊孔崇儒、推崇理学的文教政策。这种怀柔政策主要是为了加强自己的统治地位，并改善其强权暴戾的政治形象，以笼络广大的汉族士儒，并且也确实收到了缓和社会矛盾、促进民族和解的实际效果。另一方面实行民族分治、尚文禁武的政策。元代将统治下的人民按民族（也是接受统治的先后）分为四等：蒙古人、色目人、汉人和南人。取士时参考民族出身，其实行的国子学试贡法，汉人考试内容最难、要求最严，蒙古、色目人要求宽松，内容简单，但授官等级却高于汉人。

(二)学校教育

宋代的学校教育制度是在三次兴学过程中，逐步建立和完善的。就总的格局来看，宋代的学校教育制度仍大体沿用唐制，形成以国子监、太学为核心的中央官学和州县学校为主体的地方官学两大系统。

1. 国子监

宋代国子监有两种性质：一种是管辖学校的机关，称国子监；另一种是国家最高学府，专教七品以上官员的子弟，又称国子学。最初学生人数不定，后来以二百人为定额。国子监最初设监事两人，一在东京（开封），一在西京（洛阳）。其下再设直讲八人，专事任教。宋神宗元丰（1078—1085）以后，设祭酒一人，总管国子监，统辖所属各校；其下设司业、参丞及主簿各一人，管理各项职务。南宋初年，于临安（杭州）也开设了国子监。

2. 太学

宋代太学的教育范围较隋唐又有扩展。宋初规定八品以下的官员子弟及庶民中优秀者，由各地方学校选送，皆可入学。到王安石执政时期，特别注意学校教育，培养通经致用的人才，所以他一方面改革从前科举的流弊，另一方面扩充太学的内容。

宋代太学课程屡有变更。开国初年以五经为教材。熙宁以后，主要学习王安石的《三经新义》。宋徽宗时期，黄、老、庄、列等书也列入教材。到了南宋，取消《三经新义》，仍定五经为教材，并习程、朱语录，而《四书》也渐列入课程之中。诗、词、赋、策论则随时皆采，不分派别。

三舍法是王安石开创的学校管理办法。王安石把太学分为三舍，学生资格分为三等，初进太学为外舍生，由外舍升内舍，由内舍升上舍。具体来说，凡外舍生每年升级一次，即年终考试后，成绩列第一、第二等者升入内舍。内舍生修满二年时，由学官进行考试；合格者则升入上舍。上舍生修满二年，则举行毕业考试，由政府特派大员主考，教官不得参与，评定成绩分三等，上等者即时授以官职；中等者免除礼部考试；下等者则免解（免除地方考试）。上等资格与进士同，如果有幸取得上等，即在化原堂释褐①，成为"释褐状元"。三舍考试，皆用积分法，为后世学校积分法的创始。

元代官学体制除了部分承继于宋代以外，另增设了一些服务于少数民族统治阶层的学校。大致可以分为三种类型：一是以汉文进行教学的儒学教育机构——国子学；二是以少数民族文字进行教学的教育机构——蒙古国子学、回回国子学；三是专业技术教育机构，如司天监、太医院等政府专职机构下属的专业学校。

---

① 新科进士举行的一种易服礼。褐者，古时贫寒人衣着之谓，释褐即指脱掉平民服装，换上官服。

3. 专门学校

宋代中央官学设有六种专门学校，分别为律学、算学、书学、画学、医学、武学，由国子监和各职能部门统辖。

律学：宋初于国子学中置教授法律的博士，后单独设置，隶属于国子监。入学资格为命官和举人。分断案及律令两科，习古今刑书，新颁条令等。

算学：隶属于太史局，学生定额 210 人。入学资格为命官和庶人。学习《九章》《周髀》《海岛》《孙子》《五曹》《张丘建》《夏侯阳》算法及天文等。

书学：由翰林书艺局管辖。习篆、隶、草三体字，兼习《说文》《尔雅》《论语》《孟子》。

画学：由翰林图画局管辖。学生分"士流"与"杂流"。宋代的画学是中国古代最早的美术专业学校，学生除习绘画外，需习《说文》《尔雅》《方言》《释名》四种书。

医学：初属太常寺，神宗时隶属于提举判局。后改属国子监，后又改隶太医局。医学分为方脉科、针科、疡科。方脉科的教材以《素问》《难经》《脉经》为大经；以《巢氏病源》《龙树论》《千金翼》为小经。针、疡二科的教材，除去脉经另增三部针灸经。

武学：仁宗时立，不久即停废，神宗时又重新设立，南宋也有设立。学生员额百人左右，学习诸家兵法，弓矢骑射等。

4. 地方官学

宋代地方官学有州（府军监）学和县学两级。仁宗庆历四年（1044）开始诏诸州、府立学；学生二百人以上，允许设置县学。崇宁元年（1102）要求所有州、县一律置学。教学内容主要是经义和诗赋。崇宁二年（1103）置各路提举学事司，掌一路州县学校，每年前往各州县巡视一次，考查教师之优劣及学生的勤惰。县学生经过选考课升入州学，州学生可升入太学。

元代也按路、府、州、县的行政区划，在地方上设立了路学、府学、州学、县学以及小学、社学的儒学系统。除此之外，还开设了蒙古字学、医学、阴阳学等专门学校。

二、科举制度的演变

为了节制军人，宋代大量使用文官充任各级政府官吏，迫切需要大量管理人才。鉴于此，政府对科举取士制度进行了改革，以适应大量取士的需要。

首先是科举取士规模的扩展。唐代科举取士名额很少，只是为寒门子弟打开取得出仕资格的一条门缝。宋初每届取士人数与唐代大体相同，不过二三十人。宋太宗（976－997 年在位）即位后，开始大幅度增加录取名额，每届大体维持在三四百名的录取规模上。对那些多次应试不中者，朝廷又开辟了"特奏名"制度，降低考试难度，以予照顾。如果还考不上，等达到足够的年头，一般是经历 15 届以上的应试后，朝廷就赏给一个相当于科举某种出身的称号。这种做法可以将读书人毕生束缚在书本中和考场上，不使他们绝望而萌生异志，有效地维护了社会的稳定。

其次是考试内容的改革。有鉴于唐代科举的帖经、墨义完全是考死记硬背儒经，而诗赋考试又与治国实际关系不大，熙宁兴学时，废除帖经、墨义、诗赋等传统科目，改试经义，经义是论述儒经某一内容的小论文，既考查考生对儒家经典的掌握理解，又考查考生的文笔水平。不过诗赋毕竟是士大夫文人的基本素养的体现，后来采用诗赋考试还是经义考试几经反复，经义最终还是占了上风。

最后是减少了科举任官的环节，唐代科举取中的还要通过吏部考核才能做官。而到宋代，科举及第的进士立即就可以做官，而且升官较快。

随着科举考试制度的成熟健全，庶民子弟通过科举跨入仕途的数量日益增多，在统治阶层中逐步形成了一个庶族官僚集团，从而为宋元政治和文化教育的运行注入了强大的生机。

三、宋代的官学改革

宋代初始，官方忙于加强中央集权，防范地方割据势力，未开放地方官学的兴办，中央也只是继承了原来的国子监。到北宋中叶，统治秩序已基本稳定，于是先后有三次兴学之举：庆历兴学、熙宁兴学、崇宁兴学。

(一)庆历兴学

庆历三年(1043)，范仲淹 (989—1052)任参知政事，主持朝政，不久即推出"庆历新政"，其中科举教育改革是这次新政的重要内容。范仲淹推动的兴学措施主要有以下几个方面：第一，州县立学，普遍设立地方学校。选聘教师，并规定须在学校习业 300日，方许应举。这项措施旨在避免学校流于形式，保障学校的正常教学秩序。第二，改革科举考试方法，科举考试先策论，后诗赋。取消了帖经、墨义等内容。第三，振兴太学，选用拥护新政的著名学者石介、孙复主持太学讲席，将胡瑗的"苏湖教法"引进太学。

胡瑗 (993—1059)字翼之，江苏泰州人，与孙复、石介并称"宋初三先生"，是北宋著名教育家。"苏湖教法"又名"分斋教学法"，是胡瑗在苏州、湖州两地讲学期间，使用的一种全新的教学法。他反对当时盛行的重视诗赋声律的学风，提倡经世致用的实学，主张"明体达用"，设立经义斋和治事斋，创行分斋教学制度。经义斋主要学习六经经义，属于"明体"之学；治事斋分为治民、讲武、堰水、历算等科，属于"达用"之学，学生可以主修一科，兼学其他科。胡瑗的苏湖教法，是世界教育史上最早创立分科教学和必修、选修的教育制度。

(二)熙宁兴学

庆历新政实施不久后即告失败，兴学也旋即夭折。宋神宗继位后不久，再次出现改革的政治局势，著名的政治改革家王安石(1021—1086)在熙宁年间主持和推进了一场广泛深入的变法运动。王安石认为，造成当时社会种种弊端的根本原因在于人才不足，用人不当。为此，他在改革中陆续颁布了一系列的兴学诏令。其具体内容主要包括以下几个方面：第一，改革太学体制，实施三舍法。如前所述，生员依学业程度，通过考核，依次升舍。第二，设立经义局，统一经学。王安石亲自修撰《三经新义》，由朝廷正式颁行，成为官方考试、讲经所依据的标准教材。第三，举办专门学校，主要是复置武学、设置律学、医学，以培养具有一技之长的人才。第四，扩建和整顿地方官学。在地方设置学官，学官任免由中央政府直接控制，全权负责管理当地教育，地方当局不得随意干预学校事务。朝廷还为地方学校拨充学田，解决了州县学校经费不足的问题，为州县学校的维持提供了物质保障。

(三)崇宁兴学

王安石辞职和宋神宗去世后，朝廷内部政策出现反复。到宋徽宗即位后，打起继承先皇(神宗)之政的旗号，于崇宁元年(1102)，由蔡京主导进行了新一轮的兴学改革。内容主要包括以下几个方面：第一，州县普遍设学。县学亦置小学，在各地方学校也实行三舍法。县学生可升入州学，州学生可升入太学。至此，形成了遍布全国州县的学校网络，无论在数量上、规模上，还是在分布的范围上，都远远地超过了以往任何一次兴学。第二，扩建太学。崇宁元年(1102)在京城南郊营建太学之外学，赐名"辟雍"。第三，以学校取代科举取士。由于天下已普遍设学并实行三舍升级制度，崇宁三年(1104)罢科举，士人全部由学校升贡。宣和三年(1121)恢复科举旧制，但太学仍保留崇宁定制。第四，兴办专门学校。设置书学、画学、算学等专业学校，采用太学三舍法考选取士。

上述三次兴学运动着眼于解决培养人才与选拔人才的矛盾，解决科举与学校的关系，不同程度地将宋代教育事业向前做了推进。三次兴学运动后，中国封建教育的基本模式逐步形成，并且在教育的方针、政策、法规及观念诸方面，为其后历朝封建教育的发展提供了范本。

四、书院的产生与发展

（一）书院的产生

书院是中国古代特有的教育组织形式。它以私人创办和组织为主，将图书的收藏、校对与教学、研究合为一体，是相对独立于官学之外的民间性学术研究和教育机构。书院之名，肇始于唐代，当时只是官方修书、藏书的机构。唐末五代战乱频繁、仕途险恶，一些学者不愿做官，隐居山林或乡间闾巷读书讲学，吸引了一些士子前来求学。此时起，书院开始具有讲学授徒的功能。但唐末五代的书院数量少，规模不大，影响有限。宋初，书院开始兴旺起来，其规模和数量大幅度扩展，成为宋代教育的重要组成部分。当时的著名书院有白鹿洞书院、岳麓书院、应天府书院、石鼓书院等。

造成宋代书院兴盛的原因是多方面的：首先，北宋科举取士规模日益扩大，而官学无法满足士人求学需求，在这种情况下，书院起到了填补官学空白的作用。其次，朝廷崇尚儒学，鼓励民间办学。宋初提倡文治，但国家一时又无力大量创办官学，故朝廷对书院给予多方面的表彰和赞助。像著名的白鹿洞书院、岳麓书院、应天府书院、嵩阳书院都得到朝廷赐书、赐匾额、赐学田和奖励办学者等不同形式的支持，这些支持无疑是促进宋初书院兴盛的直接动因之一。再次，佛教禅林制度的影响。佛教出于僻世遁俗、潜心修行的宗旨，多选择环境僻静优美的山林建立寺庙，五代及宋初的书院也大多建于山林名胜之中。此外，佛教禅林集藏经、讲经、研经于一体，也对书院的教研体制产生了明显的影响。最后，印刷术的广泛应用，使书籍不再是珍藏品，普通公众都可以拥有，是促成宋代书院兴旺发展的重要基础。

（二）南宋书院的复兴

虽然书院在北宋初期得到了初步发展，但随着北宋中期三次大规模的兴学，州县官学日益普及，逐步取代了书院的地位。到了南宋，由于朝廷的大力提倡和理学家讲学活动的广泛开展，书院又进入复兴的阶段。南宋书院在各方面都比北宋有长足的进步。书院的数量和分布的区域大幅度扩大；大量的宋初著名书院都得到了恢复和重建；书院内部的设施和功能更加完善。

南宋书院的发达与朱熹修复白鹿洞书院也有密切的关系。白鹿洞书院原为唐后期李勃兄弟隐居处，南宋时由朱熹修复，并任洞主，制定《白鹿洞书院揭示》，作为书院的学规和教育宗旨。其内容主要是把《周易》《论语》《孟子》《礼记》等典籍中出现的儒家思想汇集起来，用学规的形式固定下来，成为后世学规的范本和办学准则，使书院教育走上了制度化的发展轨道，其影响极为深远。

(三)教育及教学管理上的特点

宋代书院在教育及教学管理方面，均形成了自己的特色，其具体内容如下：

第一，书院的教育经费来源多样化。书院的经费，得到官府的资助，也依靠民间自己筹集，主要靠学田供给。如官府曾在绍熙五年(1194)拨给岳麓书院学田 50 顷，书院学生日给米一升四合，钱六十文。而一些富贾巨商也常赞助或直接出资兴办书院。如浙东的杜州六先生书院，就是私人出资办学，书院内部设施十分完善，办学条件也很优越。

第二，书院实行山长负责制，管理体制日趋完备。宋代书院的最高首脑称为山长、洞主或洞长。山长既是主要的教学者，又是最高的管理者，并且往往都由著名的学者来担任。随着办学规模的日益扩大和书院内部设施的日益增多，书院教学管理人员的设置也相应增加。以金陵明道书院为例，除设山长一员总负教养之责外，还有堂长、讲书、堂录、堂宾、直学、讲宾、司计等教职人员的名目达十余种之多。书院教职人员人数的扩大和分工管理制度的形成，是书院教学管理形式更加规范化、制度化的一个体现。

第三，书院实行开放式的教学和研究。宋代书院多定期举行会讲论辩，求学者不受地域、学派的限制均可前来听讲、求教。有些书院还拨出专款，用来接待四方来听讲求学的人，并有专人负责招待。书院的教学人员也不限于书院自身，而是广泛邀请学界名流前来讲学，甚至包括不同学派的学者。如著名的"鹅湖会讲"就曾同时邀请朱熹和陆九渊来讲学，二人观点对立，辩论相当激烈。宋代书院的门户开放风格，大大促进了学术的交流与发展。

第四，书院的教学注重启发引导，提倡切磋讨论。除参加学术活动和教师必要的讲授外，书院的教学活动主要是学生自学，因此教师非常重视对学生学习兴趣的导引。程颐曾说："教人未见意趣，必不乐学。"[①]而学习者亦可根据自己的志趣专业，投奔自己向往的某家理论去进行学习。因此在教育的实践中，师者的情趣与学习者的情趣相一致，往往能够有效地进行互动交流。

从以上几点来看，书院作为一种新的教育组织形式，既不同于正规的官学，也不同于纯粹的私学。同官学相比，书院向一切求学者开放，教学组织形式更加灵活多样，课程设置也有较大的自主性，管理上侧重于启发学生的上进心和自觉性，少有禁戒惩治的规章。同一般师徒授受的私学相比，书院规模大，有教学组织机构，接受官方资助，通常都拥有自己的学田、院产、藏书、等教学设施，条件比一般私学优越正规。

---

① (宋)程颐、程颢撰：《二程遗书》，63 页，上海，上海古籍出版社，2020。

第二节
朱熹的教育思想

理学发展与正统化

朱熹(1130—1200),字元晦,号晦庵,出生于福建南剑(今福建南平)的一个官宦世家。父亲朱松是程颐再传弟子罗从彦的学生,朱熹从小深受父亲教诲,成年后又师从父亲的同学李侗,故深得程学真传。同时他又吸收了周敦颐、张载的思想,形成系统的理学思想体系,成为宋代理学集大成的人物。朱熹18岁就考中进士,担任过不少地方的官职。宁宗即位初,入朝兼任侍讲,但很快就被免职,后来还被列入伪学逆党,直至他去世九年后才得以翻案。朱熹一生致力于教育和学术研究,在地方任职时总是重视教化,曾重建白鹿洞书院和岳麓书院,亲自参加书院的教学、管理工作。主要著作有《四书章句集注》《近思录》《朱子语类》等。其中《四书章句集注》是朱熹为《大学》《论语》《孟子》《中庸》所做的注解,是宋明理学的权威性代表作,影响极为悠远。

一、论教育的作用与目的

北宋初胡瑗、孙复、石介三人,被称为"理学三先生"。但是,理学的实际创始人为"北宋五子",即周敦颐、邵雍、张载、程颢、程颐。其中,奠定理学理论基础的是北宋中叶的周敦颐(1017—1073),他兼容儒、佛、道诸家学派,创造了"无极而太极"的宇宙生成说,成为理学的本体论。张载(1020—1077)和二程,即程颢(1032—1085)、程颐(1033—1107)兄弟,分别从唯物和唯心的角度阐述了理与气、道与器的因果关系,并涉及道德性命、天理人欲等,构成理学的基本范畴。南宋中期以后,朱熹对宋代理学进行了全面的总结和发挥,成为宋代理学的集大成者和主要代表人物。

朱熹的教育思想建立在其理学思想基础之上。朱熹认为:宇宙万物是由理和气两种元素构成的。"理"是精神性的范畴,是创造万物的本源,也是万物运行的目的,是第一性的。"气"是物质性的范畴,是构成万物的材料,也是"理"的载体,是第二性的。朱熹认为:自然万物(即"气")都包含着一定的"理",每个人都具有一种天然的理性本能,而依靠这种本能的"心灵之知",就可以接触体认事物,了解掌握事物的规则(即"理"),这个过程就叫作"即物穷理"或"格物致知"。

而就一般人的内心而言,又有"人心"和"道心"两种成分。"道心"体现天理,人心体现人欲,教育的作用就在于"存天理,灭人欲",使"人心"服从"道心"。朱熹据此严厉抨击了当时功利主义的学校教育,认为当时的学校教育忽视伦理道德教育,诱使学生"怀利去义"，追逐名利，导致"风俗日蔽、人才日衰"。因此，应尽快改变教育、学习风气，以正本革弊。这些批评切中时弊，具有一定的积极意义。

二、论"小学"和"大学"

朱熹在总结古代教育的基础上，对小学和大学的教育阶段划分及教育内容作了系统论述。他认为人生应 8 岁入小学，15 岁入大学，小学和大学是不可割裂的两个学习阶段，即都是为了体认天理的，只是内容程度有所不同：小学学其事，大学明其理。小学是为大学打基础，大学是小学的深化。

在小学的教育方法上，朱熹强调以下三点。首先，主张先入为主，及早施教。在朱熹看来，小学儿童"人之幼也，知思未有所主"，很容易受各种思想的影响，而一旦接受了某种"异端邪说"，再教以儒家的伦理道德就会遇到抵触。因而，"必使其讲而习之于幼稚之时，欲其习与智长，化与心成，而无扞格不胜之患也"。① 其次，要求形氛生动，能激发兴趣。朱熹接受程颐等前辈学者的思想，认为在对小学儿童进行教育时，应力求形象、生动，以激发其兴趣，使之乐于接受。在此思想指导下，他广泛地从经传史籍以及其他论著中采集有关忠君、孝宗、事长、守节、治家等内容的格言、训诫诗、故事等，编成《小学》一书，作为儿童教育用书，广为流传，产生了重要影响。最后，首创以《须知》《学则》的形式来培养儿童道德行为习惯。

大学教育是在"小学已成之功"基础上的深化和发展，与小学教育重在"教事"不同，大学教育内容的重点是"教理"，即重在探究"事物之所以然"。大学教育任务也与小学教育不同。小学教育是培养"圣贤坯璞"，大学教育则是在坯璞的基础上"加光饰"，再进一步精雕细刻，把他们培养成为对国家有用的人才。在大学的教育方法方面，朱熹提出两个重点：其一，重视自学。他曾对学生说："书用你自去读，道理用你自去究索，某只是做得个引路底（的）人，做得个证明底（的）人，有疑难处同商量而已。"② 即大学教育应在教师指导下重视学生的自学与研究。其二，提倡不同学术观点之间的相互交流。朱熹曾主动与吕祖谦、陆九渊等与其不同学派的学者会于江西上饶铅山鹅湖寺探讨学术，是为著名的"鹅湖之会"。其不囿门户之见，积极进行不同学术观点之间交流的做法，长期以来一直是学术史和教育史上的美谈。

尽管小学和大学是两个相对独立的教育阶段，具体的任务、内容和方法各不相同，但是，这两个阶段又是有内在联系的，它们之间的区别来自教育对象的不同而所作的教育阶段的划分。朱熹关于小学和大学教育的见解，反映了人才培养的某些客观规律，

---

① （宋）朱熹辑著：《小学译注》，刘文刚，译注，1 页，成都，四川大学出版社，1995。

② （宋）朱熹撰：《朱子语类辑略》卷二，282 页，武汉，崇文书局，2018。

为中国古代教育理论的发展增添了新鲜内容。

三、论读书方法

追求至高至上的天理是程朱理学的修养目标。要达到这个目标，一方面要内省，明志养性，保持良好的精神状态；另一方面也要外求，认真学习，体认客观事物。朱熹认为学习的首要内容是儒家经典，因为它凝聚着天理的精蕴。读圣贤之书并非一般的增知识、长见识，而是要体认天理，即读书穷理。他说："为学之道，莫先于穷理。穷理之要，必在于读书。读书之法，莫贵于循序而致精。而致精之本，则又在于居敬而持志。此不易之理也。"[①]朱熹去世后，其弟子门人将朱熹有关读书的见解整理归纳，成为"朱子读书法"六条，在教育史上具有重要影响。

(一)循序渐进

读书的循序渐进就是要按照从易到难的原则，读通了较简单的书后再去读较深奥的书；体现在读一本书上，就是要按照首尾篇章的顺序来读。总而言之，"未明于前，勿求于后"，强调扎扎实实，一步一步前进。

(二)熟读精思

朱熹强调读书必须反复阅读，在遍数上不能打马虎眼。不仅要能够背熟，而且要对书中的内容了如指掌。熟读是精思的基础，要对书中的名物训诂都要一一领会。在此基础上，进一步深刻理解文章的精义及其思想真谛。

(三)虚心涵泳

读书必须以虚心的态度去体会圣贤的用心和寓意，来不得半点主观臆断或随意发挥。尤其是不能先有意见，再"把圣贤言语来凑他的意思"，甚至穿凿附会地硬行联系，这样是学不好的。

(四)切己体察

读书不仅是要获得知识、寻求义理，更重要的是落实到自身修养的提高上，这是儒家提倡"求诸己"，讲究自律的思想体现。如果读书只是为了向别人炫耀，或是为了获取教训别人的材料，也就丧失了本义。

---

① 张洪，齐熙编，冯先恩点校：《朱文公文集》卷十四，见《朱子读书法》，11—12页，杭州，浙江人民美术出版社，2017。

(五)着紧用力

读书学习一定要抓紧，要努力。朱熹比作"撑上水船，一篙不能放松"，不进则退。读书又是细致功夫，不能蛮干。朱熹以鸡孵蛋为喻，过冷孵不出来，过热又会死，说明急躁是不行的。为此，应以"宽着期限，紧着课程"为读书原则。要考虑到熟读精思的高标准需要，总的读书期限不能安排得过于紧凑。而一旦进入学习阶段，就绝不能放松，要按部就班地完成任务。

(六)居敬持志

朱熹认为读书的关键还在学者的志向及良好的心态。"敬"就是端正态度，诚心诚意、兢兢业业地去做，是做好一切事情的基础，读书也不例外。而"居敬"则还有专静纯一、持之以恒的意思。"持志"即有坚定志向。朱熹指出："立志不定，如何读书?"要保持努力学习圣贤之道、修身复性的志向，才能真正取得成效。

朱子读书法是古代最有影响的学习方法论。六条均反映了读书学习的基本规律和要求，在今天仍具有一定的参考价值。它的局限性在于，主要是指读圣贤之书，自然句句是真理，读书的目的就是穷理，而穷理的目的就是进行封建伦理道德修养，掌握知识仅在其次，也不可能涉及质疑和问难的原则，忽视书本与实践的结合，所以也遭到后来不同学派人士的批评。

总体而言，宋初诸帝均采取"重文轻武"的方针，但在科举和教育之间，对于科举取士特别重视，而学校教育一度有所衰落。北宋仁宗以后，曾有"三次兴学"之举，改革科举，振兴学校，对于宋代教育的发展起了重大作用。在思想方面，宋代在把尊孔崇儒作为治国的指导思想，同时支持佛、道二教，使儒、佛、道三派融合起来，互相补充，相互为用。由于统治者的积极提倡，为"理学"这一"新儒学"的产生和发展，提供了有利条件。元朝建立后，在文化教育方面采取"遵用汉法"的政策，客观上延续了封建教育的发展。此外，书院在宋代逐渐完善，补充了官学办学的不足，成为北宋至清代重要的教育组织形式。

自测题 >

一、选择题

1. 苏湖教学法实质是一种(　　)。

A. 生舍考核制度　B. 科举制　　　　C. 分斋教学制　　D. 选拔制

2. 朱熹认为大学的教育目的在于(　　)。

A. 学事　　　　　B. 明理　　　　　C. 学经　　　　　D. 锻炼意志

3. "存天理，灭人欲"是朱熹对（　　　）的描述。

    A. 教育作用   B. 教育方法   C. 教育内容   D. 教育手段

4. 朱熹的理学教育思想属于（　　　）。

    A. 主观唯心主义   B. 客观唯心主义

    C. 主观唯物主义   D. 客观唯物主义

5. 陆九渊的心学教育思想属于（　　　）。

    A. 主观唯心主义   B. 客观唯心主义

    C. 主观唯物主义   D. 客观唯物主义

二、简答题

1. 北宋的三次兴学运动有哪些主要内容。

2. 什么是苏湖教法？

3. 朱子读书法的基本内容。

三、论述题

1. 宋代书院在教学和管理方面有哪些重要特点？

2. 朱熹是怎样用理学观点阐述教育作用的？

四、资料分析

阅读下述资料，简述宋代书院的发展背景和过程，再谈谈书院的兴起对当时教育及学术发展的影响。

本朝庆历熙宁之盛，学校之官遂遍天下。而前日处士之庐无所用，则其旧迹之芜废，亦其势然也。不有好古图旧之贤，孰能谨而存之哉？抑今郡县之学官，置博士弟子员，皆未尝试考德行道义之素。其所受授，又皆世俗之书，进取之业，使人见利而不见义，士之有志为己者，盖羞言之。是以常欲别求燕闲清旷之地，以共讲其所闻而不可得。故特为之记其本末，以告来者。使知二公之志所以然者，而无以今日学校科举之意乱焉。又以风晓在位，使知今日学校科举之害，将有不胜言者，不可以是为适然而莫之救也。

——朱熹《石鼓书院记》

拓展阅读书目 >

1　朱熹：《四书章句集注》，中华书局，2012

    此书为朱熹最有代表性的著作之一，文字洗练，对《四书》训诂文字，疏通文理，注重义理阐发，从整体上探求与把握儒学精义，堪称解读《四书》的经典之作。此次整理以清嘉庆十六年吴县吴氏父子校刻本为底本，用清康熙内府仿刻的宋淳祐二年大字本校勘。

2　袁征:《宋代教育：中国古代教育的历史性转折》，广东高等教育出版
社，1991

此书是目前研究宋代教育最全面的著作之一。分专题讲述了宋代的
教育制度、课本和学习内容；宋代的考试升级和学校；宋代学校教师的
选任以及宋代的三位教育家等内容。与主流教育史作品理论先行特点不
同，该书更强调史料，涉及会要、长编、通考、地方志和国史志等，史
学功底扎实。

明清时期的教育

1. 了解明清文教政策以及科举制的特点；
2. 了解蒙学教育的发展及教学情况；
3. 掌握王守仁的教育思想；
4. 掌握颜元的教育思想。

重要概念

　　监生历事　乡试　会试　私塾　蒙养　王守仁　知行合一　颜元
实学

明清到鸦片战争前的四百多年时间，封建教育在制度方面可以说已经高度完善，但是空疏无用的弊端也越来越显现出对社会发展的阻碍。明清两代均把尊经崇儒作为国策，尤其是程朱理学，被当作文教政策的指导思想。但程朱之学发展到明中叶之后，已日趋拘守而僵化，以王守仁为代表的心学教育思想遂逐渐抬头。至明清交替之际，又兴起了一股反理学的实学思潮，出现了一批以颜元为代表，包括黄宗羲、顾炎武、王夫之等人的思想家群体。他们对官方传统的理学教育进行了尖锐而深刻的批判，并提出了以经世致用为核心的教育见解与主张，为中国教育思想史上带入了新气象。

第一节
明清时期的教育制度

一、明清的文教政策

(一)广设学校，培育人才

明朝立国之初，明太祖就深刻地认识到学校教育对于治理国家的重要作用，确立了"治国以教化为先，教化以学校为本"的文教政策。因此，明朝十分重视学校教育，在中央有南北两个国子监，同时在全国各地普遍设立学校，建立起从京师到郡县以及乡村地区的学校教育网络。国子监是明朝教育体制的中枢，也是明初选官的主要来源。洪武五年(1372)，明廷在国子监曾经实行"监生历事"的实习制度。规定凡在监10余年者，都派到"六部诸司历练正事"，历练三个月进行考核，勤谨者送吏部备案待选，仍令历事，遇到官缺，依次取用；平常的再令历练；下等的送还国子监读书。监生历事可视为中国古代大学的教学实习制度，是一项培养官吏的重要措施，对锻炼官吏的治事能力有积极意义。清朝官学制度基本上沿袭明朝旧制，不过清朝重视八旗子弟教育，另设有宗学、觉罗学、八旗官学、景山官学、咸安宫官学等各种名目的旗学。

明清地方官学，由中央任命各省提学官(清叫学政或学院)负责领导，各府、州、县均有学校。乡村还有义学、社学。义学也称"义塾"，是靠官款、地方公款或地租设立的蒙学，对象多为贫寒子弟，免费上学。社学是以民间子弟为教育对象的地方官学。明代地方普设社学，15岁以下的幼童可入学就读。清代下令各省的州、府、县都设立社学，每乡一所，社师择"文义通晓，行谊谨厚"者充补。社学与府、州、县学在学制上相连，社学中成绩优秀者经考试可以升入府、州、县学。明清时只有府、州、县学生员才有资格参加科举考试，这也大大提升了地方学校的地位。

(二)重视科举，选拔人才

明朝选拔人才的制度原来主要有两种：荐举和科举。后科举日益成为明朝最主要的选士制度，有"非进士不入翰林，非翰林不入内阁"的说法。明代高级官员几乎全都出身于科举，科举成为做官的唯一正途。此外，明代官学的生员，特别是国子监生，享有极高的生活待遇和社会地位。而清朝统治者更是出于笼络汉族士大夫的需要，从入关起，科举就从未停止过。清代规定的八种做官资格中，进士和举人排在前两位。这些政策的结果，是使士人以学有专长受到朝廷重用为荣。

明清时期的科举考试制度也已健全。科举常科只有进士一科，每三年举行一次。考试为三级：乡试、会试和殿试。乡试每逢农历子、卯、午、酉年在各省省城举行，考场称为贡院，由各省提学使（学政）主持。考期在秋八月，考生为府、州、县学生员（秀才）。乡试取士有固定名额，京师最多，各省依人口多少和文化发达程度而定，从二三十人到七八十人不等，及第者统称"举人"，第一名为"解元"。考中举人，就意味着已跳过"龙门"，可以就任低级京官、州县属官或教官，更有参加会试的资格，以获得进一步的功名。

会试是由礼部主持的全国考试，于乡试的第二年春季在京师贡院举行。会试取士名额每届由皇帝确定，一般在三四百人，按南方和北方两大区域确定比例，大约二三十名考生录取一个。考中者称为"贡士"，第一名称为"会元"。

殿试由皇帝亲自主持，考期在会试一个月以后，由取中的贡士参加，一般只考一场对策。殿试一般没有淘汰，只是通过考试把应试者（即贡士）排出名次。分为三甲：一甲只有三名，由皇帝确定，赐"进士及第"，第一名为"状元"，第二名为"榜眼"，第三名为"探花"。二甲占三分之一左右，赐"进士出身"；三甲占三分之二左右，赐"同进士出身"。不过所有取中者都通称进士。一甲进士放榜后通常立即授予官职，状元授予翰林院修撰，榜眼、探花授予翰林院编修。其余二甲、三甲进士，授予翰林院庶吉士、京官、省府官、知县等。

明代科举同学校教育之间的关系极为密切。规定科举考生必须由学校出身，这意味着不成为官学的生员，就没有资格参加科举。这样，科举以学校教育为基础，学校以科举考试为目的，两者紧密结合，共同为政治服务。

(三)加强思想控制，实行文化专制

明清时代是中国古代中央集权的君主专制制度达到顶峰的时期。明清广设学校，重视科举，也是为了培养和选拔相应的统治人才。因此，在积极发展文化教育事业的同时，也采取各种措施，加强思想控制。重要的有以下三点：

1. 推崇程朱理学

明清两代都尊孔崇儒，推崇程朱理学。自明朝开国时起，就下令学者要以朱子之学为宗，非《五经》、孔孟之书不读，非濂、洛、关、闽之学不讲。还令儒臣辑录《五经》《四书》及《性理全书》，颁行天下。为了进一步抬高程朱理学的地位，明朝还曾多次表彰程朱后裔及其门人。清朝是满族贵族建立起来的政权，为了统御数十倍于己的汉人，对儒学也采取尊崇的态度。清朝统治者曾多次派遣官员祭奠孔子，翻译儒家经典。并特别推崇程朱理学，召集理学大臣编纂《朱子全书》。清朝尊孔崇儒，缓和了民族的矛盾，也加强了清王朝在思想上的统治。

2. 严格学校管理

明代在国子监沿用了始于元代的升斋（堂）等第法和积分法。升斋（堂）等第法即学生入学后入低级班（正义、崇志、广业堂）学习，一年半以后，"文理通者"升中级班（修道、诚心堂）学习，再过一年半，"经史兼通，文理俱优"者升高级班（率性堂）。学生升入率性堂则采用"积分法"，按月考试，一年积满八分为及格，可以候补为官，不及格仍坐监肄业。由于积分法注重学生平时的考试成绩，故具有督促学生平时认真学习的积极作用。清代加强了对生员的管理，在各府、州、县学中实行"六等黜陟法"，即将考试成绩评定为六等，根据成绩对生员的身份进行奖惩处理，一等补廪膳生，二等补增广生，三等无奖无罚，四等罚责，五等降级，六等除名。这种动态管理，使生员的等级与学业成绩紧密挂钩，有助于调动他们的学习积极性，提高学校教育质量。

明清两代对学校都采取了严加管理的措施。明代国子监和地方官学都制定了严密的学规，学校兼有刑罚惩治的功能，如在国子监内设的绳愆厅，就是专门纠察和惩治学生过错的地方。明清政府严格管制学生议政。明太祖曾颁布禁例十二条，严禁师生议论国事，干预地方政务。要求他们遵纪守法，尊师重道，潜心治学，以求得到朝廷重用。康熙、雍正也曾颁布"圣谕"，专门告诫训示读书人。凡此种种，都是着眼于从思想上和政治上控制知识分子，并非一般教学和管理意义上的具体学规。

3. 禁锢思想

明清政府一方面加强笼络士人，另一方面也加强思想禁锢，实行文化专制。明清的八股文取士，题目只能出自《四书》《五经》，从内容到格式都是高度标准化的，使科举沦为束缚士人思想的专制工具。明末思想家顾炎武对于八股考试深恶痛绝，他说："八股之害甚于焚坑，而败坏人才有甚于咸阳之郊之所坑者。"明成祖永乐十三年（1415）颁行《四书大全》《五经大全》和《性理大全》作为钦定教本，这也是禁锢士人思想的重要措施。清代还多次大兴文字狱，营造恐怖氛围来震慑知识分子，使其不敢有任何不轨的思想。

二、明清时期的启蒙教育思想

(一)对理学教育理论的批判

明清交际，社会政治、经济发生重大变动，尤其在清朝统治确立后，阶级矛盾与民族矛盾进一步激化。在历史转折关头，一些为国忧虑的封建文人思考着社会动乱变化的原因，寻找更深刻、更明确的答案。以黄宗羲、顾炎武、王夫之、颜元等为代表的有识之士，通过尖锐抨击宋明理学，批判腐朽的科举和空疏的封建教育，提倡经世致用之学，提出种种教育改革的主张，形成了一种别开生面的启蒙教育思想。

理气关系是世界观的根本问题，也是理学家阐述教育问题的出发点。朱熹等理学家均认为，"天理"是超越物质世界之上的精神性本体，理第一性，气第二性。启蒙思想家则深刻批判了"理在气先""理在气上"之说，认为宇宙是由物质的"气"构成的物质实体，"理"只是"气"运动的秩序、条理、规律，不是"理在气先"，而是"理在气中"①。顾炎武从道器关系角度指出："形而上者谓之道，形而下者谓之器。非器则道无所寓。"②即没有具体事物的"器"，"道"就无从存在，无所依托。依照"理在气中""器在道先"的观点，启蒙思想家普遍强调学习要通过具体事物进行，教育内容应是以"六艺"为中心的"实学"。

(二)经世致用的教育改革主张

启蒙思想家批判理学家空谈心性，奢谈"学为圣人"，提出要以"明道救世"为教育目的，培养具有挽救民族危亡和治理社会能力的治术人才。关于教育内容，启蒙思想家高度重视"实"学，但提倡的具体内容并不完全一致。有的重历史，有的重考证，有的重礼乐兵农等具体事实，其共同点在于都主张"变革"，拓展教育内容。他们大多将"六艺"之学视为理想的学习内容，但又为其赋予技艺、自然科学等新的内涵，反映了资本主义萌芽和新兴市民阶级的需要。这种学以致用之学，和理学的空疏无用，形成鲜明的对立。

基于培养经世致用的实用人才的主张，启蒙学者对当时服务于专制主义的科举和学校制度进行了猛烈抨击，提出具有初步民主思想的教育改革意见。如顾炎武对于当时官学的生员制度加以痛斥，他在《生员论》中指出，国家之所以设生员，本来是为了培养"公卿大夫"，"与天子分猷共治"，然而当时的学校仅教之以"场屋之文"，因此他大胆提出改变现行的官学制度，"废天下之生员"。黄宗羲认为，学校的职能不应限于

---

① (明)王夫之撰：《张子正蒙注》卷一，见《船山全书》，386页，长沙，岳麓书社，2018。
② (清)顾炎武撰：《日知录》卷一，见《日知录》，42页，合肥，安徽大学出版社，2007。

培养人才、改进社会风俗，还应该议论国家政事。他在《明夷待访录·学校篇》中提出"公其是非于学"，学官不由政府委派，而由地方公议并有权自择教学内容；广设学校；政治上有缺失，学官有权提出批评等。这是他对于中国古代教育理论的独特贡献，闪烁着民主思想的光辉。

明末清初早期启蒙教育思想的出现，在中国教育史上具有重要意义。其求真务实、科学严谨的治学精神，对于清代后期的学风产生了深刻的影响，并成为梁启超、谭嗣同等清末维新运动领导人的重要思想武器之一。

三、明清时期的书院

(一)明代书院

明代书院的发展由于受文教政策及统治阶层内部矛盾的影响，经历了沉寂——勃兴——禁毁的曲折过程。明初提倡科举，并将科举与学校教育紧密结合，规定"科举必由学校"。因此，士人为了获取功名利禄，纷纷趋向官学，书院受到冷落。明中叶后，因为科举越发僵化，官学有名无实，一些理学家为救治时弊，多立书院，授徒讲学。于是，书院兴盛起来。当时最为著名的学者湛若水和王阳明都喜好书院讲学。他们驻足之处，必建书院，聚徒讲学。逐渐带动了书院讲学之风盛行一时。然而，书院的自由讲学与统治者的文化专制不相容。明中叶后，朝廷日趋腐败的政治遭到书院背景的士大夫的批评，双方的矛盾越来越大。所以，万历以后，朝廷先后四次下令禁毁书院。

明代最著名的书院是位于江苏无锡的东林书院，其原为宋代学者杨时讲学的场所。万历三十二年(1604)，被革职的顾宪成和高攀龙等复建东林书院，扩大规模，聚徒讲学。东林书院的讲学活动主要是继承和发扬了阳明学派的讲会方式，定期召开学术讨论会。由于书院主张学问必须"质诸大众之中"，因此每逢讲会，远近赴会者常数百人，就连"草野齐民""总角童子"，也可以到书院听讲。并且讲会过程中常和以诗歌，以调节气氛，活跃思想。此外，书院常议论朝政得失，抨击权贵，揭露腐朽。因此，东林书院既是东林学派的教育和学术活动的中心，也是政治舆论和政治活动阵地，由此招致了以魏忠贤为首的宦官集团"尽毁天下书院"的迫害行动，东林书院被毁废，东林党300多人被逮捕、杀害。

(二)清代书院

清初推崇科举和官学，对书院采取抑制的态度。但是一些思想家和教育家仍坚持书院的讲学活动。南有黄宗羲讲学于海昌、姚江等书院，北有颜元主讲于直隶漳南书院，西有李颙主讲于陕西关中书院。在这种禁而不止的形势下，清政府感到抑制书院不如加以提倡，使它为我所用。雍正十一年(1733)诏谕在各省设立书院，同时采取了一系列措施，加强对书院的管理和控制。书院的学生，由各州县选拔。对山长(负责人)、教师的考核、惩罚、提调，也由地方当局负责。政府为书院拨给经费或置学田，使其经费有所保证。

另外，由于官学和科举已完全合流，而官学的教学容量又很有限，所以也需要兴办书院作为官学教育的补充。很多书院实际上可以看作官学的分校或官学的读书场所。如北京的金台书院，就是由顺天府主办，供国子监贡监生、京师生员在此修业，也招收部分童生，官方给予生活津贴(称为"膏火")。清代中后期，书院高度发达，遍布各地，连少数民族聚居地方也办有书院，但大多数书院已官学化。当然，也有部分书院仍保持研究型的本色，如嘉庆、道光年间著名学者阮元创办的杭州诂经精舍和广东学海堂，就是当时进行训诂考据学研究与教学的重点场所。

四、蒙养教育的成熟

(一)蒙养教育的发展

中国古代一般将儿童初级阶段的教育，称为"蒙养"教育阶段，对儿童进行启蒙教育的学校称为"蒙学"，所用的教材称为"蒙养书"。科举时代以后，"学而优则仕"成为凡有条件的子弟追求的目标，于是蒙养教育大为扩展。特别在宋代，蒙学不仅在数量上大幅增加，而且在教育内容、方法以及教材等方面，都形成了自己的特点。

到明清时期，蒙学已遍布城乡，教育水平也有进一步提高。民间举办的蒙学可统称为私塾。狭义的私塾是指塾师在自己家里，或借祠堂、庙宇、他人房屋设馆，招收附近学童就读的私人学校。广义的私塾还包括由富裕人家聘请教师，专教自家及亲友子弟的"家馆"，以及一村一族集资建立的村学或族学。明清时期，私塾已经成为蒙养教育的主要形式。

(二)蒙养教育的教学内容

明清私塾的教学程度不一，有的一直教完《四书》并通一经，使学生达到参加童试考秀才的水平，有的则仅教读写算而已，但早期的启蒙教育都是必定要进行的教学内容，主要包括识字、写字、读书、作对和习文等几个阶段。

明清私塾教师的主体是科举备考或不中的儒生，从事私塾教学多是为了谋生。因此，教学方式也比较呆板，以死记硬背为主。加上传统观念是对儿童决不可放任，教师一定要在学生中树立威严。因此，教师对儿童多是严厉管教，体罚是普遍现象。清代崔学古写了一本《蒙学录》，主张教师对学生"除讲贯教训外，不交一言，不示一笑，为立教第一关"。私塾之中的师生关系可见一斑。

(三)蒙养教育的教材

我国古代一直重视蒙学教材的创编,早在先秦时期,就已经编写了一些有影响的蒙学教材。西汉时,以史游所作的《急就篇》影响最大。宋元时期,开始出现按专题分类编写的蒙学教材。到明清时期,蒙养教材已发展到相当完备的程度。大致有以下几类:

以识字为主的教材。这类教材以识字教学(包括读写训练)为主,其中也传授一些知识和道理。流行最广泛的就是"三、百、千",即《三字经》《百家姓》《千字文》。

伦理道德教材。应用较广的有南宋朱熹编《小学》,南宋吕祖谦编《少仪外传》等,明代吕得胜、吕坤父子编《小儿语》《续小儿语》,以及清代李毓秀以学规、学则的形式编写的《弟子规》,侧重于向儿童传授伦理道德知识和为人处世,待人接物的准则。

综合知识类教材。包括介绍各科知识的各种蒙学课本,通称"蒙求书"。明清私塾普遍采用的蒙求书,有明萧良有编,介绍自然知识、历史典故的《龙文鞭影》;明赵南星编,介绍历史知识的《史韵》、宋方逢辰编,介绍自然和社会知识的《名物蒙求》;以及清邹圣脉编,以解释成语典故的形式介绍常识的《幼学琼林》等。

诗歌类教材。以北宋汪洙编的《神童诗》、南宋朱熹编的《训蒙诗》、南宋刘克庄编的《千家诗》、清孙洙编的《唐诗三百首》为代表,所选多名篇,文字浅显,很适合儿童朗读背诵,以对他们进行文辞和美感教育。

可以看出,历代著名学者亲自编撰蒙学教材,对提高蒙学教材的质量起了重要作用。他们在教材编写过程中,大都力求提高儿童的学习兴趣,将识字教育、基本知和伦理道德教育有机结合,使儿童在识字读书的过程中,懂得社会常识和做人做事的道理,这些经验是非常值得研究借鉴的。

第二节
王守仁的教育思想

王守仁(1472—1529),自伯安,号阳明,浙江余姚人。曾在绍兴城外的阳明洞读书讲学,自号阳明子,世称阳明先生。他出身于官僚家庭,父亲王华官至南京史部尚书。他考中进士后,历任各种地方官职。在任官期间,多次镇压平乱,使他有了"破山中贼易,破心中贼难"的想法。于是所到之处,制定规约,开办社学、书院,并亲自讲学。1508年,因得罪宦官刘瑾被贬到贵州,在那里开创龙冈书院,从事讲学活动。此后，他又倡建并执教于濂溪书院、白鹿洞书院、稽山书院等书院。明中叶后书院兴旺，与王守仁积极倡办书院有直接关系。王守仁的语录、文录、杂文，由其弟子汇编成《王文成公全书》，其中反映其教育思想的主要是《传习录》。

一、心学与王守仁的教育思想

王守仁教育思想的原理来源于与"理学"针锋相对的"心学"。"心学"是南宋思想家陆九渊(1139—1193)把佛教禅宗"性中万法皆见，一切法自在性"的旨义，与儒家思孟学派的主观唯心主义结合起来，建立的与朱熹"理学"齐名的新儒家学说。二者思想最大的不同点在于，理学是客观唯心主义，认为客观存在于天地之间"理"是世界的根本，人的学习就是要探究天地间的理。心学是主观唯心主义，认为一个人的"心"才是世界的根本，也就是说"我心便是宇宙，宇宙便是我心"，天地间的真理都源自自己心中，想要探究真理，就要"内自省也"，只要做到了这点，就可以"满街都是圣人"。

王守仁继承和发展了心学的理论，创立了与程朱理学相径庭的"阳明学派"。他十分重视教育对人的发展所起的作用，提出了"学以去其昏蔽"的思想。他不同意朱熹将"心""理"区分为二，认为"理"并不在"心"外，而是在"心"中，"心即理"。他还认为"良知即天理"，即是"心之本体"。"学以去其昏蔽"的目的是激发本心所具有的"良知"，也就是"致良知"。所以在他看来，教育的作用是"明其心"。

王守仁要求人们向内心去寻找先天存在的道德，以"心学"观点来论证教育作用，让人们把道德看成是自发的而非强制的，内在的而非外加的，使人更易接受伦理道德的束缚。这种理论是明代中叶社会危机和教育危机的反映。

二、论教学原则与方法

(一)知行合一

王守仁的知行合一学说，主要是针对程朱理学"知先行后"说而提出的。作为实践派的王守仁认为，所谓学习并不是读书，而是学怎样做人，做一个道德纯全的圣贤。王守仁虽不反对读书，他绝不以读书为学问，读书不过是收敛心思，在学习过程中占很小一点地位。学习既是学做人，便不能离于躬行实践，所以他提出了"知行合一"的口号。

他认为：凡人不能成圣人，主要是由于知行分离。"知"离开"行"，便不是"真知"；"行"离开"知"，便是乱"行"。所以，他的"知行合一"说的核心在于两层意思：一是指

"知"和"行"密切相连，不可分割。即"知中有行，行中有知"①，道德认识和道德行为是同一过程中相互渗透的两个方面，是不可分的。二是指"知"和"行"并进，缺一不可。"知者行之始，行者知之成"②，如不重"知"，仅重"行"，就会"冥行妄作"，缺乏遵守道德的自觉性；如只重"知"不重"行"，就会"悬空去思索"，没有实效。因此，他主张"知行合一"，将"知"和"行"统一。

王守仁"知行合一"的基准是"良知""天理"，但他注重道德认识和道德实践的统一，对于矫正社会上知行脱节、言行不一的风气，是有积极意义的。

(二)随人分限

在教学实践上，王守仁强调要"随人分限所及"。所谓分限，是指儿童的认识水平和限度。随人分限含三层意思。其一，量力而行(施教)。他认为良知人皆有之，在这一点上愚夫愚妇与圣人一样，但人的资质不同，圣人与常人不同，圣人之间也不同，就像金的分量有轻重："尧舜犹万镒(约 20 两)，文王、孔子犹九千镒，禹、汤、武王犹七八千镒。"③因此，教学应从学生的原有基础出发，逐步提高和加深，不可贪多图快，这样不但能防止"食而不化"，还会使学生感受到学习的成就感。

他还以习字为例："量其资禀，能二百字者，止可授以一百字，常使精神力量有余，则无厌苦之患，而有自得之美。"④提出要使儿童经常保持精力有余的状态，这是十分有价值的观点。可见他已不局限于孟子"盈科而进"的比喻，而是与学生不同年龄的生理、心理特点联系起来，这是对教学思想的贡献。

三、论儿童教育

王守仁"心学"的教育思想，特别体现在关于儿童教育的见解和主张上。他认为儿童阶段人欲尚少，良知容易体认，所以儿童教育更应搞好。

(一)激发兴趣

王守仁对当时束缚儿童、摧残儿童的教育进行了尖锐的抨击。他认为当时的儿童教育，只注重读书考试，对儿童一味要求约束而不知正面引导，期望其聪明却不知用好的方法来培养。甚至用种种惩罚手段，对儿童就像囚犯一样，这样儿童也必然将学校看作监狱，将师长看作仇敌，靠说谎来掩饰其顽皮，靠逃学来满足其游玩的意愿，

---

① (明)王阳明撰，陈明等注释：《传习录》卷上，见《王阳明全集》，31 页，武汉，华中科技大学出版社，2014。
② 《传习录》卷上，18 页。
③ 《传习录》卷中，25 页。
④ 《传习录》卷中，60 页。

结果是教育的失败。有鉴于儿童教育中的严重问题，王守仁提出教育应适应儿童的身心发展特点，强调一定要注意激发儿童的学习兴趣，保护儿童的学习积极性。注意顺应儿童的性情，以诱导、启发，来代替"督""责"等传统手段。

(二)循序渐进

针对儿童教育，王守仁主张应以循序渐进为首要原则，他以走路为喻，婴儿只能扶着墙壁学习站立、移步，幼童可以在庭院中走、跑、跳、登，到成人才可以出远门旅行千百里。他由此强调，儿童处于"精气日足，筋力日强，聪明日开"的身心发展时期，学习必须是循序渐进，负担一定不要过重。

(三)因材施教

而针对每个学生的情况不同，王守仁主张像医生医治不同病人一样采用不同的教学方针。他说："夫良医之治病，随其疾之虚实强弱，塞热内外，而斟酌加减，调理补泄之，要在去病而已。君子养心之学，亦何以异于是！"①而且，王守仁的因材施教不仅要避短，而且要扬长。他说："圣人教人，不是束缚他通做一般，只如狂者便从狂处成就他，狷者便从狷处成就他。"②这一思想有尊重和扶持个性发展的倾向，态度较传统儒家的"因材施教"更为积极。

(四)儿童教学活动的多样化

对于儿童教育，王守仁提出要养成一班爱动爱唱爱游戏，天机活泼，生机盎然的儿童，这样的儿童才是有用的人才，培养出这样的儿童，才是有价值的教育。

针对儿童好动、注意力难以持久的特点，王守仁主张教学应该力求生动、多样化。要发挥诗、书、礼等各门课程多方面的教育作用。如"歌诗"不仅是精神陶冶，同时在高声吟咏歌唱的过程中，还可以调节、宣泄情感。"习礼"不仅是训练礼仪，还可以通过礼仪动作的练习，达到锻炼身体，强健身魄的作用。"读书"也不仅是增长知识，开发智慧，还可以通过抑扬顿挫的诵读来表达志向。

王守仁还制定过一个日课表，上午学童背书、诵书，然后习礼。下午诵书、讲书，然后在歌诗声中结束一天的课业。这样的教学安排可谓动静交替，使儿童不至于感到过于单调和疲劳，有助于保持学习兴趣和提高学习效果，比起传统教育一味地读书背书来，充分注意到了儿童的身心特点，在中国古代教育思想中可以说令人耳目一新。

---

① (明)王阳明撰，陈明等注释：《静心录·与刘元道书》，见《王阳明全集》，115页，武汉，华中科技大学出版社，2014。
② 《传习录》卷下，72页。

王守仁的思想对后世影响深远，曾国藩、蒋介石都曾追捧过王守仁"致良知"说，认为这是"求学作事"之根本。青年时代的毛泽东、郭沫若也曾受过王守仁的影响。此外，王守仁的阳明学对近代日本、朝鲜等国的思想界影响也极大，其学说以"反传统"姿态流传到日本，对明治维新产生过积极影响。

第三节
颜元的教育思想

颜元与漳南书院

颜元(1635—1704)，字易直，又字浑然，号习斋，河北博野人。幼年出身贫寒，为生活所迫，亲自耕地灌园，并曾学医养家。他虽上过学，但并未拜过名师。24 岁时，从事教学工作，最初称"思古斋"，讲了一段阳明学，两年后改奉理学。35 岁时思想转变，认为理学空虚无用，并非周孔正道，因而力主恢复孔孟之道。并改称"习斋"，以示与理学决绝。此外，他也反对汉儒章句之学，提出了以"实学"为核心的教育思想体系。他在近 50 年的教育生活中，培养了大批弟子，特别是晚年主办的漳南书院，集中体现了他的教育主张。其代表作为《四书正误》和《朱子语类评》等。

一、论教育的目的和作用

(一)经世致用与培养实才实德之士

颜元把教育作为实现其政治理想的重要工具和途径，这是儒家修齐治平思想在教育上的传统影响。颜元的政治思想可用三句话来概括，即"以七字富天下：垦荒、均田、兴水利；以六字强天下：人皆兵、官皆将；以九字安天下：举人才、正大经、兴礼乐"。[①] 他试图恢复尧舜周孔之道。这一思想决定了其教育目的，即希望通过教育培养出能经世致用的实用人才，从而实现国富民强的社会理想；通过培养懂法知礼的政治人才以改良社会政治；培养军事人才以达到强天下的目的。

为此，颜元主张培养"实才实德之士"，在具体培养目标上，他提出了两类人才：一是德才兼备的各级官吏，二是各行各业的专门人才。颜元认为，要"经世"治国，光有中用的"军相"和"百官"是不够的，还必须有从事百工农医的专门人才，能为"生民办事"，发展社会经济。他认为，人才应该各专其业，各得其用。在中国封建社会的各种

---

① 陈山榜编：《颜习斋先生年谱》卷下，见《颜李学派教育论著选》，279 页，北京，人民教育出版社，2015。

专门人才中，百工农医等一向是被轻视的。颜元以此为学校的培养目标，这对中国封建社会传统培养目标是一次突破，在当时是很有积极意义的。

颜元对学校的作用功能有独到见解，他说："昔人言，本原之地在朝廷，吾以为本原之地在学校"①。他将学校看作培养造就有用人才的基地，且把学校和社会政治、经济、军事、学术等紧密结合起来。可以说教育的社会作用在颜元这里得到了充分的体现。

(二)成个性

除了认为教育对社会政治发生作用外，颜元还认为教育能对个体产生作用，即可以成就个性。颜元针对宋明理学的"理气"二元的人性论进行批判，认为人性不可分为"天命之性"和"气质之性"二部分，而"气质之性"恶的观点更荒谬。在他看来，"气质"是性存在的前提条件，虽有强弱的不同，但也不能以善恶而论。而教育的作用表现为成就个性："人之质性各异，当就其质性之所迁，心志之所愿，才力之所能以为学，则易成圣贤。"②这样培养出来的各行各业的人才，才能对社会发生作用。

二、实学的教育内容

颜元从宋弱、明亡的历史教训中深切感到宋明理学空谈心性义理的危害。他指出："读书愈多愈惑，审事机愈无识，办经济愈无力。"③这种空言虚文的教育一是败坏人才，从而危害国家；二是败坏风俗，从而危害民众，可谓祸国殃民。颜元反对传统儒家将道义和功利对立的看法，他把董仲舒提出、朱熹列为"处事之要"的"正其谊（义）不谋其利，明其道不计其功"的观点，看作士风不务实的根源。因此他将其中的两个"不"字改成两个"以"字，成了"正其谊以谋其利，明其道以计其功"④，这样，二者就结合起来了。

他认为尧舜周孔都提倡实学、行实教，既有利于个人又有利于国家，所以必须恢复其道，主张以他们所倡导的三事、六府、三物为教育内容。三事即《左传》上说的"正德、利用、厚生"，六府即《左传》上说的金、木、水、火、土、谷，他认为此乃尧舜之道。最主要的是三物：包括六德、六行、六艺，六德指智、仁、圣、义、中、和，六行指孝、友、睦、姻、任、恤，六艺即礼、乐、射、御、书、数，此乃周孔之道。由

---

① 陈山榜编：《习斋记余·送王允德教谕清苑序》，见《颜李学派教育论著选》，216 页，北京，人民教育出版社，2015。
② 陈山榜编：《四书正误》卷六，见《颜李学派教育论著选》，173 页，北京，人民教育出版社，2015。
③ 《四书正误》卷二，252。
④ 《四书正误》卷一，152。

此可见，其教育内容是相当丰富的，在本质上既不同于禅理语录，也不同于诗文制艺等教育内容，冲破了千百年来传统经学和理学的局限。

另外，颜元还把劳动与体育列为教育内容，他认为劳动不仅可以掌握有用的技能，还可以"练智""达才"，即发展人的智力才干。颜元把劳动当作个人修养的手段，论述劳动对人的发展的积极作用，在古代是十分可贵的。

三、"主动""习行"的教学方法

颜元提倡的"主动""习行"的教学方法是与书本教育相对立的。他反对理学教育把读书作为唯一的求知途径，主张通过"主动"的方法获得经验与知识。所谓"主动"的教学方法，就是要通过实际活动，通过具体的事去学去教。这种方法，不仅可以使人身体强健，筋骨强固，而且可以有道德涵养的功用和经世致用的价值。

教学既然"主动"，就必须注重"习行"。"习"即练习，"行"即实行。他认为只有"习行"才能取得真正知识，也才能实际应用所教所学的知识。"格物致知"是颜元"习行"原则的主要方法。他运用唯物主义观点解释"格物致知"，认为"物"就是客观实际存在的具体事和物。"格物"就是亲自去接触这个事，去做这件事。只有通过"格物"，才能达到"致知"，获得真正知识。他进而强调读书目的在于运用，强调从书本读到的知识，必须照书上所说的去"习行"。这样即使读书少，只要"习行"了，也会受用不尽。

颜元的教育思想，十分丰富、全面和系统。从其主导思想来看，反映了资本主义萌芽产生后新的市民阶级的利益。他敢于冲破封建专制思想的束缚，向居于统治思想的理学宣战，提出了与之相对立的教育理论和主张，在中国古代教育思想史上具有重大意义，并产生过深远的影响。特别是"五四"以后，为了提高民族士气，增强体质，曾有不少仁人志士极力宣扬其"主动""习行"的思想，产生了良好的作用。梁启超在《清代学术概要》中曾评价道："颜元以实学代虚学，以动学代静学，以活学代死学"，其评价非常恰当。

明朝在思想、文化、教育领域中，各项政策均以强化中央集权为目的。其在文教方面，实行过许多强烈控制思想的措施，学校和科举制度发展得更加缜密，为巩固封建专制统治发挥了巨大的作用。清朝建立后，教育制度基本延续明朝旧制，但其管理措施更加完整、细密，同时又挟民族压制元素，构成了清代的教育特色。尽管明清两代教育制度趋向僵化，但在教育思想上，基于反理学教育的立场先后出现了心学教育思想和实学教育思潮，而后者使中国教育思想发展进入了又一个新阶段。

自测题 >

一、选择题

1. 明代国子监学生通称（　　）。

　A. 监生　　　　　B. 生徒　　　　　C. 秀才　　　　　D. 学生

2. 下列学校中，属于清代官学所独有的是哪一种？（　　）

　A. 国子学　　　　B. 觉罗学　　　　C. 太学　　　　　D. 鸿都门学

3. 在培养目标上，特别注重专业人才培养的教育家是（　　）。

　A. 韩愈　　　　　B. 朱熹　　　　　C. 王守仁　　　　D. 颜元

4. 提出了"随人分限所及"教育原则的教育家是（　　）。

　A. 朱熹　　　　　B. 陆九渊　　　　C. 王充　　　　　D. 王守仁

5. 王守仁继承和发展了（　　）的学说，提出心即理，致良知，知行合一等命题。

　A. 张载　　　　　B. 陆九渊　　　　C. 孔子　　　　　D. 朱熹

二、简答题

1. 试述王守仁对陆九渊教育思想的发展。

2. 王守仁关于儿童教育有哪些积极的见解？

3. 简述颜元经世致用教育思想的主要内容。

三、论述题

1. 评述王守仁儿童教育思想的现实意义。

2. 颜元重"实学"和"习行"教育思想的意义何在？

四、资料分析题

根据以下材料具体分析科举制度到社会作用的演进历程。

上品无寒门，下品无世族。——魏晋

慈恩塔下题名处，十七人中最少年。——唐白居易

富家不用买良田，书中自有千钟粟。安房不用架高梁，书中自有黄金屋。娶妻莫恨无良媒，书中有女颜如玉。出门莫恨无随人，书中车马多如簇。男儿欲遂平生志，六经勤向窗前读。——宋真宗《劝学诗》

八股之害，等于焚书，而败坏人才有甚于咸阳之郊所坑者。——顾炎武

拓展阅读推介 >

1　王阳明：《传习录》，黎业明，译注，上海古籍出版社，2021

　　王阳明为明代大儒，与朱子并为宋明八百年儒学两大祭酒，心学的集大成者，立德、立言、立功三不朽。在王阳明的著作中，影响最大的

应属《传习录》，它与《近思录》同为宋明儒学双璧。此书以明隆庆六年刊本为底本，对校本、参校本合计达十九种之多，点校细致入微，语句层级节节分明，文本结构焕然一新。

2　陈山榜：《颜李学派教育论著选》，中华书局，2015

颜李学派，是清代初期思想领域颇具影响的一个学术流派，因该派的创始人为清初北方著名学者颜元与李塨，故得名。颜李学派标帜"实学"，主张"实文、实行、实体、实用"，与清初官方提倡的宋明理学相对立，在社会上产生过相当大的影响，被称为："颜李之学数十年，海内之士靡然成风"。此书收录了颜元及其弟子李塨的主要存世著作。

第三编　晚清至民国时期的教育

概　说

晚清与民国时期，指1840年鸦片战争后至1949年中华人民共和国成立之前的100余年，这是中国受到外敌入侵、与之奋战并最终取得胜利的一段艰辛历程，亦是教育"维新"与"改革"高潮迭起的一个特殊阶段。在不同的历史背景与社会条件的影响下，晚清和民国两个阶段的教育呈现出各自的特色。前者更注重学习国外的教育思想与精神，后者则更关注国内的需求与实际；而"学制"改革则是两个历史时期共同关注的教育问题。晚清与民国时期教育领域中的各种探索和尝试为新中国教育事业的持续发展留下了一笔宝贵的财富。

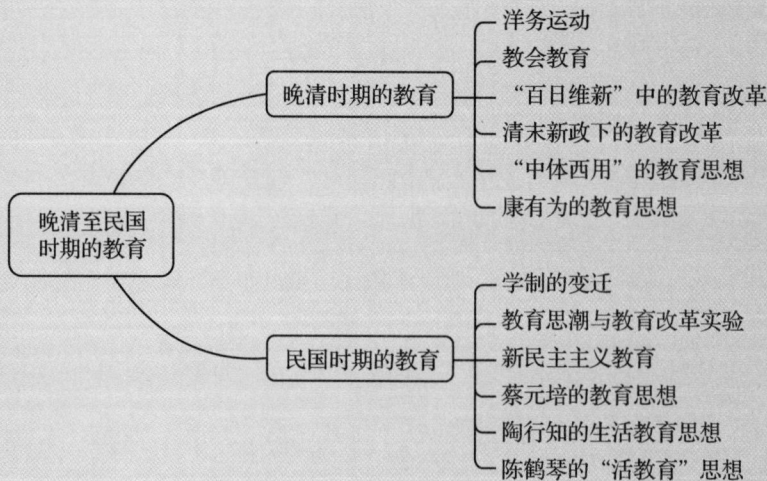

晚清至民国时期的教育
├─ 晚清时期的教育
│   ├─ 洋务运动
│   ├─ 教会教育
│   ├─ "百日维新"中的教育改革
│   ├─ 清末新政下的教育改革
│   ├─ "中体西用"的教育思想
│   └─ 康有为的教育思想
└─ 民国时期的教育
    ├─ 学制的变迁
    ├─ 教育思潮与教育改革实验
    ├─ 新民主主义教育
    ├─ 蔡元培的教育思想
    ├─ 陶行知的生活教育思想
    └─ 陈鹤琴的"活教育"思想

第八章

晚清时期的教育

学习目标

1. 了解洋务运动时期的教育改革；
2. 掌握维新派的教育改革活动和教育主张；
3. 掌握近代学制的特点。

重要概念

　　京师同文馆　京师大学堂　壬寅学制　癸卯学制　留学教育
中体西用　康有为　梁启超　严复

晚清时期，中央集权的政治统治危机重重，日趋腐朽没落。1840年鸦片战争爆发，以英国为首的西方资本主义列强接踵而至，强迫清政府签订了一系列不平等条约，中国由此丧失了政治上的独立地位，逐步沦为半殖民地半封建社会。在此背景之下的中国传统教育由盛转衰，弊病丛生。与此同时，伴随着清政府闭关锁国政策的打破，海禁的解除，西方传教士陆续来到中国，在进行传教活动之余，大兴教会学校、出版刊物。正是在种种内忧外患的冲击与影响下，中国近代新教育悄悄萌芽。

第一节
洋务运动时期的教育

第二次鸦片战争失败以后，西方列强进一步侵略和分割了中国，清朝统治阶级的一些士大夫逐渐认识到，中国经济、军事、教育远远落后于资本主义列强。为挽救清政府的统治，以奕䜣、曾国藩、左宗棠、李鸿章、张之洞为代表的官僚集团主张学习西方的先进科学技术特别是军事和工业技术，以实现"自强""求富"。这部分人被称为"洋务派"，于19世纪60—90年代，展开了一系列洋务活动，史称"洋务运动"。洋务教育是洋务运动的一个重要内容，洋务派以"中学为体、西学为用"为指导思想，仿效西方举办新式学堂，派遣留学生，深刻地影响了清末的政治、外交以及教育。

一、早期教会教育

早在1839年，美国人布朗主持的马礼逊学校在澳门成立，这是最早设立于中国本土的教会学校。1842年，马礼逊学校迁至香港。第一批学生仅6人。课程包括中文、算术、代数、几何、生理学、地理、历史、英文等。至1850年停办。

继签订《南京条约》等一系列不平等条约后，西方传教士在华所办学校日益增多，到1860年，江南一带的天主教小学90所，设于"五口"的基督教新教小学已达50所，学生1000余人。[①] 这些教会学校大多附设于教堂，规模较小，主要招收贫苦人家的孩子，免收学费和膳食费；在课程上主要开设宗教、外语、西学和儒学经典。

为了统一教会教育的教学内容，1877年5月，第一次在华基督教传教士大会在上海举行，决定成立"学校与教科书委员会"，这是近代第一个在华基督教教会的联合组织，其目的主要是为教会学校编写、出版教科书。1890年，该组织改为"中华教育会"，

---

① 顾长声：《传教士与近代中国》，107、117页，上海，上海人民出版社，1981。

指导所有在华基督教教育。在此次大会上，传教士卜舫济指出，在教会学校内，"训练中国未来的教师和传教士……使他们成为中国未来的领袖和指挥者，给未来的中国施加最强有力的影响。"①正是在这种野心下，自 19 世纪 70 年代起，教会学校和学生数逐年增加，圣约翰大学、沪江大学等一批教会大学相继创建。

教会学校是一个与中国传统封建教育体系决然不同的教育系统，不排除西方列强通过这种方式进行传教活动甚至侵犯中国教育的主权，带有鲜明的殖民性，但是这些学校也不可避免引入了西方近代教育制度，在管理、课程、教学等各方面影响了中国传统教育，促进了传统教育的近代化转变。

二、太平天国运动期间的教育举措

1851—1864 年爆发的太平天国运动，是中国历史上规模空前的一次农民起义，建立了农民革命政权——太平天国。太平天国对封建教育和孔孟儒学持激烈批判的态度，"敢将孔孟横称妖，经史文章尽日烧"，直到定都南京之后，才逐渐有所缓和。受到西方原始基督教影响，太平天国在中国传统思想的基础上提出了特色鲜明的教育举措。

第一，提倡教育的平等性与普遍性，建立普及教育组织。太平天国主张所有儿童都要接受一定的教育，无论男女老幼皆享有平等的教育权利。在太平天国建国纲领《天朝田亩制度》(1853)中明确规定："凡内外官诸官及民，每礼拜日听讲圣书，虔诚祭奠，礼拜颂赞天父上主皇上帝焉。"②即以"上礼拜堂""集会听讲道理"的教育形式实施政治思想教育、宗教教育与社会教育。

第二，改革文字，推广简化字、标点符号。太平天国提倡朴实的语体文，反对虚浮雕琢的古典文体，推动了文化教育的普及。在教材选用上，将《原道救世歌》《原道醒世训》《原道觉世训》《旧遗诏圣书》《新遗诏圣书》等书列为宣讲教义、鼓吹革命的必备教材；编定《制千字诏》《三字经》《幼学诗》等儿童与成人识字启蒙书。

第三，重视人才选拔，改革科举制度。科举分乡试、县试、郡试、省试、天试五级，每级设文武两科。考试内容以《旧遗诏圣书》《新遗诏圣书》《天条书》《三字经》等为主。同时，废除封建等级、出身门第的限制，贯彻男女平等原则，"无虑布衣、绅士、倡优、隶卒，取中者即状元、翰林诸科"③，女子亦可以参加科举考试。

尽管太平天国颁发的教育政策并未真正全部实行，且具有不彻底性，但其制定的政教合一的教育制度，倡行普及教育，无疑对传统教育体系产生了重大冲击。

① 毛礼锐、沈灌群：《中国教育通史》(第四卷)，424 页，济南，山东教育出版社，1988。
② 中国史学会：《太平天国》(第 1 册)，322 页，上海，上海人民出版社，1957。
③ 中国史学会：《太平天国》(第 3 册)，111、112 页，上海，上海人民出版社，1957。

三、兴办新式学堂

随着洋务实践的展开，为了培养外交、军事、技术等洋务活动所需人才，洋务派陆续创办了 30 余所新式学堂，大致可分为外国语学堂（方言学堂）、军事学堂和技术学堂。

（一）外国语学堂

鸦片战争以来，外事活动中的外交人员和翻译人员极度缺乏，这些人才的培养已成为当务之急。清政府决定成立外国语学校以解决语言不通而带来的不便。1862 年 8 月 20 日，奕䜣等人上折："欲悉各国情形，必先谙其言语文字，方不受人欺蒙。各国均以重资聘请中国人讲解文义，而中国迄无熟悉外国语言文字之人，恐无以悉其底蕴。"① 因此，奏请于京师设同文馆，以学习外国语言文字。于是，1862 年京师同文馆正式设立，为我国最早的官办新式学校。

京师同文馆创办之始，只设有英文馆，学生仅 10 名，均系八旗子弟，聘请英国传教士包尔腾为英文教习，徐树琳为汉文教习。1863 年增设法、俄文馆；1872 年增设德文馆；1896 年又增设东文（日文）馆。除了学习外国语言外，随着与西方的频繁接触，洋务派越来越体会到西方军事、技术的先进，认识到学习西方科学技术的必要与紧迫。1866 年 12 月，奕䜣等上奏提出在同文馆内添设天文、算学馆，招收"满汉举人及恩、拔、岁、副、优贡，汉文业已通顺，年在 20 以外者"以及"正途出身五品以下满汉京外各官，少年聪慧，愿入馆学习者"。② 次年 6 月，天文、算学馆正式举行招生考试。这标志着同文馆由单一学习外国语言的学校转变为兼习科学技术的综合性学校。1898 年，同文馆的科技教育部分划入京师大学堂。1900 年，八国联军攻占北京时，同文馆停办。1902 年，同文馆并入京师大学堂。

京师同文馆的教师（教习）既有西教习也有汉教习，从职责上又分为总教习、教习和副教习。同文馆由总理各国事务衙门直接管理，1869 年聘美国基督教传教士丁韪良为总教习，总揽全馆教务，直到 1894 年止，任职长达 25 年。同文馆先后聘请了 50 余名外国人担任外语（英文、法文、德文、日文）、天文、格致、化学、医学、万国公法等教习；30 余名中国人担任汉文和算学的教习。每门课程还设有 1～4 名副教习，以协助教习的教学工作。副教习从优秀学生中选任，不脱离学生身份，需到馆学习、考试。

同文馆的课程，除了英、法、俄、德、日等国语言文字以及汉文外，不断丰富和

---

① 朱有瓛：《中国近代学制史料》（第一辑上册），6 页，上海，华东师范大学出版社，1983。
② 朱有瓛：《中国近代学制史料》（第一辑上册），13 页，上海，华东师范大学出版社，1983。

扩充，逐渐开设了算学、化学、医学、天文、物理、万国公法等课程。学生的考核以考试为主，分为月课、季考、岁考。每届三年再由总理衙门举行一次大考，成绩优秀者授予七、八、九品官，劣者则降革留馆。

京师同文馆作为洋务学堂的开端，也是我国半殖民地半封建教育的开端，打破中国两千多年的封建教育模式，突破中国传统的教育内容和教学方式，革新了中国教育制度，在近代中国教育史上具有重要的象征意义。

其他外国语学堂还有上海广方言馆（1863）、广州同文馆（1864）、新疆俄文馆（1887）、台湾西学馆（1888）、珲春俄文馆（1889）、湖北自强学堂（1893），等等。

（二）军事学堂

为了培养"靖内患""御外侮"的军事人才，洋务派仿照西法创设了一批军事学堂（武备学堂）。福建船政学堂是中国近代最早的海军制造学校。1866年，闽浙总督左宗棠奏请于福州马尾设置船政局，并附设船政学堂，亦名"求是堂艺局"，目的在于"使中国才艺日进，制造、驾驶展转授受，传习无穷。"[1]学习年限5年。学堂分为前、后学堂。前学堂学习法文，又称为"法国学堂"，专门学习制造技术；后学堂学习英文，又称"英国学堂"，专习管轮驾驶。1868年，前学堂设立"艺圃"，从各船厂招收15～18岁的青年工人，半工半读，是我国近代工厂职工在职教育的先声。学堂为我国培养了近代第一批海军人才和海军制造人才。1884年中法"马尾海战"和1894年中日甲午战争中，福建船政学堂的毕业生邓世昌、刘步蟾、林泰曾、林永生、黄建勋、林履中等都是当时杰出将领。

其他军事学堂还包括天津水师学堂（1880）、广东黄埔鱼雷学堂（1884）、天津武备学堂（1885）、江南水师学堂（1890）、湖北武备学堂（1896）等。

（三）技术学堂

这类学堂主要培养专门技术人才，能够使用、维修、管理和制造机器，设有福州电报学堂（1876）、天津电报学堂（1879）、上海电报学堂（1882）、山海关铁路学堂（1895）等。

洋务学堂培养了近代中国第一批翻译、外交、军事和技术人才，引入"西文""西艺"等教学内容，普遍制订分年课程计划，采用班级授课制。这些在中国教育史上无疑具有开创意义，冲击了封建教育制度，开启了近代教育。但是这些特定历史阶段的洋务学堂仍然有明显的局限性，在"中学为体，西学为用"的指导思想下，一方面学习"西文""西艺"，另一方面又必须读《四书》《五经》。此外，洋务学堂大多为洋务大臣所办，

---

[1]　中国史学会：《中国近代史资料丛刊·洋务运动》（五），28页，上海，上海人民出版社，1961。

难免沾上封建官僚习气；西学课程的教学和管理依赖于洋人甚多，也严重影响了学堂的自主独立发展。这使学堂的管理、招生、学生的奖惩等方面打上明显的半封建半殖民性的烙印。

四、留学教育

洋务运动时期的留学教育，是近代走出国门"师彼长技"的重要一步。19世纪70年代，在国内开设新式学堂学习西方科学技术之余，李鸿章、曾国藩、沈葆桢等洋务派思索着另外一条熟悉西方的途径以图自强，他们计划向国外派遣留学生，通过到国外实地的耳濡目染，更深入地学习先进的西学，不仅要培养各类洋务人才，而且"凡游学他国得有长技者，归即延入书院，分科传授，精益求精。"[①]于是，清政府派遣了首批幼童留美以及之后的福建船政学堂学生留欧，开了我国公费留学的先河。

（一）幼童留美

1872年，在容闳（1828—1912）的积极倡导下，曾国藩、李鸿章奏请派遣聪颖幼童赴美肄业，学习军政、船政、步算、制造等，以"使西人擅长之技，中国皆所谙悉。"[②]在《挑选幼童赴美肄业章程》中规定，挑选年龄在13～20岁的身家清白、资性聪慧学童，每年30名，四年四批，共120名，学习15年。同年8月11日，第一批30名幼童由陈兰彬带领赴美。1873年、1874年、1875年，第二、第三、第四批各30人相继出发。在第二、第四批中另有随行的7名和3名自费生。

这批幼童到美国后，安排在哈佛康涅狄格州的美国人家里，以便语言学习和适应环境。语言熟练之后，进入当地的小学、中学，再分别报考大学。除学习西学外，他们还必须按照有关章程，学习《孝经》《五经》《国朝律例》等中学，早晚还要由驻洋委员率领拜孔子神位，在特定日期还要听正、副委员宣讲《圣谕广训》。

由于封建守旧势力的顽固思想，他们不断指责留美学生，时任留美监督的吴子登曾尖锐批评："外洋风俗，流弊多端，各学生腹少儒书，德性未坚，尚未究彼技能，先已沾其恶习，即使竭力整顿，亦觉防范难周。"[②]以学生沾染洋气无益于国家有害于社会为理由，建议撤回留美学生，再加之当时美国排华逆流的激化，幼童们终究未能按计划完成学业而被提前撤回。1881年，留学生们踏上归途。120名学生中，除去世，中途撤回、执意不归者以外，其余94名分三批回国。其中小学19名，中学35名；33名

① 曾国藩、李鸿章：《奏选派幼童赴美肄业办理章程折》，舒新城：《中国近代教育史资料》（上册），161页，北京，人民教育出版社，1981。

② 陈学恂：《中国近代教育大事记》，42页，上海，上海教育出版社，1981。

大专学生中，只有詹天佑、欧阳赓两人获得学士学位。

尽管首次留美幼童派遣中途夭折，大多幼童浅尝辄止，未能完成学业，但仍然涌现出了一批优秀人才，如铁路工程师詹天佑、北洋大学校长蔡绍基、清华学校校长唐国安、清末交通总长梁敦彦、民初国务总理唐绍仪，等等。

(二)留学欧洲

随着出国留学风气的渐开，1876 年沈葆桢、李鸿章奏请派遣福建船政学堂的学生赴英、法、德等欧洲国家留学，认为"前后堂学生内秀杰之士，于西人造驶诸法，多能悉心研究，亟应遣令出洋学习，以期精益求精。"[1]

1877 年，福建船政学堂的第一批 28 名学生赴欧留学。其中前学堂 12 名学生，艺徒 4 名，前往法国专习制造；后学堂 12 名学生赴英国、西班牙学习驾驶。加上先期到达的 7 名学生和艺徒，第一批留欧学生共计 35 人。学期年限均为 3 年。首届留欧生于1878—1880 年完成学业陆续回国。之后，1881 年、1886 年、1897 年，福建船政局又先后选送三批学生赴英、法、德等国留学。

洋务留欧学生，对近代中国海军产生了突出影响，甲午海战前的北洋舰队 12 艘主力舰的管带，有一半以上是留欧学生，如巡洋舰镇远号管带林泰曾、定远号管带刘步蟾等；部分留欧生也积极参与了近代中国海军教育事业，如严复担任天津水师学堂总教习和总办，长达 20 年之久；还有一批留欧学生成了近代中国第一代实业人才。

洋务运动时期的留学教育总体来看还处于起步阶段，规模小、不完整，但在开风气、引进"西学"、推进中国教育近代化方面仍然作出了重大贡献。

第二节
维新运动时期的教育

1895 年中日甲午战争后，帝国主义列强在中国激烈争夺势力范围，形成瓜分中国的局势，中国面临空前严重的民族危机。这激起国民的觉醒，早期资产阶级改良主义思潮迅速转变成一股救亡图存的新社会思潮，他们以西方资产阶级的进化论和社会政治学说为武器，尖锐抨击了封建专制制度和纲常伦理。为了挽救民族危机，在康有为、梁启超、严复、谭嗣同等维新派的主导下，最终于 1898 年 6 月 11 日至 9 月 21 日的百

---

[1]　沈葆桢、李鸿章：《闽厂学生出洋学习折》，见舒新城编：《中国近代教育史资料》(上册)，165 页，北京，人民教育出版社，1981。

天中催生了一场声势浩大的维新变法的政治运动，颁布了一系列变法律令，这即是"戊戌变法"，史称"百日维新"。尽管维新变法在以慈禧太后为首的守旧势力的绞杀下失败了，但是清廷下发的教育改革诏令以及维新派的教育主张和教育实践依然推动中国近代教育进入了一个新的发展阶段。

一、早期改良派的教育主张

19世纪70年代至80年代，中国社会出现一批具有初步资产阶级改良主义思想的知识分子，形成早期资产阶级改良主义教育思潮。其中代表人物主要有：冯桂芬(1809—1874)、王韬(1828—1897)、容闳(1828—1912)、薛福成(1838—1894)、郑观应(1842—1922)等。早期改良派探索救国道路，还没有形成完整的思想理论体系，但提出的教育改革主张，推动了后续维新教育思潮的发展。

(一)兴学育才，建立近代学制

早期改良派主张仿效西方学校体系建立近代形式的大、中、小学校，"宏学校以育真才"，如郑观应提出"设于各州县者为小学，设于各府省会者为中学，设于京师者为大学"[①]。大中小学的学制均为三年，实行班级授课制，"岁加甄别"以决定升降。普通高等学科设立文学、政事、言语、格致、艺学、杂学六科；军事学校分陆军和海军两科。这样，学校就可以培养各方面的专业人才，达到"政无不理，事无不举"，实现国家富强。

(二)学习西学，倡导女子教育

在内忧外患之下，早期改良派呼吁抛弃墨守成规的偏见，全面学习西学。与洋务派专注于西文西艺不同，早期改良派学习西学更为深入和广泛。王韬认为洋务运动只学到西学的皮毛，"非西法之不善，效之者未至也"[②]。冯桂芬主张学习近代自然科学、工农业生产技术以及西方各国的"富强之术"。郑观应则强调"无事不学、无人不学"[③]，以克敌制胜。此外，受到近代西方平权观念的影响，早期改良派尊重女性，主张男女教育机会均等，提倡女子教育。郑观应批评戕害妇女身心的封建陋习，要求解放妇女，建议各省兴办女学，"广立女塾，使女子皆入塾读书"[④]，准许女子走出家门就职谋生。

---

① 郑观应著：《盛世危言》卷一《考试下》，66页，长春，北方妇女儿童出版社，2001。
② 王韬：《弢园文录外编》卷二《变法自强下》，80页，弢园老民，1883。
③ 《盛世危言》卷三《商战下》，216页。
④ 《盛世危言》卷三《女教》，61页。

(三)反对八股，改革科举制度

早期改良派抨击八股取士，要求改革科举，扩大录取对象，增添有关西学的考试内容。郑观应指出："中国文试而不废时文，武试而不废弓矢，所学非所用，所用非所学。"①王韬认为"取士之法不变，则人才终不出"②，建议文科取士废除八股文，分十科考试，即经学、史学、掌故之学、词章之学、舆图、格致、天算、律例、辩论时事、直言极谏；武科改为枪炮，分智略、勇略、制造三等评选人才。

二、维新派的教育活动

19世纪末期，列强环伺，中华民族危机日益加深，一部分带有资本主义思想的官吏和知识分子忧国忧民，以救亡图存为旗帜，著书立说，奔走呼号，宣传维新变法，形成近代史上一次进步的群众性政治运动。这些被称为维新派者为宣传维新思想、培养维新人才，与抱残守缺的顽固派、洋务派积极论战，开展了大量的教育实践活动，兴办学会、发行报刊、创办学校，逐渐形成了较完整的资产阶级改良主义教育思想体系。

(一)创办学校

在维新派兴办的学堂中，著名的有：万木草堂(1893)、时务学堂(1897)、通艺学堂(1897)、绍兴中西学堂(1897)、浏阳算学馆(1897)；其他领风气之先的学校还有：北洋西学堂(1895)、南洋公学(1896)、经正女学(1898)等。

1. 万木草堂

1891年，康有为在广州长兴里设立"长兴学舍"。1893年冬，迁于仰高祠，定名为"万木草堂"，学生已达百余人。1898年戊戌变法后解散。康有为撰写《长兴学记》作为学规，办学宗旨在于激励气节，发扬精神，广求智慧，以培养维新变法人才。在课程设置上，中西兼学，既有中国经史、诸子之学，也包括万国史学、地理学、数学、格致、政治原理学等内容，还设置了演说、体操、音乐、射击、游历等"科外学科"，强调德智体全方面地培养学生，"德育居十之七，智育居十之三，而体育亦特重焉"③。在组织制度上，康有为自任总监督、总教授，并选3～6名学生为学长分助各科。草堂不分年级不分班，新生入学后首先由学长指导读书。在教学方法上，除讲授外，学生自

---

① 《盛世危言》卷一《考试下》，67页。
② 《弢园文录外编》卷一《变法中》，30页。
③ 梁启超：《康有为传》，中国史学会：《中国近代史资料丛刊·戊戌变法(四)》，12页，上海，上海人民出版社，1957。

学读书，每天写札记，每半个月呈交一次，由康有为亲自批阅，深受学生欢迎。万木草堂成为当时宣传变法思想、培养变法人才的重要阵地，梁启超、麦孟华、徐勤、康广仁等维新人士即是其中毕业的出色者。

2. 时务学堂

1897年，熊希龄、黄遵宪、陈宝箴、谭嗣同、江标等人在湖南长沙设立，聘请梁启超为总教习。办学目的旨在使学生具有维新变法的坚强意志、广博知识和治理国家之材。梁启超拟定《湖南时务学堂学约》十章，分别为立志、养心、治身、读书、穷理、学文、乐群、摄生、经世、传教。规定中学为基，兼习西学的教学方针。在课程上设置普通学和专门学两种，普通学分为经学、诸子学、公理学、中外史志及格算诸学；专门学则为公法学、掌故学和格算学。梁启超在此讲学数月，倡导民权学说，使得学堂成为名噪一时的宣传维新思想的学校，培养出蔡锷、范源濂等一批高才生。

(二)建立学会与发行报刊

为了组织维新力量传播变法思想，维新派建立各种学会。1895年，康有为、梁启超等人在北京发起"强学会"。同年，康有为又组织了"上海强学会"。尽管1896年这两个强学会相继被查禁，但却促进了全国学会的兴办，一时涌现出粤学会、蜀学会、浙学会等各省学会以及务农会、医学善会、译书公会等各种专业和团体学会。这些学会通过集会、演讲、翻译出版图书报纸、定时讲课、收藏图书仪器等方式广泛传播了维新思想。

维新派还通过发行报刊进行维新思想的启蒙。1895年康有为在北京创办《万国公报》(后改为《中外纪闻》)，1896年梁启超在上海发起《时务报》，1897年严复也于天津创办《国闻报》。此后，《蒙学报》《湘学报》《知新报》等纷纷发行。各类报刊逐渐成为传播西学、开通思想、扩大维新运动社会基础等方面的重要媒介。

三、"百日维新"中的教育改革

1898年6月11日，光绪皇帝颁布"明定国是"诏书，宣布维新变法。9月21日，慈禧太后发动政变，变法失败，历时103天，史称"百日维新"。在此期间，光绪帝颁布的一系列变法诏令中，涉及教育改革的措施主要有：

(一)废八股，改革科举制度

1898年6月23日，光绪皇帝下诏废八股取士制，改试时务策论。诏令规定，会试、省级的乡试及府县的生童岁科各试，八股文考试一律改试策论。乡试、会试仍定为三场，第一场试中国史事、国朝政治论五道；第二场试时务策五道，专问五洲各国之政，专门之艺；第三场试《四书》义两篇，《五经》义一篇。生童岁科两试，先试经古一场，专以史论策命题，正场试以《四书》《五经》义各一篇。7 月 23 日，又下诏设立经济特科，强调考试、取士不凭楷法，以讲求实学、实政为主，选拔维新人才。尽管百日维新失败后，诏令并未继续施行，又恢复了八股考试，停罢经济特科，但仍然冲击了科举制度，影响了社会风气。

(二)倡西学，兴办各级各类学校

"百日维新"期间提倡西学，培养"通经济变"的人才。《明定国是诏》下令"以圣贤义理之学，植其根本，又须博采西学之切于时务者，实力讲求，以救空疏迂谬之弊。"[①]还下诏出新法、著新书，并创学堂，要求各地设中西学堂，即"将各省府、厅、州、县现有之大小书院，一律改为兼习中学西学之学校"。[②] 省会的大书院改为高等学堂，郡城的书院改为中等学堂，州县的书院则改为小学堂。还要求地方自行捐办的义学、社学等，一律兼习中西学。此外，还下诏筹办铁路、矿务、农务、茶务、蚕桑、医学等各类实业学堂。

(三)设立京师大学堂

1896 年刑部左侍郎李端棻在《请推广学校折》中首倡于京师设立大学堂。之后，康有为等人又多次提出此议。1898 年，光绪帝下诏举办京师大学堂。孙家鼐为管学大臣，聘请许景澄为中学总教习，美国人丁韪良为西学总教习。由梁启超草拟《京师大学堂章程》，规定京师大学堂不仅是全国最高学校教育机关，同时也是全国最高教育行政机关，各省学堂均统归大学堂管辖。大学堂的办学目的是"培养非常之才，以备他日特达之用"。教育原则为"中学为体，西学为用"。在课程上设置了普通学和专门学两大类。普通学包括经学、理学、中外掌故、诸子学、初级算学、初级格致学、初级政治学、初级地理学、文学、体操学等，并同时要求在英语、法语、俄语、德语、日语这五种语言文字中认选一门；专门学包括高等算学、高等格致学、高等政治学、高等地理学、农学、矿学、工程学、商学、兵学、卫生学等，学生普通学毕业后，各选一至两门专门学。此外，《章程》还详细规定了入学条件、学成出身、教习聘用、经费、学校设施等方面。

1898 年戊戌变法后，京师大学堂因为"萌芽早"而得以幸存，但其封建性明显加强，尤其恢复八股取士后，又逐渐成为科举制的附庸。1900 年，八国联军入侵，京师大学

---

① 梁启超：《戊戌政变纪事本末》，陈学恂：《中国近代教育史教学参考资料》(上册)，420 页，北京，人民教育出版社，1986。
② 梁启超：《戊戌政变纪事本末》，陈学恂：《中国近代教育史教学参考资料》(上册)，422 页，北京，人民教育出版社，1986。

堂停办，1902 年恢复，成立了师范馆，纳入清末学制系统。1912 年，改名为北京大学。

"百日维新"中的教育改革措施，仍然保留了一定的封建性内容，而且由于受到多方面特别是守旧势力的抵制，有些中途废止，甚至大多未及施行，但是在当时历史条件下却具有巨大的进步意义，不仅强烈冲击了封建教育，也体现了资产阶级维新派教育思想的特色，促进了人们思想的启蒙和解放。

第三节
清末新政时期的教育改革

1900 年，八国联军发动侵华战争，义和团爆发了反帝爱国运动，国内外矛盾进一步激化。为了维护摇摇欲坠的统治，1901 年，清廷宣布"新政"，要求各级官吏"就现在情弊，参酌中西政治，举凡朝章国政，吏治民生，学校科举，军制财政，当因当革，当省当并，如何而国势始兴，如何而人才始盛，如何而度支始裕，如何而武备始精，各举所知，各抒所见"。[①] 在这次"新政"中，教育领域也进行了多方面的改革。

一、近代学制的初步建立

(一)壬寅学制

1901 年，清廷下颁"兴学诏书"，各地纷纷响应，相继建立大批新式学堂。但这些学堂各自为政，管理、教学零乱。于是，规范全国各级各类学校教育在学业程度、课程设置、学习年限等方面的标准，制定全国统一的学制系统也就成为应时之需。

1902 年，管学大臣张百熙拟定《京师大学堂章程》《考选入学章程》《高等学堂章程》《中等学堂章程》《小学堂章程》《蒙学堂章程》六个章程，统称为《钦定学堂章程》。因该年为夏历壬寅年，又称"壬寅学制"。这是中国近代教育史上第一个正式公布的全国性学制系统。

从纵向来看，"壬寅学制"分为三段七级。第一阶段为初等教育，蒙学堂 4 年、寻常小学堂 3 年、高等小学堂 3 年。儿童 6 岁入蒙学堂，其宗旨为"培养儿童使有浅近之知识，并调护其身体"。[②] 蒙学生毕业后，必须送入官立小学堂加以考验，及格者入小

---

① 朱寿朋：《光绪朝东华录》(四)，4602 页，北京，中华书局，1958。
② 《钦定蒙学堂章程》，舒新城：《中国近代教育史资料》(中册)，394 页，北京，人民教育出版社，1981。

学堂肄业，不及格者退归蒙学堂补习。小学堂的宗旨为"授以道德知识及一切有益身体之事"。[1] 第二阶段为中等教育，设中学堂4年，"使诸生于高等小学卒业后而加深其程度，增添其科目，俾肆力于普通学之高深者，为高等专门之始基"。[2] 第三阶段为高等教育，高等学堂或大学预科3年，大学堂3年（政、文、商、农、格致、工艺、医七科），大学院（年限不定），全学程共20年。

从横向来看，与高等小学堂平行的，有简易实业学堂；与中学堂平行的，有中等实业学堂、师范学堂；与高等学堂平行的，有仕学馆、高等实业学堂、师范馆。

"壬寅学制"虽未施行，很快被"癸卯学制"取代，但其中也有许多闪光点，如把蒙学堂和寻常小学堂共7年定为义务教育性质；注重实业教育等。

（二）癸卯学制

1903年，张百熙、张之洞、荣庆等在"壬寅学制"的基础上，重新拟定一个新的学制系统《奏定学堂章程》，包括《奏定学务纲要》《奏定各学堂管理通则》《奏定各学堂考试章程》、各级各类学堂章程以及译学馆、进士馆等22件。1904年1月公布，因该年为夏历癸卯年，又称"癸卯学制"。（见图8-1）这是中国近代第一个正式颁布并在全国范围内实际推行的学制。

从纵向看，癸卯学制分为三段七级。

第一阶段为初等教育，设蒙养院4年、初等小学堂5年和高等小学堂4年。蒙养院招收3～7岁儿童，以游戏、歌谣、谈话和手技等为主要教育内容。初等小学堂招收7岁以上儿童，其宗旨为"启其人生应有之知识，立其明伦理爱国家之根基，并调护儿童身体。"[3]课程有修身、读经讲经、中国文字、算术、历史、地理、格致、体操八门。高等小学堂招收15岁以下儿童，其宗旨为"培养国民之善性，扩充国民之知识，强壮国民之气体"。[4] 课程包括修身、读经讲经、中国文学、算术、中国历史、地理、格致、图画、体操九门，还可视地方情形，加授手工、农业、商业等科目。

第二阶段为中等教育，设中学堂5年，以"施较深之普通教育，俾毕业后不仕者从事于各项事业，进取者升入高等专门学堂均有根柢"[5]为宗旨。课程设有修身、读经讲经、中国文学、外国语、历史、地理、算学、博物、物理及化学、法制及理财、图画、体操12门。

第三阶段为高等教育，设高等学堂或大学预科3年、大学堂3～4年和通儒院5年。

---

[1]　《钦定蒙学堂章程》，舒新城：《中国近代教育史资料》（中册），400页，北京，人民教育出版社，1981。

[2]　《钦定蒙学堂章程》，舒新城：《中国近代教育史资料》（中册），492页，北京，人民教育出版社，1981。

[3]　《奏定初等小学堂章程》，舒新城：《中国近代教育史资料》（中册），411页，北京，人民教育出版社，1981。

[4]　《奏定高等小学堂章程》，舒新城：《中国近代教育史资料》（中册），427页，北京，人民教育出版社，1981。

[5]　《奏定中学堂章程》，舒新城：《中国近代教育史资料》（中册），500～501页，北京，人民教育出版社，1981。

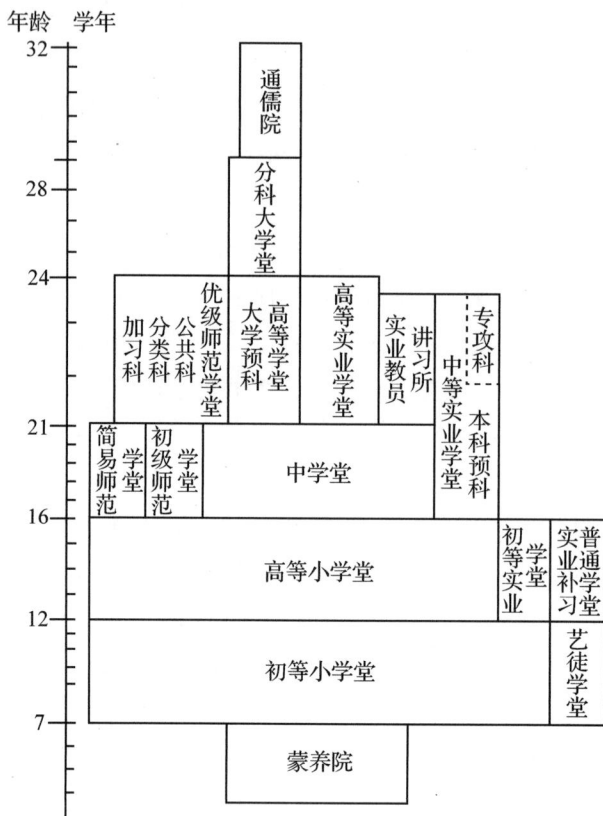

图 8-1　癸卯学制

高等学堂分为三类学习科目：第一类为预备升入经学科、政治科、文学科、商科等大学者；第二类为预备升入格致、工科、农科大学者；第三类预备升入医科大学者。大学堂以"谨遵谕旨，端正趋向，造就通才"[1]为宗旨，分设经学、政法、文学、医、格致、农、工、商八科，其中京师大学堂必须八科全设，外省大学堂则至少须置三科。通儒院为最高学府，收分科大学毕业生，以"能发明新理、著有成书，能制造新器、足资利用为毕业"[2]。

从横向看，设有师范教育和实业教育。师范教育分初级师范学堂和优级师范学堂，均须附属小学、中学，以供师范生实习。实业教育包括实业补习学堂、初等工商实业学堂、艺徒学堂、中等实业学堂和高等实业学堂。

癸卯学制标志着中国近代学制的初步建立，形成了中国近代学校教育制度的基本模式。仿照西方三级学制系统，设置了初等、中等、高等三级，又将普通教育、实业教育、师范教育并举，推进了学校教育的系统化与规范化。在课程设置上，中西兼学，

① 《奏定大学堂章程》，舒新城：《中国近代教育史资料》(中册)，572 页，北京，人民教育出版社，1981。
② 《奏定大学堂章程》，舒新城：《中国近代教育史资料》(中册)，621 页，北京，人民教育出版社，1981。

引进了西方近代课程和学科体系。在教育目标上注重德、智、体的协调发展。然而囿于封建王朝的大环境，癸卯学制不可避免带有明显的半封建半殖民的色彩：学制的指导思想依然遵循"中学为体，西学为用"，"读经讲经"课普遍开设于各级各类学校，并占有极大课时比例，在初等小学堂中甚至占了总课时数的五分之二；还采取科举奖励出身的办法，对各级各类学堂的毕业生，分别奖励举人、进士等称号；女子在学制中没有地位，直到 1907 年学部才颁布《女子小学堂章程》和《女子师范学堂章程》；等等。

二、废除科举制度

近代学制的建立，促使各级各类新式学校在规模和质量上都有了大大地发展，但是科举制度却成为兴建新式学校的重大障碍。自鸦片战争以来，科举制度受到不断地批评，改革和废止的呼声不断高涨。1905 年，袁世凯、赵尔巽、张之洞等人会奏立停科举以推广学校："现在危迫情形，更甚曩日，竭力振作，实同一刻千金，而科举一日不停，士人皆有侥幸得第之心，以分其砥砺实修之志。民间更相率观望，私立学堂者绝少，又断非公家财力所能普及，学堂决无大兴之望。"[①]迫于形势，1905 年 9 月 2 日，光绪帝下令"著即自丙午科(1906)为始，所有乡会试一律停止，各省岁科考试亦即停止。"[②]自此，自隋代以来在中国延续 1300 年之久的科举制度被完全废止。

三、建立教育行政制度，厘定教育宗旨

学制颁布后，为了保障兴学政策的真正落实，有必要加强全国教育的统一管理，改革教育行政体制。1905 年，清政府设立学部，执掌国家教育法令和管理全国学校事务，成为最高教育行政机构。在学部中，最高长官为尚书，其次为左右侍郎。学部内设 5 司 12 科：总务司(设案牍科、机要科、定审科)、专门司(设专门教务科、专门庶务科)、普通司(设小学教育科、中学教育科、师范教育科)、实业司(设教务科、庶务科)、会计司(设建筑科、度支科)。此外学部还附设编译图书局、学制调查局、京师督学局、教育研究所、高等教育会议等机构。学部另设视学官，轮流视察各省学务。1906 年，各省撤销提督学政，撤销学务处或学校司等省级教育行政机关，改设提学使司，长官为提学使，统辖全省教育工作。提学使司下设六课：总务课、专门课、普通课、实业课、图书课、会计课。另设省视学 6 人，巡视府厅州县的学务。同时，在各

---

① 袁世凯、赵尔巽、张之洞等：《会奏请立停科举推广学校折暨清帝谕立停科举以广学校》，陈学恂：《中国近代教育史教学参考资料》(上册)，576 页，北京，人民教育出版社，1986。
② 袁世凯、赵尔巽、张之洞等：《会奏请立停科举推广学校折暨清帝谕立停科举以广学校》，陈学恂：《中国近代教育史教学参考资料》(上册)，579 页，北京，人民教育出版社，1986。

厅州县设劝学所，掌管本厅州县的教育行政工作。至此，清政府建立了从中央到地方统一的教育行政机构。

学部成立后，1906 年清政府颁布教育宗旨，即"忠君、尊孔、尚公、尚武、尚实"。这是中国近代第一次正式宣布的教育宗旨，以"忠君"为核心，明显保留了中国封建传统内容，但又引借了民权思想等西方资产阶级学说，提出"尚公、尚武、尚实"，这也正体现了特定历史时代的要求。

四、清末的留学教育

(一)留日高潮

1894 年中日甲午战争的失败，激起中华民族的觉醒，促使国内在 20 世纪前后掀起了一股留学日本的浪潮。中国官方最早派遣学生留学日本始于 1896 年，中国驻日公使裕庚在总理衙门的同意下，招收唐宝锷等 13 人赴日本东京学习，由东京高等师范学校校长嘉纳治五郎负责，学习日本语文及普通学科，最后 6 人中途归国，仅有 7 人完成了 3 年的学业获得毕业文凭。1898 年，随着维新运动的推进，留学日本日益受到关注。同年，张之洞在《劝学篇》中极力提倡留学日本，认为：日本路近省费；日文接近于中文；日本已经删节酌改了西学；中日风俗相近。这进一步推进了留日的勃兴。与之相呼应的是清政府实行新政，在政策上积极支持留学日本。1903 年，清政府颁布《奖励游学毕业生章程》，规定对留学日本的毕业生以所学等差分别奖励科举功名。1905 年科举制度废除后，这种奖励办法仍然施行，以至于吸引大批士人前往日本留学以获得功名。此外，清政府还大力提倡自费留学。于是，留日形成一股热潮，至 1906 年达到高峰。据统计，1899 年中国留日学生增至 200 名，1902 年达四五百名，1903 年有 1000 名，1906 年竟达 8000 名左右。[①] 但由于留日学生的革命活动、留学生习速成教育者居多以及国内新式教育的发展，清政府逐渐限制留学日本，学生人数自 1907 年后开始减少，1909 年约有 5000 人，至 1911 年则几乎全部返国。[②]

留日学生来源复杂，男女均有，年龄不一，上自七八十岁老人，下自十几岁儿童。大多留学生在日本主要接受普通教育和速成教育，但所学科目广泛，包括政法、外语、师范、文史、理工、农医、军事、商业、音乐、美术、体育等，其中法政、师范、军事等科所习人数最多。这一批留日学生对中国近代教育制度的建立作出了重大贡献，不仅参与了各级各类新式学堂的创办与教学，引介了大量日文西学书籍，而且还涌现了一大批资产阶级革命者，成为辛亥革命的中坚力量。

---

① ［日］实藤惠秀著，谭汝谦、林启彦译：《中国人留学日本史》，1 页，北京，北京大学出版社，2012。
② ［日］实藤惠秀著，谭汝谦、林启彦译：《中国人留学日本史》，66 页，北京，北京大学出版社，2012。

(二)"庚款兴学"与留美教育

"庚子赔款"源于 1901 年的《辛丑条约》，条约规定中国向各国赔款白银 4.5 亿两，分 39 年还清，本息合计白银 9.8 亿多两。为了"从知识上与精神上支配中国的领袖"，1908 年，美国国会通过《豁免中国部分赔款》法案，自 1909 年起至 1940 年止，美国将所得庚子赔款逐年按月退返中国，用于中国学生赴美留学费用。为了执行"庚款兴学"，清政府制定《遣派留美学生办法大纲》，设立游美学务处，专门负责考选出国学生，计划最初 4 年每年派遣 100 名学生，第 5 年起至少派遣 50 名学生，直至退款用完。但实际人数并未达到，1909 年留美生为 47 名，1910 年 70 名，1911 年 63 名。据统计，1905—1924 年共派出留美生 689 人。[①]

与此同时，留美预备学校清华学堂也于 1911 年筹建，1924 年改称清华大学。该校招收 13 岁左右的儿童，分中等科和高等科，学制各为 4 年，主要学习一般文化知识和外国语，西学教师大多来自美国，在课程设置、教材、教学方法、学生活动等方面仿照美国。因此，赴美前学生的学习较为系统，留美后学历层次普遍较高，大部分能获得硕士或博士学位。正是因为"庚款兴学"，1909 年后留美人数不断增长，改变了中国留学格局。

第四节
张之洞的教育思想

中体西用

一、生平简介

张之洞(1837—1909)，字孝达，号香涛，晚年称抱冰老人，卒后谥文襄。直隶南皮(今属河北)人。出身于封建官僚家庭，自幼习礼教，有神童之誉，14 岁中秀才，16 岁中举人，27 岁中进士，任翰林院编修，此后走上仕途生活，历任浙江乡试副考官、湖北学政、四川学政、翰林院教习庶吉士、国子监司业、山西巡抚、两广总督、湖广总督、两江总督、军机大臣等要职，是清廷的重臣之一。他积极参加洋务活动，开办洋务企业，兴办洋务教育，是"中学为体，西学为用"教育思想的主要阐述者，成为晚清洋务派重要代表人物。

---

① 　毛礼锐、沈灌群：《中国教育通史》(第四卷)，439 页，济南，山东教育出版社，1988。

二、"中体西用"思想的形成

自鸦片战争以来,"西学"与"中学"两者关系的问题一直是关注焦点。顽固守旧派反对向西方学习,彻底排斥西学,把西学视为"机巧之事""奇技淫巧",坚决维护以封建纲常名教为内容的"中学",认为"立国之道,尚礼义不尚权谋;根本之图,在人心不在技艺。"①洋务派始终坚持"中学为体,西学为用",强调"中学"的主导作用和"西学"的辅助作用。

"中学"与"西学"的体用关系自 19 世纪 60 年代始即有士人不断加以阐释。1861 年,冯桂芬提出"如以中国之伦常名教为原本,辅以诸国富强之术,不更善之善者哉?"②1892 年,郑观应更是直接概括为"中学其本也,西学其末也。主以中学,辅以西学"。③而真正使"中体西用"成为一个完整思想体系的则是张之洞撰写的《劝学篇》。

三、"中体西用"的教育纲领

张之洞"中学为体,西学为用"的教育思想主要体现在《劝学篇》中。该书于 1898 年著成。全书共 24 篇 4 万余字,分为内篇和外篇。内篇分同心、教忠、明纲、知类、宗经、正权、循序、守约、去毒 9 篇,主旨是务本,"以正人心";外篇分益智、游学、设学、学制、广译、阅报、变法、变科举、农工商学、兵学、矿学、铁路、会通、非弭兵、非攻教 15 篇,主旨是务通,"以开风气"。

《劝学篇》不仅阐述了"中学"问题、"西学"问题,还论及中、西学的关系,其主旨可归纳为"中学为体,西学为用",这既是张之洞教育思想的总概况,也是洋务教育的指导思想。

所谓"中学",也称"旧学",即《四书》《五经》,中国史事、政书、地图",④ 实质上指的是封建典章制度、伦理道德。所谓"西学",也称"新学",即西政、西艺、西史。"学校地理、度支赋税、武备律例、劝工通商、西政也;算绘、矿医、声光、化电、西艺也。"⑤可见,西艺指的是西方近代科学技术,西政则指资本主义的一些规章律例,并未涉及资本主义的政治制度,这与维新派主张的"西政"决然不同。

---

① 倭仁:《奏阻同文馆用正途人员学习天算折》,陈学恂:《中国近代教育史教学参考资料》(上册),188 页,北京,人民教育出版社,1986。

② 冯桂芬:《采西学议》,舒新城:《中国近代教育史资料》(下册),888 页,北京,人民教育出版社,1981。

③ 郑观应:《西学》,舒新城:《中国近代教育史资料》(下册),899 页,北京,人民教育出版社,1981。

④ 张之洞:《设学第三》,苑书义等编:《张之洞全集》(第十二册),9740 页,石家庄,河北人民出版社,1998。

⑤ 张之洞:《设学第三》,苑书义等编:《张之洞全集》(第十二册),9740 页,石家庄,河北人民出版社,1998。

中、西学的关系即为"旧学为体，新学为用，不使偏废"，中学为根本，为主，西学为末节，为从。张之洞认为"今欲强中国，存中学，则不得不讲西学，然不先以中学固其根柢，端其识趣，则强者为乱首，弱者为人奴。其祸更烈于不通西学者矣。"[①]因此，"讲西学必先通中学，乃不忘其祖也。"[②]即三纲五常封建伦理道德等中学为"体"，只有在此基础上再讲求作为"用"的"西学"，"中学治身心，西学应世事，不必尽索于经文，而必无悖于经义。如其心，圣人之心；行，圣人之行。以孝悌忠信为德，以尊主庇民为政，虽朝运汽机，夕驰铁路，无害为圣人之徒也。"[③]这样中国才能立国。

"中学为体，西学为用"是中西方文化碰撞的时代产物，具有积极的历史意义，成为清朝末年政府推行教育改革的纲领，为传统教育打开了一个缺口。但由于思想的局限性，"中体西用"表现出明显的封建性，仍然维护封建专制制度以及三纲五常等伦理道德，这又极大地阻碍了资本主义教育在中国的发展。

第五节
康有为、梁启超、严复的教育思想

康有为、梁启超、严复是中国近代著名的政治家、思想家、教育家，是维新派重要的代表人物，戊戌变法的主要领导人。他们非常重视教育在维新变法及改造社会中的作用。承继于早期资产阶级改良主义者，他们激烈抨击封建传统教育，强烈呼吁改革科举制度，学习西方设计新的学校教育制度，提倡新式教育，形成了较为系统的维新教育理论。

一、生平简介

康有为(1858—1927)，原名祖诒，字广夏，号长素，广东省南海县人，人称南海先生。出身于世代官宦之家，自幼受严格的传统儒家教育。1876年应乡试不第。后出游香港，开始接触西学。1891年在广州长兴里万木草堂讲学。1895年，与1300余名应试举人发动"公车上书"，在北京组织创办《万国公报》，成立"强学会"，进行变法的宣传和组织工作。1898年他积极参与戊戌变法，失败后逃亡日本，坚持改良道路，成

---

① 张之洞：《循序第七》，苑书义等编：《张之洞全集》(第十二册)，9724页，石家庄，河北人民出版社，1998。

② 张之洞：《劝学篇·序》，苑书义等编：《张之洞全集》(第十二册)，9705页，石家庄，河北人民出版社，1998。

③ 张之洞：《会通第十三》，苑书义等编：《张之洞全集》(第十二册)，9767页，石家庄，河北人民出版社，1998。

为保皇派。

梁启超(1873—1929)，字卓如，号任公，又号饮冰室主人，广东省新会县人。生于传统知识分子家庭，自幼熟读经史典籍。1891年入"万木草堂"学习，追随康有为。1894年入京会试，参与"公车上书"。1896年，担任《时务报》的主笔。1897年，就任湖南时务学堂主讲，传播维新思想。戊戌变法失败后，主要从事著述和办报工作。辛亥革命后，先后执教于南开大学、清华大学、北京大学。

严复(1853—1921)，字又陵，号畿道，福建省侯官人。严复长期致力于教育工作，先后担任福州船政学堂教习、天津水师学堂总教习、复旦公学校长、安徽高等学堂监督、京师大学堂校长等职。他译书著说，宣传西方思想，被称为近代中国向西方寻求真理的"先进中国人"之一。

二、教育改革主张

(一)废八股、变科举

康有为认为民智不开，甚至中国土地的割让及赔款等皆是由八股所致。他指责科举束缚士子的头脑，败坏人才，只能养成愚昧无知的人，批评"以八股试多士，以小题枯困截搭缚人才，投举国才智于盲瞽"，[①] 也就培养不出学贯中西具有真才实学的维新人才，而要造就人才，就必须废除八股。因此，他建议特发明诏，立废八股；罢试帖，改试策论；严戒考官，不以楷法取士。

梁启超批评士人束缚于科举考试，导致国家没有可用的人才，"举国上才之人，悉已为功令所束缚、帖括所驱役，鬻身灭顶，不能自拔。"[②]因此，为了培养人才使中国强盛，首先要做的就是改革科举，"兴学校、养人才以强中国，唯变科举为第一义。大变则大效，小变则小效。"[③]基于此，他提出三种解决对策，上策是"合科举于学校"；中策是"多设诸科"；下策则是"略变取士之具"，增考实学。

严复呼吁为了救亡图存，中国必须变法，而变法则"莫亟于废八股"，因为八股破坏人才，国随贫弱，使"天下无人才"，极力主张"痛除八股，而大讲西学"。他指责八股有三大害："锢智慧""坏心术""滋游手"。所谓"锢智慧"，就是八股之学违背循序渐进的教学原则，束缚人的心智。所谓"坏心术"，是指科举败坏学风，使人无廉耻之心，舞弊之风盛行，等至日后登朝为官，则投机取巧，趋炎附势。所谓"滋游手"，是指中

① 康有为：《请废八股试帖楷法试士改用策论折》，舒新城：《中国近代教育史资料》(上册)，38页，北京，人民教育出版社，1981。
② 梁启超：《变法通议》，59页，北京，华夏出版社，2002。
③ 梁启超：《变法通议》，60页，北京，华夏出版社，2002。

国以士为独尊，而选士广，致使朝廷蓄备了大批后备官僚，这些人不事生产，无所事事，成为"游手之民"。

（二）立学制、育人才

康有为于 1898 年上书《请开学校折》，陈述了欧美各国及日本通过兴学而实现富强，提议仿效德国、日本学制创办学校。他设想了一个学校体系：各乡设立小学，是为义务教育，"其不入者，罚其父母"，7 岁儿童必须入学，习 8 年，学习文史、算术、舆地、物理、歌乐。县立中学，14 岁入学，除了加深小学阶段的学习内容，还要学习外国语，重视实用学科。分为初等科 2 年、高等科 2 年，初等科毕业可升入专门学，专门学包括农、商、矿、林、机器、驾驶等各种专业。省府设立专门高等学校或大学，京师设大学堂，大学分经学、哲学、律学、医学四科。此外，康有为还建议设立学部，统辖管理全国的教育事务。这是近代中国最早提出仿效西方设立中央教育行政机关的建议。

梁启超认为变法的根本在于兴学校、育人才。模仿日本学制，他设计了一套改革学校教育的方案，根据儿童身心发展情况，把学校教育分为四个时期：5 岁以下的幼儿期，为家庭教育或幼儿园教育；6～13 岁的儿童期，为小学教育；14～21 岁的少年期，为中学教育；22～25 岁的成年期，为大学教育。他还依据各时期儿童发展的特点，确定教育重点，设计教育方法。

严复主张效法西方建立新的教育制度以兴学。他设计了一个小学、中学、大学三级衔接的学校教育体系：蒙养学堂（16 岁之前），以旧学为主；中学堂（16～22 岁），洋文课程居十分之七，中文课程居十分之三，全用洋文授课；大学堂，不设中学，没有讲中学的教师，主要学西学，用洋文授课，聘请洋人为教习，中国教员只为助教。

（三）讲西学，译西书

康有为认为世界各国的科学技术早已超过当时的中国，主张向西方学习，广译西书，派人出国留学考察，以了解西方各国以及日本的政治文化和科学技术的情况，"亟派游学以学欧美之政治工艺文学知识，大译其书以善其治"[①]。他在万木草堂讲学时，教学内容就包括外国史地、地理学、格致、政治原理学等西学，也引用了西方一些教学方式。

梁启超批评当时对西学只学到技艺这类"皮毛"，忽略了西政的学习。他强调中学与西学兼学，"以《六经》、诸子为经而以西人公理公法之书辅之，以求治天下之道；以

---

① 康有为：《请广译日本书派游学折》，中国史学会主编：《中国近代史资料丛刊·戊戌变法》（二），223 页，上海，上海人民出版社，1957。

历朝掌故为纬，而以希腊罗马古史辅之，以求古人治天下之法；以按切当今时势为用，而以各国近政近事辅之，以求治今日之天下所当有事。"①与此同时，梁启超极为反对追求西学而摒弃中学的做法，认为"中国旧学，既一切不问，而叩以西人富强之本，制作之精，亦罕有能言之而能效之者。"②

在维新派中，严复是倡导西学最为有力者，是中国近代第一个较系统地介绍和传播西方自然科学、社会科学的启蒙思想家。他分析了"中学"与"西学"的区别，认为西学崇实，要富强、开民智，必须讲西学。在"中学"与"西学"的关系上，他批评洋务派的"中学为体，西学为用"的观点，主张体用一致，认为"中学有中学之体用，西学有西学之体用，分之则两立，合之则两亡。"③严复翻译了大量西方学术名著，如赫胥黎的《天演论》、亚当·斯密的《原富》、穆勒的《名学》、斯宾塞的《群学肄言》、孟德斯鸠的《法意》等，促进了中西方文化的交流，广泛而深刻地影响了中国思想界，"自严氏之书出，而物况天择之理，厘然当于人心，中国民气为之一变。"④

三、教育观

(一)康有为：《大同书》中的教育理想

在《大同书》中，康有为描绘了一个"无邦国，无帝王，人人平等，天下为公"的理想社会，在这个大同世界里，教育普及，由社会抚养与教育儿童，直到培养其能为社会服务为止。他构想了一个由人本院、育婴院、小学院、中学院、大学院组成的前后衔接的学校体系：

1. 人本院

对怀孕妇女进行胎教。

2. 育婴院

学前教育阶段。收断乳的婴儿。选择"德性慈祥、身体强健、资禀敏慧，有恒性而无倦心、有弄性而非方品者"⑤的女子为看护者，"仁质最厚、养生学最明"的医生充任管院事者。教养任务是"养儿体，乐儿魂，开儿知识"，特别强调儿童身体健康。育婴院的环境应幽雅以培养儿童的"仁心"，远离市场、制造厂及污秽之处。

---

① 梁启超：《上南皮张尚书论改书院课程书》，见舒新城编：《中国近代教育史资料》(下册)，926页，北京，人民教育出版社，1981。

② 梁启超：《变法通议》，41页，北京，华夏出版社，2002。

③ 严复：《与〈外交报〉主人论教育书》，见舒新城编：《中国近代教育史资料》(下册)，979页，北京，人民教育出版社，1981。

④ 毛礼锐、沈灌群：《中国教育通史》(第四卷)，291页，济南，山东教育出版社，1988。

⑤ 康有为：《大同书》，见舒新城编：《中国近代教育史资料》(下册)，899页，北京，人民教育出版社，1981。

3. 小学院

收 6～10 岁的儿童。司理及教师都必须为女子，即女傅，要求"德性仁慈、威仪端正、学问通达、诲诱不倦"[①]，除了教诲，还兼有慈母之责。教育任务是"养体为主，而开智次之"。

4. 中学院

收 10～15 岁的儿童。这一时期是"一生之学根本"。选择"贤达之士，行谊方正，德性仁明，文学广博，思悟通妙，而又诲人不倦，慈幼有恒者"[②]担任教师。教育任务是"养体开智外，尤以德育为重"。

5. 大学院

16～20 岁接受专门教育。教育重点是"于育德强体之后，专以开智为主"。选择"专学精深奥妙实验有得者"为教师。

此外，康有为重视女子教育，强调男女平等，建议先设女学，章程与男校相同。如果女子学有所成，允许选举、应考、为官、为师。

《大同书》中勾画的理想教育体系，体现了资本主义教育制度的美好蓝图，具有一定的合理性和启发性，但也带有明显的空想色彩。

（二）梁启超：作"新民"的教育主张

梁启超把教育看成救亡图存、国家富强的重要途径，认为国家的强弱以教育为转移，"欲伸民权，必以广名智为第一义"[③]。为此，教育必须确立正确的宗旨，因而梁启超明确提出培养"新民"的教育目的，提出"新民为今日中国第一急务"。他批评传统教育以升官发财为目的，强调教育要"养成一种特色之国民"，即"新民"，应当具有公德、自由、自治、自尊、尚武、合群等特性和品质，以及国家思想、权利义务思想、冒险进取的精神。可见，这种"新民"是在反对封建道德的基础上提出的具备资产阶级品质的新国民。

梁启超还非常重视师范教育、女子教育和儿童教育。

早在 1896 年梁启超就论述了师范教育问题，认为"师范学校，群学之基"。他批评传统学校的教师既不通六艺、不读四史，也不了解西学最基本常识，结果教学适得其反，培养出愚民、弱民，"是欲开民智而适以愚之，欲使民强而适以弱之也"[④]。而外国教习也存在语言不通、效率低下、聘金太高以及滥竽充数等弊病。因此，当在全国遍

---

① 康有为：《大同书》，见舒新城编：《中国近代教育史资料》（下册），902 页，北京，人民教育出版社，1981。
② 康有为：《大同书》，见舒新城编：《中国近代教育史资料》（下册），905 页，北京，人民教育出版社，1981。
③ 梁启超：《上陈宝箴书论湖南应办之事》，中国史学会主编：《中国近代史资料丛刊·戊戌变法》（二），551 页，上海，上海人民出版社，1957。
④ 梁启超：《变法通议》，406 页，北京，华夏出版社，2002。

设学校时，首先必须解决师资问题，设立师范学校，"故欲革旧习，兴智学，必以立师范学堂为第一义"①。

梁启超把女子教育与国家强弱紧密结合起来，疾呼中国欲救亡图存，必须大力发展女子教育，"吾推及天下积弱之本，则必自妇人不学始"②。他指出女子愚昧无知的根源在于"女子无才便是德"这种封建伦理观念，认为女子教育关系到家庭、后代甚至种族，"蒙养之本，必自母教始；母教之本，必自妇学始。"③因此，他专门起草了《倡设女学堂启》，并附《女学堂试办章程》，建议模仿西方，创办女学。

梁启超主张学习西方有关儿童教育的理论，认为教学要遵循儿童的年龄、心理特点以及兴趣循序渐进。在课程上要求开设外语、算学、音乐、歌谣、体操等，教材内容应有适当难度，每天学习不超过三小时，避免"太劳致畏难""伤脑气"。他把儿童应读的书籍划分为识字、文法、歌诀、问答、说部、门径、名物七类，并编排了相应的教法。梁启超是我国最早提倡教材教法者。此外，他还严厉批评儿童教育中的体罚，即"扑教"，指责教师不以正确的方法教育儿童，粗暴地采取体罚，易使儿童厌倦读书，"导之不以道，抚之不以术。地非理室，日闻榜楚。教匪宗风，但凭棒喝。遂使视黉舍如豚笠之苦，对师长若狱吏之尊。"④

(三)严复："鼓民力""开民智""新民德"

严复认为国之强弱存亡主要在于民众的力、智、德三方面。西方各国强盛是因为他们的教育实现了"瀹智慧、练体力，厉德行三者"，而中国"民力已苶，民智已卑，民德已薄"，⑤ 所以造成积弱积贫的状况。为了改变民众的愚、贫、弱，必须培养新人，"统于三端：一曰鼓民力，二曰开民智，三曰新民德。"⑥所谓"鼓民力"，即是重视体育，禁止各种封建陋习，使国民保持身体强健和卫生保健的良好习惯。所谓"开民智"，即是智育，提高人的文化教育素质，提倡科学教育，注重实际，强调独立思考，开启智慧。所谓"新民德"，即是培养具有资产阶级的民主、自由等道德观念以及爱国主义情感的新人，反对纲常名教的封建伦理道德。严复还指出，体育、智育、德育三者不可偏废，"徒力不足以为强且盛也，则以智。徒力与智，犹未足以为强且盛也，则以德。是三者备，而后可以为真国民。"⑦

① 梁启超：《变法通议》，407 页，北京，华夏出版社，2002。
② 梁启超：《变法通议》，87 页，北京，华夏出版社，2002。
③ 梁启超：《变法通议》，92 页，北京，华夏出版社，2002。
④ 梁启超：《变法通议》，106～107 页，北京，华夏出版社，2002。
⑤ 严复：《原强修订稿》，王栻编：《严复集》(第一册)，20 页，北京，中华书局，1986。
⑥ 严复：《原强修订稿》，王栻编：《严复集》(第一册)，27 页，北京，中华书局，1986。
⑦ 严复：《女子教育会章程》序，王栻编：《严复集》(第二册)，253 页，北京，中华书局，1986。

自测题 >

一、单项选择题

1. 中国近代由中央政府正式颁布并施行的学制是（　　）。

  A. 壬寅学制   B. 癸卯学制

  C. 壬戌学制   D. 壬子癸丑学制

2. 下列不属于维新运动时期创办的学堂是（　　）。

  A. 福建船政学堂   B. 万木草堂   C. 时务学堂   D. 南洋公学

3. 京师大学堂创办于（　　）年。

  A. 1862   B. 1896   C. 1898   D. 1902

4. 科举制度正式废止于（　　）年。

  A. 1903   B. 1904   C. 1905   D. 1906

二、简答题

1. 简述京师同文馆的历史意义。

2. 洋务时期的留学教育。

3. 简述"百日维新"中的教育改革。

三、论述题

1. 述评康有为、梁启超、严复的教育主张。

2. 评述清末新政下的教育改革。

四、资料分析题

阅读张之洞的《劝学篇·设学》，分析其中体现的教育主张。

一曰新旧兼学：《四书》《五经》，中国史事、政书、地图为旧学，西政、西艺、西史为新学。旧学为体，新学为用，不使偏废。一曰政艺兼学：学校地理、度支赋税、武备律例、劝工通商、西政也；算绘、矿医、声光、化电、西艺也。（西政之刑狱，立法最善。西艺之医，最于兵事有益；习武备者必宜讲求。）才识远大而年长者宜西政，心思精敏而年少者宜西艺。小学堂先艺而后政，大中学堂先政而后艺。西艺必专门，非十年不成；西政可兼通数事，三年可得要领。

拓展阅读推介 >

1 张之洞：《劝学篇》，中华书局，2016

  此书最早于1898年刊行，乃洋务教育思想的代表作。全书共二十四篇，四万余字，分为内篇九篇与外篇十五篇，贯穿"旧学为体，新学为用"的论点。先后译成英、法文出版。1900年纽约出版英文本，译为

《中国的唯一的希望》。此书有助于了解中国近代教育思想。

2　梁启超：《变法通议》，华夏出版社，2002

此书是 1896 年至 1899 年梁启超担任上海《时务报》主笔时发表的早期政论文章的合集。全书共十四篇，其教育思想集中在《学校总论》《论科举》《论师范》《论女学》和《论幼学》等篇目。此书是近代中国最为系统全面宣扬维新变法主张的著作，也反映了梁启超的维新教育思想。

学习目标

1. 了解民国时期的教育改革；
2. 掌握民国时期的教育思潮和教育改革实验；
3. 掌握民国时期的学制改革；
4. 了解革命根据地的教育经验。

重要概念

壬子·癸丑学制　壬戌学制　蔡元培　五育并举　新民主主义教育
生活教育　活教育

1912 年 1 月 1 日，中华民国临时政府成立，标志着资产阶级共和国政权的建立。南京临时政府颁布了一系列有关政治、经济和社会改革的法令，在文化教育上进行了大刀阔斧的革新，以肃清封建教育，发展资本主义教育。随后的新文化运动促进了教育观念的大变革，各种教育思潮和教育运动勃然兴起，学校教育改革与实验风起云涌，新学制也应运而生。同时，中国共产党领导下的革命根据地教育也蓬勃发展，形成新民主主义教育方针，在干部教育、群众教育、普通教育方面独树一帜。此外，民国时期还涌现出一大批杰出的教育家——蔡元培、晏阳初、梁漱溟、黄炎培、陶行知、陈鹤琴等，他们不仅构建了各自别具特色的教育思想体系，还对中国教育的发展与改革进行了积极探索。

第一节
民国时期的教育宗旨与教育制度

中华民国成立后，中国进入了资产阶级教育发展新纪元。经历了民国初期、北洋政府时期、国民政府时期的教育改革历程，在整顿封建旧教育的同时，确定了资产阶级性质的教育宗旨与教育方针，建立了资产阶级教育制度体系。

一、教育宗旨与教育方针的变迁

(一)民国成立初期的教育

1912 年 1 月 9 日，中华民国临时政府正式设立教育部，下设三司一厅，即专门教育司、普通教育司、社会教育司和总务厅，蔡元培被任命为教育总长，总理全国教育，着手改革民国初期的教育。

1. 颁布普通教育暂行办法与课程标准

1912 年 1 月 19 日，教育部颁布《普通教育暂行办法》和《普通教育暂行课程标准》，根据资产阶级的教育要求，全面开始改造和整顿封建教育。

《普通教育暂行办法》共 14 条，主要包括：各项学堂均改称为学校，监督、堂长一律改称校长；初等小学可以男女同校；各种教科书必须合乎共和国宗旨，清学部颁行的教科书一律禁用；小学读经课一律废止；注重小学手工科；高等小学以上体操科，应注重兵式；中学校为普通教育，文实不必分科；一律废止旧时奖励出身；等等。

《普通教育暂行课程标准》共 11 条，详细规定了小学、中学和师范学校的课程及教学时数：初等小学设修身、国文、算术、游戏、体操等课程，根据地方情形，加设图画、手工、唱歌一科或数科，女子加设裁缝；高等小学设修身、国文、算术、中华历史地理、博物理化、图画、手工、体操（兼游戏）等课程，视地方情形，加设唱歌、外国语、农工商业一科或数科；中学设修身、国文、外国语、历史、地理、数学、博物、理化、图画、手工、法制、经济、音乐、体操等课程，女子加设家政、裁缝；师范学校设修身、教育、国文、外国语、历史、地理、数学、博物、理化、法制、经济、习字、图画、手工、音乐、体操等课程，女子加设家政、裁缝，视地方情形加设农、工、商之一科。

上述两个改革文件着力整顿封建专制教育，充分体现了民主共和的资本主义精神，使中国近代教育发展到一个崭新的阶段。

2. 确定教育宗旨

1912 年 2 月，蔡元培发表《对于教育方针之意见》，批判清政府颁布的教育宗旨"忠君、尊孔、尚公、尚武、尚实"，指出"忠君与共和政体不合，尊孔与信仰自由相违"。针对此，他首次提出了以军国民教育、实利主义教育、公民道德教育、世界观教育、美感教育"五育"并举的符合资产阶级民主主义的教育方针。

经过临时教育会议的讨论并通过后，1912 年 9 月 2 日，正式公布实行新的教育宗旨，即："注重道德教育，以实利教育、军国民教育辅之，更以美感教育完成其道德"[1]。这项教育宗旨强调德智体美的全面发展，体现了资产阶级自由、平等、博爱的教育观念，这是中国教育思想的巨大进步，标志着资产阶级教育取代封建传统教育走上了中国舞台。

(二)北洋政府时期的教育

南京临时政府成立后，在内外反动力量的双重压迫下，革命的胜利果实不久被袁世凯所窃夺。1912 年 3 月 10 日，袁世凯在北京就任中华民国临时大总统，建立起大地主大买办阶级的反动政权，中国从此进入北洋政府统治时期。在文化教育方面，社会上则掀起一股恢复封建文化教育的复古主义逆流，与之针锋对应，激进民主主义者掀起一场反复古主义教育的斗争，起到了一定的抵制作用。

1. 复古主义教育

为了给复辟帝制造声势，袁世凯与封建复古势力在教育领域掀起一股尊孔读经的复古浪潮，否定南京临时政府施行的废止封建教育的措施，在学校恢复读经课，重新确立孔子的至尊地位。1914 年，教育部颁布《整理教育方案草案》，规定"各学校宜注重

---

① 陈学恂：《中国近代教育史教学参考资料》（中册），178 页，北京，人民教育出版社，1987。

训育，以孔子为模范人物。"①1915 年，又颁发《特定教育纲要》，要求"各学校均应崇奉古圣贤以为师法，宜尊孔以端其基，尚孟以致其用。"②并据此编排了各级学校的课程教材，规定"中小学校均加读经一科，按照经书及学校程度分别讲读。"③袁世凯政府还推翻民国成立初期宣布的教育宗旨，于 1915 年公布"爱国、尚武、崇实、法孔孟、重自治、戒贪争、戒躁进"的教育宗旨。

袁世凯政府所进行的一系列复古主义教育活动，取消了民国初年的教育改革，使刚有所起步的教育停滞不前，甚至出现倒退，封建思想再度复燃。

2. 反复古主义教育

面对倒行逆施的复古教育潮流，资产阶级革命派给予了猛烈的回击，揭露袁世凯尊孔实质上是为了愚弄人民。以陈独秀、李大钊、胡适等一批激进的民主主义者为代表，发起了一次猛烈的反封建反复古主义教育的新文化运动。他们提倡"民主"与"科学"，反对尊孔读经、反对旧道德，提倡新道德。李大钊批判袁世凯的教育宗旨："孔子者，数千年前之残骸枯骨也""入于现代国民之血气精神所结晶之宪法，则其宪法将为陈腐死人之宪法"。④

在全国一片强烈的反对声中，1916 年，教育部通令各省撤销《特定教育纲要》以及袁世凯政府颁布的教育宗旨。同年，教育部又下令废止袁世凯公布的《预备学校令》，修正《国民学校令》，删去其中的"读经"内容。1919 年，为了符合共和政体要求，顺应世界潮流，以范源濂、蔡元培等人组成的教育部教育调查会，借鉴英、法、美三国，议决新的教育宗旨为"以养成健全人格，发展共和精神"。所谓健全人格者，"（一）私德为立身之本，公德为服役社会国家之本。（二）人生所必需之知识技能。（三）强健活泼之体格。（四）优美和乐之感情。"所谓共和精神者，"（一）发挥平民主义，俾人人知民治为立国之根本。（二）养成公民自治习惯，俾人人能负国家社会之责任。"⑤这个教育宗旨强调德智体美的全面发展以及民主精神，追求个性发展与社会责任相结合，鲜明地体现出资产阶级的要求。

（三）国民政府时期的教育

1927 年"四一二"反革命政变，国民党背叛革命，成立南京国民政府，强化思想控制，"以党治国"，将教育纳入国民党一党专政里。抗日战争爆发后，国民党政府实施

① 陈学恂：《中国近代教育史教学参考资料》（中册），210～211 页，北京，人民教育出版社，1987。
② 陈学恂：《中国近代教育史教学参考资料》（中册），225 页，北京，人民教育出版社，1987。
③ 陈学恂：《中国近代教育史教学参考资料》（中册），227 页，北京，人民教育出版社，1987。
④ 李大钊：《孔子与宪法》，陈学恂：《中国近代教育史教学参考资料》（中册），261 页，北京，人民教育出版社，1987。
⑤ 陈学恂：《中国近代教育史教学参考资料》（中册），482 页，北京，人民教育出版社，1987。

"战时须作平时看"的教育方针，以维持教育秩序。

1."三民主义"教育宗旨

最初，广州国民政府提出以党治国，"党化教育"在教育界应运而生。1926 年，广州国民政府教育行政委员会召开中央教育行政大会，提出"党化教育"，要求公、私立学校师生必须集体加入国民党。1927 年，蒋介石在南京召开的五四运动纪念大会上提出要实施"党化教育"，要求各省成立"党化教育委员会"，制定"党化教育大纲"，要求学生受国民党的指挥。同年 8 月，国民政府教育行政委员会制定《学校施行党化教育办法草案》，提出所谓"党化教育"就是在国民党指导下，把教育革命化和民众化，要求把学校课程重新改组，使其与党义不违背。国民党中央还陆续公布了《组织教科书审查会章程》《各级学校党义教师检定委员会组织条例》《检定各级学校党义教师条例》等，强化国民党对学校教育的一党专制。"党化教育"的实行，遭到进步人士的激烈批判，强烈提议以三民主义的教育宗旨取代"党化教育"。1928 年，第一次全国教育会议决议废止党化教育名称，改为三民主义教育。1929 年，国民党政府正式公布《中华民国教育宗旨》，规定教育宗旨："中华民国之教育，根据三民主义，以充实人民生活，扶植社会生存，发展国民生计，延续民族生命为目的；务期民族独立，民权普遍，民生发展，以促进世界大同。"[1]1931 年，国务院中央执行委员会通过《三民主义教育实施原则》，对初等教育、中等教育、高等教育、师范教育、社会教育、蒙藏教育、华侨教育、留学生派遣等方面制定了具体的实施目标和实施纲要。这项"三民主义"教育宗旨一直成为国民党政府教育的法定依据，在一定程度上稳定了教育的发展，但是，其实质上仍与孙中山新三民主义相违背，对教育依然施行严厉控制。

2."战时须作平时看"的教育方针

1937 年全面抗战爆发后，国民党政府颁布《总动员时督导教育工作办法纲领》，要求全国各地各级学校及其他文化机关，以"就地维持课务为原则"，维持正常教育，并提出"战时须作平时看"的方针。在日益高涨的抗战热潮的影响下，1938 年，国民党临时全国代表大会公布《中国国民党抗战建国纲领》，提出"改订教育制度及教材，推行战时教程"；"训练各种专门技术人员，与以适当之分配，以应抗战需要"；"训练青年，俾能服务于战区及农村"；"训练妇女，俾能服务于社会事业，以增加抗战力量"。[2] 同时又制定《战时各级教育实施方案纲要》。1939 年，在第三次全国教育会议上，蒋介石作了《今后教育的基本方针》的讲话，强调"切不可忘记战时应作平时看"，教育的着眼点不仅在战时，而且还在战后，教育要致力于民族改造和国家复兴。正是在这一方针政策的指导下，战时教育并未中止，还保存了一定的教育实力，如一批高校迁至西南

---

① 中国华国教育部：《第一次中国教育年鉴》(甲编)，8 页，上海，开明书店，1934。
② 中国华国教育部：《第二次中国教育年鉴》(第一编)，8—9 页，上海，商务印书馆，1948。

西北；1939 年正式成立"教育部战区指导委员会"以维持战区各级教育；1939 年还成立
"战地失学失业青年招致训练委员会"，先后于各地设招致站、训导所、中学进修班等
87 所，收容救济流亡内地的师生；等等。

二、教育制度的改革

(一)学制的变迁

中华民国成立后，清末学制已不适合新的政体，符合共和精神的新学制亟须制定，
重大的学制改革如下。

1. 壬子·癸丑学制

1912 年 9 月，教育部颁布《学校系统令》，因为该年是壬子年，又称"壬子学制"。
1913 年，教育部又陆续公布《小学校令》《中学校令》《师范教育令》《专门学校令》《大学
令》《实业学校令》《小学校教则及课程表》《中学校令施行规则》《师范学校规程》《高等师
范学校规程》《公私立专门学校课程》《大学规程》《私立大学规程》《实业学校规程》等各级
各类学校法令规程，补充和修正了壬子学制，因为该年是癸丑年，两个学制综合在一
起，统称为"壬子·癸丑学制"。(图 9-1)

从纵向看，学制分为三段四级，儿童 6 岁入学，23～24 岁大学毕业，教育年限 17
或 18 年。

第一阶段，初等教育 2 级，6 岁入学，包括：初小 4 年，为义务教育；高小 3 年。
其宗旨为"以留意儿童身心之发育，培养国民道德之基础，并授以生活所必需之知识技
能"[①]。初等小学课程有修身、国文、算术、手工、图画、唱歌、体操 7 种，女子加缝
纫课。高小课程设修身、国文、算术、历史、地理、理科、手工、图画、唱歌、体操
10 种，男子加农业课，女子加缝纫课。

第二阶段，中等教育 4 年，设中学校，男女分校。中学校"以完足普通教育、造成
健全国民为宗旨"[②]。中学课程包括修身、国文、外国语、历史、地理、数学、手工等。
女子加授家事、园艺等。

第三阶段，高等教育，设大学，分为预科 3 年、本科 3～4 年。大学"以教授高深
学术、养成硕闳材，应国家需要为宗旨"[③]。大学分文、理、法、商、医、农、工 7 科。

此外，小学之前设蒙养园；大学之上设大学院，均不限年限。

从横向看，学制分三个系统，即普通教育、师范教育和实业教育。

① 陈学恂：《中国近代教育史教学参考资料》(中册)，187 页，北京，人民教育出版社，1987。
② 陈学恂：《中国近代教育史教学参考资料》(中册)，194 页，北京，人民教育出版社，1987。
③ 陈学恂：《中国近代教育史教学参考资料》(中册)，198 页，北京，人民教育出版社，1987。

年龄 学年

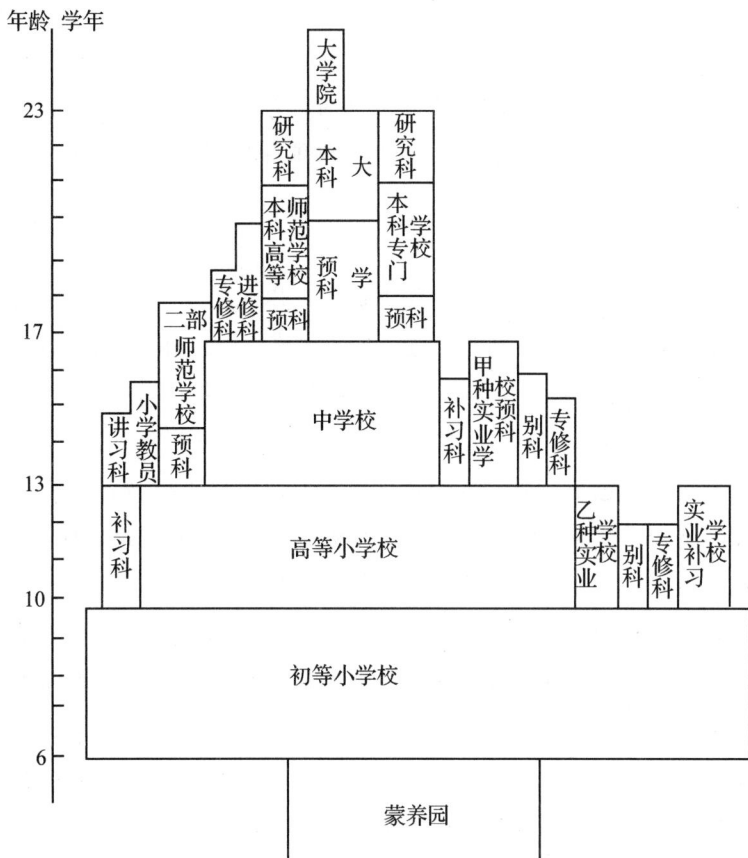

图 9-1 壬子·癸丑学制

师范教育分师范学校和高等师范学校二级。师范学校"以造就小学校教员为目的"。高等师范学校"以造就中学校、师范学校教员为目的"[1]。并专为女子设立女子师范学校与女子高等师范学校。高等师范学校设选科、专修科、研究科。师范学校设附属高等小学校及国民学校；女子师范学校附设蒙养园。

实业教育分乙种实业学校和甲种实业学校，相当于高小、中等教育阶段。实业学校"以教授农工商业必需之知识技能为目的"[2]。学校的科类有农业学校、工业学校、商业学校、商船学校、实业补习学校等。

学制还设专门学校，相当于大学教育阶段。"以教授高等学术，养成专门人才为宗旨"。[3] 专门学校种类有法政、医学、药学、农业、工业、商业、美术、外国语等专门学校。

---

① 陈学恂：《中国近代教育史教学参考资料》(中册)，195 页，北京，人民教育出版社，1987。

② 陈学恂：《中国近代教育史教学参考资料》(中册)，200 页，北京，人民教育出版社，1987。

③ 陈学恂：《中国近代教育史教学参考资料》(中册)，197 页，北京，人民教育出版社，1987。

"壬子·癸丑学制"具有反封建性，体现了资本主义民主平等的教育精神。第一，男女享有平等的受教育权。初等小学可以男女同校，普通中学、师范学校、实业学校等设立女校。第二，比癸卯学制缩短3年受教育年限，有利于普及教育。第三，废除了封建特权，取消对毕业生奖励出身。第四，改革课程，废止读经课，增加了自然科学和生产技能训练。

2. 壬戌学制

随着民族工业的发展，西方教育理论的影响，以及壬子·癸丑学制实施过程中出现的如中学学制太短等问题，学制需要进一步的改革。1922年11月1日，北洋政府以大总统令公布《学校系统改革案》，称为1922年"新学制"或"壬戌学制"，由于借鉴了美国的六三三分段法，又称"六三三学制"。

"新学制"的指导思想是：适应社会进化之需要；发挥平民教育精神；谋个性之发展；注意国民经济力；注意生活教育；使教育易于普及；多留各地方伸缩余地。

"新学制"规定，6岁入初级小学，初级小学4年，高级小学2年；初级中学3年、高级中学3年，与中学阶段平行的有师范学校和职业学校；大学4～6年(图9-2)。

继之新学制的改革，全国教育会联合会第八届年会组织了新学制课程标准起草委员会，并于1923年确定了新学制课程标准纲要，公布《新学制课程标准纲要》。规定：小学开设国语、算术、卫生、公民、地理、历史、自然、园艺、工用艺术、形象艺术、音乐、体育等科，初小把卫生、公民、地理、历史四科合并为社会科。授课以分钟记，初小前2年每周至少1080分钟，后两年至少1260分钟，高小每周至少1440分钟上。初中设社会科(包括公民、历史、地理)、语文科(国语、外国语)、算学科、自然科、艺术科(包括图画、手工、音乐)、体育科(包括生理卫生、体育)。以学分计课时，每半年每周上课1小时为1学分，修满180学分毕业，其中必修课为164学分，其余为选修科或补习必修科。高中分普通科与职业科。普通科分为文学、社科和数理；职业课分农、工、商和商船。课程分为公共必修课、分科选修课和纯粹选修课。修满150学分毕业。

壬戌学制是新文化运动下教育改革的一个综合成果，具有明显的时代特点。第一，中等教育是改革的核心。中学延长至6年，提高中学的知识水平；中学分为初级、高级两个时段，增加了办学的灵活性；开始实行选科制和学分制，适应不同学生发展水平。第二，完善了职业教育系统，兼顾升学、就业的双重需要，也加强了普通教育与职业教育的联系。第三，缩短小学年限为6年，注重普及教育，规定以初小4年为义务教育阶段。第四，缩短高等教育年限，取消大学预科。

"壬戌学制"尽管借鉴美国的六三三制，缺乏一定的创新性，但却有其内在的合理性，较符合中国国情。之后，它的总体框架一直被沿用，只是略作修改。

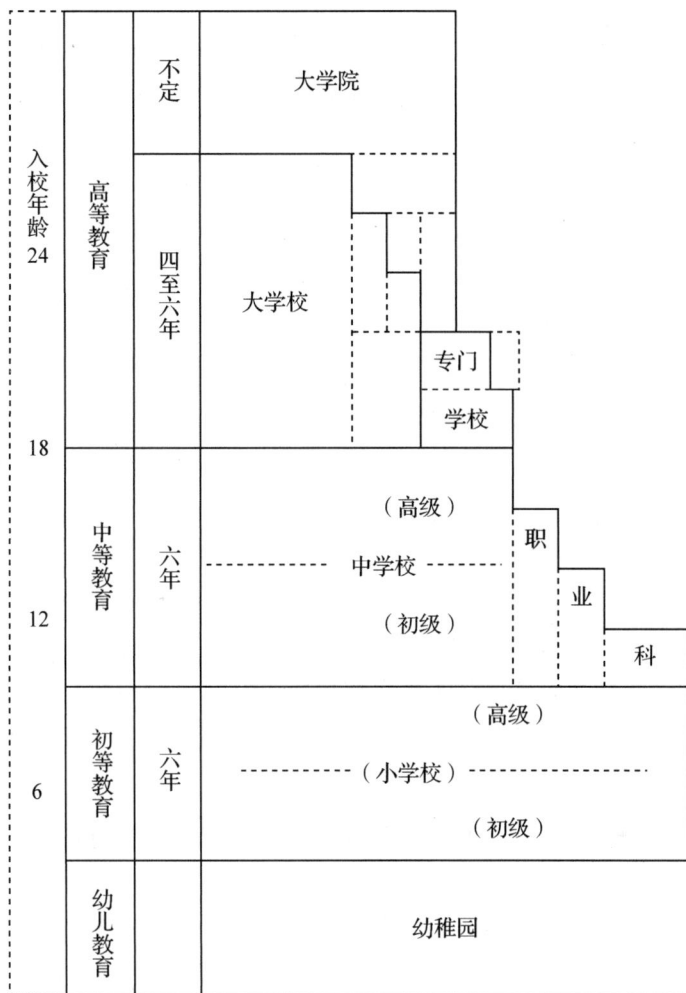

图 9-2　壬戌学制

(二)大学院和大学区制

经蔡元培等人的提议，1927 年 10 月 1 日，大学院正式成立，取代教育部制。根据《中华民国大学院组织法》，大学院为全国最高学术教育机关，管理全国学术和教育行政事宜。大学院设院长 1 人，下设秘书处、教育行政处、"中央研究院"、国立学术机关和各种专门委员会。大学院设立最高评议机构大学委员会，有权推荐大学院院长，并评议全国教育、学术一切重大方案。与此同时，南京国民政府还在江苏、浙江、河北等省试行"大学区制"。全国分成若干个大学区，每个大学区设大学 1 所，设校长 1 人管理大学区内所有学术和教育行政事务。每大学区设评议会为审议机关；研究院为学术研究机关；下分设高等教育处、普通教育处、扩充教育处、秘书处等机构，分管各项教育事务。

大学院和大学区制的设立，原意是为了"改官僚化为学术"，促使教育与学术的结合，以及保障教育的独立性。但因过于理想化，忽略了国民党专制统治及当时经济文化的特点，实施效果并不尽如人意，在试行一年多后，出现诸多问题，学术与行政难以兼顾，受到多方尤其中小学界的激烈反对。1928 年 11 月 1 日，大学院改回教育部。1929 年，大学区制废除，停止试行，恢复教育厅制度。

三、学校教育的发展

(一)各级各类教育

1. 学前教育

1932 年颁布的《小学组织法》明确规定"小学得设幼稚园"。同年，教育部颁布《幼稚园课程标准》，1936 年又进行了修订。1939 年，教育部公布《幼稚园规程》(1943 年修正为《幼稚园设置办法》)，规定幼稚园招收 4～6 岁的儿童，学制为 1～2 年；幼稚园由县市视地方需要及经济能力而设，也可附设于小学。据统计，1930 年全国幼稚园 630 所，在校幼儿 26675 名；到 1946 年全国幼稚园则已有 1301 所，在校幼儿 130213 名。

2. 初等教育

1928 年 5 月，第一次全国教育会议决定厉行义务教育。之后，国民政府颁布了一系列法令和法规普及义务教育：《小学课程标准》《小学令》《小学规程》等。1935 年教育部制定的《实施义务教育暂行办法大纲》及施行细则规定自 1935 年 8 月起分三期逐步完成四年制义务教育的普及。1940 年教育部公布《国民教育实施纲领》，开始推行国民教育制度，规定国民教育分为义务教育和失学民众补习教育，还要求在国民学校及乡镇中心学校内同时实施，两类学校分别设置小学部与民教部。1944 年公布的《国民学校法》明确规定实行 6～12 岁的 6 年基本教育。然而，许多地方并未能真正实现这个目标，大多仅通过短期小学、简易小学、改良的私塾等实行 1～2 年的义务教育。尽管如此，初等教育还是取得了较大成效，至 1945 年，全国已有各类小学校 269 937 所，在校学生 21 831 898 人。

3. 中等教育

国民政府实行综合中学制，初中、高中三三分段，普通教育、师范教育、职业教育并设。1932 年教育部公布《中学法》《师范学校法》《职业学校法》，废止综合中学制，分设三类中等学校。抗日战争期间，国民政府先后设立 34 所国立中学、14 所国立师范学校、14 所国立职业学校，以安置流亡的沦陷区学校师生。国立中等学校大多设在西南、西北地区，管理严格，实行公费住宿制。1946 年，抗战结束，国立中学由各省教育厅办理复员工作，学生返乡入学。这一年，全国中等学校有 4 226 所，学生 1 495 874 人。

4. 高等教育

依据《大学组织法》(1929)、《大学规程》(1929)、《专科学校组织法》(1929)、《专科学校规程》(1931)、《大学法》(1948)、《专科学校法》(1948)，国民政府确定大学为研究高深学术，培养专门人才；专科学校则教授应用科学，培养技术人才。大学分文、理、法、教育、农、工、商、医八学院。要求具备三个学院以上且必须包括理学院或农、工、医学院之一者才能称为大学，否则称独立学院。大学修业年限除医学院为 5 年外，其余为 4 年。大学及独立学院得设 2 年制的研究院。专科学校分工、农、商、医、艺术、音乐、体育等类，修业年限 2～3 年，1939 年改为 5 年制。

抗日战争时期，不少高校被迫停办，但仍有一部分高校不畏艰难西迁合并，得以继续维持。这些高校互为兼容，培养出大批的优秀人才。其中影响深远的有北京大学、清华大学、南开大学迁往云南合并而成的西南联合大学；国立北平大学、国立北平师范大学、国立北洋工学院迁至陕西汉中组成的国立西北联合大学等。到 1938 年年底，迁址调整的大学达 55 所。抗战结束后，西迁大学开始回迁复原，停办的大学逐渐恢复，而内地也在回迁大学遗址上设立新校，高等教育得到较快发展，到 1946 年全国高校已达 207 所，在校生 155 036 人。

(二)收回教育权运动

1923 年，"世界基督教学生同盟"在清华学校召开第 11 次大会，讨论"学校生活基督化"等问题。这引起国人的强烈反抗，中国社会主义青年团在上海发起"非基督教学生同盟"，揭露基督教的反动本质及教会教育的文化侵略。之后，北京、南京等地发起"非基督教大同盟"和"非宗教学生同盟大运动"等组织，全国掀起了反对教会教育的高潮。

1924 年，英国圣公会在广州所办的"圣三一"学校禁止学生的爱国行动及自由，激起学生的反抗与罢课。6 月 18 日，广州学生会发表《广州学生会收回教育权运动委员会宣言》，坚决要求"收回一切外人在华办学校之教育权"。7 月 3 日至 9 日，中华教育改进社第三届年会着重讨论了收回教育权问题，通过了《请求力谋收回教育权》《取缔外人在中国设立学校》等提案。10 月 15 日，全国教育会联合会第十届会议通过《取缔外人在国内办理教育事业》《学校内不准传布宗教》等提案。收回教育权运动在各地轰轰烈烈展开，于 1925 年"五卅运动"达到高潮，教会学校学生纷纷罢课、退学、转学。在全国形势的推动下，1925 年 11 月 16 日，北洋政府教育部公布《外人捐资设立学校请求认可办法》6 条，规定：凡外人捐资设立各等学校，得依照教部所颁关于请求认可之各项规则，向教育部行政官厅请求认可；学校名称上应冠以私立字样；学校之校长，须为中国人，如校长原系外国人者，必须以中国人充任副校长；学校设有董事会者，中国人应占董事名额之过半数；学校不得以传布宗教为宗旨；学校课程，须遵照部定标准，不得以宗教科目列入必修课。[①]

收回教育权运动取得了较大成效，教会学校纷纷向中国政府立案注册，学校课程和教学也发生变化，宗教课程由必修改为选修，教育和宗教逐渐相分离，开始朝着本土化和世俗化发展。

(三)学校教育的管理措施

1. 推行训育制度

1929 年，国民党政府通令全国，遵照国民党中央执行委员会制定的《中小学训育主任办法》，在中小学设置训育人员，实行训育制度，以严密监督学生的言行。1931 年公布《各级学校党义教师及训育主任工作大纲》，规定党义教师及训育主任应该时时接近学生，以匡正其思想、言论、行动。1936 年，国民党中央相继制定了《中等学校训育主任公民教员资格审查条例》《中等学校训育主任公民教员登记规则》《中等学校训育主任公民教员工作大纲》《中等学校训育主任及公民教员工作成绩考核办法》等，进一步强化训育制度，加强了对学生的控制。1939 年，"教育部"制定《训育纲要》，明确了训育的意义、内容、目标、实施等方面，是国民党训育思想的纲领性文件。正是通过训育制度，国民党加强了对各级各类学校的思想控制。

2. 进行童子军训练和军训

1926 年，国民党中央决定设立中国国民党童子军委员会。1933 年公布《中国童子军总章》。次年正式成立中国童子军总会，蒋介石任会长。"教育部"于 1937 年制定《初级中学童子军管理办法》，又于 1939 年公布《中国童子军兼办社会童子军暂行办法》。根据以上规定，凡 12~18 岁男女少年必须参加童子军训练，未满 12 岁者可组织党幼童子军。以学校为单位组织童子军团，设童子军教练员主持训练管理，严格规定童子军的服装、起居、上课、操练等。童子军训练的最高原则是"忠孝仁爱信义和平"，教育目标为"智、仁、勇"，以培养绝对服从的"忠诚之国民"。

除了重视童子军训练外，国民政府还强调对高中以上的学生开展军事训练。根据《修正高中以上学校军事教育方案》(1929)、《高中以上学校学生军训管理办法》(1936)等规定，专科以上学校设立军训大队，下设中队、区队、分队，每分队 10 人；中学设军训团，下设中队、小队，每小队 6~10 人。军训科目分学术科和技术科。训练方式为平时训练与集中训练。军训成绩与升级挂钩，不合格者不得升级，经补习或留级一次仍不及格则退学。

---

① 朱有瓛、高时良：《中国近代学制史料》(第四辑)，784 页，上海，华东师范大学出版社，1987。

3. 实施中学毕业会考

1932 年，"教育部"公布《中小学毕业会考暂行规定》要求全国中小学应届毕业生通过所在学校考试合格后实行会考，会考各科考试成绩合格者才能毕业，一科或两科不及格者，可复试一次，复试仍不及格者，可补习一年再考试一次；三科以上不合格者，即令留级，亦以一次为限。这种突然实行的毕业会考制度一时受到教育界的质疑，1933 年，安徽省各中学公然组织反会考大同盟，其他省市中学也多有抵制。为此，教育部不得不废除上述规定，重新公布《中学毕业会考规程》：取消体育会考；成绩计算方法改为各科毕业成绩占 40%，会考成绩占 60%；会考三科不及格者留级，以两次为限。1935 年教育部又对会考规程作了修正，直至 1945 年，中学生毕业会考制度才停止实施。

第二节
民国时期的教育思潮与教育改革实验

五四运动时期是中国近代教育发展史上一个重要历史时期，也是思想启蒙和解放运动的转折时期。五四运动前后，西方教育思潮纷纷传入中国，为国内教育注入新的内容，先进的知识分子开始重新思考与探索教育的发展方向，形成各种教育思潮，掀起了教育改革与实验的高潮。

一、教育思潮

(一)实用主义教育思潮

实用主义教育是在美国 19 世纪末出现、20 世纪上半叶占主导地位，由杜威倡导的一个重要的教育思想流派，批评传统教育，主张教育即生长、教育即改造、教育即生活、学校即社会、做中学，以谋求学校的进步。在杜威学生的积极宣传与推广下，20 世纪初传入中国。1919—1921 年，受北京大学、江苏教育会等联合邀请，杜威来华讲学，先后到中国 11 个省及主要城市讲演，宣传实用主义哲学和教育理论。其间报刊和出版社大量发表杜威的演讲及其教育论著，部分著作甚至成为当时师范院校和教育学科的教材或参考书，一时形成全国影响范围极大的教育思潮。实用主义教育思潮对中国教育尤其中小学教育有着重大影响，开始注重以儿童为中心来构建教育理论体系，在许多中小学试验以实用主义教育为理论基础的教学方法，也直接影响了民国时期的学制改革。

(二)平民教育思潮

平民教育是新文化运动民主思潮在教育上的反映。"五四"时期,"平民教育"口号流行一时,出现了平民教育思潮和平民教育运动。参与者,既有早期共产主义者,也有小资产阶级和资产阶级的知识分子。他们有着不同的发展方向,但也有着相同的要求。平民教育思潮共同之点在于批判传统的等级教育,打破少数人独占教育的特权,主张普通平民获得平等的教育权利,实现平民的政治和社会的改造。宣传和推行平民教育的社团主要有北京大学平民教育讲演团、北京高师平民教育社、中华平民教育促进会等,均进行了一系列卓有成效的平民教育实践。

(三)工读主义教育思潮

工读主义思想起源于第一次世界大战期间的旅法华工教育活动,在"五四新文化运动"及其他各种社会思潮的影响下逐渐形成一股教育思潮。工读主义教育思潮包括多种主张:尚俭乐学、以工兼学、勤工俭学、工人求学、学生做工、工学结合、工学兼营、工学并进,培养朴素工作与艰苦求学的精神,消灭体脑差别。但其共同点就是"工"与"读"相结合、"工"与"学"相结合,读书和劳动相结合。这种思潮在演变过程中组织了工学会、北京工读互助团等,开展多种多样教育实践活动。

(四)职业教育思潮

职业教育思潮是由早期的实利主义和实用主义教育思想演变而来。随着民族资本主义的发展,培养技术人才成为当务之急,但与社会生产相脱节的传统教育却无法满足此类需求。正是在这种背景下,全国教育会联合会自 1915 年起多次提出推行职业教育的议案,引起社会对职业教育的关注和热议。陆费逵明确提出"职业教育则以一技之长可谋生活为主"的观点。1917 年,黄炎培发起组织中华职业教育社,这是中国近代第一个职业教育研究和推行的专门机构。1918 年,中华职业教育社在上海创办中华职业学校,进行职业教育实验,使职业教育思潮达到高潮。进入 20 世纪 30 年代中期后,职业教育思潮渐渐走向低潮。

(五)勤工俭学运动

勤工俭学运动最初产生于 1912 年,由李石曾、吴玉章、吴稚晖、汪精卫等人在北京组织"留法俭学会",其宗旨为"以节俭费用为推广留学之方法;以劳动朴实养成勤洁之性质"。[①] 1915 年，蔡元培、李石曾、吴玉章等人成立"勤工俭学会"，其目的为"勤于工作，俭以求学"。[②] 1916 年，在巴黎和国内成立中法两国文化总机关"华法教育会"，以襄助留法俭学会、勤工俭学会的教育事业。到 1919 年春至 1920 年年底，留法勤工俭学运动达到高潮，国内赴法留学生人数约达 1600 人。这一阶段，早期共产主义者成为主要发起者和参与者，开始寻求探索中国的出路，产生了一批无产阶级革命骨干。在留法勤工俭学运动中，参加者的学习和生活方式基本分为先工后学、先学后工、半工半读三种情况，使"俭学"和"勤工"结合起来，教育与生产劳动结合起来，也使知识分子和工农大众结合起来。1925 年前后，留法勤工俭学运动结束。

(六)科学教育思潮

1914 年，任鸿隽、赵元任等留学生在美国发起"中国科学社"，积极倡导科学教育。次年又向国内宣传，刊发《科学》杂志。他们强调科学教育一方面传授物质上的知识，另一方面将科学方法应用于教育研究和训练人的科学精神、科学态度，其中后者尤为重要。此外，科学教育思潮还存在着另外两个主要流派，即以陈独秀为代表的主张理性态度看待中国传统教育并建设教育的激进民主主义者，以胡适为代表的提出"大胆假设，小心求证"科学方法的实证主义。正是在他们的努力下，科学教育思潮一时盛行。"五四"以后，科学教育运动广泛展开，大力提倡学校中的科学教育，强调以科学的方法研究教育，出现科学的教育化趋势和教育的科学化趋势，不仅推广了教育及心理测量、智力测验等研究手段，也大范围试验了设计教学法、道尔顿制等教学方法。

(七)国家主义教育思潮

国家主义教育思潮兴起于 20 世纪初。1922 年以后，以曾琦、李璜、余家菊等为代表的欧美留学生回国开始宣传国家主义。1923 年，余家菊、李璜合著的《国家主义的教育》问世，标志着国家主义教育思想的振兴。国家主义教育思潮认为教育是一种国家的主权、国家的事业、国家的工具和国家的制度，强调教育主权的独立与统一，主张：教育是社会需要的产物，不是个人理想的产物；教育作用在于"同化"；教育目的是培养具有爱国精神、国家意识的好国民。基于这种认识，国家主义者促成了 20 世纪 20 年代中国的收回教育权运动，提倡普及教育、义务教育、蒙藏教育、华侨教育以及学校中爱国教育、军事教育，倡导教育和学术独立，等等。国家主义教育思潮于 1924—1925 年蔚然成风，直到北伐战争之后才逐渐消寂。

---

① 舒新城：《近代中国教育史料》，176 页，北京，中国人民大学出版社，2012。
② 蔡元培：《对于勤工俭学会之通告》，舒新城：《近代中国教育史料》，183 页，北京，中国人民大学出版社，2012。

二、学校教学方法的改革与实验

在新文化运动的推动下，受杜威实用主义教育思想的影响，中国兴起一场学校教学方法的改革浪潮。输入中国最早的教学法是赫尔巴特的"五段教学法"。20 世纪初，欧美一些国家兴起进步主义教育运动，着力批判以赫尔巴特为代表的传统教育，提出了以儿童为中心、以活动为中心，追求儿童个性的发展。这些新的教育思想很快传入中国，引起教育界的广泛响应，形成介绍、实验各种新教学方法的热潮。较为突出的学校教学方法的改革和实验有以下几种。

(一)推行设计教学法

设计教学法由克伯屈所创，以杜威的问题教学法和桑代克的行为主义心理学作为理论依据，提倡以儿童为中心，由儿童决定学习目的和内容、自行设计并实行单元活动，以获得知识和解决问题的能力，重视儿童学习的主动性，强调教育与生活相结合。设计教学法的这些特点深受教育界的欢迎，1917 年传入中国。1919 年，南京高师附小在俞子夷的主持下首先开始研究和试验，受到极大关注，来校观摩者众多。此后，许多学校纷纷效仿。1921 年，全国教育联合会议决推行小学设计法。1927 年，克伯屈来华讲学，使设计教学法风行一时。但由于设计教学法使学生的知识学习支离破碎，而且在教学指导、教材编写、教学设备等方面也存在较大困难，1924 年后渐渐沉寂，20 世纪 30 年代后试行的学校也所剩无几。

(二)试验道尔顿制

道尔顿制是由美国柏克赫斯特在马萨诸塞州道尔顿中学所进行的试验。有别于班级授课制，这是一种个别教学制度，改教室为各科作业室，学生在教师指导下，在作业室内，自己拟订学习计划，按照兴趣自由安排学习，教师只是各作业室的顾问。1922 年，道尔顿制传入中国，最先由舒新城在上海吴淞中国公学试行。1923 年，舒新城出版《道尔顿制概观》。同年，全国教育会联合会通过《新制中学及师范学校宜研究试行道尔顿制案》，提出在研究基础上逐步推广。1925 年，柏克赫司特来华，宣传道尔顿制。全国试行的学校日益增多，至该年 7 月，已达 100 余所中小学。20 世纪 20 年代后期，试验逐渐停止。

三、乡村教育运动

20 世纪 20 年代以后，中国社会经济与政治发生剧变，军阀混战，再加上自然灾害，使农村面临着严重的社会危机。面对这种状况，教育界一些知识分子开始把目光从城市投放到中国农村，认识到以前的教育"走错了路，忽略了百万个乡村"，[①] 企图通过乡村教育进行乡村建设，实现农村社会改造，为此掀起了一场如火如荼的乡村教育运动。1925 年以后，乡村教育实验区纷纷建立，到 1935 年止，全国已设有 193 处之多。其中较有影响的乡村教育试验活动有：

(一)河北定县乡村平民教育实验

1926 年中华平民教育促进总会创办。代表人物是晏阳初(1890—1990)，他认识到："中国大部分的文盲不在都市而在农村，中国是以农立国，中国的大多数人民是农民。农村是 85％以上人民的着落地，要想普及中国的平民教育，应当到农村里去。"[②]在定县乡村平民教育实验中，他指出中国农村问题归根结底就是"愚""穷""弱""私"，要根本解决这四大问题，必须从事文艺教育、生计教育、卫生教育、公民教育"四大教育"，推行学校式教育、社会式教育、家庭式教育这"三大方式"。具体来说，文艺教育从文字和艺术教育着手，扫除青年文盲，使人民认识基本文字，获得求知识的工具。生计教育则是进行农业生产、农村经济、农村工作等方面的培训与教育，以实现农村建设，改善农村经济状况。卫生教育主要为了保障农民的卫生与健康，能有机会得到科学医疗。公民教育最为根本，施以公民道德的训练，"激起人民的道德观念"，使其有公共心、团结力。1929 年，晏阳初到河北定县进行乡村建设实验，提出了"农民科学化，科学简单化"的平民教育目标，主张"化农民"必须先"农民化"，号召知识分子与广大农民打成一片，唯有这样才能真正进行乡村改造。

(二)中华职业教育社的农村改进实验

黄炎培(1878—1965)等人发起的中华职业教育社，最先关注农村教育问题，在江苏昆山徐公桥开展了农村改进实验，采取"富政教合一"的方针，使教育、农村经济、改进实验三者结合起来，目的是"以教育之

职教先驱黄炎培

力，改进农村一般生活，以立全社会革新之基"。在长期的实践活动中，黄炎培的职业教育思想体系也逐步形成和成熟。他认为职业教育的作用在于"谋个性之发展""为个人谋生之准备""为个人服务社会之准备"以及"为国家及世界增进生产力之准备"。[③] 职业教育的地位在学校教育制度上应是一贯的、整个的和正统的。他把职业教育的目的概括为"使无业者有业，使有业者乐业"，提出社会化、科学化的职业教育办学方针，强

---

① 古楳：《乡村教育》，60 页，长沙，长沙商务印书馆，1939。
② 晏阳初：《中华平民教育促进会定县工作大概》，见马秋帆、熊明安编：《晏阳初教育论著选》，48 页，北京，人民教育出版社，1993。
③ 黄炎培：《黄炎培教育文选》，273 页，上海，上海教育出版社，1985。

调职业教育与社会沟通，要用科学来解决职业教育问题。根据教育经验，他还总结职业教育在教学中必须坚持"手脑并用""做学合一""理论与实际并行""知识与技能并重"原则。此外，黄炎培还把"敬业乐群"作为职业道德教育的基本要求，贯穿于职业教育的每一个环节，培养学生热爱所从事的职业且具有共同协作的精神。黄炎培的职业教育思想为农村教育实践提供了有力的理论依据和指导。

(三)南京晓庄试验乡村师范学校

由中华教育改进社创办，以陶行知为代表，自 1927 年 3 月开始进行乡村教师培养的试验。这所学校深受陶行知生活教育理论的影响，教学内容以农村的生产和生活为主，培养乡村教师。

(四)梁漱溟的乡村建设实验

1931 年，梁漱溟(1893—1988)在山东邹平建立山东乡村建设研究院，从事乡村建设实验和理论研究。他认为，"中国的问题，并不是什么旁的问题，就是文化失调；——极严重的文化失调！"[①]这种文化失调只能通过乡村建设的道路解决。中国社会 80% 以上的人生活在乡村，中国的乡村和中国的民族精神是中国社会的根本，也是中国文化的根本。"中国的建设问题便应当是乡村建设"。[②] 乡村建设应以乡村教育为方法，而乡村教育也需以乡村建设为目标。1933 年，山东省政府将邹平、菏泽划为县政建设实验区，将全县分成若干个区，各区开办乡农学校。乡农学校遵循"政教养卫合一""以教统政"的组织原则，分为村学和乡学两级，设儿童部、成人部、妇女部和高级部；教育内容要求适合农村生产、生活的需要，既设置识字、唱歌、精神讲话等普通课程，也开设自卫训练、植棉技术等与自身生活生产相联系的课程，以服务于乡村建设。

四、新民主主义教育的发端

"五四"时期，马克思主义教育思想开始在中国传播。早期共产主义者反对帝国主义、封建主义以及官僚资本主义的教育，他们以马克思主义为指导思想，围绕教育与政治经济关系、劳动大众受教育权、教育与生产劳动相结合等展开论证，以寻求中国教育改革和发展的真正出路。1922 年，中国共产党第二次全国代表大会提出："改良教

---

① 梁漱溟：《梁漱溟全集》(第二卷)，164 页，济南，山东人民出版社，1990。
② 梁漱溟：《山东乡村建设研究院设立旨趣及办法概要》，梁漱溟：《梁漱溟教育文集》，41 页，南京，江苏教育出版社，1987。

育制度，实行教育普及""废除一切束缚女子的法律，女子在政治上、经济上、社会上、教育上一律享受平等的权利。"①这个教育纲领充分体现了反帝反封建的新民主主义教育思想。

(一)马克思主义者的教育思想

随着马克思主义传入中国，李大钊、陈独秀、恽代英、杨贤江等开始以马克思主义观点关注与思考教育问题，在教育本质、工农教育、青年教育等方面，构建了具有中国特色的马克思主义教育观。

1. 李大钊的教育思想

李大钊(1889—1927)，字守常，河北乐亭人，中国共产主义运动先驱者，也是中国马克思主义教育理论的最早奠基者之一。

针对当时流行的教育救国论、教育万能论、社会改良论等观点，李大钊运用历史唯物主义论说教育的本质，运用上层建筑与经济基础的辩证关系理论，明确解答教育与社会根本改造的关系。他认为，"经济的生活，是一切生活的根本条件"②，教育由社会物质经济生活决定，必须随着经济基础的变革而发生必然的变革。除了受制于经济基础，教育也受政治制约。在阶级社会里，教育具有阶级性，是统治阶级维护自己统治的工具。社会改造过程中，仅仅依靠教育是不行的，必须借助革命的手段；要发挥教育在社会改造中的重要作用，应宣传社会主义思想，传播革命的种子。

李大钊批评资产阶级平民教育不是真正的平民主义，剥夺劳工"社会精神修养的工夫"。他倡导工农大众的教育，主张在教育上人人机会均等，劳动者不仅享有政治经济权利，也必须有受教育机会，"必须多设补助教育机关，使一般劳作的人，有了休息的工夫，也能就近得个适当的机会，去满足他们知识的要求"③。为了与工农运动密切结合，他还建议用工农教育提高工农的革命觉悟和文化水平，号召青年知识分子到农村去，联合乡村教师，利用乡间学校，开办农民补习班，宣传革命教育。

李大钊是青年的良师益友，始终关注青年的培养和教育工作。他认为青年在社会改造与国家救亡图存斗争中肩负着重大的历史使命，乃"国家之魂"。为此李大钊提出：首先，青年必须树立正确的人生观，要有坚定的信仰，立志为消灭世间的黑暗、解除人民的苦难，为世界先进文明、为人类造幸福而奋斗；其次，要培养青年具有坚强的革命意志与创新精神，在艰难国运中"蕴蓄其智勇深沉刚毅勇敢之精神，磨炼其坚忍不拔百折不挠之志气"④，创造新生活，以实现崇高的理想；最后，青年必须与工农相结

---

① 李桂林：《中国现代教育史教学参考资料》，3页，北京，人民教育出版社，1987。
② 李大钊：《李大钊文集》(下)，360页，北京，人民出版社，1984。
③ 李大钊：《李大钊文集》(上)，633页，北京，人民出版社，1984。
④ 李大钊：《李大钊文集》(上)，140页，北京，人民出版社，1984。

合，为工农服务，"把现代的新文明，从根底输到社会里面"①；到工农中去，对青年本身也有教育意义，不仅能了解社会，增长知识和才干，也有助于形成"劳工神圣"的新观念。

2. 杨贤江的教育思想

杨贤江(1895—1931)，字英父(英甫)，又名李浩吾，浙江余姚人。他最早运用辩证唯物主义和历史唯物主义观点探讨世界教育历史，为马克思主义教育理论在中国的传播与建立作出重要贡献。代表著作有《教育史 ABC》(1928)、《新教育大纲》(1930)。

关于教育的本质和功能，杨贤江认为教育是建立在经济基础之上的上层建筑，取决于经济基础，又对经济基础有反作用。教育的产生就"只根于当时当地的人民实际生活的需要"，是保存种族，"帮助人营社会生活的一种手段"②。私有制产生后，随着阶级的形成、国家的出现，教育的本质上就"变质"了，出现教育与劳动分家、教育成为巩固统治阶级权力的工具、男女教育权利不平等的变化。杨贤江还认为，教育"由政治过程所决定"③，他驳斥当时的"教育神圣说""教育清高说""教育中正说""教育独立说"等谬见，又尖锐批判了"教育万能""教育救国""先教育后革命"等论点。他认为，要改变中国命运，必须进行革命，教育既是革命前获取政权的武器之一，又是革命后教育民众巩固政权的重要工具。

关于青年教育，杨贤江提出"全人生指导"，强调对青年的理想、修养、健康、学习、择友、婚恋等各方面都须耐心指导。青年问题不仅是个人问题，同时也是社会问题，而学校教育一向忽视青年的这些问题，因此教育者要担当起职责，全面关心、教育和引导青年。在青年成长中至关重要的是树立正确的人生观，杨贤江提倡青年要对人类有所贡献，青年必须学习，研究新兴社会科学，提高理论水平，掌握革命的理论武器，为救国做好准备。此外，他还主张对青年生活进行指导，包括体育锻炼和卫生健康指导、劳动和职业指导、社交和婚恋指导、求学和文化生活指导等，使青年具备活动性、奋斗性、多趣性和认真性。总之，杨贤江青年教育思想不仅丰富了青年教育理论，也对青年健康成长具有重要的启示意义。

(二)中国共产党初期领导下的教育

1. 工农教育

中国共产党成立之初就高度重视工农教育。工人教育中影响最大的是 1922 年李立三创办的安源路矿工人补习学校。补习学校分初级、中级和高级班，主要学习国文、

---

① 李大钊：《李大钊文集》(上)，648 页，北京，人民出版社，1984。
② 李浩吾：《新教育大纲》，14 页，上海，南强书局，1930。
③ 李浩吾：《新教育大纲》，269～270 页，上海，南强书局，1930。

算术、图画、常识等课程，教学中注意把文化知识学习与革命思想宣传相互结合。1925年，第二次全国劳工大会通过《工人教育决议案》，指出办工人教育的最终目的就是促进工人阶级的觉悟，把补习学校、工人子弟学校、工人阅书报社、化装讲演、公开游艺等作为重要的工人教育形式，有效地规范与普及了工人教育。农民教育最早是彭湃在广东海陆丰地区领导开展的，通过成立农会，下设教育部，创办农民学校，对农民进行读书识字教育与革命宣传教育。1926年，广东省第二次农民代表大会通过《农村教育决议案》，指出农村教育的两个方针，一是通过教育使农民养成革命思想，二是增进农民的农业知识与技能。决议案还规定了农民教育的形式、经费、教师、课程等方面，有力地促进了农民教育的蓬勃发展。

2. 干部教育

为了学习和传播马克思主义，开展工农运动，中国共产党创办了一批培养革命干部的学校，主要有湖南自修大学、上海大学、农民运动讲习所等。1921年，毛泽东、何叔衡等在长沙开办湖南自修大学，传播革命思想，为改造社会作准备，教学强调自动的方法，提倡有指导的自修。1922年创办的上海大学主要培养研究社会实际问题和建设新文艺的革命人才。1924年创办的农民运动讲习所则是培养农民运动干部的学校。中国共产党领导下的干部教育，是一种具有创造性的教育实践，培养了大量革命运动骨干。

(三)国共合作时期的黄埔军校

黄埔军校是第一次国共合作的产物。1924年，孙中山在广州黄埔岛筹办"中国国民党陆军军官学校"，自任黄埔军校总理，蒋介石任校长，廖仲恺任党代表。1926年，黄埔军校改组成立"中央军事政治学校"；1927年改名为"中央陆军军官学校"，并迁往南京。黄埔军校具有鲜明的办学特色，贯彻新三民主义的办学宗旨，把政治教育摆在首要地位，纪律严明，管理规范。政治教育开设有中国国民党史、三民主义、社会主义、工人运动、农民运动等课程。军事教育则分为学科和术科，其中学科主要学习军事理论、军事指挥、现代军事技术等，术科则学习兵器操练和身体素质练习等方面。学校采取课堂教学与现实斗争相结合的方式，让学员边学习边参加战争，培养出一批高级军事政治人才。

第三节
中国共产党领导下的革命根据地教育

　　1927 年，国民党右派发动政变，中国共产党被迫武装起义，逐步建立一批农村革命根据地，建立了各级苏维埃政权，开展苏区教育。1931 年中华苏维埃共和国成立后，到 1934 年红军长征，苏区教育获得大发展，新民主主义教育进入一个新阶段。1937 年全面抗战爆发后，中国共产党建立了以陕甘宁边区为中心的抗日民主根据地，实施了抗战教育政策，教育为战争服务。1946 年，国民党发动内战，之后三年，中国共产党在解放区的教育事业也有了新的特点。

一、新民主主义教育方针的形成

（一）苏维埃根据地的教育方针和政策

　　1931 年 11 月，中华苏维埃第一次全国代表大会召开，通过了《中华苏维埃共和国宪法大纲》，规定："中国苏维埃政权以保证工农劳苦民众有受教育的权利为目的。在进行阶级战争许可的范围内，应开始施行完全免费的普及教育，首先应在青年劳动群众中施行，并保障青年劳动群众的一切权利，积极地引导他们参加政治和文化的革命生活，以发展新的社会力量。"[1]从政策上明确了苏区教育的性质，规定了苏区教育的目的、任务以及方向。1934 年，毛泽东在中华苏维埃第二次全国代表大会的报告中，概况和总结了革命根据地文化教育建设的经验，并正式提出了苏维埃文化教育的总方针："在于以共产主义的精神来教育广大的劳苦民众，在于使文化教育事业为革命战争与阶级斗争服务，在于使教育与劳动联系起来，在于使广大中国民众都成为享受文明幸福的人。"报告进一步指出苏维埃文化建设的中心任务："是厉行全部的义务教育，是发展广泛的社会教育，是努力扫除文盲，是创造大批领导斗争的高级干部。"[2]苏区教育总方针符合苏区的实际，具有新民主主义性质，为以后革命根据地的教育事业的发展打下了基础。

---

[1]　江西教育学会：《苏区教育资料选编》，1 页，南昌，江西人民出版社，1981。
[2]　人民教育出版社编：《毛泽东同志论教育工作》，8 页，北京，人民教育出版社，1992。

(二)抗日民主根据地的教育方针和政策

抗日民主根据地本着"一切为着前线，一切为着打倒日本侵略者和解放中国人民"的总方针，制定和实行了一系列抗战教育政策。1937年，毛泽东提出抗日的教育政策，"改变教育的旧制度、旧课程，实行以抗日救国为目标的新制度、新课程。"[①]1938年，毛泽东又在《论新阶段》中进一步详细论述了抗战时期的文化教育政策："在一切为着战争的原则下，一切文化教育事业均应使之适合战争的需要。"[②]这成为抗日民主根据地教育的指导思想，反映了中国共产党在抗战时期的教育为战争服务的原则，也是中国共产党制定抗战时期新民主主义教育方针的重要依据。

1940年，毛泽东发表《新民主主义论》，论述了新民主主义的文化教育问题。他指出"民族的科学的大众的文化，就是人民大众反帝反封建的文化，就是新民主主义的文化，就是中华民族的新文化。"[③]因此，新民主主义教育方针即民族的、科学的、大众的文化教育。所谓"民族的"，指新民主主义教育是"反对帝国主义压迫，主张中华民族的尊严和独立的"，带有我们民族的特性，且不是狭义民族主义和闭关自守，而是同一切别的民族的社会主义文化和新民主主义文化相联合，建立互相吸收和互相发展的关系，共同形成世界的新文化。所谓"科学的"，指新民主主义教育"反对一切封建思想和迷信思想，主张实事求是，主张客观真理，主张理论和实践相一致"。所谓"大众的"，指新民主主义的教育是民的，"应为全民族中百分之九十以上的工农劳苦民众服务，并逐渐成为他们的文化"。[④]

在新民主主义教育方针的指导下，抗日民主根据地制定了相应的文教政策，包括"干部教育第一，国民教育第二"；"实行生产劳动"；实行"民办公助"；等等。

(三)解放战争时期的教育方针与政策

抗战胜利后，中国人民面临着新的革命任务：反对帝国主义侵略，打倒蒋介石的反动统治，解放全中国。这就要求扩大教育界的统一战线。1946年，陕甘宁边区公布《战时教育方案》，指出教育工作的中心是配合军事、政治、经济、群运等工作，争取人民自卫战争的胜利。战时教育在实施过程中，必须使社会教育与学校教育相联系、时事教育与文化教育相配合、教育内容与战争生活相结合。1947年，东北解放区第一次教育工作会议，进一步明确教育工作，"首要的是争取和培养大批革命知识分子，来为战争与建设服务。""应发动人民自己教育自己，提高其觉悟与文化，支援自卫战争，

---

① 人民教育出版社编：《毛泽东同志论教育工作》，40页，北京，人民教育出版社，1992。
② 人民教育出版社编：《毛泽东同志论教育工作》，48页，北京，人民教育出版社，1992。
③ 毛泽东：《新民主主义论》，62页，北京，人民出版社，1975。
④ 毛泽东：《新民主主义论》，59～62页，北京，人民出版社，1975。

深入土地革命，积极发展生产，努力民主建设。"①可见，解放区的教育以争取和培养革命知识分子为首要任务，一切围绕着为解放战争和土地改革运动服务而展开。

二、干部教育

(一)苏维埃根据地的干部教育

在苏区，干部教育主要分在职培训和干部学校两大形式。在职干部教育主要通过随营学校、教导队、短训班的形式，提高在职干部水平或训练专业人员。干部学校教育则是在 1931 年后根据地逐步稳定的条件下建立起来，有培养高级干部的马克思共产主义大学、苏维埃大学、红军大学，也有培养各部门中层干部的中央农业学校、中央列宁师范学校等。干部教育基本目标明确、课程精简、学制灵活、形式多样，强调思想政治教育，理论联系实际，为革命战争培养了大批优秀干部。

1. 苏维埃大学

1933 年创办，是中央苏区最高学府。毛泽东、沙可夫、林伯渠为大学委员会委员，毛泽东任校长。学校开设特别工作班和普通班。特别工作班开设土地、国民经济、财政、工农检察、教育、内务、劳动、司法 8 个专业班，后又增设外交、粮食两个班。学习内容包括理论、实际问题和实习，学习时间为半年。普通班属于预科，对文化水平不高的学员进行文化补习，学习时间不定。1934 年并入马克思共产主义大学。

2. 中国工农红军大学

1933 年创立。学校分设指挥科、政治科和参谋科，培养营级以上干部。还单独成立高级班，培养军以上干部。学习 8 个月。办学原则是"理论与实际并重，前方与后方结合"，除上课教学外，重点总结作战经验和军事演习。1934 年学员随红军参加了二万五千里长征。1936 年改名为"中国人民抗日红军大学"。

(二)抗日民主根据地的干部教育

干部教育是抗日民主根据地教育的重点，旨在为抗日战争培养军政干部，分为高级干部学校和中级干部学校。高级干部学校大多集中在延安，如中共中央党校、中国人民抗日军事政治大学、陕北公学、马列学院、鲁迅艺术学院、延安大学等。其他根据地也陆续建立了不少高级干部学校，如华北根据地有华北联合大学等；华中根据地有华中局党校等。中级干部学校包括中学、师范、短训班等，如鲁迅师范学校、延安师范学校、陇东中学、米脂中学等。

---

① 辽宁省教育科学研究所：《东北解放区教育资料选编》，98 页，北京，教育科学出版社，1983。

中国人民抗日军事政治大学（简称"抗大"）是最具代表性的一所干部学校，成立于1936年，总校设在延安。毛泽东任抗大教育委员会主席，林彪任校长，罗瑞卿任副校长。后来徐向前为校长。先后办了8期，建立了12所抗大分校，主要培养八路军和新四军干部，共培养了20余万革命干部。其教育方针是"坚定正确的政治方向，艰苦奋斗的工作作风，灵活机动的战略战术"。校训为毛泽东题词："团结、紧张、严肃、活泼"。课程设有政治课、文化课、军事技术课。遵循"少而精原则""理论与实际联合""军事政治文化并重"等教学原则，采用"集体研究讨论""互相帮助学习"等教学形式与方法。1943年3月，总校迁至陕北绥德县。1945年10月迁入东北，组成东北军政大学。

（三）解放区的干部教育

解放区的干部教育，包括在职干部教育和干部学校。前者的任务，是提高在职干部的政治和业务水平。后者的任务则主要是培养干部，并争取、教育、改造知识分子。解放战争时期，由于革命形势的需要，开办了大批抗大式的干部学校，有影响的学校如东北军政大学、华北人民革命大学、华东军政大学等。

三、群众教育

（一）苏维埃革命根据地的群众教育

苏维埃根据地的群众教育形式多样，可分为军队和地方两种。军队中以连队为单位，按程序组织识字班，利用作战间隙学习。地方上以自然村落为单位，有夜校、补习学校、识字班、俱乐部、读报组、列宁室、巡回图书馆、研究会等，利用生产闲暇时间开展教育活动。

夜校是当时实行较广泛的一种形式，主要利用晚间为工农群众提供识字教育。学习规定了固定的时间、地点。毕业标准为能识字、能读报和看懂政府的指示。除识字教育外，夜校还注重政治和科学常识、写字和作文。教学方法强调学用结合。教材除识字课本外，还结合政治斗争和地方实际编写：中华苏维埃共和国教育人民委员部编有《成人课本》《妇女课本》等；地方编有《平民读本》《工农读本》《工农兵三字经》《初级读本》等。

（二）抗日民主根据地的群众教育

抗日民主根据地的群众教育组织形式多样，如冬学、民众学校、识字班、夜校、读报组、剧团、俱乐部等；教育内容包括识字、军事训练、生产知识、卫生知识等方面，以普及知识和为抗日战争服务。

四、普通教育

（一）苏维埃革命根据地的普通教育

苏区的儿童享受免费的、义务的教育。苏区的普通教育以小学教育为主，实施五年制的义务教育，招收 8～12 岁的儿童。校名有劳动小学、列宁小学、红色小学，1934 年开始一律改称列宁小学。列宁小学分为 3 年初级、2 年高级，实行全日制和半日制。培养目标是："训练参加苏维埃革命斗争的新后代，并在苏维埃革命斗争中训练将来共产主义的建设者。"[1]在课程上，依据文化知识教育、劳动教育和政治斗争相结合的原则，初级小学设国语、算术、游艺；高级小学设国语、算术、社会常识、自然常识、游艺等。此外，还必须有劳作实习和社会工作。苏区采取的公办和民办的原则极大地促进了儿童教育的发展，据江西、福建、粤赣三省的统计，1934 年，在 2 932 个乡中，有列宁小学 3 052 所，学生达 89 710 人。[2]

（二）抗日民主根据地的普通教育

小学教育非常重视抗日的政治教育，增加军事训练、政治常识，以提高青少年和群众的革命觉悟。小学教育学制 5 年，采取"游击小学""两面小学""联合小学""流动小学""巡回小学""一揽子小学"等多种办学形式。

（三）解放区的普通教育

由于国民党政府军队的进攻，许多解放区的中小学遭受严重破坏甚至停办。随着解放战争的节节胜利，为了适应建设需要，中小学教育正规化问题被提上议事日程。1948 年，华北解放区的太行行署、冀中行署分别召开的中等教育会议、东北行政委员会第三次教育会议、华北中等教育会议、山东解放区第三次全省教育会议等纷纷讨论了中等教育正规化问题。小学教育正规化则较晚提出，在 1949 年华北人民政府召开的华北小学教育会议上提出讨论并拟定了相关文件。经过恢复、改造，解放战争时期的中小学教育得到了大规模发展，至 1948 年 8 月，东北解放区中学已达 145 所，学生 61 898 人，分别增加 38％和 54.4％；小学据不完全统计，有 17 726 所，学生 1 688 446 人，分别增加 72.4％和 90.8％。[3]

---

① 陈元晖等：《老解放区教育资料》（一），308 页，北京，教育科学出版社，1981。

② 人民教育出版社编：《毛泽东同志论教育工作》，5 页，北京，人民教育出版社，1992。

③ 辽宁省教育科学研究所：《东北解放区教育资料选编》，117、119 页，北京，教育科学出版社，1983。

为了造就大量管理干部以及经济建设高级人才，解放区着力于高等教育的整顿与建设。除了举办一批抗大式训练班外，解放区对原有的大学进行恢复和重组，如华北联合大学于 1946 年 1 月重设教育学院、法政学院、文艺学院、外语学院；1948 年又与北方大学合并为华北大学，设立政治训练班、教育学院、文艺学院、研究部四部以及农学院、工学院；1949 年组成中国人民大学，成为一所正规的综合性大学。解放区还创办了一批培养各类人才的新大学，包括沈阳工学院、哈尔滨工业大学、东北大学、东北鲁迅文艺学院、山东大学、华中建设大学等，规定工、农、医等学院修业 4 年；社会科学及文艺学院修业 3～4 年；专修科修业 2 年。在课程与教学上，以课堂教学为主，课外与社会活动为辅，政治课时间占全部授课的 15％。解放区高等教育的整顿为新中国高等教育的建设提供了一个良好的开端。

五、革命根据地教育的基本经验

中国共产党领导下的革命根据地教育，在极为困难的条件下，创造了教育的奇迹，在普通教育、成人教育方面取得了卓越的成绩，提供了至今仍有借鉴价值的成功经验。

(一)充分利用群众力量办学

由于革命根据地处于艰苦的战争环境中，教育资源十分匮乏，而根据地人民群众又有着日益增长的受教育需求，为此，在有限的教育条件下，只有充分依靠群众力量办学，实行民办公助的政策，才能推动革命根据地教育的发展。毛泽东非常赞赏这种做法，曾多次提及，他指出，为了完成提高民族文化与民族觉悟的伟大任务，"主要在于发动人民自己教育自己，而政府给以恰当的指导与调整。"[1]事实证明，革命根据地在办学经费、设施、场地等方面充分利用当地群众的力量，同时也尊重群众对学校的管理，考虑人民群众对教育内容的实际需求，通过办夜校、识字班、冬学、村小学等多种因地、因时制宜的方式，使根据地在普及教育、识字扫盲教育等方面取得良好成效。

(二)始终坚持教育为革命战争服务

革命根据地的教育方针与政策始终围绕着革命战争来制定和贯彻，把培养政治觉悟高、军事才能强、文化知识高的人作为教育的主要任务，使他们成为战争的骨干力量。因此，革命根据地对成人教育的重视高于儿童教育，干部教育高于群众教育，如抗日民主根据地直接实施"干部教育第一，国民教育第二"的教育政策。革命根据地教育内容也始终服从于战争的需要，侧重于军事教育、思想政治教育、形势教育、抗战

---

[1]　人民教育出版社编：《毛泽东同志论教育工作》，48 页，北京，人民教育出版社，1992。

爱国教育、对敌斗争教育等，还编写了许多与革命战争密切相关的教材，如《工农兵三字经》中写道："入共党，组红军，打土豪，除劣绅，废军阀，莫容情，阶级敌，一扫清。"此外，在学制、教育组织形式、教学方法等方面，革命根据地教育灵活多样、因陋就简、边战斗边学习，也正是基于革命战争这个特殊环境的考虑。

（三）加强教育与生产劳动的联系

为了维持革命根据地的生存以及满足战争的物质需求，革命根据地教育强调教育与生产劳动相结合，要求教育内容联系生产生活实际，学生参加实际的生产劳动。如抗日战争时期，在延安的青年一边学习革命的理论，一边响应"自己动手，丰衣足食"的号召，参加边区的"大生产"运动，开发了上千亩的荒地，这不仅使青年受到锻炼，也创造出物质财富。同时，为适应生产需要，根据地教育一般采取半日班、冬学、夜校、短期识字班、季节学校等各种方式，兼顾学习和生产。

第四节
蔡元培的教育思想

一、生平简介

蔡元培（1868—1940），字鹤卿，号子民，浙江绍兴山阴县人。我国近代著名的民主革命家、教育家。幼年接受传统教育，17岁中秀才，之后在家乡任塾师，开始接触西方文化。1889年考中举人，1892年殿试进士，点翰林院庶吉士。维新变法失败后，愤于清政府的腐败，辞官归乡，开始从事教育活动。

1898年，蔡元培受聘于绍兴中西学堂监督（即校长），提倡学西学。1901年聘为南洋公学特班教授，向学生宣传新思想。1902年，与章太炎等人在上海成立中国教育会，蔡元培被选为会长，逐渐把办教育和从事革命运动结合起来。之后，又相继创办了爱国女校和爱国学社，蔡元培任总理，并亲自兼课，传播革命思想。1904年，上海成立光复会，被推为会长。1905年，光复会并入同盟会，蔡元培任同盟会上海分会负责人。1907年，到德国莱比锡大学留学，研究哲学、美学和心理学等。1912年1月，回国被任命为南京临时政府首任教育总长。任职期间，改革封建教育，贯彻资产阶级民主主义。后不满袁世凯的专制独裁，于7月辞去教育总长之职。辞职后再赴德国、法国留学。在法国，1915年，蔡元培与李石曾、吴玉章等人组织成立勤工俭学会，次年又发起华法教育会，担任中方会长，积极推动国内留法勤工俭学运动。1916 年年底回国，直至 1923 年 1 月，出任北京大学校长，进行了全面改革，使北大成为新文化运动的中心。南京国民政府成立后，1927 年被任命为国民政府大学院院长，推行大学区制失败，1928 年辞职，仅保留中央研究院院长一职，致力于教育学术。抗日战争爆发后，蔡元培积极主张抗日，与宋庆龄等人在上海成立中国民权保障同盟，营救进步人士。1933 年，与李公朴、陶行知等人发起马克思逝世五十周年纪念会。1937 年，移居香港，1940 年 3 月 5 日病逝于香港。毛泽东发唁电"孑民先生，学界泰斗，人世楷模"。

二、论教育方针

蔡元培从西方近代哲学观和政治观出发，深受康德心物二元论观点的影响，把世界分为"现象世界"和"实体世界"两个方面，认为"教育者立于现象世界而有事于实体世界"。现象世界是相对的、可以经验到的，隶属于政治的；实体世界是绝对的、超越于经验之外，超轶乎政治的。在实体世界中，意志实现完全自由，人性得到最大发展。基于此哲学认识论，蔡元培认为，人的发展应该是和谐、健全的发展，发展教育就是"养成健全的人格"，"发展共和的精神"。为此，他提出"五育"并重全面和谐发展的教育方针，指出教育"不外乎五种主义，即军国民教育、实利主义、公民道德、世界观、美育是也"。①

军国民教育，即体育。这是当时形势需要军事训练，"我国强邻交逼，亟图自卫，而历年丧失之国权，非凭借武力，势难恢复"；而国内"军人革命之后，难保无军人执政之一时期，非行举国皆兵之制，将使军人社会永为全国中特别之阶级，而无以平均其势力"。② 另外，体育又是养成健全人格的重要环节，"健全的精神，必宿在健全的身体"。因此，他重视学生的体育锻炼，学校体育的任务，在于"发达学生的身体，振作学生的精神"。

实利主义教育，即智育。蔡元培认为实利主义教育，"以人民生计为普通教育之中坚"，是国家富强的重要手段。因为，世界的竞争，不仅在武力，更在财力。而且"我国地宝不发，实业界之组织尚幼稚，人民失业者至多，而国甚贫。"③所以，实利主义教育成为当务之急。实利主义教育应包括文化科学知识和科学技术教育，不仅要传授知识，更重要的是训练学生的思维。

公民道德教育，即德育。蔡元培认为强兵富国还需要道德的约束，要"教之以公民

---

① 蔡元培：《全国临时教育会议开会词》，高平叔编：《蔡元培全集》（第二卷），263 页，北京，中华书局，1984。
② 蔡元培：《对于新教育之意见》，高平叔编：《蔡元培全集》（第二卷），131 页，北京，中华书局，1984。
③ 蔡元培：《对于新教育之意见》，高平叔编：《蔡元培全集》（第二卷），131 页，北京，中华书局，1984。

道德"。他视公民道德教育是军国民教育及实利主义教育的根本，是五育的中坚。公民道德教育的要旨，即法国资产阶级革命标榜的自由、平等、亲爱（即"博爱"）。

世界观教育。据蔡元培的哲学观，教育的终极目的应该使人达到最高的精神境界，即实体世界。这一目的需要通过超越政治的世界观教育和美感教育来实现。世界观教育是"提撕实体观念之教育"，主要任务是培养人超轶乎现世之观念，达于实体世界之最高境界。

美感教育，即美育。世界观教育引导人们达于实体世界的最高境界，其有效的方式即是通过美感教育，"美感者，合美丽与尊严而言之，介乎现象世界与实体世界之间，而为津梁。"①蔡元培认为"美育者，应用美学之理论于教育，以陶养感情为目的者也"。② 美育可以陶冶人的感情，养成高尚纯洁的习惯，消除人的私心杂念。

蔡元培还特别强调"五育"不可偏废。这种德、智、体、美和谐发展的教育思想，反映了资产阶级进步的教育观，民国初年南京临时政府颁定的教育宗旨"注重道德教育，以实利教育、军国民教育辅之，更以美感教育完成其道德"即折射出其观点的影响。

三、论高等教育

蔡元培的高等教育观主要体现在其执掌北京大学期间的教育实践上。1916 年，蔡元培被任命为北京大学校长，开始对这所充满封建官僚习气的高等学府进行了全面地整顿与改革。

（一）"思想自由、兼容并包"的办学思想

"思想自由，兼容并包"是蔡元培办大学和学术研究的总指导思想。这一思想基于他对大学的认识上，他认为大学的宗旨是研究高深学问，是包容各种学问的机关，"大学者，'囊括大典，网罗众家'之学府也"③。主张学术自由、思想自由，"对于学说，仿世界各大学通例，循思想自由原则，取兼容并包主义"，"无论为何种学派，苟其言之成理。持之有故，尚不达自然淘汰之命运者，虽彼此相反，而悉听其自由发展"。④ 在这种办学思想的指导下，蔡元培对北京大学展开了多方面的改革。

① 蔡元培：《对于新教育之意见》，高平叔编：《蔡元培全集》（第二卷），134 页，北京，中华书局，1984。
② 蔡元培：《美育》，华东师范大学教育系：《中国现代教育文选》，15 页，北京，人民教育出版社，1989。
③ 蔡元培：《北京大学月刊发刊词》，高平叔编：《蔡元培全集》（第三卷），211 页，北京，中华书局，1984。
④ 蔡元培：《致公言报函并答林琴南函》，高平叔编：《蔡元培全集》（第三卷），271 页，北京，中华书局，1984。

(二)北京大学的改革实践

1. 明确大学宗旨

1917年1月9日，蔡元培发表就任北京大学校长的演说，要求学生应该具有三种品质：一曰抱定宗旨，二曰砥砺德行，三曰敬爱师友。明确指出大学的宗旨，"大学者，研究高深学问者也"。① 不是资格养成所，也不是贩卖知识和文凭的场所。这就从根本上改变了旧大学的性质。为此，蔡元培要求学生改变观念，求学不是为了做官发财，"入法科者，非为做官；入商科者，非为致富"②。

2. 改革学校管理体制

蔡元培主张教授治校、民主管理式的学校管理体制。具体做法为：首先，"组织评议会，给多数教授的代表，议决立法"。评议会为全校最高的立法机构和权力机构，校长为评议长，从全校每5名教授中选举评议员1人。其次，组织各门(系)教授会，由各学科教授公举教授主任，任期二年，分管教务教学工作。北京大学成立了国文、英文、法文、德文、数学、物理、化学、法律、政治、哲学、经济11个学科教授会。

蔡元培还提倡成立学生自治会，发挥学生"自治的能力"和"自动的精神"。他认为，管理本身就是教育，学生参与管理还可以培养"国民自治的精神"。

3. 改革系科与教学体制

蔡元培认为高等学校"治学者可谓之'大学'，治术者可谓之'高等专门学校'"③。他对北京大学的系科和专业进行了改革，文科增设史学门(系)，理科增设地质学门，法科独立成法科大学，商科改为商业门，归于法科，工科停办，使北大由五科改为文、理、法三科大学。

为了沟通文理，避免"守一先生之言，而排斥其他"，蔡元培还采取了废科设系的措施，打破文理法科的界限，把隶属于科的学门改为系，把学长改设系主任，共设置14个系。此外，北大还废除了年级制，实行选科制，规定可以跨系选修科目，每周1课时，学完1年为1个单位，本科修满80个单位，必修和选修各占一半，修满即可毕业，不拘年限；预科修满40个单位，必修占四分之三，选修占四分之一。

4. 整顿教师队伍

依据"思想自由，兼容并包"的原则，蔡元培认为教师应"以学诣为主"，只要"言之成理，持之有故"就允许自由发展。所以蔡元培聘请教员时只注重学识，不论年龄、身份、地位，广延积学与热心的教员，裁退不称职者，使北大网罗众家，一时云集各派

---

① 蔡元培：《就任北京大学校长之演说》，见高平叔编：《蔡元培全集》(第三卷)，5页，北京，中华书局，1984。
② 蔡元培：《就任北京大学校长之演说》，见高平叔编：《蔡元培全集》(第三卷)，5页，北京，中华书局，1984。
③ 蔡元培：《读周春岳君大学改制之商榷》，见高平叔编：《蔡元培全集》(第三卷)，150页，北京，中华书局，1984。

人物。其中，有信仰马克思主义的李大钊、陈独秀等；新文化运动的代表人物胡适、鲁迅、钱玄同等；也有政治保守的黄侃、刘师培、辜鸿铭等人。

四、教育独立思想

1922年3月，蔡元培在《新教育》上发表《教育独立议》，积极倡导教育独立。他认为，在目标与性质上，教育与政党、教会存在严重的对立与矛盾：(1)教育要求发展人的个性，政党则抹杀人的个性；教育关注于未来，是远效的，政党则考虑眼前利益，是近功的；由政党执掌教育，必然会影响教育的方针政策及其成效。(2)教育是进步的、创新的，教会则是保守的；教育是共同发展、互相交流的，教会却是相互排斥的；教会干预教育则必然会阻碍文化学术的交流与科学的进步。因此，教育要超脱于政党与教会之外，必须完全由教育家来办，保持独立地位：(1)教育经费独立。政府指定专款专用，不能挪为他用。(2)教育行政独立。成立专管教育的行政机构，由懂教育的人士主持。(3)教育学术和内容独立。教育方针应保持稳定，教科书允许自由编辑出版。(4)教育要脱离宗教。

蔡元培教育独立思想在当时有一定的积极作用，保障了教育的自主性，不受军阀的任意干涉，同时也推进了收回教育权运动，但也不可否认它是一种历史唯心主义观点，难以真正实行。

蔡元培的教育主张在中国近代教育史上具有划时代的意义，他的理论与实践形成一个较完整的资产阶级教育思想体系，反映了民族资产阶级对民主、自由的教育追求，为之后中国的教育理论与改革起了巨大的思想启发作用。

第五节
陶行知的教育思想

一、生平简介

陶行知(1891—1946)，中国现代伟大的人民教育家。安徽歙县人，原名文浚，后改名为知行、行知。1906年入教会崇一学堂就学，接受西方文化科学的教育。1910年入南京汇文书院。1914年毕业于南京金陵大学，赴美留学，于美国伊利诺大学获政治硕士学位，后转入哥伦比亚大学研究教育，师从于杜威、孟禄，深受实用主义哲学和教育的影响。1917 年获哥伦比亚大学师范学院"都市学务总监"文凭。同年秋回国，先后担任南京师范学校的教授、教务主任，东南大学教授、教育科主任等，承担教育学、教育行政、教育统计等多门课程。1922 年任"中华教育改进社"总干事，主编《新教育》杂志。1923 年至 1926 年，主要从事平民教育运动。1927 年在南京晓庄创办实验乡村师范学校（即"晓庄学校"），开始乡村教育运动。1930 年，晓庄学校遭查封，陶行知逃亡日本。1931 年回国后，他致力于科学普及教育，发起"科学下嫁"活动，创办自然科学园和儿童科学通讯学校，编辑科普读物。1932 年，他在上海郊区创办山海工学团，将工场、学校、社会打成一片。1934 年创办《生活教育》半月刊，提出了生活教育理论。1935 年"一二·九"运动后，陶行知积极参与到抗日救亡运动中。次年，发起国难教育社，推行国难教育。他还创办难童学校，1939 年在重庆成立育才学校。在办学实践中，为了解决师资奇缺问题，陶行知提出了"即知即传"的"小先生制"，认为人人都要将自己的知识随时随地教给他人，而儿童就可以承担这一任务。1945 年后陶行知倡导民主教育，主编《民主教育》月刊。1946 年，和李公朴等人在重庆创办社会大学。1946 年 7 月 25 日因劳累过度病逝。陶行知毕生致力于人民教育事业和民主运动，毛泽东高度赞誉他是"伟大的人民教育家"，宋庆龄称颂他为"万世师表"。陶行知著作主要有《中国教育改造》《普及教育》《中国大众教育问题》等。

二、生活教育理论

（一）形成背景

生活教育理论是陶行知教育思想的理论体系，形成于 1927 年前后，是在批判传统教育的弊病以及吸收杜威实用主义教育思想的过程中产生的。

首先，陶行知批判封建传统教育脱离社会生活，只能培养出书呆子。1927 年，他指责中国新教育："新学办了三十年，依然换汤不换药，卖尽力气，不过把'老八股'变成'洋八股'罢了。'老八股'与民众生活无关，'洋八股'依然与民众生活无关……'老八股'与'洋八股'虽有新旧的不同，但都是靠着片面的工具来表现的。这片面的工具就是文字与书本。"[1]这种教育培养出来的学生只能是书呆子、蛀书虫，没有行动的、生活的、创造的能力，是一种"先生教死书，死教书，教书死。学生是读死书，死读书，读书死"的教育。

其次，陶行知的教育观还深受杜威实用主义教育的影响。杜威力图变革传统教育，强调教育与生活、学校与社会的联系，提出"教育即生活""学校即社会""从做中学"的

---

[1]　陶行知：《生活工具主义之教育》，中央教育科学研究所：《陶行知教育文选》，59 页，北京，教育科学出版社，1981。

观点。在杜威教育思想的基础上，陶行知结合教育实践和中国实际，不断创新和改造，形成了自己独具特色的"生活教育"理论。

(二)主要观点

生活教育理论主要包括三方面内容："生活即教育""社会即学校""教学做合一"。

"生活即教育"是陶行知生活教育理论的核心，要求教育与生活相联系，包括多层涵义。首先，生活教育是与生俱来，人类原有的，自从有了人类生活便产生了生活教育，"生活教育是生活所原有，生活所自营，生活所必需的教育"。"生活教育与生俱来，与生同去。出世便是破蒙，进棺材才算毕业。"[①]其次，教育在生活中进行，要通过生活来教育。"过康健的生活便是受康健的教育；过科学的生活便是受科学的教育；过劳动的生活便是受劳动的教育；过艺术的生活便是受艺术的教育；过社会革命的生活便是受社会革命的教育。"[②]"过好的生活，便是受好的教育；过坏的生活，便是受坏的教育。"[③]最后，从生活与教育的关系来看，生活决定教育，决定了教育的目的、内容、方法等。

陶行知批评杜威"学校即社会"的观点不彻底，是一种"假社会"，只是把社会上的、生活中的东西搬一点到学校里点缀，学校如同鸟笼，学生好比笼中鸟。"学校就是社会，就好像把一只活泼的小鸟从天空里抓来关在笼子里一样"。他主张"社会即学校"，拆除学校围墙，要把教育从鸟笼里解放出来，"把笼子中小鸟放到天空中去任意翱翔"，学校教育要扩展到大自然、大社会中去活动，"马路、弄堂、乡村、工厂、店铺、监牢、战场，凡是生活的场所，都是我们教育自己的场所。"[④]

"教学做合一"是生活教育理论的教学论。首先，教学做是一件事，"在生活里，对事说是做，对己之长进说是学，对人之影响说是教。教学做只是一种生活之三方面，而不是三个各不相谋的过程。"[⑤]其次，做是中心，在做上教，在做上学。"教与学都以做为中心。在做上教的是先生，在做上学的是学生。"[⑥]最后，教的方法要根据学的方法，学的方法要根据做的方法。"事怎样做便怎样学，怎样学便怎样教。"[⑦]陶行知还提出，"教学做合一"要求手脑并用，"在劳力上劳心，用心以制力"。[⑧]

陶行知的生活教育理论，是在探索中国教育发展出路的特定历史条件下的产物，

---

① 陶行知：《生活教育》，陶行知：《陶行知全集》(第 2 卷)，633~634 页，长沙，湖南教育出版社，1985。
② 陶行知：《教学做合一之教科书》，陶行知：《陶行知全集》(第 2 卷)，288 页，长沙，湖南教育出版社，1985。
③ 陶行知：《生活教育》，陶行知：《陶行知全集》(第 2 卷)，634 页，长沙，湖南教育出版社，1985。
④ 陶行知：《生活教育之特质》，陶行知：《陶行知全集》(第 3 卷)，27 页，长沙，湖南教育出版社，1985。
⑤ 陶行知：《教学做合一之教科书》，陶行知：《陶行知全集》(第 2 卷)，289 页，长沙，湖南教育出版社，1985。
⑥ 陶行知：《教学做合一之教科书》，陶行知：《陶行知全集》(第 2 卷)，289 页，长沙，湖南教育出版社，1985。
⑦ 陶行知：《教学做合一之教科书》，陶行知：《陶行知全集》(第 2 卷)，289 页，长沙，湖南教育出版社，1985。
⑧ 陶行知：《在劳力上劳心》，陶行知：《陶行知全集》(第 2 卷)，598 页，长沙，湖南教育出版社，1985。

在克服封建传统教育的弊病以及普及教育方面发挥了积极作用。但是"生活教育理论"夸大了社会、生活、做的教育作用，忽视了学校、书本和系统知识，这又是其理论的局限之处。

第六节
陈鹤琴的教育思想

一、生平简介

陈鹤琴(1892—1982)，中国近代学前儿童教育理论和实践的开创者。浙江上虞人。1912 年就读于清华学校。1914—1918 年赴美先后就读于霍普金斯大学和哥伦比亚大学师范院，获教育学硕士学位。1919 年，任教于南京高等师范学校和东南大学。其间积极投身于教育改革实践中，逐渐形成独具特色的儿童教育思想。从 1920 年起，陈鹤琴以长子陈一鸣为研究对象，在长达 808 天的详细观察记录的基础上，撰写了《儿童心理之研究》和《家庭教育》，首次系统地阐述了其儿童观。1923 年，他在自己的住宅创办了南京鼓楼幼稚园，1925 年被定为东南大学教育科实验幼稚园，这是我国第一个幼稚教育实验中心。1927 年，他又在南京发起幼稚教育研究会，并于 1929 年扩大为中华儿童教育社，这是我国最早的儿童教育研究组织。1927 年，陈鹤琴主编《幼稚教育》杂志。1940 年，他创立了江西省立实验幼稚师范学校，与师生一起边劳动、边教学、边研究，进行"活教育"实践。1943 年改为国立幼稚师范学校，成为我国第一所国立幼稚师范学校，分为专科部、师范部、小学部、幼稚园、婴儿园五部分，附设国民教育实验区。1941 年，他创办并主编《活教育》杂志，提出了活教育的教学原则、五指活动及教学步骤。1945 年秋，被任命为上海市教育局督导处主任督学，后又创办上海市立幼稚师范学校，继续展开"活教育"实验。1949 年后，曾先后担任南京师范学院院长、全国政协委员、中国教育学会名誉会长、全国幼儿教育研究会名誉理事长等。

二、"活教育"思想体系

在长期的教育实践中，陈鹤琴认识到旧教育理论脱离实际、学校脱离社会、教学脱离儿童实际，针对此，他积极倡导"活教育"，形成了较为成熟的活教育理论体系。

（一）"活教育"的目的论

陈鹤琴明确指出"活教育的目的就是在做人，做中国人，做现代中国人。""做人"是就人区别于动物而言，是"活教育"最为一般意义的目的。"做人"必须达到三个基本要求："第一，他必须爱人不论国界，种族，阶级或宗教的关系；第二，他确是最爱真理，不为富贵所淫；第三，他有人类崇高的精神，天下一家的观念。"①由于人是生活在特定的社会环境中，因而，陈鹤琴把"活教育"目的进一步具体化，提出具有民族特性的第二个层次"做中国人"，即是要培养人具有爱国、爱人民，保卫祖国、建设祖国的爱国主义品质。为了体现时代精神，陈鹤琴进一步提出"活教育"的第三个深层次目的，即"做现代中国人"。在面临救亡图存、科学与民主启蒙的时代背景下，"现代中国人"必须符合五方面要求：要有健全的身体；要有建设的能力；要有创造的能力；要能够合作；要服务。因此，"活教育"目的论是从抽象到具体的逐次递进的三个层次，涵括了人的社会性、民族性、时代性等多方面特性。

（二）"活教育"的课程论

陈鹤琴提出"大自然、大社会都是活教材"的课程论。他批判以书本为中心的传统教育，这种教育把读书、教书看作学校教育的全部内容。陈鹤琴认为书本上的知识是死的，只有直接经验才是"学习中的唯一门径"。因此，陈鹤琴主张儿童直接接触大自然、大社会获取知识，"活教育"的课程内容应来源于自然、社会和儿童的生活。他总结为具有整体性的"五指活动"：儿童健康活动（包括体育、卫生等），儿童社会活动（包括公民、历史、地理、时事等），儿童科学活动（包括生物、论理、工业、生产劳动等），儿童艺术活动（包括音乐、美术、工艺、戏剧等），儿童文学活动（包括童话、诗歌、谜语、故事、剧本、演说、辩论、应用文、书法等）。

（三）"活教育"的教学论

陈鹤琴提出了"做中教，做中学，做中求进步"的"活教育"的教学论。其中，"做"是"活教育"教学论的基础，"不但要在'做'中学，还要在'做'中教，不但要在'做'中教与学，还要不断地在'做'中争取进步。"②基于此，他总结出"凡是儿童自己能够做的，就应当教儿童自己做"等17条"活教育"的教学原则，充分强调儿童的自主学习。此外，为了使儿童成为主动创造者，陈鹤琴还概括了"活教育"教学的四个步骤，即实验观察、

---

① 陈鹤琴：《活教育理论与实施》，72页，上海，华华书店，1949。
② 陈鹤琴：《活教育要怎样实施的》，见吕静、周谷平编：《陈鹤琴教育论著选》，349页，北京，人民教育出版社，1994。

阅读参考、创作发表以及批评检讨。

　　陈鹤琴的"活教育"思想体系借鉴了杜威实用主义教育思想，力图解决传统教育以书本知识、课堂教学、教师为中心的弊病，突出强调儿童自己"做"的主观能动性，把大自然、大社会纳入儿童的学习当中，这些观点极大地推动了我国幼儿教育事业的发展，对于今天的教育改革仍有重要价值。

自测题 >

一、单项选择题

1. 壬戌学制颁布于(　　)年。

 A. 1912   B. 1913   C. 1922   D. 1932

2. 中华职业教育社开展的乡村教育实验活动是(　　)。

 A. 河北定县乡村平民教育实验

 B. 江苏昆山徐公桥农村改进实验

 C. 南京晓庄试验乡村师范学校

 D. 山东邹平的乡村建设实验

3. 新民主主义教育方针是(　　)。

 A. "三民主义"

 B. 厉行全部的义务教育

 C. 实行生产劳动

 D. 民族的科学的大众的文化教育

二、简答题

1. 简述"五四"前后的教育思潮。

2. 简述陶行知的生活教育理论。

3. 简述蔡元培关于教育方针的主张。

三、论述题

1. 评述壬戌学制。

2. 评述陈鹤琴的"活教育"思想体系。

3. 评述中国共产党领导下的革命根据地的干部教育。

四、资料分析题

　　阅读蔡元培的《就任北京大学校长之演说》，分析其体现出的教育思想。

　　一曰抱定宗旨。诸君来此求学，必有一定宗旨，欲求宗旨之正大与否，必先知大学之性质。今人肆业专门学校，学成任事，此固势所必然。而在大学则不然，大学者，研究高深学问者也。……

　　二曰砥砺德行。方今风俗日偷，道德沦丧，北京社会，尤为恶劣；败德毁行之事，触目皆是，非根基深固，鲜不为流俗所染。诸君肄业大学，当能束身自爱。……

三曰敬爱师友。教员之教授，职员之任务，皆以图诸君求学便利，诸君能无动于衷乎？自应以诚相待，敬礼有加。至于同学共处一堂，尤应互相亲爱，庶可收切磋之效。……

拓展阅读推介 >

1　蔡元培：《蔡元培教育论著选》，人民教育出版社，2017

此书收录了蔡元培于 1912—1939 年关于教育的论文、演讲、提案、书信、序跋等 280 多篇，既反映蔡元培教育思想的发展历程和学术成就，也体现了他在中国近代教育史上的杰出地位和卓越贡献，对于研究和实践蔡元培教育思想具有重要的借鉴价值。

2　陶行知：《中国教育改造》，人民出版社，2008

此书是陶行知在中国教育改造实验——晓庄试验乡村师范学校创办一周年之际自编的文集，概括了他在 1928 年以前各个时期对中国教育的考察与研究，其中所提出的教育改造的理论原则和实践方法，包括对"教学做合一"的阐述，对中国教育影响深远。

下卷 外国教育史

一切教育都是通过个人参与人类的社会意识而进行的。[①]

——（美）杜威

---

① ［美］杜威：《我的教育信条》，出自《杜威教育名篇》，1页，赵祥麟、王承绪编译，北京：教育科学出版社，2006。

第一编　外国古代教育

概　说

外国古代教育史，是一段涵盖了从人类文明发端直至欧洲文艺复兴，不同时期不同文明间教育发展的宏大历史。在这部教育发展史中，东方文明古国孕育了世界上最早的学校教育，古希腊文明则奠定了西方教育发展的根基。此后，经过古罗马、中世纪和文艺复兴三个时代，西方教育建立起日益完整的学校教育制度，形成丰富多元的教育理论体系，为后世留下了宝贵的教育遗产。

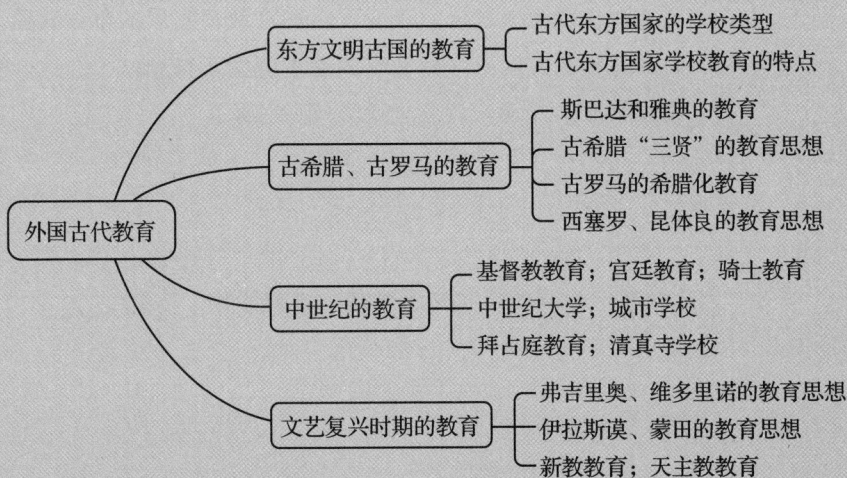

```
                                      ┌── 古代东方国家的学校类型
                      东方文明古国的教育 ─┤
                                      └── 古代东方国家学校教育的特点

                                      ┌── 斯巴达和雅典的教育
                                      ├── 古希腊"三贤"的教育思想
                      古希腊、古罗马的教育 ─┤
                                      ├── 古罗马的希腊化教育
         外国古代教育 ─┤                └── 西塞罗、昆体良的教育思想

                                      ┌── 基督教教育；宫廷教育；骑士教育
                      中世纪的教育 ─────┤── 中世纪大学；城市学校
                                      └── 拜占庭教育；清真寺学校

                                      ┌── 弗吉里奥、维多里诺的教育思想
                      文艺复兴时期的教育 ─┤── 伊拉斯谟、蒙田的教育思想
                                      └── 新教教育；天主教教育
```

第一章

东方文明古国的教育

学习目标

1. 了解古代两河流域、古埃及、古印度教育发展的整体背景；
2. 明确古代东方国家学校教育的基本类型及特点；
3. 理解学校的起源与社会文化之间的关系。

重要概念

宫廷学校　寺庙学校　文士学校　古儒学校

古代东方是对古代亚洲和非洲东北部各奴隶制国家的总称。在人类教育发展史上，古代东方适合农耕的大河流域成为学校教育的最早发源地，如西亚的两河流域、南亚的印度河流域、中国的黄河流域和北非的尼罗河流域。较早进入奴隶社会阶段的几大东方文明古国，创造了辉煌灿烂的文明成果，其教育实践对东西方教育的成型及发展都产生了重要影响。

第一节
古代东方国家的教育概况

大约在公元前 3500 年，两河流域兴起苏美尔文明，尼罗河流域兴起古埃及文明；约公元前 2500 年，印度河流域兴起古印度文明。文明促进了生产力的进步、阶级的产生和国家的建立，人类社会由此开启了制度化的学校教育时代。

一、古代两河流域的教育

两河流域又称美索不达米亚（Mesopotamia），意思是"两河之间的土地"。发源于亚美尼亚山区的底格里斯河和幼发拉底河所滋养的这块土地，先后产生过苏美尔文化、巴比伦文化和亚述文化，是人类古文明的摇篮之一。

（一）两河流域的文化成就

苏美尔文化是两河流域最古老的文化，"尽管以前有相当长的一段时间，人们曾认为文明发源于尼罗河流域，但现在大家已经一致认定，最早的文明中心是苏美尔"[1]。大约在公元前 3500 年，苏美尔人（Sumerian）创造了自己的语言和文字，并发明了泥板书（Tablet Writing）。泥板书是用芦苇秆（或木棒、骨棒）在半干的泥板上刻写文字，然后晒干或烧干而成。最初的文字是图画式的象形文字，后来逐渐演进成符号式的楔形文字（Cuneiform）。楔形文字是两河流域最辉煌的文化成就之一，为学校教育的萌芽提供了基础性条件，而且对西亚诸多民族语言文字的形成产生深远影响。

在科学方面，两河流域的数学和天文学成就卓著。例如：采用 10 进位法和 60 进位法计数，四则运算和解方程式，把圆周分为 360 度；区分恒星和行星，划分星座，

---

①　[美]斯塔夫里阿诺斯：《全球通史：从史前史到 21 世纪》（上），董书慧等译，49 页，北京，北京大学出版社，2005。

制定历法等。此外，古巴比伦人在农学、医学、建筑等方面也有很高的造诣。《农人历书》是迄今为止发现的世界上最古老的农书。

(二)两河流域的学校教育

古代两河流域的学校起于何时说法不一，最早的学校与寺庙有着密切联系。一方面，僧侣掌握文字、数学、天文、医学、建筑等知识，传习相关知识是僧侣的特权；另一方面，为了管理寺庙财产，需要培养具备一定文化修养的人才。根据考古发现，此期的学校大致分为四种类型：宫廷设立的学校、政府设立的学校、寺庙设立的学校、文士设立的学校。其中，文士学校最富特色。

文士学校(Scribe School)，也称书吏学校，以培养具有阅读、书写、计算技能的书吏为目标。书吏是一种特殊的职业阶层，可以任僧侣、任官职，或受雇于私人。考古发掘的泥板书上刻有这样的箴言："一个擅长写作的人会像太阳那样光芒四射"，可见书吏在社会中具有颇高的地位。文士学校没有等级限制，富家子弟和贫寒子弟都可入学。文士教育分两阶段进行：第一阶段，传授基础知识，主要包括书写、阅读、数学、音乐等，以集体教育的方式进行，完成学业后可获得初级文士资格。第二阶段，根据学生的不同志趣，分派到寺庙或政府机关接受定向培养，以学徒制和导师制的方式进行。课程主要包括宗教、天文、数学、占星术、法律、军事、医学等，完成学业后将获得高级文士资格。

古代两河流域学校用的教材是泥板书，师生的主要教学工具也是泥板，故学校被称为"泥板书舍"(Tablet House)。校长被尊为"学校之父"，学生被叫作"学校之子"；在规模较大的学校，教师会采取分科教学；教师之下设有助教，负责书写新泥板供学生誊写及检查课业，通常由年长且准备做教师的学生充任。教学方法以师徒传授式为主，先由教师示范、学生观察，然后教师指导、学生实践。学校的教学管理十分严格，体罚盛行。

二、古埃及的教育

古埃及位于非洲东北部，世界上最长的河流——尼罗河从南到北纵贯全境，注入地中海。尼罗河每年定期泛滥留下肥沃的可耕种土壤，因此古希腊历史学家希罗多德说"埃及是尼罗河的赠礼"。约公元前 3100 年，美尼斯建立古埃及第一个统一的王朝，此后历经 2000 多年的朝代更迭，至公元前 4 世纪被希腊人征服。

(一)古埃及的文化成就

大约在公元前 3200 年，古埃及人发明了象形文字，经过长期演化逐渐形成一套由表形、表意、表音和部首符号组成的文字系统。腓尼基人根据其中的表音字母创造了 22 个辅音字母，由此奠定了西方字母文字的基础。最初，文字作为祭祀活动的符号，仅由僧侣掌握，书写采用庄重古雅的圣书体，后来出现了笔画简约的僧侣体和更加简化的民书体，书写快捷，利于信息传播。古埃及的文字除了刻写在神庙、宫殿、陵墓的墙上，还有一种广泛使用的书写工具——纸草①，为文化的传播提供了优良的载体。

古埃及在天文、历法、数学、医学、建筑等方面均取得了卓越的成就。如：为了掌握尼罗河的涨落周期和季节变化，制定了太阳历；在丈量土地过程中积累了大量几何学知识，求出圆周率等于 3.16；具有高超的人体解剖学知识，发明了木乃伊的制作方法；建筑艺术辉煌灿烂，金字塔、狮身人面像、阿蒙神庙等世界闻名。

(二)古埃及的学校教育

在学校出现以前，古埃及的教育主要在家庭中进行，采用父子相承的方式。公元前 2500 年，埃及王宫里出现了人类历史上有文字记载的最古老的学校。此后，职官学校、寺庙学校、文士学校等学校类型相继出现。

1. 宫廷学校(Court School)

它是法老在王宫内设置的学校。主要以皇室和贵族高官子弟为教育对象，培养未来的统治者和政府官吏。教育内容一般为书写、阅读、政治、法律、军事、宫廷礼仪，以及数学、天文、医学等自然科学知识。

2. 职官学校(Department School)

它由政府部门建立，以培养从事国家管理工作的各级官吏为目标。职官学校的教师多为行政管理机构的官吏，课程不仅包括基础知识还涉及专门的职业教育内容。学生毕业后在相关政府部门任下级官吏。

3. 寺庙学校(Temple School)

它是古埃及最高层次的教育机构，附设在寺庙内，以培养高级僧侣为主要目标。古埃及的寺庙既是宗教活动场所，也是为法老办理天文、建筑等专业事务的机构，拥有丰富的藏书，享有很高的社会地位。寺庙中的僧侣往往身兼数职，既是宗教人员，也是教学人员和研究人员。学生一般来自富裕家庭并接受过基础教育，所学课程广泛涉及宗教、文学、法律、数学、天文、医学、建筑、力学、绘画、雕刻等领域。古埃及的著名寺庙，如海里欧普立斯大寺(Helioplis)、加纳克大寺(Kannak)等在学术研究方面各具特色，不仅是当时的宗教中心，也是学术研究中心和高级人才培养中心。

4. 文士学校(Scribe School)

它是应社会需求而创办的私立学校。古埃及是奴隶制大国，政务繁杂，需要大量

---

① 纸草，也译作纸莎草，是古埃及人利用尼罗河三角洲盛产的一种高秆植物制成的书写工具。纸草可以黏接成长的条幅，为了便于存放，会将之卷成筒状，这就是后世书籍分"卷"(volume)的由来。

文士充任书吏。文士学校教学水平差异较大，修业年限不一，课程主要包括读写算和法律基础知识，有的学校也教授数学、天文学、医学等较高深的学问。在所有科目中，书写最受重视。

古埃及的文化教育对西方文化教育的产生具有深刻影响。古希腊的数学、科学、宗教和神话很多都是从古埃及传入的。一些著名的哲学家和教育家，如泰勒斯、毕达哥拉斯、柏拉图等都曾到古埃及游学。

三、古印度的教育

古印度是一个地理概念，指喜马拉雅山以南的整个南亚次大陆。印度河、恒河是这块土地上最大的两条河流，由北向南分别注入阿拉伯海和孟加拉湾。此地区最古老的文化是形成于公元前 2800 年的哈拉帕文化。公元前 1500 年，雅利安人入侵，古印度进入奴隶社会，逐渐形成了一套严格的等级制度——种姓制度，印度社会被分为从高到低四个等级：婆罗门（僧侣）、刹帝利（贵族）、吠舍（平民）和首陀罗（奴隶）。公元前 6 世纪以前的印度教育通常称为婆罗门教育。公元前 6 世纪，佛教兴起，对婆罗门垄断教育的状况形成了有力冲击。

（一）古印度的文化成就

古印度民族众多，语言复杂。约公元前 4 世纪，形成梵语（Sanskrit）语法体系。梵语主要作为宗教和官方语言，民间则使用方言。古印度人在文学、语言学等方面有着很高的造诣。《吠陀》①是印度最古老的文学作品，具有知识总汇的属性；《摩诃婆罗多》和《罗摩衍那》是印度最伟大的史诗；语言学家波尔尼撰写的《语法规律八章》，是世界上最早的语法著作之一。

在数学和天文学方面，古印度人也取得了杰出的成就。例如：发明了 10 个数字符号和进位计数法，这套计数符号系统经由阿拉伯人传入欧洲，被称为阿拉伯数字（Arabic Numerals）；将一年定为 12 月，每月定为 30 日，每年共 360 日，增设闰月弥补差额；提出地球自转说等。

（二）婆罗门教育

公元前 6 世纪以前，古印度的教育权被最高种姓婆罗门所垄断。婆罗门教育以维持种姓制度和贯彻婆罗门教义为宗旨，以培养未来的婆罗门教士为主要目的，等级色

---

① 《吠陀》，原意为知识，是婆罗门教的经典著作，主要内容是对神灵的颂歌和祭文，包括《梨俱吠陀》《耶柔吠陀》《娑摩吠陀》和《阿阇婆吠陀》四卷。

彩鲜明，宗教氛围浓厚。最初，学生仅限于婆罗门子弟，后来逐渐扩大到刹帝利和吠舍子弟，低种姓首陀罗则无权接受教育。教师由婆罗门种姓的教士担任，采用家庭教育方式进行，教学内容主要是传授《吠陀》及生活知识、道德习俗，教学方法以朗读和背诵为主。公元前 8 世纪，古印度出现了解释《吠陀》的文献(如《奥义书》)，教育内容日渐复杂，一般的家庭教育难以胜任，学校教育应运而生。

古儒学校(Guru School)，是古代印度最早的学校类型。"古儒"指对经义有一定研究的文人，属于婆罗门种姓，他们在家庭中设学故此得名。古儒学校主要招收高级种姓的学生，学习年限视所学《吠陀》的卷数而定。学习一卷约需 12 年，完成四卷共需 48年，故一般学生仅学一卷。古儒学校的课程设置相当广泛，其中语音学、韵律学、文法学、字源学、天文学和祭礼"六科"是主干学科，作为学习《吠陀》的基础。教学方法以记诵和练习为主，年长的学生会充当助手辅助教师。学校管理十分严格，学生与教师共同生活起居，要绝对服从教师的权威，举止有度、仪态端庄、言语婉转；生活规律、有节制等。

(三)佛教教育

佛教最初是作为反对婆罗门教的新兴宗教出现的。创始人乔达摩·悉达多(Siddhartha Gautama)否认婆罗门教的教义和高层僧侣的特权，提出"一切众生，皆有佛性"，主张众生平等，都有接受教育、追求来世幸福的权利。佛教教义满足了民众的心灵愿望，广为传播，佛教教育由此得以发展。

佛教寺院是佛教教育的主要机构。与婆罗门的家庭教育不同，佛教要求"出家"，隔断与家庭的关系。年满 8 岁且没有严重残疾和债务纠纷的儿童均可入寺修行。学习分为两个阶段：第一阶段为 12 年，学程结束考核合格者成为正式僧侣，男性称比丘，女性称比丘尼。第二阶段为 10 年，深入学习佛理教义。因为寺院、尼庵数量有限，为扩大教育对象的数量，佛教也鼓励信徒在家修行，男性称优婆塞，女性称优婆夷。佛教教育以佛教经典为主要内容，同时学习文学、哲学、因明、医药、数学、天文等学科。教学方法主要包括记诵、讲解、辩论、自省、实践等。道德品格教育受到高度重视，寺院制定关于衣食、住行、学习、修行等方面的多种戒律，对学生的言行举止进行严格训练。

佛教寺院不仅是教育机构，往往也是学术研究中心。那兰陀寺是古代印度佛教的最高学府和学术中心，建筑壮丽、藏书丰富，学术气氛活跃，曾吸引各国学者前来求学，中国唐代高僧玄奘就是其中之一。通过这些留学生，佛教教义和古印度文化广泛传播到亚欧各地，成为世界性宗教。

第二节
古代东方国家学校教育的特点

东方文明古国

学校教育与文字的发明及运用紧密相关。作为世界文化的摇篮，古代东方国家产生了最早的文字和科学知识，进而孕育出了最早的学校教育。学校的产生，标志着教育作为一项独立的社会活动进入了一个新的发展阶段。这一时期的学校教育整体呈现以下特点。

一、学校类型多样，阶级性和等级性鲜明

古代东方国家普遍创设了多种形态的学校，尽管名称各异，但大体包括宫廷学校、职官学校、寺庙学校、文士学校四类。各类学校作为阶级或阶层延续的有力手段，通常都有较为明确的入学资格要求。上层阶级子弟享有充裕的学习资料、优质的师资和广阔的职业前景；下层阶级子弟则只能接受较为简单、有限的教育，或者被排斥在学校教育之外。

二、培养目标分化，兼顾宗教性和世俗性

东方古国的学校教育呈现两种基本的目标取向：其一，培养僧侣、祭司或教士。早期学校的产生与宗教紧密相关，接受专门教育的神职人员负有诠释宗教教义、传承宗教文化以及研究高深学问的重要使命。其二，培养官员和书吏。奴隶制国家的运行需要有较高文化知识和专业技能的行政管理人员，经济社会生活也需要大量的、受过系统训练的专门人才，如秘书、律师、翻译、文牍员等。

三、教育内容丰富，宗教色彩浓厚

东方古国在文学、哲学、数学、天文、医学、建筑等诸多领域都取得了辉煌灿烂的成就，为学校教育提供了丰沛的课程内容和教学素材。这一时期的教育内容广泛涉及基础文化知识、道德教育、自然科学教育和宗教教育等方面，既反映了阶级统治的需要也适应了社会发展的需求；但与此同时，教育内容与生产劳动日渐脱离，且具有相当显著的宗教色彩。

四、教学方法简单，纪律管理严格

在长期的教育实践中，各国的学校教育都总结出记诵、演示、复述、讨论、实习等多种多样的教学方法。但总体而言，教学方法比较简单，注重书写和背诵，且体罚盛行。古埃及的典籍有这样的记载"您打在我背后，您的教导就透入我耳内""男孩的耳朵长在背上，打他他才听"。教学组织形式以个别施教为主，资优学生辅助教师的"导生制"雏形已经出现。

五、教师拥有较高的社会地位

东方古国的学校已经出现了专职教师但专业化程度很低，一般由僧侣、官吏和文士(书吏)担任。这一时期的人们普遍认为教学具有重要价值，只有通过专门的教学，人类的知识经验才能得以传递；而知识传递并非常人所能胜任，属于统治阶级的特权。因此，教师的社会地位通常较高，受到世人的普遍尊重。

自测题 >

一、单项选择

1. 古代两河流域的(　　)文献为研究其教育思想提供了基本史料。

   A. 纸草　　　　B. 竹简　　　　C. 泥板　　　　D. 羊皮纸

2. 古埃及人创立的学校类型不包括(　　)。

   A. 宫廷学校　　B. 寺庙学校　　C. 古儒学校　　D. 文士学校

3. 古代印度婆罗门教育的核心内容是(　　)。

   A.《吠陀》　　　　　　　　　B.《奥义书》

   C.《罗摩衍那》　　　　　　　D.《农人历书》

二、简答题

1. 简述古代两河流域文士学校的特点。

2. 简述佛教教育的产生与发展。

三、论述题

1. 论述古代东方国家学校教育的特点。

2. 论述宗教对古代东方国家学校教育的主要影响。

四、资料分析题

结合《农人历书》中的材料，分析人类文明发展初期家庭教育的特点。

昔时一个农人教导他的儿子说："当你准备着手(耕种)你的田地时，密

切注视堤堰、沟渠和护堤的开口处，以便当你把田淹灌时，水在田里不致
升得过高。……幼芽顶破地面而生长时，(你)向女神 Ninkilim(田鼠和害虫
的女神)做一个祷告并轰走飞鸟。

拓展阅读推介 >

1 [美]斯塔夫里阿诺斯：《全球通史：从史前史到 21 世纪》，董书慧等译，
北京大学出版社，2005

斯塔夫里阿诺斯(L. S. Stavrianos，1913—2004)是美国加州大学的
历史学教授，享誉世界的历史学家，"全球史观"倡导者。他的代表作
《全球通史：从史前史到 21 世纪》分上下两册，共有 7 个版本。自 1970
年初版问世以来，赞誉如潮，被译成多种语言流传于世，可谓经典之中
的经典。此书主要讲述了世界历史的进化、世界文明的发展及其对现代
社会的影响，表达了作者关于历史的两个重要观点：一是不要割断历史
传承性，二是必须把世界历史看成统一的整体。

2 黄学溥、任钟印、吴式颖：《外国教育思想通史》，北京师范大学出版
社，2017

《外国教育思想通史》共十卷，其中第一至第三卷为外国古代教育思
想史；第四至第八卷为外国近代教育思想史；第九卷和第十卷为外国现
代教育思想史。这套通史全面系统地展现了外国教育思想发生、发展的
历史进程，深刻揭示了各个历史时期推动不同国家和地区教育思想向前
发展与变化的政治、经济、文化等诸多因素及其作用机制，认真总结了
外国教育家研究与解决教育问题、指导教育实践的经验，并在此基础上
对外国教育思想发展趋向作了预示性展望，富含启示与借鉴价值。

古希腊、古罗马的教育

1. 了解古希腊、古罗马的教育特点以及教育流变；
2. 掌握斯巴达和雅典的教育特点；
3. 明确古希腊三贤的教育思想以及古罗马教育家昆体良的教育思想。

重要概念

智者 三艺 四艺 精神助产术 哲学王 《理想国》《雄辩术原理》 光照说

古希腊的教育主要表现为城邦教育，大体可以分为斯巴达和雅典两种典型模式。斯巴达偏重于将教育与军事融为一体，雅典则更多的将教育与哲学反思相结合。雅典教育是古希腊文明的亮点，苏格拉底、柏拉图、亚里士多德等思想家留下了诸多宝贵的教育遗产。

古罗马的教育是西方教育史中一个承前启后的阶段。在继承本民族传统的基础上，古罗马吸收、发展了古希腊的教育传统，并使之传播到欧亚非三洲。在罗马帝国时期，基督教教育思想融入古罗马文明之中，成为后世欧洲教育的源头。

第一节
古希腊的教育概况

古希腊文明诞生于公元前 20 世纪前后，位于欧洲南部，地中海东北部，包括今巴尔干半岛南部、小亚细亚半岛西岸和爱琴海中的许多小岛。古希腊的文化发展被学术界分为四个时代，即荷马时代、古风时代、古典时代和希腊化时代。荷马时代（公元前 12 世纪—前 8 世纪），以《荷马史诗》而得名，这一时期的历史没有明确的文字记载。古风时代（公元前 8 世纪—前 6 世纪），是古希腊文明重要的形成时期。古典时代（公元前 5 世纪—前 4 世纪中叶），是古希腊文化和教育发展的顶峰时期。希腊化时代（公元前 323—前 30），马其顿王国征服希腊和地中海东部，希腊文化随着亚历山大帝国的扩张传播到更广阔的东方地区。在四个时代中，古风时代和古典时代是古希腊教育发展的核心期。

一、古风时代的教育

公元前 8 世纪开始，希腊半岛上出现了许多城邦（poleis）。城邦是以一个城市为中心，结合四周的乡村组成的小邦国。对希腊人来说，城邦的意义是非凡的，是他们出生的地方，是信仰和文化的依托，是自身发展与利益的保障。一个希腊人只有成为城邦公民，他的各种权利才会被保障。在古希腊人的观念中，城邦是高于个人的，每一个人都要为城邦的利益而奋斗。因此，古风时代的教育是紧紧围绕城邦展开的，教育的目的就是为了培养城邦需要的人。斯巴达和雅典是古希腊的两个著名城邦，分别代表了两种迥异的教育类型。

(一)斯巴达的教育

斯巴达于公元前 9 世纪建国，通过军事扩张，逐渐成为希腊半岛诸多城邦中的一个霸主。斯巴达人伴随军事征服而崛起，形成了其独特的政治和文化传统。在斯巴达城邦中，居民分为三个部分：其一是拥有公民权的斯巴达人，大概 9000 多户，是城邦的统治者和军队的来源；其二是不享有公民权的皮里阿西人，大约 3 万户，主要从事农业生产和工商业活动；其三是斯巴达人征服其他地区所捕获的奴隶，统称希洛人，数量曾经达到 20 多万人，远远超过斯巴达公民的人数。

斯巴达人在城邦居民中地位最高，肩负着维护城邦内部安全和争夺外部利益的重要任务，需要接受优秀且严格的教育。皮里阿西人和希洛人作为城邦的生产工具，则没有接受教育的资格。斯巴达的教育紧密围绕军事训练展开。成为训练有素的战士，捍卫城邦秩序和扩大对外扩张，是每一个斯巴达公民的首要任务。

斯巴达的军事教育是高效而冷酷的，立足于控制和改造每一个公民的身体与性格，甚至公民的每一个人生发展阶段都会受到城邦的干涉和控制。当城邦的公民有婴儿出生时，这些婴儿都要接受城邦的严格体检，不健康的婴儿将被遗弃或溺死。所有健康的孩子在 7 岁时都会离开家庭，开始在城邦的教育机构和军营中生活。斯巴达公民从 7～20 岁都生活在军营中接受严酷的军事训练，城邦会派遣最优秀的战士教育这些儿童。在 18 岁以前，斯巴达的公民要经常性地在野外生活，忍饥挨饿，对抗寒冷与炎热。他们经常受到鞭打，与野兽对抗。他们被要求去偷盗和抢夺奴隶的食物，甚至通过在夜晚捕杀奴隶来锻炼儿童的残忍性格和战斗经验。18 岁后，成年的斯巴达人将进入军营，接受更正规的军事训练。

除军事教育外，斯巴达人还会接受政治教育——强调城邦的最崇高地位，不允许有任何个人意志凌驾于城邦意志之上，宣扬斯巴达的英雄，严厉惩罚违反城邦道德的公民。除政治教育外，其他的文化教育，特别是文学、哲学等教育都被认为是无用的。

(二)雅典的教育

雅典是古希腊极富代表性的一个城邦，其兴盛源于公元前 6 世纪建立的民主政治，雅典教育也深受其民主制度的影响。雅典的民主制限于城邦公民内部，享受民主权利者不超过 5 万人，外邦人和奴隶没有政治权利。雅典的民主是直接民主，公民大会是最高的国家权力机构，全体公民都可以参加公民大会并享有相同的政治地位。公民大会每年举办 40 次，年满 20 岁的雅典公民均需参加。公民大会选举出 500 人的议事会作为常设机构，负责提案工作和决议执行。雅典城邦还设有法庭，通过在所有公民中抽签选出 6000 名陪审员，负责日常的法律判决工作。据亚里士多德的计算，每 6 个雅典公民之中，可能有 1 人被选出担任某个公职，没有公职者也需要参加公民大会，讨论城邦事务，对事务的处理意见给予表决。这种全民参与的民主政治对公民的教育产生了直接且深刻的影响。

民主制度的发展，使得雅典公民对政治生活充满热情，对城邦有着无比的热爱和崇拜，相信城邦至上。雅典公民的自我教育是非常严格的，他们要求每一个负责的公民在处理城邦事务上要追求正义、崇尚美德；在对待公职事务方面要有理性的头脑、清晰的语言表达和得体的外表，这些观念都深刻地影响着雅典的教育。

雅典公民的教育大体可以分为两个部分。其一，是每一个公民都需要接受的学校教育。雅典公民 7 岁时要进入启蒙儿童的文法学校，进行基本的识字、阅读、算数、道德等方面的教育，同时在文法学校中还可以接受较好的音乐训练和体育训练。其二，是自由深造。雅典公民自由追随知识丰富的导师，在私人学园中学习。

二、古典时代的教育

古典时代是古希腊城邦的鼎盛时代。这一时期，雅典成为整个希腊世界的文化中心，创造出灿烂辉煌的文化成果。在教育领域，先后出现了智者学派，以及苏格拉底、柏拉图、亚里士多德等教育家。

古典时期，雅典大部分公民在成人后，会依据自己的兴趣跟随社会上拥有智慧的人自由学习。这些拥有智慧和理解力的、技术超群的人被称为"智者"，他们是雅典历史上最初的职业教师。"智者"没有固定的学派，没有统一的思想，是第一批思考人的生存以及人与政治、道德的关系，并将理论思想付诸教育实践的学者。最具代表性的"智者"包括普罗泰戈拉、高尔吉亚等。智者普遍认为人要通过政治影响城邦，实现自我价值。他们创立了文法学、修辞学和逻辑学，统称为"三艺"，希望通过思维逻辑和语言表达的训练，使公民更好地在城邦事务中发挥作用，更深入地参与民主政治。智者的出现深刻地影响了雅典的教育实践，雅典教育开始着力培养政治家、演说家、雄辩家。

第二节
古希腊"三贤"的教育思想

公元前 5 世纪起，雅典的哲学思想与教育思想逐渐形成了自己的特色，相继出现了苏格拉底、柏拉图、亚里士多德等哲学家。他们的思想成为欧洲近现代文化的重要源流。本节内容旨在阐释苏格拉底、柏拉图与亚里士多德的教育思想，以及对后世教育的影响。

一、苏格拉底的教育思想

苏格拉底(Socrates，公元前 469—前 399)，古希腊著名哲学家和教
育家，出生于雅典平民家庭，父亲是雕刻匠，母亲是助产士。苏格拉底

美德即知识

生活在雅典从鼎盛走向衰落的转折期，他长期从事教育活动，有教无类，他说"任何人
只要愿意听我谈话和回答我的问题，我都乐于奉陪。"①苏格拉底对教育问题有着非常独
到的理解，其思想主要见于他的学生柏拉图和色诺芬的著作当中。

(一)论教育目的

苏格拉底高度肯定教育的价值，认为"无论是天资比较聪明的人还是天资比较愚钝
的人"②都应该接受教育。只有通过教育，才能引导人逐步实现自省，成为认识真理、
具备美德的正义社会中的公民。关于教育目的，苏格拉底主张培养通晓政治知识、掌
握政治技能、具备高尚品德的治国之才。针对雅典民主政治实践中强调绝对平等，以
抽签方式选任官员，导致管理效率低下、以公权谋私利等不良现象，苏格拉底提出多
数人的意见不一定就是真理，国家事务应交给接受过长期、专门教育的德才兼备的政
治家来管理。这种"专家治国"的观点后来被柏拉图发展为培养"哲学王"的教育思想
体系。

(二)美德即知识

苏格拉底认为，"善"是自然万物的内因和目的，具体到人的身上，就是美德
(arete)。美德是人们在生活中表现出来的优秀品质，如智慧、勇敢、正义、友爱、正
直、节制等。美德是人的本性，人人都潜在地具有美德。人只有在理性的指导下"认识
你自己"，才能将美德展现出来。因此，苏格拉底提出"美德即知识，无知即罪恶"的观
点。既然知识是可教的，那么美德也是可教的。需要注意的是，苏格拉底所说的知识，
并非感性经验和个体认识，而是纯粹的理性知识。这种把美德和知识统一起来的观点，
明确肯定了理性知识在人的道德行为中的决定性作用，对后世西方理性主义具有重大
影响。

---

① ［古希腊］柏拉图：《苏格拉底的最后日子——柏拉图对话集》，余灵灵、罗林平译，66 页，上海，上海三联书
　店，1988。
② ［古希腊］色诺芬：《回忆苏格拉底》，吴永泉译，162 页，北京，商务印书馆，1986。

(三)精神助产术

如何获取知识？针对这一问题，苏格拉底提出了精神助产术，又称"产婆术"或"苏格拉底法"。这种教学方法本质上属于归纳法，也是一种思维训练方法。苏格拉底认为年轻人需要学会独立思考，不盲从盲信，敢于对人们熟知的概念提出质疑，如什么是正义、什么是勇敢。所谓精神助产术，是指人获得知识的过程如同分娩，需要用助产的方法予以帮助。具体来说，就是以问答为基础形式，运用启发、比喻等手段，引导学习者对所讨论问题的认识从具体到抽象、从特殊到普遍。这种方法分为四个环节：第一，讥讽，即通过反问揭露学习者的矛盾或漏洞，使其承认自己的无知，从而接受助产术；第二，归纳，即通过对学习者具体意见的否定，将其引向普遍的、真实的知识；第三，诱导，即通过双方的共同探讨，帮助学习者表达自己的思想，进而考察其真伪；第四，定义，即在问答、辩论的基础上得出学习者认为是正确的答案（普遍真理）。

二、柏拉图的教育思想

柏拉图（Plato，公元前 427—前 347），古希腊著名哲学家和教育家，出身贵族家庭，师从苏格拉底。公元前 387 年，柏拉图在雅典创建学园（Academy），是西方最早的高等教育机构。柏拉图的教育思想主要体现在《理想国》一书中，他继承并发展了苏格拉底对于教育的思考，建立起一个完整的、系统化的教育思想体系。

(一)论教育目的：培养哲学王

柏拉图认为，理想的国家由统治者、军人和生产者三部分人构成，其灵魂的成分互不相同。第一等级的统治者以理性为主，具有智慧的美德，负责管理国家；第二等级的军人以激情为主，具有勇敢的美德，负责保卫国家；第三等级的生产者以欲望为主，具有节制的美德，负责供养国家。三者各司其职，各尽其责，互不越位，就实现了社会正义。这种国家理想只有在哲学家出任统治者之后，才可能变为现实，因此，柏拉图将教育的最高目标定位为培养"哲学王"。所谓哲学王，就是由掌握真理，拥有杰出智慧、高尚道德的哲学家来统治城邦。

(二)论学校教育体系

柏拉图在《理想国》一书中，详细阐述了"哲学王"的培养过程，这是欧洲教育思想史上首次对公民教育内容和国民教育体系的系统探讨。

0～6 岁为学前教育阶段。柏拉图十分重视学前教育，"在幼小柔嫩的阶段，最容易接受陶冶，你要把他塑成什么模式，就能成什么模式。"[①]这一时期以讲故事、做游戏和简易的音乐活动为主要教育内容。

7~18岁为普通教育阶段。在国家创办的文法学校、弦琴学校和体操学校，学习读写算、音乐和体育，"用体操来训练身体，用音乐来陶冶心灵"。[②]

18~20岁为军体教育阶段。在"青年军事训练团"（埃弗比），学习军事技能，培养勇敢的美德；学习自然科学知识，特别是算术、几何、天文、音乐四门课程（四艺）。

20~30岁为智慧教育阶段。20岁以后大多数青年贵族结束教育，少数禀赋优异者继续接受高一级的教育。注重通过"四艺"训练思维、发展理性、丰富想象力、培养记忆力等，为成为哲学家做准备。

30~35岁为理性教育阶段。极少数经过严格选拔的精英进行辩证法的专门学习。35岁后出任国家高级官吏，积累实践经验。50岁，那些知识成就卓越、实际工作突出、具有高深哲学造诣的人最终脱颖而出，成为城邦的领导者——哲学王。

（三）论教育本质：学习即回忆

柏拉图在哲学的高度上对学习的本质进行反思，进而指出知识获得的特征和人接受教育的途径。柏拉图认为人是由肉体和灵魂组成的，肉体有生有灭，灵魂则不朽；世界分为可见的现象世界和可知的理念世界，现象世界是暂时的，理念世界则是永恒的。在柏拉图看来，知识是灵魂先天所固有的，是先验的而不是后天经验习得的。因此，教育的具体任务在于——促进和实现灵魂转向，即使个人的灵魂从现象世界转向理念世界，从可见世界转向可知世界，最终转向"善的理念"。这一灵魂转向的过程，并不伴随外界知识的传输，换言之，人的学习不是把灵魂中没有的知识输入进去，而是通过感受外部世界来唤醒灵魂对相关知识的回忆。

三、亚里士多德的教育思想

亚里士多德（Aristotle，公元前384—前322），古希腊哲学家和教育家，百科全书式学者，师从柏拉图。公元前334年，他在雅典创办了吕克昂学园。由于学园环境优美，师生经常边散步边讲课，后世得名漫步学派或逍遥学派。其教育思想见于《尼各马可伦理学》《政治学》《论灵魂》等著作中。

（一）论灵魂与全面教育

亚里士多德接受柏拉图关于肉体和灵魂二分的观点，提出人的灵魂由营养灵魂、

① ［古希腊］柏拉图：《理想国》，郭斌和、张竹明译，71页，北京，商务印书馆，2018。
② ［古希腊］柏拉图：《理想国》，郭斌和、张竹明译，70页，北京，商务印书馆，2018。

感觉灵魂和理性灵魂三部分构成。营养灵魂处于最低等级，具有吸收营养和繁殖的作用，对应着植物；感觉灵魂具有感觉、欲望和运动三方面能力，对应着动物；理性灵魂处于最高等级，表现为判断力和理解力，是人类独有的灵魂形式。通过对灵魂构成的分析，亚里士多德提出了著名命题——人是理性的动物。进而，他主张人的教育应该由身体开始，然后发展情感，最后发展理性。由此，亚里士多德确立起体育、德育、智育和美育相互统一，以全面和谐发展为目标的教育理论体系。

（二）论教育作用

亚里士多德认为，"有三种东西能使人善良而有德行，那就是天性、习惯和理性"。[①] 这三个因素相互影响，有时彼此统一，有时相互排斥。亚里士多德提出，成功的公民一定是理性的人，天性和习惯必须在理性的引导下向着善和真理的方向发展。教育的意义就在于培养公民的理性，并对其天性和习惯进行规范引导。上述观点构成了后世关于"遗传、环境和教育"三因素理论的雏形。

亚里士多德不赞同柏拉图的"学习即回忆"理论，提出了具有唯物主义认识论倾向的"白板说"。他认为，人的灵魂并没有先验知识烙印在其中，学习也不是回忆过程。相反，人的灵魂就像没写过字的白板或蜡板，认识始于对外部世界的感觉，人通过理性对感觉进行整理分析所获得的一般性概念及判断就是知识，知识和真理只能靠理性对感觉的分析才能获得。这种强调理性在教育中居于决定性地位的观点，对后世教育产生了深远影响。

（三）论年龄分期与教育阶段

在西方教育史上，亚里士多德第一次提出了教育适应人的自然发展原则。他根据年龄将教育过程划分为三个时期：

第一个时期（0～7岁），以身体养护和习惯养成为主，体育是此阶段的重点。母亲应亲自哺乳，通过游戏锻炼幼儿的身体，尽早培养幼儿的生活习惯和学习习惯。

第二个时期（7～14岁），以发展人的动物灵魂为主，重点开展情感道德教育。教育内容包括读写算等实用知识技能、体育锻炼、音乐教育等，促进儿童身心和谐发展，为参与理性生活作准备。

第三个时期（14～21岁），以发展人的理性灵魂为主，重点开展理性教育。教育内容将哲学作为核心，同时学习"四艺"、物理学、文法、文学、伦理学。教学方法注重教学与研究结合、讲授与自由讨论结合。

---

① ［古希腊］亚里士多德：《政治学》（第7卷），吴寿彭译，385页，北京，商务印书馆，1965。

第三节
古罗马的教育概况

古罗马文明发源于亚平宁半岛，其历史可分为三个阶段：王政时期（公元前 8 世纪—前 6 世纪）、共和时期（公元前 6 世纪—前 1 世纪）和帝国时期（公元前 1 世纪—5 世纪）。在王政时期，罗马形成了独特的教育传统；在共和国时期，罗马教育经历希腊化，实现融合发展；在帝国时期，罗马教育呈现出多样化发展的特征。

一、王政时期的教育传统

王政时期的罗马是一个规模较小的农业邦国，教育活动基本都在家庭中进行，父母是教育的主要承担者。罗马家庭教育的内容主要包括基本生活技能，民族性格和文化传统，忠诚、勇敢、务实、坚忍等价值观念。公元前 6 世纪，罗马城邦建立了以元老院为最高权力机构的共和制度，并制定十二铜表法，城邦由此逐渐壮大并开始对外扩张。公元前 3 世纪，罗马统一意大利半岛。对外战争和领土管理范围的扩大使罗马人开始认识到武力和法律的重要意义。共和国扩张时期，罗马教育的主要载体仍然是家庭教育，但教育中军事技能训练和法律研习的比重不断加大。

二、共和时期的希腊化教育

公元前 2 世纪，环地中海地区相继并入罗马共和国版图。征服希腊半岛，成为罗马教育发展史上的一个里程碑，罗马人在政治上征服了希腊，希腊人则在文化上征服了罗马。希腊的文化典籍和艺术品深深吸引了罗马学者，希腊学者私人开办的希腊式学校则吸引了大批罗马公民求学。在是否接受希腊文化的问题上，罗马的文化精英之间曾经发生过争议。经过一个世纪的探讨，罗马人普遍接受了希腊的文化教育模式，拉丁文化与希腊文化逐步融合，罗马教育开始了一场希腊化过程。

在教育领域，罗马人接受了诸多希腊人的教育思想，特别是关于学校体制的设计。公元前 1 世纪，罗马出现了由私人创办的小学、文法学校和修辞学校。这三种学校在产生之初并没有联系，各自发展。后来逐渐相互衔接，成为一个完整、有机的教育体系。

（一）小学

罗马的小学被称作卢达斯（ludus），一般由私人创办，以租来的简易房屋或神庙房产作为教室，设施十分简陋。教育内容主要包括识字、写字、算数以及背诵罗马的道德格言和十二铜表法。罗马小学接收 7～12 岁儿童，学生多为平民子弟，贵族子弟则因袭罗马传统由家庭教师在家中给予指导。教师大多由奴隶或地位低下的自由人担任，收入微薄。

（二）文法学校

文法学校，即教授基本语言技能的学校，是罗马青少年 12～16 岁时的主要教育场所。罗马最早的文法学校是希腊人开办的，教授希腊语的文字和语法。随着拉丁语在大量借鉴希腊语的基础上逐渐成熟，文法学校也开始教授拉丁语法。教育内容主要包括阅读希腊文和拉丁文著作，了解词汇与语法，以及著作中涉及的自然科学、哲学、历史学的基础知识。文法学校一般收费较高，教师待遇和教学条件较好，管理十分严格。学生以罗马贵族或富裕公民子弟为主。

（三）修辞学校

修辞学校是罗马教育中最高等级的学校，以培养政治家为目标。从文法学校毕业且有志于从政的青年可以通过缴纳高额学费进入修辞学校学习。修辞学校学制一般为4～5 年，参照希腊的教育理念，主要学习修辞学和雄辩术，同时还广泛涉及哲学、历史、政治学、伦理学、地理、音乐、法律、天文、数学等方面的知识。教师定期拟定题目，由学生用希腊语和拉丁语进行演讲，开展辩论。实践性教学是修辞学校的主要教学方法。

除上述三种学校外，共和时期的罗马还存在多种专业性学校，如法律学校、医学学校、建筑学校等。这些学校数量和规模都较小，教师由实际从事这些工作的人担任，多采取学徒制。学生在学成之后，可协助教师进行正式的法律、医疗等方面的工作，成为共和国教育主体之外的有效补充。

三、帝国时代的罗马教育

公元前 27 年，屋大维建立元首制，罗马进入帝国时代。帝国早期的几位皇帝认识到教育在控制公民思想、培育管理人才方面的重要作用，大力兴办教育，推动教育国有化。

(一)雄辩术的衰落

4世纪，罗马帝国已经建立起较为健全的全国性教育体制。该体制继承了共和时期的学校形式，将小学、文法学校和修辞学校组成前后衔接的体系。国家为学校提供经费和教师薪水，并制定所有学校的教学内容，监督教师的教学状况。与共和时期相比，帝国时期各类学校的教学内容有了较大变化，由于帝国的政治不再需要共和制度下通过元老院中的辩论做出决策，所以雄辩术失去了原有的意义。修辞学校的教学目的逐渐演变为培养能够撰写言辞优美公文的官吏。此外，拉丁语成为文法和修辞课程的主要内容，希腊语被排除在外。

(二)基督教的兴起

基督教的传播和发展是罗马帝国教育史中一个具有深远影响的事件。基督教发源于希伯来地区，脱胎于犹太教，以救赎、博爱、平等等观念和对上帝的信仰为特征。最初，基督教主要在平民和奴隶中传播，后来影响日益扩大。4世纪末，罗马皇帝将其定为国教。帝国时期基督教的教育活动只在信众中进行，不干涉世俗教育。教育内容主要包括圣经讲解、圣礼和教义、圣徒事迹和道德规范等。2—5世纪，是基督教早期神学理论发展成型的阶段。宗教学者(尊称"教父")运用希腊哲学的思维方式和视角，系统阐述基督教的基本教义、神的基本性质、教会的基本责任等问题，这些神学和哲学观点被称为教父哲学。教会定期将教父们的神学理论编成教义问答，遴选优秀的神职人员接受神学和哲学的教育，同时学习天文学、地理学、历史学等知识，这种教会内部的教育活动为欧洲中世纪的教育发展奠定了基础。

第四节
古罗马的教育思想

与希腊教育家从人的本质出发谈论教育不同，古罗马的教育思想具有很强的功利性。无论是共和时代的西塞罗，还是帝国时代的昆体良与奥古斯丁，其教育思想都直接指向教育的现实意义。本节主要通过分析西塞罗、昆体良和奥古斯丁的教育思想来认识古罗马不同时期教育传承及变革的特点。

一、西塞罗的教育思想

西塞罗(Marcus Tullius Cicero，公元前 106—前 43)，罗马共和晚期著名的政治家和教育家。共和时期，希腊教育对罗马教育产生了巨大冲击，大量学者在强烈危机感的促动下主张驱逐希腊教师，维护罗马教育传统。此时，因过人的政治才华而进入元老院的西塞罗力排众议，致力于推动希腊教育与罗马传统教育间的融合，为罗马教育希腊化作出了重大贡献。西塞罗的教育主张集中体现在《论演说家》(De Oratore)一书中。

(一)罗马教育传统与希腊教育的融合

西塞罗认为，罗马的教育传统在于把公民培养成踏实耕耘的农民和勇敢善战的士兵，这种教育无法适应共和国民主政治的需要。罗马需要知识全面、善于管理的实干家和政治家，而接受过雄辩术、哲学、逻辑学、历史学、政治学等希腊式教育的演说家正是罗马共和制度所需要的人才。与此同时，西塞罗也指出罗马的优秀教育传统需要保留。罗马人不需要希腊教育所追求的"哲学王"，希腊的哲学、雄辩术等教育门类只是培养罗马人才的手段而非目的。可见，西塞罗并不是希腊哲学家式的理想主义者，而是一个重视政治效用的实用主义者，他所倡导的罗马教育传统与希腊教育的融合有力地推动了罗马教育的发展进步。

(二)论演说家的教育

西塞罗认为，"演说家乃是对任何需要用语言说明的问题都能充满智慧地、富有条理地、词语优美地、令人难忘地、以一定的尊严举止讲演的人。"[①]要想成为一名演说家，首先，需要具备一定的天赋才能，如流利的口才、清晰的嗓音、匀称的体态等。与生俱来的天赋是演说家培养的重要基础，缺乏自然天赋者很难成为雄辩家。其次，需要接受良好的教育和严格的训练，使天赋真正发挥作用，并拥有广博的知识、良好的道德品质、出众的修辞学素质，以及优雅的举止和风度。关于培养演说家的具体方法，西塞罗强调，要尽可能多地写作，要大量阅读和背诵，尤其要通过大量的实践练习不断锤炼演说技巧。

---

① ［古罗马］西塞罗：《论演说家》，王焕生译，49 页，北京，中国政法大学出版社，2003。

二、昆体良的教育思想

昆体良(Marcus Fabius Quintilianus，公元 35—95)，罗马帝国初期著名的演说家和教育家。他开办了罗马历史上第一所国立雄辩术学校，是西方教育史上第一位由政府资助的公职教师。他撰写的《雄辩术原理》(Institutio Oratoria)是古罗马教育理论和教育方法的集大成之作，被誉为"整个文化教育领域中古代思想的百科全书"①。

(一)论教育目的

昆体良继承了西塞罗关于演说家教育的思想，提出教育的目的在于培养德才兼备的演说家。但是与西塞罗相比，昆体良更强调德行，"我的目标是完美的雄辩家的教育。这样一种雄辩家的首要因素是他应当是一个善良的人。"②他认为，雄辩术是一门高尚的学问，其主要任务是宣扬正义和德行，指导人们趋善避恶。真正的演说家应当是坚持真理、伸张正义的人。此外，昆体良更强调后天教育的作用，尤其重视学校教育的价值。他认为大多数人的先天禀赋相差无几，且都具有可塑性，好的演说家是后天教育的结果。培养演说家的教育过程应包括家庭教育、初级学校、文法学校和雄辩术学校四个阶段。只有接受了严格的学校教育，年轻人才能在磨砺中成长为兼具才华和美德的演说家。

(二)论教学

昆体良是西方教育史上第一位教学理论家，教学理论是其教育思想中最具影响力的一部分。首先，他提出了分班教学的理念。昆体良认为班级教学具有个别教学无法比拟的优点，不仅节省教师的时间和精力，还可以促进学生之间的交流、竞争，有利于学生群体的共同进步。与此同时，昆体良也强调因材施教的重要性，提出教师要了解不同学生的能力和特点，长善救失。其次，他提出了教学适度原则。教学内容的分量要与学生的接受能力相适应，防止学生负担过重。学习和休息相间，不同课业交替进行，以帮助学生恢复精力，防止疲劳。再次，他明确反对体罚，认为体罚是对儿童的凌辱，使儿童压抑、沮丧和消沉，适当的赞扬和奖励则会激励儿童的发展。最后，他强调提问与解答是教学中必不可少的环节。教师要善于回答学生的问题，给学生解惑，也要善于向学生提出问题，引导学生运用自己的心智发现问题，培养独立性。

①　[古罗马]昆体良：《昆体良教育论著选》，任钟印选译，译序16页，北京，人民教育出版社，1989。
②　[古罗马]昆体良：《昆体良教育论著选》，任钟印选译，7页，北京，人民教育出版社，1989。

(三)论教师

昆体良高度重视教师在完美演说家培养过程中的作用。他认为优秀的教师应该具备全面的素质，具体包括：道德高尚、行为端正；热爱学生、严慈相济；精通所教学科的内容，熟练运用教学方法；合理安排课业，寓教于乐、劳逸结合等。昆体良强调，教师要使用权威又充满慈爱，要致力于培养学生的求知欲和创造性，使学生养成独立思考和自主学习的习惯，同时还要关心学生的健康，最大限度地满足学生多种心智发展的需要。

三、奥古斯丁的教育思想

奥古斯丁(Aurelius Augustinus，354—430)，罗马帝国后期基督教思想家和教育家，教父哲学的主要代表。奥古斯丁的宗教哲学对欧洲中世纪产生了重大影响，他的教育思想则构成了中世纪基督教教育的理论基础。其代表著作有《忏悔录》(The Confessions)、《上帝之城》(The City of God)等。

(一)论教育目的与内容

奥古斯丁认为，基督教教育的目的是培养虔信的教徒和忠诚于教会的教士。在他看来，上帝是世界的造物主，人的一切认识都来源于上帝，建立学校、实施教育就是为了服务于神学和教会。他在《忏悔录》中说："我的天主，请容许我将幼时所获得的有用知识为你服务，说话、书写、阅读、计算都为你服务。"[1]基于人性本恶的观点，奥古斯丁提出只有信仰上帝，才能使人消除邪恶的欲望，从恶性中解脱出来，获得最终的救赎。因此，教育应以宗教道德为核心，将《圣经》作为主要教材，将学习和明晰教义作为学生的必修内容。不过，他并不排斥古典学科，认为文法、雄辩术、算术、几何、天文、音乐等学科可以作为学生理解《圣经》的辅助工具。

(二)论教学

奥古斯丁基于柏拉图的思想提出了"光照说"。他认为人的心灵中有着共性、一般、普遍的知识，这些知识不是通过感觉获得的，而是上帝赐予的"智慧之光"。他把上帝比作真理之光，把人的心灵比作眼睛，把理性比作视觉，心灵只有在上帝之光的照耀下才能有所认识。因此，一切知识的教学依靠的都是"光照"，教师的任务在于启发和激励学生自我思考，提醒他们认识内心已知的真理。

---

① ［古罗马］奥古斯丁：《忏悔录》，周士良译，19页，北京，商务印书馆，2015。

奥古斯丁提出体罚是儿童教育中不可缺少的手段，要想控制儿童邪恶的本性就必须运用戒尺、皮鞭等惩罚手段。但从知识教学的角度看，惩罚对于学习本身并没有帮助，学习应该是愉快和自由的，教学要努力引发学生的兴趣和好奇心，"识字出于自由的好奇心，比之因被迫而勉强遵行的更有效果。"①

古希腊、古罗马的教育是欧洲教育的开端，其诸多教育思想和教育实践最先提出了人类教育发展史中的一些基本问题：教育的本质是什么、教育与人性的关系、教育与政治的关系、教育与道德的关系、学校教育与家庭教育的关系、基本的教学方法等问题。古希腊罗马的教育思想与实践来源于当时的社会传统，深入了解古希腊、古罗马的民主制政治、哲学、宗教信仰将成为进一步理解古典时期教育发展的关键所在。

自测题 >

一、单项选择题

1．"三艺"由（ ）所创立。

    A. 智者学派　　　B. 苏格拉底　　　C. 柏拉图　　　D. 亚里士多德

2．斯巴达教育的基本特点强调的是（ ）。

    A. 智育　　　　　B. 德育　　　　　C. 劳动教育　　　D. 军事体育

3．《理想国》是（ ）的教育著作。

    A. 柏拉图　　　　B. 西塞罗　　　　C. 昆体良　　　　D. 奥古斯丁

二、简答题

1．简述雅典的教育特点。

2．简述苏格拉底的精神助产术。

三、论述题

1．如何理解柏拉图的"学习即回忆"？

2．论述古希腊和古罗马在教育思想上的异同。

四、资料分析题

请结合材料和所学过的知识，分析昆体良教学思想的主要特点。

有些学生是懒惰的，除非你加紧督促；有的学生不能忍受管束，恐吓能约束一些学生，却使另一些学生失去生气；有的学生需要长期的用功才能塑造成人，而另一些学生通过短期的努力却能取得更大进步。

我不会因为学生爱好游戏而感到不高兴，那是天性活泼的标志；那种总是迟钝麻木、没精打采的，甚至对那个年龄所应有的激动也漠然无动于

---

① ［古罗马］奥古斯丁：《忏悔录》，周士良译，18页，北京，商务印书馆，2015。

衷的学生，我是不指望他能热心学习的。

拓展阅读推介 >

1　[古希腊]柏拉图：《理想国》，郭斌和、张竹明译，商务印书馆，2018

　　《理想国》(The Republic)是柏拉图的哲学对话体著作，书中设计了一个真、善、美相统一的完美政体，是人类历史上最早的乌托邦。全书共十卷，第1~2卷讨论公道正义问题；第2~3卷讨论卫国者的教育；第4卷讨论教育的效能与领导；第5卷讨论学前教育和妇女教育；第6~7卷讨论哲学家的培养；第8~9卷谈论政体；第10卷谈论艺术。《理想国》是柏拉图哲学体系走向成熟之后的全面总结，内容博大精深，虽然历经千年，仍有无数的哲学家、政治家热衷于研究这部著作。

2　[古罗马]普鲁塔克：《希腊罗马名人传》，席代岳译，吉林出版集团有限责任公司，2009

　　《希腊罗马名人传》(The live of the Noble Grecians and Romans)又称《对传》，是古罗马传记作家普鲁塔克(Plutarch，约公元46—120)的传世之作，也是西方纪传体历史著作之滥觞。此书以古代希腊罗马社会广阔的历史舞台为背景，塑造了一系列栩栩如生的人物形象，全书共50篇，其中46篇以类相从，用一位希腊名人搭配一位罗马名人，共23组，每组后面有一个合论。其余四篇为单独传记，没有对比和合论。《名人传》是一部融历史、文学和人生哲学于一炉的鸿篇巨制，与希罗多德的《历史》并称西方古典史学著作的"双璧"。

第三章

中世纪的教育

1. 了解中世纪教育与天主教会的关系；
2. 掌握西欧中世纪世俗教育的发展状况；
3. 掌握拜占庭和阿拉伯文明的教育特点。

重要概念

　七艺　修道院学校　主教学校　党区学校　骑士教育　中世纪大学
城市学校　清真寺学校

中世纪(The Middle Ages)是指 5 世纪末西罗马帝国灭亡至 14 世纪文艺复兴以前，跨越千年的历史时期。中世纪早期，基督教会掌控了西欧文化领域的主导权，以修道院学校为主体的基督教教育成为教育的主干，世俗封建主教育仅限于宫廷教育和骑士教育。中世纪后期，随着城市经济的发展，西欧出现了中世纪大学和城市学校，不仅适应了新兴市民阶层的教育需求，扩大了教育对象的范围，也为文艺复兴和宗教改革奠定了基础。地处东部的拜占庭帝国继承了古罗马的教育遗产，在古代文明和近代文明之间发挥了不可替代的桥梁作用。此外，阿拉伯文明的崛起丰富了这一时期的教育内涵，对世界文化产生了深远影响。

第一节
基督教教育与世俗教育

5 世纪，来自欧洲北部的日耳曼人南下入侵，西罗马帝国灭亡。日耳曼人以部落为单位，在西罗马帝国的废墟上建立了大大小小的王国，西欧由此步入封建时代。尚处于原始文明阶段的日耳曼人没有能力欣赏和承续高水平的文化遗产，古希腊、古罗马的文化成就逐渐被世人遗忘。在文化教育遭到严重破坏的情况下，基督教作为罗马文明的火种幸存了下来。基督教会与日耳曼法兰克部落结盟，法兰克人改宗基督教，教会则协助法兰克人扩张势力。9 世纪，法兰克人基本征服了欧洲大陆的各蛮族国家，基督教会也借此将影响辐射到整个西欧，确立了西欧 9—16 世纪文化和教育领域的统治地位。

一、基督教的教育

基督教产生于公元 1 世纪，源自犹太教，以上帝为唯一信仰的神，宣扬众生平、来世解放等教义。313 年，罗马帝国皇帝颁布"米兰敕令"，认可基督教的合法地位。392 年，基督教被定为罗马帝国国教。此后，基督教神学体系不断完善，宗教组织结构日益健全，建立专门的教育机构传播教义、争取信徒成为教会的重要事务。

七艺

(一)基督教教育模式的确立

3—8 世纪是基督教教育的起步阶段，主要局限于教会内部。罗马帝国后期，以奥古斯丁为代表的教父哲学家们在希腊哲学的基础上，逐步建立起基督教神学体系，通

过教育传播教义、争取信徒成为教会的要务。这一时期，基督教教育形成了两个主要目标：其一是培养神职人员，使之能够更好地研究、传播教义；其二是培养普通信徒，使之具备阅读宗教经典的基本能力。

在教育内容方面，基督教教育以"七艺"为基础，以《圣经》和神学研习为核心。基督教会将古希腊智者学派创立的"三艺"（即文法、修辞、辩证法）和柏拉图提倡的算数、几何、天文、音乐整合，统称"七艺"。"七艺"教学服务于宗教目的，如学习文法和拉丁语是为了阅读《圣经》，学习修辞学是为了分析经书的文体，学习辩证法是为了对宗教信条进行辩护。教学方法主要为口授、问答、抄写和背诵等。

9世纪开始，基督教教育逐渐走出了教会范畴，全面担负起社会教育的职能。教会在西欧建立了遍布各地的学校体系，对普通民众开放，神学教育全面渗透欧洲的世俗领域。关于民众教育，基督教会强调传播教义和基督教道德高于对知识的讲授，人们学习文法和逻辑的目的是能够更好地接受福音。教育内容主要采用《圣经》的节选内容，如训诫、赞美诗、圣歌，以及教会编写的不同时代的主祷文、教义问答手册、教会历法和圣徒行传等。

（二）基督教教育的主要机构

修道院学校。修道院学校是中世纪最典型的基督教教育机构。修道的思想源于古希腊时期人的肉体与灵魂分离的观念。后来，基督教神学家奥古斯丁对此进行阐释：肉体是灵魂的监狱，人只有通过克制乃至消除肉体欲望，才能获得灵魂的拯救。圣本尼迪克（Saint Benedict，480—547）是西方修道制度的鼻祖，他制定了详细严格的修道院规程，使修道院成为集生产、生活、宗教、教育等多重功能于一体的特殊机构。修道院学校分内学和外学，未来准备担任僧侣者，住宿于院内学习，称内修生；不准备担任教职者不住院学习，称外修生。招收10岁儿童入学，学习期限为8～10年。教师由教士担任，学习内容主要是神学经典、宗教信条、赞美诗和七艺等，学校管理十分严格，体罚盛行。图书馆是修道院学校的重要教育设施，书籍抄写被视为一项有价值的劳动，一位修士写道："每一封信、每一行字和每一个标点，都意味着一项原罪获得了宽恕。"[①]

主教学校。主教学校设在主教所在地，面向普通民众，教学设施和条件较好，教学质量较高。9世纪初，为改变法兰克人文化水平低下的状况，神圣罗马帝国皇帝查理曼致力于教育改革，要求各地的主教都必须开办自己的学校。

堂区学校。堂区学校设在堂区教士所在的村落，面向普通民众实施初级教育，以教授识字、书写、阅读和宗教知识为主，学校的设施条件和教育水平较低。12世纪，

---

① ［美］哈斯金斯：《十二世纪文艺复兴》，张澜等译，47页，上海，上海三联书店，2008。

教皇要求所有堂区兴办学校，此类学校获得快速发展，成为中世纪欧洲最普遍的学校教育形式。

二、世俗封建主教育

8世纪以后，随着西欧封建制的发展和王权的稳固，基督教教育之外的世俗教育日益发达，主要体现为宫廷学校和骑士教育两种形式。世俗封建主教育以培养社会所需的实际应用人才为目标，自成体系且特色鲜明。

（一）宫廷教育

8世纪中叶起，西欧逐渐摆脱动荡与战乱，政局趋于稳定。为了实现领土的有效管理，日耳曼诸国的君主纷纷在宫廷中开办学校，邀请知名学者讲学，对王室成员和贵族青年进行教育。其中，最有声望的是法兰克国王查理曼的宫廷学校。

查理曼是西欧宫廷教育的先行者，他邀请著名学者和修士阿尔琴（Alcuin，约734—804）主持自己的宫廷学校，希望建成法兰克王国的学术中心和文化中心。宫廷学校的学习科目主要是"七艺"和神学，特别重视拉丁语学习，教学方法以讨论和问答为主。宫廷学校的教师在阿尔琴的领导下整理和编订古罗马文献，作为教材使用。由于国王经常在各处领地巡游，宫廷学校也随之四处转移，所到之处的贵族子弟纷纷加入就读。不仅增强了贵族子弟的求学热情，也提升了各地领主对教育的重视。

（二）骑士教育

骑士制度源于日耳曼原始部落时期的亲兵制度，就是日耳曼部落征战时首领和士兵所缔结的契约关系。士兵要不惜牺牲自己的性命来保障首领的安全和荣誉，首领则有义务合理地分配战利品，并给予士兵应有的救济，保障士兵的荣誉和尊严。中世纪亲兵制逐渐演化为采邑制，即国王有条件地将土地（采邑）分封给贵族的制度。分封制自上而下，逐级分封，骑士是最低等级的贵族。获得分封的各级贵族需要向领主效忠，履行相应的经济和军事义务。11—12世纪十字军东征时期，骑士制度最为盛行。

骑士教育是一种特殊形式的家庭教育，以培养勇敢、忠诚等骑士精神和技能为主要目标。骑士教育的实施分三个阶段：第一，家庭教育阶段（0～7/8岁）。儿童在家中接受母亲的教育，以宗教知识、道德教育、身体锻炼为主要内容。第二，礼文教育阶段（7/8～14/15岁）。根据出身，儿童被送入高一等级贵族家中充当侍童。在日常生活中学习上流社会的礼节、习惯和处世之道，同时跟随领主修习"骑士七技"，即骑马、游泳、投枪、击剑、打猎、弈棋和吟诗。此外，还包括唱歌和乐器弹奏。第三，侍从教育阶段（14/15～21岁）。主要侍奉领主，平时照料战马和武器，陪领主打猎和散步；

战时随领主出征，保护领主。21 岁，举行隆重的骑士称号授予仪式，完成骑士教育。骑士教育的目的在于训练勇猛作战的本领和灌输效忠领主的观念，文化知识学习不受重视。

第二节
中世纪大学与城市学校

中世纪后期，社会日趋稳定，经济日渐繁荣，西欧各地相继出现了工商业者聚居的城市。新兴的市民阶层力量不断壮大，在政治、经济和文化层面都提出了新要求。与此同时，十字军东征促进了东西方文化交流，拜占庭帝国保存下来的古希腊、古罗马文明在西欧重现，追求新学问成为一种社会风尚。由于传统的教育机构难以满足新的社会需要，中世纪大学和城市学校应运而生。

一、中世纪大学

中世纪大学的出现是欧洲学术体制和教育体制发展史上一个重要的里程碑。12 世纪，随着西欧城市的复兴和经济的发展，社会对专业的律师、医生、牧师和管理者产生很大需求。来自欧洲各地的大批青年汇集在城市里，追随知名学者接受职业训练。最初，大学被称作"universitas"，这一拉丁文词汇原本是指社团、行会，13 世纪以后专门指称学者行会。可见，大学源自学者为了互助而仿照手艺人行会的方式组成的教师或学生团体。中世纪的西欧是具有严格等级和身份的社会，教师和学生在城市中缺乏基本的法律保障，不仅面临租用教室、住宿、食品费用高昂等难题，师生之间也存在着不稳定的劳资关系。因此成立一个组织，并寻求权威所授予的特许权，成为城市私人学校生存发展的关键。

(一)中世纪大学的组织特点

中世纪大学自形成之初就具有鲜明的自治特征。根据不同的领导体制，中世纪大学分为"学生"大学和"先生"大学两类。前者由学生掌管校务，包括教师选聘、学费数额、学期时限和授课时数等，南欧的大学多属此类；后者由教师掌管校务，北欧的大学多属此类。在与教会、世俗政权和地方当局的长期的、错综复杂的斗争中，大学逐渐争取到诸多特权，如免税和免服兵役权、罢教和迁校权、司法自治权、颁发教学许可证的权利等，为西方高等教育的发展铺设了最初的根基。

中世纪大学的基本目的是培养社会所需要的专门人才，通常分设文学、法学、医学和神学四科。在最早出现的一批大学中，意大利的萨莱诺大学以医学见长，是欧洲著名的医学教学研究中心；波隆纳大学以法学见长，是欧洲研究罗马法的中心，也是训练教会管理者的重要机构；法国的巴黎大学以神学见长，是欧洲正统神学理论研究的中心。

(二)中世纪大学的教学特点

中世纪大学的入学门槛较低，限制条件不多，不论何种阶层，受过何种教育，均可以缴纳学费登记入学。大学创建之初，制度规范和课程设置都比较松散，后来逐渐趋于统一严整。文科属于预科性质，一般学制 6 年，主要学习"七艺"、自然哲学、道德哲学、形而上学等。文科学习结束后，根据学生的个人意愿分别进入法学院、医学院和神学院，进行专业学习。最常采用的教学方法是演讲和辩论。修完专业课程，通过考试和论文答辩才算正式完成学业。论文答辩通过者获得"硕士"或"博士"，意味着自此拥有了从事教师职业的资格，可以在任何大学任教。最初的硕士、博士学位并没有等级上的差别，后来才逐步发展为"学士—硕士—博士"的学位体系。

尽管中世纪大学拥有较多的自治权力，但仍然深受王权和教权的控制，特别是与教会之间有着千丝万缕的联系。在中世纪浓厚的宗教气氛中，教皇作为上帝在人间的代表，其权威高于世俗政权，可以将与正统不同的学说定为异端，大学的教育内容和学术研究都要保持在教会允许的范围之内。此外，大学中很多教师本身就是知识渊博的僧侣，世俗教师也往往都出身于教会学校，宗教的影响力广泛渗透到大学的各个层面。总体而言，中世纪大学在传播世俗文化、促进知识传递、推动学术研究等方面发挥了重要作用，但由于教会的控制，其轻视自然经验、脱离社会现实、盲从权威和教义等倾向非常显著。

二、城市学校的发展

城市学校是为新兴市民子弟开办的学校的泛称，包括不同类型、不同规模的多种学校，如手工业行会开设的行会学校，商人联合会开设的基尔特学校，为一般民众设立的读写学校，为富人子弟设立的拉丁文法学校等。各类城市学校在培养目标、学习年限、课程设置、教师要求等方面千差万别，但与传统学校相比，存在如下共性特征：

在培养目标上，城市学校致力于培养城市手工业、商业活动所需的职业技术人才，注重社会实际需求，注重实用知识和技术的传授。

在教育内容上，城市学校重视世俗知识，课程设置以读写算基础知识和商业、手工业相关知识为主体，允许使用本民族语教学，与使用拉丁语教学的教会学校形成鲜明对比。

在学校管理上，城市学校在发展初期多由行会和商会开办，后来学校管理权逐步由市政当局接管。市政府提供学校的办学经费，在学费标准、教师选聘、工资支付、儿童入学资格等学校事务上，市政府拥有决定权和管理权。

城市学校的出现，打破了教会对学校教育的长期垄断，扩大了教育对象的范围，适应了新兴市民阶层的教育需求，推动了教育世俗化的进程。

第三节
拜占庭和阿拉伯的教育

在世界教育史上，拜占庭与阿拉伯的教育占有十分重要的地位。拜占庭直接继承古希腊、古罗马的文化遗产，保存并传播了古代西方的教育成果，在东西方文化交流中发挥了不可替代的枢纽作用。阿拉伯广泛吸纳被征服地区的文化遗产，积极发展学校教育事业，形成独具特色的文化教育体系，并广泛地影响了北非、西亚、东南亚等地区的文明进程。

一、拜占庭的教育

拜占庭文明是古罗马文明的延续。324 年，罗马皇帝君士坦丁为了加强对罗马东部世界的开发，将首都迁至巴尔干半岛最东端名为拜占庭的城市，更名为君士坦丁堡。395 年，罗马帝国分裂，以罗马为中心的西部地区为西罗马帝国，以君士坦丁堡为中心的东部地区为东罗马帝国，也称拜占庭帝国。拜占庭帝国延续了千年之久，直到 1453 年被奥斯曼土耳其所灭。拜占庭文明深受三支文化基因的影响：古希腊－古罗马文化、基督教文化和近东文明古国文化，同时又与阿拉伯文明交往密切。这种开放多元的文化背景造就了拜占庭较为成熟的教育体系。

(一)拜占庭的世俗教育

拜占庭在封建化过程中始终存在强大的中央世俗政权，宗教力量依附于世俗政权之下，民众教育也主要由世俗教育体系承担。为适应国家在政府运行、社会管理、商业贸易等方面的人才需求，沿袭古罗马传统，拜占庭帝国建立起由初等学校、中等学校和高等学校构成的较为成熟的世俗教育体系。

初等学校。以私立为主，一般招收 6～12 岁儿童入学，学习文法、书写、算数等入门知识，以及《荷马史诗》《圣诗集》等读物。教师主要使用希腊语授课，教学方法以记诵为主。

中等学校。主要是文法学校，课程设置以文法知识和阅读古典作品为主。古希腊诗人、历史学家的原著都可以在学校传授。公立学校教师必须持有国家许可证，并信奉基督教。

高等学校。包括君士坦丁堡大学和各类专科学校。君士坦丁堡大学创建于425年，以培养高级官吏为目标，学制5年，由政府聘任教师并支付薪酬。教学内容以希腊"七艺"为基础，教授希腊文、拉丁文、罗马演说术、哲学、法学等学科知识。专科学校是拜占庭教育的重要组成部分，其中较著名的有贝鲁特和君士坦丁堡的法律学校、雅典的哲学学校、亚历山大利亚的医学校等，为拜占庭在中世纪的文化繁荣培养了大批人才。整体而言，拜占庭的高等学校发展比较平稳，没有受到西罗马帝国灭亡和日耳曼文化重建的波折与动荡，这些高等学校的文化成果成为西欧文艺复兴的重要来源。

(二)拜占庭的教会教育

拜占庭教会非常重视学校教育，比西罗马教会更早提出教士应承担教士职责的问题。680年，君士坦丁堡教会曾两次颁布关于学校教育的通谕，要求教士将亲属送进教会学校学习，要求农村和城镇小型学校主要提供文法教育。教会学校是培养神职人员和开展神学研究的机构，主要包括两种类型：修道院学校和主教学校。修道院学校附设于修道院，以培养虔诚的神职人员为目标，课程设置完全为宗教性内容，管理十分严格。主教学校则注重神学研究，在神学之外，学生还要学习古代哲学和广泛的文化知识。君士坦丁堡大主教学校是拜占庭最高等级的主教学校，也是神学研究中心。其课程范围主要包括"七艺"和科学，同时也教授古代哲学家著作和基督教经典。

二、阿拉伯的教育

伊斯兰教创立之前，阿拉伯人处于原始游牧部落阶段，没有产生完整的国家形态。6世纪，穆罕默德(Muhammad，约570—632)创立伊斯兰教，引领阿拉伯人进入文明社会。8世纪中期，穆罕默德的继任者通过不断扩张建立起地跨欧亚非三洲的萨拉森帝国(我国史书中称"大食")，伊斯兰教在这个政教合一国家的文化教育领域始终占据核心地位。

(一)阿拉伯——伊斯兰文化

尊重知识、崇尚教育是伊斯兰教的优秀文化传统。伊斯兰教经典《古兰经》和《圣训》中提出，"求学是信奉国教的每一个男子和每一个女子的天职"，"你们应当自摇篮起而学习到墓穴"①。因此，穆斯林普遍敬重学者和教师，认为知识分子的笔墨与战士殉教的血液一样高贵，学者是历代先知的继承者，其地位仅次于上帝和天使。这种重知崇教文化传统，对于阿拉伯帝国文化教育的繁荣发挥了重大的促进作用。

阿拉伯帝国的统治者大多热心文教事业，扶植科学研究，不惜重金搜集环地中海地区的古今文献，邀请学者建立图书馆和研究机构，使帝国保持重视学术研究和教育的风尚。阿拉伯人非常善于吸收外域文化，他们将古希腊的哲学、数学、物理学、天文学等知识翻译成阿拉伯文，并广泛学习印度和中国文化。在此基础上，阿拉伯人在天文学、数学、医学、文学等领域取得了十分杰出的文化成就，如：创建当时世界上规模最大、设备最先进的天文台，将阿拉伯数字和代数学传入欧洲，"医中之王"阿维森纳的《医典》，文学瑰宝《天方夜谭》等。

(二)阿拉伯帝国的学校教育

清真寺学校。阿拉伯帝国是政教合一的神权国家，其教育与伊斯兰清真寺紧密结合，遍布帝国基层的清真寺构成了阿拉伯帝国最大的学校体系。著名学者到寺讲学，授课地点就在寺内的门廊、后院等地，听者环坐成圆形，称为"教学环"。规模较大的清真寺广泛讲授神学、法学、哲学、历史等高深知识，往往吸引来自不同国家的青年到此学习。

世俗教育机构。主要包括昆它布、宫廷学校和府邸教育、学馆、大学、图书馆等。昆它布(Kuttab)是一种比较简陋的初等教育机构，通常附设于清真寺。宫廷学校和府邸教育是哈里发和贵族们聘请教师到宫廷或家庭中，单独为皇室和贵族子弟提供教育。学馆是成名学者在家中讲学的私人教育机构，讲授的内容较为高深，属于中等教育程度。大学和图书馆为高等教育机构。阿拉伯帝国创设了多所大学，其中较著名的是 9世纪创建的赫克迈大学和 10 世纪创建的科尔多瓦大学。图书馆是培养学者的机构，在收藏、翻译、抄写图书的同时，广泛开展教育和研究工作，讲学、研讨氛围浓厚。

自测题 >

一、单项选择题

1. 西欧中世纪早期教育具有明显的(　　　)。

　　A. 科学性　　　　B. 民主性　　　　C. 平等性　　　　D. 宗教性

2. 西欧中世纪后期产生的城市学校是一种(　　　)学校。

　　A. 等级性　　　　B. 贵族性　　　　C. 世俗性　　　　D. 民族性

---

① ［叙利亚］托太哈：《回教教育史》，马坚译，125 页，北京，商务印书馆，1949。

3. 在西欧中世纪早期的学校教育中，（　　）是全部学科的"王冠"。

A. 科学　　　　　B. 神学　　　　　C. 哲学　　　　　D. 数学

二、简答题

1. 简述骑士教育的基本过程。

2. 简述拜占庭文明对欧洲教育发展的影响。

三、论述题

1. 评述中世纪大学。

2. 论述中世纪教育的特点及影响。

四、资料分析题

请结合材料分析天主教会与中世纪教育的关系。

诸多史料表明，在那个特定的时代，基督教会及其教育对中古欧洲的政治、文化和教育的发展确实做出了一定贡献。欧洲中世纪的基督教学校是近代公立小学的基础；骑士制度对西方后世绅士教育的发展有深刻影响；中世纪大学虽然不是近代意义上的大学，但欧洲很多古老的大学是从那里发端的；新兴市民的行会学校和城市学校也为后世西方的职业教育和近代小学教育的发展奠定了重要基础。

古代社会过渡到近代社会，教会对教育的垄断持续了一千多年，这对欧洲理智生活的影响极大。最明显的结果，是教会把普通知识限制在它的兴趣和教义固定范围之内。

拓展阅读推介 >

1 【美】格莱夫斯：《中世教育史》，吴康译，华东师范大学出版社，2005

本书可以让你知道西方文明进化的线索，在中世纪并不会完全消灭，其中尽有许多文明史上不朽的成绩存在。"黑暗时代"之称号，实为不公。中世纪以后四个革新的世纪当中之各种觉悟运动，源于中世纪。各种教育而由各种觉悟运动，又产出其特殊教育制度之精神，以是蝉联入于近代。教育进化的程叙，始终未曾断绝，即其对于文明史上的贡献，未尝一日懈怠。每一时期的教育制度，务求适于环境的需要，无时无处不依时代的要求而修正或改造其制度。本书对于今日谈"教育改造"的我们，很可以作一部"聚古今之精英，实治乱之龟鉴"的重要参考书。（摘自译者序）

2 吴元训选编：《中世纪教育文选》，人民教育出版社，2005

此书选编了中世纪和文艺复兴时期 12 位著名思想家富有代表性的教育著作，具体包括：奥古斯丁、阿奎那、伊拉斯谟、莫尔、维夫斯、拉伯雷、蒙田、康帕内拉、弥尔顿、路德、梅兰克顿和喀尔文。这些作品既有对封建教育的揭露和批判，也有对理想教育的追求与探索，许多思想对近代甚至现代教育的发展都产生了积极的影响。全书选材精当，有助于读者整体把握中世纪及文艺复兴时期教育思想发展的基本脉络，深入理解各种教育思想的缘起、主旨及关联，对于学习和研究都具有较高的参考价值。

第四章
文艺复兴时期的教育

学习目标

1. 掌握人文主义教育思想的核心特点；

2. 了解意大利文艺复兴和北方文艺复兴不同影响下教育思潮的不同特点；

3. 掌握主要文艺复兴时期主要教育家的教育思想。

重要概念

人文主义教育　快乐之家　新教教育　天主教教育　耶稣会学校

文艺复兴是 14—17 世纪发生于欧洲的一场思想文化运动，占据中世纪文化主流的宗教思想遭遇全面的质疑和批判，为创造现世幸福而奋斗的进取精神彻底改变了欧洲社会的整体面貌。文艺复兴时期的教育大体分为三个部分：人文主义教育、新教教育、天主教教育。三支教育力量错综复杂地交织在一起，深刻影响了当时乃至后世的社会进程和教育发展。

第一节
人文主义教育

文艺复兴（Renaissance）一词的含义是"再生"，意指古希腊、古罗马人文学科的复兴。但实质上，文艺复兴是将古典文化作为表达新文化的媒介，是新文化对古典文化的继承、利用和发展。文艺复兴所倡导的新文化被称为"人文主义"（Humanism），以颂扬人的价值和尊严、肯定现世生活、尊崇理性、呼吁思想解放和个性自由为核心特征。人文主义在发展过程中，出现了两种主要的取向：意大利的"公民人文主义"和北方的"基督教人文主义"。从实施以"人"为中心的教育这一共同理念出发，人文主义学者提出了异彩纷呈的教育思想和实践主张。

一、意大利的人文主义教育思想

意大利是文艺复兴的发源地。14 世纪，亚平宁半岛经济繁荣、商贸发达，威尼斯、佛罗伦萨、米兰等沿岸城市成为文学、艺术、科技发展的摇篮。随着大量的古希腊、古罗马书籍从拜占庭被运回，从修道院暗室中被发现，对人文学科的狂热崇拜席卷整个意大利。与世俗学校的发展需求相呼应，意大利人文主义教育家提出了系统的教育思想，并付诸实践。

弗吉里奥（P. P. Vergerio，1349—1420），第一位提出人文主义教育思想的学者，深受古罗马教育家昆体良的影响。弗吉里奥为《雄辩术原理》作了注释，引发了人们对昆体良教育思想的广泛关注；他发表的《论绅士风度与自由学科》一文，系统概括了人文主义教育的目的和方法，引领了意大利人文主义教育改革的先声。弗吉里奥认为，人文主义教育的目标就是通过实施通才教育（liberal education，也译自由教育或博雅教育）培养身心全面发展的人。通才教育以历史、伦理学、雄辩术三门课程为核心内容，同时高度强调体育、文学、绘画、音乐四门科学的重要性。

维多里诺（V. Feltre，1378—1446），弗吉里奥教育思想的继承者和实践者，被誉为

"第一个新式学校的教师"。1432 年，维多里诺创办新式学校——"快乐之家"（House of Joy），这所学校环境优美、校风淳朴，师生关系融洽，慕名求学者络绎不绝，是当时欧洲著名的人文主义教育实践阵地。学校主要招收 6～7 岁的贵族子弟，以造就身心和谐发展的有高度责任感的公民为目标。学制 15 年，贯通初、中、高级教育。"快乐之家"实施智育、德育、体育并重的方针，开设以古典语文为中心，内容十分广泛的人文主义课程。教学从最基本的拼读字母和说话练习开始，然后是读写算基础知识，再到拉丁文、希腊文、修辞学等经典文化，以及数学、天文、历史等知识。此外，学生需要学习《圣经》和奥古斯丁的著作，这是人文主义教育中不可缺少的部分，用以培养宗教情感和信仰。维多里诺重视体育的价值，主张借鉴骑士教育中的方法和各种有益身心的游戏，引导学生开展体育锻炼。在教学方法上，注重实用性，反对机械背诵，强调尊重学生的天性和个性，启发学习兴趣和主动性，禁止体罚。

二、北方的人文主义教育思想

15 世纪，阿尔卑斯山以北诸国在意大利的影响下也兴起了文艺复兴运动。北方的人文主义教育家在继承意大利人文主义精神的同时，进一步丰富其内涵，强调人文主义应与宗教信仰相结合，突出教育的道德性和宗教性。16 世纪上半期，北欧的人文主义运动出现新的发展走向，崇尚自然、注重生活实践和个人经验、强调培养实干型人才等新思想，进一步扫荡了中世纪陈腐的教育观，为近代教育开辟了广阔的发展空间。

伊拉斯谟（D. Erasmus，1467—1536），尼德兰共和国的基督教教育理论家，北欧人文主义教育思想的杰出代表，被誉为"西方的明灯""人文主义的泰斗"。他的教育著作主要包括《愚人颂》《论教学的正确方法》《论基督教王子的教育》《论儿童的文雅教育》等。在《愚人颂》（Praise of Folly）中，伊拉斯谟批判了中世纪天主教会的腐朽，抨击经院哲学和神学的故步自封，主张恢复早期基督教的平等、仁爱、宽容、互助的教义。伊拉斯谟对教育的作用充满信心，认为人人都可以接受教育，坏的性格可以通过教育得到改造，好的性格更要通过教育趋于完善。教育应承担四项任务：第一，在青年的头脑中播下虔诚的种子；第二，使青年能够热爱并透彻地学习自由学科；第三，使青年能为生活的义务做好准备；第四，使青年很早就习惯于基本的礼仪。关于教育内容，伊拉斯谟提出要在宗教教义和古典文化之间寻求平衡，推崇古典文化但不拘泥，将基督教与人文主义结合在一起。

蒙田（Michel de Montaigne，1533—1592），文艺复兴末期法国人文主义教育家，其教育思想集中体现在《随笔集》（Essays）——"论学究气"和"论儿童的教育"两个章节。蒙田明确提出教育的目标就是培养绅士。所谓绅士，是指具有渊博的知识、良好的判断力、强健的体魄和多方面优秀品质（勇敢、谦逊、爱国等）的新人，是身心和谐发展且精明能干的实业家。绅士不同于学究，二者的区别在于：学究注重知识记忆、强调印证权威，绅士则注重行动和实用知识、强调个人经验的价值。在教育内容上，蒙田特别重视哲学和历史这两门学科，强调将其作为基础课程，培养学生的理解力和判断力。在教学方法上，他提倡教育要尊重儿童身心发展的自然秩序；注重探索性学习，反对盲从权威；严格要求学生，但反对体罚。蒙田的教育思想处处闪烁着智慧的光芒，不仅启发夸美纽斯提出了教育适应自然原则，而且是洛克绅士教育理论和卢梭自然主义教育理论的直接源泉。

三、人文主义教育的基本特征

文艺复兴
文艺复兴是西方思想文化发展进程中一场重大的革新运动，为西方近代教育思想体系的建构铺设了坚实的基础。尽管不同时期、不同地域的人文主义教育家提出了不尽相同的见解和主张，但总体而言，人文主义教育呈现如下基本特征。

（1）人本主义。人文主义者从肯定人的力量、人的价值出发，坚信通过教育可以重塑个人、改造社会。在培养目标上，人文主义教育反对培养神职人员的狭隘指向，立足人的现世生活，提出培养知识广博、体魄强健、富有进取精神、善于处理世俗事务的新人；培养具有优秀品德和理智的好市民、好政治家，以及不同领域富有探索精神的开创性人物，这些主张具有巨大的历史进步意义。

（2）古典主义。人文主义者高度重视古典文化的价值，主张恢复古希腊的体育、德育、智育和美育体系，培养和谐发展的人。人文主义教育以古典学科为基本内容，对抗教会的神学教育传统，与此同时，还以古典学科为基础不断开拓人文和自然科学知识的范畴，大量富有世俗色彩和现实意义的新知识被纳入学校课程设置当中。

（3）自然主义。人文主义者从人的自然天性出发，倡导教育应遵循自然、顺应自然。首先，人文主义教育要求尊重儿童身心发展的自然秩序，因材施教。在教学过程中，注重激发儿童的学习兴趣和主观能动性，教育内容要具有实用性和生活性，反对强制灌输和死记硬背。其次，人文主义教育要求尊重儿童的人格，反对使用威逼及体罚等手段。此外，人文主义教育家还主张在教学中使用本民族语，打破了拉丁语教学的传统局面。

（4）宗教性和贵族性。文艺复兴时期的教育思想仍具有浓厚的宗教色彩，人文主义者并不想清除宗教，而是希望用世俗精神和人文思想改造中世纪宗教的陈腐专横。此外，人文主义教育以培养君主、绅士等上层人士为目标，教育对象主要是上层贵族子弟，并非普通大众。

尽管进步性与保守性并存，但不可否认的是，人文主义教育冲破了宗教神学对教育的垄断，勾画出新时代教育的蓝图，开启了欧洲教育近代化的进程。

第二节
宗教改革时期的教育

宗教改革是文艺复兴运动延伸到宗教领域中的成果。在人文主义思想的感召和促动下，宗教改革者对腐败、愚昧、专制的天主教会予以深刻批判，主张建立新的教会实现宗教改良。宗教改革运动中出现了诸多新教派，统称为"新教"，其中路德派、加尔文派和英国国教派影响最大。这些新教教派主张不尽相同，存在种种分歧和斗争，但都反对旧教教义和教会的绝对权威，具有鲜明的个人主义特征。宗教改革打破了欧洲宗教势力的原有格局，为扩大自身的影响力，新教和旧教都对教育给予高度重视。

一、新教教育

传统的天主教主张，人必须按照教会规定的行为积累善功，并通过教会的宗教仪式方可获得救赎，教会是人与上帝之间必不可少的中介。新教则主张"因信称义"（Justification by Faith），强调个人在宗教信仰中的地位，每个人都可以通过《圣经》直接与上帝对话，无须其他任何权威。为宣传新教教义，使大众能够自主阅读《圣经》，各新教教派成为普及民众教育的开路先锋。通过积极兴办学校、改进教学组织形式、应用本族语教学等举措，新教派日益消解了天主教会在信仰领域的大一统地位，促进了个人与民族国家意识的觉醒，为后来的资产阶级革命扫清了道路。

（一）路德教派与教育

宗教改革发端于德国，维腾堡大学神学教授马丁·路德（Martin Luther，1483—1546）是这场运动的"揭幕人"。1517 年，路德提出《九十五条论纲》公开抨击教会，率先在德国掀起了宗教改革的浪潮。

路德极其重视教育，将教育视为改造教会和改革社会的工具。他认为，教育应该实现三个目的：第一，所有基督徒都应接受教育，通过教育来培养青年虔诚的新教信仰。教育是与罗马天主教不断斗争，最终驱逐天主教的重要力量。第二，教育应该为世俗国家繁荣发展而服务。新教改革和国家的发展息息相关，具有新教信仰的知识分子和政治家要将保持国家和个体的自由、独立当作发展目标，民族国家的强大是信仰自由的根本保障。第三，教育应该将青年人培养成为聪明、智慧、技艺精湛、经验丰富的卓越人才，使青年人的天赋得到充分的发展。

以新的教育目的为基础，路德阐释了教育改革的具体主张。首先，明确提出实施普及初等义务教育的主张。路德是教育史上最早明确提出普及义务教育的教育家。他认为所有儿童，不分男女、等级都应该到学校学习，帮助孩子接受教育是教会、政府以及父母共同的责任。其次，明确提出由国家开办学校和管理学校的主张。路德强调以往由天主教会和修道院创办的学校，办学理念落后、教学内容陈腐，需要以国家力量予以彻底改造，使教育适应新时代的需要。新的国民教育学校制度应分为小学、中学和大学三级，小学阶段的教育目的在于传授基础知识和形成良好品德，中学阶段的教育目的在于培养教师、传教士、政治家和国家官吏，大学阶段则主要为国家和教会造就领导人。

路德的上述教育主张在其追随者们不遗余力的传播和实践中，取得了令人瞩目的成就。其中最为著名的是梅兰克顿（P. Melanchton，1497—1560）、布肯哈根（J. Bugenhagen，1485—1558）和斯图谟（J. Sturm，1507—1589）的教育改革。路德教派的教育思想和实践活动不仅改造了德国教育的整体面貌，为其他新教教派提供了优良范本，而且对17世纪教育家的思想和实践产生了深刻影响。

(二)加尔文派与教育

加尔文派兴起于瑞士。1541年，法国教士加尔文（Jean Calvin，1509—1564）在日内瓦创建新教派，继承并发展了路德的"因信称义"说。加尔文教派主张政教合一，宣扬通过个人努力荣耀上帝的新教伦理，倡导发展商业、勤俭节约、积累资金、发财致富。由于这些主张充分表达了新兴资产阶级和新教徒的心声，加尔文派在尼德兰、法国、英国、北美等地得到迅速扩展和广泛传播。

加尔文非常重视教育对于个人生活、社会生活和宗教生活的意义，希望通过教育培养信仰新教、具有理性和新道德风尚的公民。在初等教育领域，加尔文主张实施普及的、免费的教育，要求国家开办公立学校，使所有儿童都有机会接受教育，学习基督教教义和日常生活知识技能。他不仅提出理论构想，而且亲自领导了日内瓦的普及、免费教育运动。在中等教育领域，加尔文借鉴路德派教育家斯图谟开创的"文科中学教学模式"，创建了包括文科中学和法律学校在内的一系列专门学校，成为近代中等学校的雏形。在高等教育领域，加尔文创办了日内瓦学院（日内瓦大学的前身），以培养传教士、神学家和教师为目的，成为欧美各国大学的办学典范。

宗教改革时期学校教育最发达的国家是尼德兰。1588年，尼德兰建立起欧洲第一个资产阶级共和国。具有加尔文派信仰的尼德兰联省共和国政府，广泛开办新式初等学校，基本普及了小学义务教育；中等教育以文科中学为主，得到教会和政府的拨款及师资支持；高等教育发展迅速，先后创办了莱顿大学、格罗宁根大学、阿姆斯特丹大学等 14 所大学。这些学校是欧洲各地流亡新教徒的避难所，也是新教教育在世界范围内发展的人才摇篮。

(三)英国国教派与教育

16 世纪，英国王权与罗马教廷在政治、经济领域的矛盾日益尖锐。英王亨利八世操纵议会实行自上而下的宗教改革，取消教廷在英国的最高司法权和其他特权，确立国王为英国教会的最高元首，英国国教派由此形成。与其他新教教派不同，英国国教派承袭了天主教的基本教义，改革主要涉及的是权力结构和组织形式。总体而言，宗教改革没有对英国教育产生显著影响。尽管教育管理权由天主教会转移到了国教会，但路德和加尔文倡导的"因信称义"、普及义务教育、国家办理教育等主张，在英国并未形成共识。宗教改革以后的英国教育主要发生了两个变化。

第一，国王通过国教会加强了对民众教育的干预。英王颁布多项命令，消除天主教会的教育势力，强化对教师和学生宗教信仰的监督。比如，任何人要取得教师资格，必须首先获得国教会颁发的特许状，并签署书面誓言，宣誓效忠国王、遵奉国教；清除大学中的非国教派成员，规定所有学位的申请者都必须信奉国教；牛津大学和剑桥大学两所大学的校长由国王任命等。此外，英王还规定教会宗教仪式中所用的语言由拉丁语改为英语，这一举措客观上提高了英语在学校教学中的地位，有助于提升民族认同感。

第二，政府鼓励慈善办学和强迫学徒教育。为解决贫民和灾民的安置问题，英王颁布了一系列的济贫法，要求教会收容穷人；劝勉人们慈善募捐；规定国家有责任照顾穷人，强迫穷人子弟做学徒，用政府税收支付学徒费用。在政府的多方鼓励之下，英国形成了由宗教团体和慈善组织共同办理民众教育的新格局。由乡村士绅或城市中产阶级捐款资助的教会学校纷纷涌现，这些学校属于初等教育机构，一般招收 4～8 岁儿童，不分男女，提供 2～3 年的基础教育，以阅读、书写为主要教育内容。

与其他新教国家相比，英国国教派的教育改革具有更显著的世俗化、民族化特点，以及更明确的功利主义倾向。这些教育改革促进了英国世俗教育的进步，为英国工业革命奠定了智力基础。

二、天主教教育

宗教改革动摇了天主教会的神圣形象和权威地位。为了应对来自新教的挑战，16 世纪 40 年代，罗马教廷发动了天主教改革，力图清除内部弊端，拓展势力疆域。天主教的教育活动主要由各种教会团体承担，1534 年，西班牙贵族罗耀拉(Ignatius Loy-ola，1491—1556)获得教会支持创建耶稣会，致力于向全世界传播天主教的福音。尽管耶稣会的目标追求与时代潮流相背离，但由于在学校管理、教学方法和师资训练方面风格独特，且成效卓著，其创办的学校遍布欧洲各国，以及南北美洲殖民地。

(一)耶稣会学校的组织设置

耶稣会将教育视为实现政治和宗教目的的重要手段，尤其重视培养未来的社会精英、领袖人物，因此，着力于发展中等教育和高等教育，并不重视初等教育。耶稣会设立的学校统称为学院，分初级和高级两部。初级部相当于文科中学和大学预科，学制5～6年，主要任务是为理解天主教信仰打下基础；高级部又分为哲学部和神学部，前者学制3～4年，后者学制5～6年，相当于大学，主要任务是培养具有良好哲学和神学功底的虔诚修士与社会精英。

耶稣会学校的组织管理以《耶稣会章程》(1559)和《教学大全》(1599)两个纲领性文件为标准。这两个文件以当时最优秀的天主教和新教学校的成功经验为依据，对于管理职责、工作权限、教育内容、教学方法等一切细节进行了详尽且明确地规范，保证了遍布各地的耶稣会学校能够集中统一、稳定高效地运行。

(二)耶稣会学校的课程与教法

耶稣会以天主教信仰和神学为核心，建立了一套行之有效的、被整个天主教世界所接受的课程教法体系。初级学院最初三年的重点是语言学习，以天主教会官方语言——拉丁文为主，辅之以希腊文，禁止使用民族语言；第四年到毕业，主要研读宗教典籍并学习修辞学。哲学院以集中学习哲学为主，辅之以逻辑学、伦理学、代数和几何等课程，后来又加入了机械学、微积分等新兴学科，修业结束后，考试合格即获得硕士学位。哲学部的优秀毕业生会进入神学部，前四年主要研习《圣经》和经院哲学，最后两年撰写毕业论文，通过答辩者被授予神学博士学位。

为了提高教学质量，耶稣会学校非常重视教学研究。在教学组织形式上，采用全日制、寄宿制和分班教学制，校舍环境幽美，设施完善。教学过程中，采用讲授、阅读、写作、背诵、辩论、练习、考试、竞赛等多种教学方式，重视研读和记忆，禁止理解和独立判断。学校崇尚温和纪律、爱的管理、慎用体罚，强调亲密师生关系的价值。重视宗教道德教育，以基督教的传统戒律(如贞洁、服从等)为宗旨，强调通过灵性操练培养学生的宗教信仰和道德情操。整体而言，耶稣会"学校的情形虽称愉快而诱人，但却弥漫着其所代表的教会绝对权威的思想"[①]。

高水平的师资是耶稣会学校高质量教学的基本保障。与任何新教国家和其他天主教教团相比，耶稣会的教师训练及选拔要求都是最严格的。凡是决心终生担任教师者，

---

① ［美］克伯莱：《西洋教育史》(上)，杨亮功译，358页，台北，协志工业丛书出版股份有限公司，1955。

都必须宣誓独身，甘于贫穷，保守贞节，生活严正，绝对服从教团命令。此外，教师必须完成宗教道德、专业知识、教育教学方法三个方面的系统训练，修完哲学部课程并取得硕士学位者方可在初级部任教，修完神学部课程并取得博士学位者方可在高级部任教。

在高效的组织管理、先进的教学方法、优良的师资队伍等多方面因素的共同作用下，耶稣会教育在近两个世纪里，取得了极大的成功，毕业生遍布学术界、宗教界和政界。耶稣会学校的严密组织和规范运作为后世的教育实践提供了丰富的经验。

自测题 >

一、单项选择题

1. 创办"快乐之家"的意大利人文主义教育家是（　　）。
   A. 蒙田　　　　　B. 拉伯雷　　　　C. 莫尔　　　　　D. 维多里诺

2.（　　）是文艺复兴时期法国著名的人文主义教育家。
   A. 伊拉斯谟　　　B. 莫尔　　　　　C. 蒙田　　　　　D. 斯图谟

3. 教育史上最早明确提出普及义务教育的是（　　）。
   A. 弗吉里奥　　　B. 维多里诺　　　C. 蒙田　　　　　D. 路德

二、简答题

1. 简述文艺复兴时期意大利和北方诸国之间教育理念的异同。

2. 简答耶稣会学校的主要特点。

三、论述题

1. 论述人文主义教育的基本特征及影响。

2. 论述宗教改革时期新教教育和天主教教育的关系。

四、资料分析题

请结合材料试论述宗教改革后，新教教育改革的主要发展特点与趋势。

马丁·路德：

我相信在一切外表的罪恶中，上帝看为最大的罪和最值得严厉处分的罪，就是不使儿童受适当的教育。

我认为，世俗政权有责任迫使老百姓送其子女入学，这是有益的。我们的统治者理应完成教俗任务和天职，这样才能始终有讲道师、律师、牧师、书记员、医生等类似的人物。

如果我们为了使我们的城市获得暂时和平与安逸，情愿每年花费大量金钱购置枪炮，修筑公路、桥梁、堤坝，那么我们为什么不能花同样多的钱来拯救我们可怜而被忽视的青年，使我们可以有几个熟练精干的教师呢？

拓展阅读推介 >

1　刘明翰：《欧洲文艺复兴史：教育卷》，人民出版社，2008

此书是《欧洲文艺复兴史》中的一卷，主要讲述 14—17 世纪上半叶欧洲各国的教育状况、主要教育思想家和实践家的业绩、代表作及其成就，初步探讨了教育家们的教育思想、教育实践活动及其不同的特点与影响。书中重点研究了当时的学术名人、文化精英的教育观，并将这一时期的教育思想和教育实践作了分类。

2　褚宏启：《走出中世纪——文艺复兴时代的教育情怀》，北京师范大学出版社，2000

文艺复兴最主要的历史贡献就是"人的发现"，人的发现开启了人的解放之门。此书通过描绘文艺复兴时代人的发现和人的解放的变迁过程，在一个更宽广的背景下揭示人的发现和人的解放的教育意蕴，展现文艺复兴时代的教育情怀。作者指出，"把人还原为人"是教育走出中世纪的根本尺度。人是教育的对象，人的教育应把人带向灿烂明媚的阳光地带。

第二编　外国近代教育

概　说

　　1640—1688 年英国资产阶级革命率先推翻了封建制度，在人类历史上第一次确立了资产阶级性质的政权，标志着世界近代史的开端。在此后的两百余年里，欧美和亚洲的一些国家也通过资产阶级革命相继建立起资本主义制度。18 世纪 60 年代开始，席卷资本主义世界的产业革命使大机器生产取代了手工工场劳动，生产力获得空前发展。政治上、经济上的巨大变革，急切地呼唤教育作出适当的回应。在这一历史时期，西方主要的资本主义国家纷纷建立起富有自身特点的教育制度，与此同时，以夸美纽斯、卢梭、裴斯泰洛齐、赫尔巴特等为代表的近代教育家从理论和实践层面对教育活动进行了深入探索，大量极具创见性的教育思想和理论涌现出来。

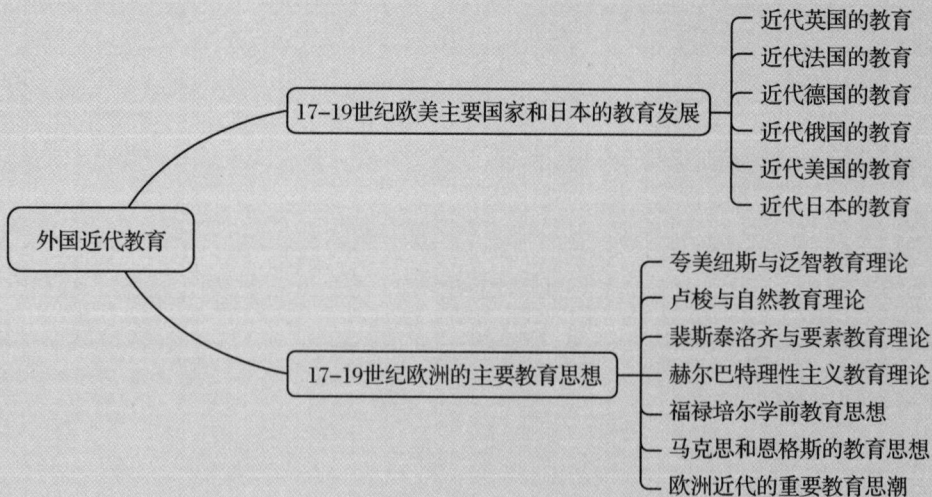

```
                                        ┌─ 近代英国的教育
                                        ├─ 近代法国的教育
                  ┌─ 17-19世纪欧美主要     ├─ 近代德国的教育
                  │   国家和日本的教育发展  ├─ 近代俄国的教育
                  │                       ├─ 近代美国的教育
                  │                       └─ 近代日本的教育
        外国近代教育 ┤
                  │                       ┌─ 夸美纽斯与泛智教育理论
                  │                       ├─ 卢梭与自然教育理论
                  │                       ├─ 裴斯泰洛齐与要素教育理论
                  └─ 17-19世纪欧洲的       ├─ 赫尔巴特理性主义教育理论
                      主要教育思想          ├─ 福禄培尔学前教育思想
                                        ├─ 马克思和恩格斯的教育思想
                                        └─ 欧洲近代的重要教育思潮
```

第五章

17—19 世纪欧美主要国家和日本的教育发展

1. 了解英、法、德、俄、美、日六国近代教育制度的演进历程；
2. 了解六国各级教育发展的整体概况和主要特点；
3. 理解六国教育发展过程中出现的重要教育思想。

重要概念

导生制　文法学校　公学　绅士教育　《初等教育法》　新大学运动　《基佐法案》《费里法案》　大学区制　文科中学　实科中学　洪堡改革　泛爱学校　公立学校运动

17—19 世纪是英、法、德、俄、美、日等国由传统农业社会向近代工业社会过渡的重要时期。尽管各国在政治、经济、文化等方面发展进程不一,但是都对教育给予了前所未有的重视,并取得了令人瞩目的成就。在此时期,各国相继建立起世俗性的、各具特色的教育领导体制和国民教育体系,普及义务教育成为各国的共识和要务,各级各类学校都得到显著发展。在此时期,教育思想领域群星闪耀,各国著名的教育家深刻批判学校教育中的种种弊端,针对社会现实提出新的教育构想,不仅为当时的教育改革提供了丰富坚实的理论依据,也为现代教育理论的形成作出了卓越贡献。

第一节
近代英国的教育

资产阶级革命前的英国具有非常浓厚的封建色彩,教育的领导权和管理权长期掌控在教会手中。资产阶级革命后,英国延续了中世纪传统,教育仍然被视为宗教活动或民间事务,由教会和慈善团体办理,政府不予干涉。直到 19 世纪,英国政府才逐步建立国家教育领导机构,颁布教育法令,设置公立学校,实施义务教育,国民教育制度由此得以正式确立。

一、17—18 世纪的英国教育

1688 年"光荣革命"之后,英国传统教育的成规和局限有所突破,各级教育都获得一定程度的发展,以培根、弥尔顿、洛克为代表的一批思想家提出了诸多教育创见。但与欧洲大陆其他国家相比,这一时期的英国教育整体发展水平较低。

(一)各级教育发展概况

1. 初等教育

英国初等教育具有明显的双轨制特征,贵族子弟接受家庭教育,初等学校主要面向贫苦家庭子弟开设。这些学校多由宗教团体或个人捐助设立,教学设备简陋,经费缺乏保障,师资匮乏且教育质量低下。根据学校不同的开办形式,大致可分为三类:慈善学校(Charity School)、星期日学校(Sunday School)、导生制学校(Monitorial System of School)。慈善学校由教区学校发展而来,免收学费,提供衣服、书籍乃至食宿;课程主要是基督教教义和简单的读写算知识,注重培养学生对上帝的信仰和勤劳守法的品行。星期日学校是出版商雷克斯(Raikes)首创的一种教育形式,在星期日对儿童(尤其是童工)进行宗教及道德教育。导生制学校是18世纪末出现的一种新型学校。导生制,也称"贝尔—兰卡斯特制",由教士贝尔(Bell)和兰卡斯特(Lancaster)分别创立,其基本特征是:学生分组,每个小组指定一名年龄较大且成绩突出的学生作为导生(Monitor);教师先教导生,导生再转教小组的其他学生。尽管这种教学组织形式存在教学呆板、质量不高等问题,但花费少、省师资,有利于教育普及,故风靡英国30余年。

2. 中等教育

英国的中等教育机构主要有文法学校(Grammar School)和公学(Public School),面向贵族和上层子弟招生,与初等学校没有衔接。文法学校是中世纪出现的以培养神职人员和官吏为目标的私立寄宿制教育机构,13~14岁入学,学制5年,课程侧重古典人文学科。公学,最初是由公众团体集资创建的一种学校,以提高公共文化教育水平、培养为社会公益服务的绅士为目标,名为"公学",实则私立。公学也属于文法学校,是专门服务于权贵子弟、培养社会上层人物的教育机构。与一般文法学校相比,公学入学限制严格,学费更高昂,设施更完备,教学质量更优异,其中以温彻斯特、伊顿、威斯敏斯特、查特豪斯、哈罗、拉格比、什鲁斯伯里、圣保罗和麦钱德泰勒斯学校九大公学最为著名。

3. 高等教育

英国的高等教育以中世纪建立的古典大学——牛津大学和剑桥大学为主干。两所大学都由众多学院构成,实行学院自治,致力于培养政治领袖和学术精英。教学大多采用导师制,课程主要是古典文科和神学,尤其重视逻辑学、哲学、伦理学、民法等学科。17世纪末,自然科学领域的成就促使大学增加实科内容,设立自然科学讲座。但整体而言,这一时期英国的高等教育发展迟缓,落后于时代。

(二)重要的教育思想

1. 培根与《新大西岛》

培根(Francis Bacon,1561—1626),英国唯物主义哲学家,科学教育思想的先驱。他对教育的贡献主要体现在关于科学知识和科学方法的论述中。培根相信,人类统治万物的权力深藏在知识和技术之中,"知识就是力量";人类对知识的理解和对技术的控制,都是正确运用科学方法的结果,但经院哲学的演绎方法既不能增加人类的知识也不能揭示事物的本质。基于此,他创立了科学研究的新工具——归纳法,就是通过对一类对象中许多个别事物的观察和实验,推断出一般性结论,进而达到规律性认识。在《新大西岛》(*New Atlantis*,1627)中,培根提出了一个开展科学研究和教育的乌托邦方案。他设想建立一座规模宏大的"所罗门宫"(科学教育城),包括科学实验馆、动植物园等各种设施,人们可以自由地开展研究活动,青年在这里接受科学教育。培根全面改造人类知识的理想推动了科学知识的世俗化发展，成为近代科学教育孕育生长的源头。

2. 弥尔顿与《论教育》

弥尔顿（John Milton，1608—1674），英国诗人、启蒙思想家。他的教育思想主要体现在《论教育》(*Tractate of Education*，1644)一文中。弥尔顿是古典教育向实科教育过渡时期的代表性人物，倡导"文实并重"，主张培养具有真才实学的资产阶级政治、军事人才。针对古典人文教育脱离实际的形式化弊端，弥尔顿倡议在全国各所城市兴办一种名为"学园"(Academy)的教育机构，并设计了一套与之相应的教育计划。学园兼施中学和大学教育，学生12岁入学，21岁毕业，授予文科硕士学位。课程设置包括人文学科、自然学科、社会学科、神学和军事训练五个部分。弥尔顿的教育计划一方面崇尚古典文化、重视古典著作，另一方面极大地突破了古典课程的范畴，几乎涵盖了当时欧洲人所了解的一切学问，充分体现了近代科学兴起对教育的冲击和影响。

3. 洛克与《教育漫话》

洛克（John Locke，1632—1704），英国经验主义哲学家、绅士教育的倡导者。洛克的教育思想以"白板论"为基础，认为人出生后心灵如同一块白板，一切知识都源自经验；教育在人的形成中发挥着巨大作用，决定了人之好坏，有用或无用。在《教育漫话》(*Some Thoughts Concerning Education*，1693)中，洛克提出了一个由体育、德育、智育构成的绅士教育体系。这里所指的绅士并非精通古典文献的学究，而是有德行、有智慧、有才干的满足新兴工商业需求的人才。绅士需要学习的内容集中在三个方面：一是身体，强健的身体是有效工作和幸福生活的前提，其主要标准是能忍耐劳苦。二是德行，绅士需要具备理智、礼仪、智慧、勇敢等品质，如此才能通晓人情世故，自如得体地处理各种事务。三是学问，涉及广泛的实际有用的知识，其价值在于发展理性，增长人的智慧和才干。洛克的绅士教育体系是对文艺复兴以来英国绅士教育实践的概括和总结，具有鲜明的世俗化、功利性特征，为实科教育的发展奠定了理论基础。

绅士教育

二、19 世纪的英国教育

英国的近代化历程领先于世界，但在国家公立教育体系的建立方面却远落后于欧陆各国。19世纪初，随着资本主义工业化进程的加快，社会上要求普及国民教育、提高劳动力素质的呼声日益高涨，英国政府改变以往传统，开始通过拨款、立法等形式对学校教育进行干预，各级教育有了很大的变化。

(一)国民教育制度的确立

1. 国家教育领导体制

1833年，英国国会通过一项教育补助金法案，拨款2万英镑修建小学校舍，这是英国政府正式干预教育的开端。1839年，英国政府首次成立枢密院教育委员会，直接掌管和监督教育补助金的分配和使用。1856年，该机构改组为枢密院教育局，领导和管理全国初等教育，这是英国政府第一个教育管理机构。1899年，教育局改组为议会直属的教育署，集中管理初等教育和中等教育，初步实现了教育领导体制的国家化。

2.《初等教育法》

1870年，英国国会正式颁布《初等教育法》，又称《福斯特法案》(Foster Education Act)。该法案的核心精神在于建立公共初等教育制度和由地方教育委员会负责的教育督导制度。法案规定：①国家继续拨款补助教育，并在缺少学校的地区设置公立学校；②全国划分若干学区，由选举产生的地方教育委员会监督本学区的教育；③各学区有权实施5～12岁儿童的强迫义务教育；④承认以前各派教会所兴办或管理的学校为国家教育机构，但不能得到补助；⑤学校的普通教育与宗教分离，凡接受公款补助的公立学校一律不得强迫学生学习宗教教义课程。《初等教育法》是英国第一个关于初等教育的法案，标志着英国国民教育制度正式建立。

(二)各级教育发展概况

1. 初等教育

1802年，英国政府首次颁布教育法令，要求工厂和手工业学徒学习读写算的基础知识，由工厂主和业主担负学习费用。1833年，英国政府在颁布的第一个工厂法中规定，9～13岁的童工每天劳动8～9小时，并且在工作时间内接受2小时的义务教育。《初等教育法》颁布后，由地方教育局开办的公立学校大量建立起来，形成了公立学校和教会学校并存的局面，初等教育获得了较大发展。为解决教师匮乏的问题，这一时期出现了导生制、见习生制度、师范学院和训练学院等培养师资的形式。1840年创办的巴特西师范学校，是英国师范教育的开端。

2. 中等教育

19世纪初，英国仍然延续以文法中学和公学为主体的中等教育体系。文法学校数量少、规模小，课程内容陈旧，教学方法保守，难以适应时代发展的需要，备受诟病。公学的社会地位和声誉较高，但同样存在类似的弊端。1861—1864年，英国国会授命克拉雷顿委员会(Clarendon Commission)对九大公学进行调查，提出扩充课程内容、改革董事机构等建议，一定程度上推动了公学改革。1864—1868年，汤顿学校调查委员会(Taunton School Inquiry)对数百所文法学校进行调查，提出建议：按照社会阶层设立古典型、现代型和职业技术型三类中学。古典型中学为贵族和上层子弟设置，以升入大学为目的；现代型中学为中层子弟设置，以培养各类专门人才为目的；职业技术型中学为平民子弟设置，以培养普通职员为目的。《汤顿报告》虽然当时未被采纳，但在英国中等教育发展史上具有重要意义，奠定了此后英国三类中学的基础。

3. 新大学运动

由于教会掌控的牛津、剑桥固守古典教育传统，不能回应时代的呼声，一批开明人士转而寻求创建注重世俗科学知识的新型大学。1828 年，伦敦大学学院（University College of London）的建立，揭开了英国"新大学运动"（New University Movement）的序幕。这所大学主要针对中层阶级子弟招生，收费低廉，非寄宿制；教学内容侧重自然科学，按专业分科，不进行宗教教育。伦敦大学学院的创立在社会上产生了重大影响，为与之抗衡，国教派于 1829 年在伦敦创建"国王学院"。上述两所大学除了宗教教育外，在教学和课程设置方面基本一致。1836 年，两院合并为伦敦大学（University of London）。19 世纪下半叶，在伦敦大学的示范之下，其他城市纷纷创建城市学院，如曼彻斯特（1851）、南安普敦（1862）、纽卡斯尔（1871）、利兹（1874）等。伦敦大学和城市学院的兴起突破了英国高等教育的封闭传统，教育对象由贵族和上层阶级扩展到中产阶级，教育内容广泛吸纳近代科学研究成果，高等教育体系得到了极大的丰富和完善。

4. 大学推广运动

大学推广运动发端于 19 世纪 40 年代，主要指全日制大学以校内或校外讲座的形式将教育推广到非全日制学生。该运动影响广泛，到 19 世纪末，仅英格兰就开出了五百多门课程，参加人数达六万多人。大学推广运动旨在加强大学与社会之间的联系，增加中下层民众接受高等教育的机会。牛津、剑桥和伦敦大学在这一运动中都发挥了重要作用。

（三）19 世纪的科学教育思想

科学教育思想产生于 16、17 世纪，弗朗西斯·培根是这一思想的奠基者。19 世纪中叶，以斯宾塞、赫胥黎为代表的思想家在全面批评传统教育的基础上，倡导科学教育，呼吁学校改革，有力地推动了近代实科教育的发展，形成世界性影响。

1. 斯宾塞的科学教育思想

斯宾塞（Herbert Spencer，1820—1903），英国实证主义哲学家、教育家。他将进化论原理运用于教育领域，力主以科学教育取代古典教育，其教育思想集中体现在《教育论》（On Education，1861）一书中。斯宾塞在教育史上首次明确提出"教育预备说"——教育的目的是"为完满生活做准备"。什么是完满生活？就是人类生活的主要活动都得到完满发展的生活。怎样才能实现人的完满生活？斯宾塞指出科学知识是对人类生活最有价值的知识，学校应该设置以科学知识为核心的课程。基于教育预备说和知识价值论，他具体设计了五类课程：①生理学和解剖学，属于直接保全自己的知识；②逻辑学、数学、力学、化学、天文学、地质学、生物学和社会科学，属于间接保全自己的知识；③心理学和教育学，是养育子女所必需的知识；④历史，是维持社会关系、履行公民职责必需的知识；⑤文学、艺术等，是闲暇时间用来满足娱乐爱好的知识。斯宾塞的课程体系突破了英国传统的古典主义教学内容，兼顾个人和社会的双重需要，凸显科学知识的核心地位，使教育与现实社会生活密切关联，是教育发展史上的一次重要变革，体现了教育发展的新方向。

2. 赫胥黎的科学教育思想

赫胥黎（Thomas Huxley，1825—1895），英国自然科学家、教育家。他的教育思想集中体现在论文集《科学与教育》(*Science and Education*，1893)之中。赫胥黎严厉批评当时英国各级学校轻视科学知识、与社会脱节等弊端，广泛宣传科学教育的重要性。他认为，只有那些能充分利用好自然科学的人才能在工业竞争和生存斗争中获胜，学校教育必须充分吸收自然科学知识。关于科学教育的具体内容，赫胥黎提出三个方面：①自然科学知识，包括地理学、物理学、化学和人体生理学等；②道德理论、政治和社会理论基础知识；③历史，尤其是英国历史。关于科学教育的具体实施，赫胥黎提出科学教育的目的不是把一切科学知识都教给学生，而是让学生获得一般性科学知识并掌握和运用科学方法，进而养成在生活中运用理智的习惯。需要注意的是，赫胥黎反对单纯强调科学教育、抛弃传统人文教育的做法，主张科学教育与人文教育和谐共存、相互渗透。与斯宾塞激进的科学教育思想相比，更具合理性和现实意义。

第二节
近代法国的教育

17世纪的法国是欧洲大陆最强大的封建制国家，在神权和君权的共同压制下，资本主义因素发展迟滞，教育掌控在教会手中。18世纪末爆发的资产阶级革命根除了统治法国千余年的封建制度，启蒙思想家的教育主张得以践行，法国教育的历史走向由此发生深刻改变。19世纪，法国教育几经变革，最终确立起中央集权的教育领导体制和世俗化的国民教育体系。

一、17—18 世纪中期的法国教育

资产阶级革命前，法国的学校教育基本上由天主教会控制。天主教团体大都积极兴办学校，重视发展教育事业。

(1)初等教育。天主教神父拉萨尔(La Salle)创立的"基督教学校兄弟会"，是这一时期法国初等教育的主要力量。兄弟会面向下层阶级子弟开办免费的初等学校，课程包括宗教、礼仪和读写算基础，采取分班组教学。为培养初等学校师资，该组织于 1684 年创办"教师讲习所"，这是欧洲最早的具有师范教育性质的学校。

(2)中等教育。耶稣会创办的"学院"，是这一时期法国主要的中等教育机构。此类中学招收贵族和中产阶级子弟，学校设施完善、师资力量雄厚、教学方法灵活多样，且以组织严密、纪律严格著称于世。圣乐会是举办中等教育的另一支重要力量。圣乐会创办的中学适应资产阶级需要，重视历史、地理、现代外语等学科，教学方法新颖，强调启发思考和理智训练，促进了法国中等教育的近代化。

(3)高等教育。18 世纪的法国共有 22 所大学，位居欧洲前列。其中，巴黎大学最古老但也最保守，排斥新思想和新学科，打击新教学生，因此影响力日减。技术性专门学校在这一时期得到较好发展，相继创建了路桥学校(1747)、矿业学校(1778)、皇家军事学校(1751)等。

二、18 世纪的启蒙教育思想

18 世纪上半叶，随着资本主义工商业的发展和科学技术的进步，法国掀起了一场波澜壮阔的启蒙运动。一大批头脑敏锐、学识渊博的启蒙思想家高举"理性"旗帜，猛烈抨击封建专制制度和宗教神学，设计了宏伟的法国国民教育制度蓝图。

(一)爱尔维修的教育万能论

爱尔维修(Helvetius，1715—1771)，法国唯物主义哲学家。他的教育思想集中体现在《论人的理智能力和教育》(1769)一书中。关于教育作用，爱尔维修坚决反对"天赋观念说"，认为人的一切认识都是通过感官获得的，人的智力天然平等；人与人之间的智力差异是环境和教育的结果，"人生而无知，并非生而愚蠢"[1]，每个人都具有潜在的可完善性；通过教育可以消除社会中的愚昧现象，提高人们的才智和道德水平。据此，他提出了"教育万能"的口号。关于教育实践，爱尔维修在批判经院主义教育的基础上，

---

[1] 北京大学哲学系编译：《十八世纪法国哲学》，480 页，北京，商务印书馆，1963。

提出剥夺教会对学校事业的垄断，由国家创办世俗教育，培养将个人福利和民族福利结合起来的新式公民，增进全社会的公共福利。

(二)狄德罗的启蒙教育思想

狄德罗(Diderot，1713—1784)，法国唯物主义思想家、教育理论家。他的教育思想集中体现在《对爱尔维修〈论人的理智能力和教育〉一书的系统反驳》(1775)中。狄德罗高度评价教育的作用，认为教育能够启发人的理性、塑造人的思想，对于社会秩序和政府稳定具有重要影响。但是，他不同意"教育万能论"，认为爱尔维修过分强调感官的作用，忽视了大脑的生理机能及其作用；教育是人与人之间差异的主要根源，并非唯一根源。在为俄国制定的《俄罗斯大学计划》中，狄德罗指出教育在民族存续、演进和发展中扮演重要角色，重视教育的民族最终将走上文明和富庶的发展道路。关于国民教育，狄德罗主张剥夺教会的教育管理权，全部交由国家管理；建立普及的、免费的初等教育制度，推行强迫义务教育；取消中等教育和高等教育的招生限制，强化教育的实科化和实用化特征。

(三)拉夏洛泰的国民教育论

拉夏洛泰(La Chalotais，1705—1785)，法国著名法官、法学家。他在《国民教育论》(1763)中系统阐释了关于法国国民教育发展的设想。第一，批判耶稣会教育的空疏陈腐，提出按照世俗化原则从根本上重建整个教育制度。第二，国民教育必须以国家利益为重，以培养合格国民为目标。一个人如果能够遵循自己的愿望，自主选择自己的职业，并具备自己所从事职业的道德品质、文化知识和职业技能，就是一位合格的法国国民。第三，国家政府必须承担起发展国民教育的职责。政府要为国家教育事业发展提供必要的法律保障，指明方向和目标，并根据社会经济发展水平决定学校教育的规模、程度和内容。拉夏洛泰的上述设想直接指导了法国大革命后的国民教育实践。

三、大革命时期的教育改革

1789—1794年法国爆发资产阶级革命，立宪派、吉伦特派和雅各宾派先后上台执政。为培养新一代共和国国民，创建统一的国民教育体系，各党派纷纷提出富有资产阶级特色的教育改革方案，其中三个方案最为著名。

(一)《塔列兰法案》

《塔列兰法案》(1791)是法国政治家塔列兰(Talleyrand)领导的委员会在制宪议会上提出的教育方案。这是法国第一个较为系统的国民教育方案，其主要内容是：第一，确立国民教育三大基本原则，即发展国民教育是政府不可推卸的责任；宪法应明确界定国民教育的功能；普及教育原则。第二，提出三级国民教育体系，即各县设立初等学校，教授法语和算术；各郡设立中学，教授法语写作、希腊语和拉丁语、宗教知识和《人权宣言》；各省设立高等教育机构培养专门的职业人才。第三，主张建立中央集权的管理体制，保证教育目标的统一性和学校系统的完整性。

(二)《孔多塞报告》

《孔多塞报告》(1792)是法国哲学家、吉伦特派领导人孔多塞(Condorcet)提出的教育方案。这是大革命前期关于国民学校系统最为完整、系统的教育计划，其主要内容是：第一，国民教育是国家对全体公民应尽的职责，国家应建立统一的、前后衔接的、世俗的学校系统。第二，学校系统由五级构成，即初级小学、高级小学、中学、专门学校和国立科学艺术院。整个学校系统由国立科学艺术院统一领导和管理。第三，各级学校均应实行强迫、免费、普及教育。第四，取消宗教学科，减少古典学科，提升自然科学和本国历史、地理、语言等学科的地位。

(三)《雷佩尔提计划》

《雷佩尔提计划》(1793)是法国政治家、雅各宾派领导人雷佩尔提(Lepplletier)拟定的教育方案。该方案的主要内容是：第一，强调教育要面向人民大众，政府应开办寄宿学校——国民教育之家，免费提供衣食，保障初等教育的实施。第二，国民教育的目的在造就掌握文化知识和劳动技能、体魄强健、遵纪守法的公民和爱国者。第三，国民教育应为儿童提供包括体育、德育、智育和劳动教育在内的全面教育内容，注意联系社会现实，重视对儿童爱国精神的培养。

上述方案充分反映了启蒙运动的基本原则，其共同特点在于：①主张教育是国家事务，必须接受政府的管理和监督；②主张建立国民教育体系，培养国家公民；③主张实施普及教育，并提出学校系统的设想；④主张教育内容世俗化和科学化。尽管这些方案在当时没能付诸实行，但对19世纪欧洲各国教育改革都产生了重要影响。

四、19 世纪的法国教育

19世纪的法国政局动荡，先后经历了从法兰西第一帝国到法兰西第三共和国共七个历史时期。在剧烈变动的时代大背景下，法国逐步建立起中央集权的教育管理体制，并通过教育立法奠定了国民教育的发展基础。

(一)中央集权的教育管理体制

1804年，拿破仑建立法兰西第一帝国。为了提高教育行政管理效率，培养尽职干练的官吏和忠君爱国的臣民，1806年，拿破仑在巴黎设立帝国大学，作为全国最高教育管理机构，下设总监、评议会和总督学。1808年，《关于帝国大学条例的政令》将全国划分为27个大学区，分设学区总长、学区评议会和学区督学。帝国大学总监由拿破仑直接任命，学区总长、各级督学、各级学校校长及教师均由总监任命。帝国大学拥有决定各级各类学校包括私学能否开办的权力，并对学校的课程设置、学年安排、考试和升级规定等进行统一管理。公立学校教师被视为国家官吏，由国家支付薪金。帝国大学的成立和"大学区制"的推行，奠定了法国中央集权教育领导体制的基础。这种教育领导体制一直延续了近两个世纪，成为法国近现代教育发展的一个重要特点。

(二)初等教育法案

1.《基佐法案》

1833年，法国教育部部长基佐(Guizot)制定并颁布了一项大力发展初等教育和师范教育的法案，史称《基佐法案》。该法案规定：①每个乡镇必须设立一所初级小学，六年制。②每个6000人以上的城市须设一所高级小学，三年制，与初级小学衔接。③每个省设一所师范学校培养小学教师，经过国家考试合格并取得能力证书后，方可任教。《基佐法案》初步确立起法国的国民教育制度，对于初等教育的发展发挥了显著的积极影响。

2.《费里法案》

19世纪70年代，法国基本完成了工业革命，普及初等教育成为教育发展的重点。1881—1882年，法国教育部部长费里(Ferry)主持制定了两项初等教育法案，史称《费里法案》。该法案的主要内容：①确立国民教育义务、免费、世俗化三项原则。②对6~13岁儿童实施强迫的、义务的初等教育。③幼儿园和公立小学一律免收学费。④小学废除宗教课程，增设公民和道德课；取消教会监督学校的权力，宗教团体成员不得在公立学校任教。《费里法案》使法国教育摆脱了宗教束缚，促进了义务教育的普及，为法国初等教育的发展确立了方向。

(三)中等教育和高等教育

19世纪初，法国中等教育获得了较大发展。大批国立中学和市立中学纷纷创建，成为中等教育的主要机构。国立中学由中央政府设立，采取寄宿制，主要为升入大学服务；开设课程非常广泛，科学知识与古典文科兼重。市立中学由地方政府设立，课程要求稍低于国立中学；学生毕业即可获得学士学位，进入政府机构任文职官吏。19

世纪中叶，随着科学技术的发展，实科课程日益受到重视。1865 年，法国开始设立培养专业人才的实科性质的中学，后来称为"现代中学"。

19 世纪法国高等教育发生了许多有意义的变化。以巴黎大学为代表的古老大学开始朝着适应资产阶级政治经济需要的方向发展，成为全国重要的文化教育中心；巴黎理工学校、巴黎高等师范学校等一批培养专门人才的专科学校相继建立，这些新式学校师资力量雄厚、教学设施优良，重视独立探索和钻研精神，为法国培养了大批杰出人才。

(四)涂尔干的教育思想

涂尔干(Emile Durkheim，1858—1917)，法国社会学家、教育家。其教育思想主要集中在《教育与社会学》(1922)、《道德教育论》(1925)和《教育思想的演进》(1938)三部著作中。19 世纪的欧洲动荡不安，阶级矛盾尖锐，新旧观念碰撞激烈。为寻求解决社会危机的途径，涂尔干运用功能主义社会学思想研究教育，开创了教育社会学这一新的学科领域。

(1)论教育功能。涂尔干认为，教育的主要功能是促使年轻一代系统地社会化，成为合格的社会成员。教育首先是一种社会事实，其制度、目的和内容都与社会相联系，受社会制约。教育必须满足社会对人的要求，必须培养社会所需要的人。

(2)论教育与人的发展。涂尔干反对"教育万能论"和"教育无用论"，认为这两种观点都不符合事实。遗传为儿童的发展提供了可能性，但不能决定儿童的前途。儿童的可塑性和灵活性使教育活动拥有广阔的空间，能够缩短人所具有的不确定的潜在性与社会角色明确规定的人格之间的距离。

(3)论道德教育。涂尔干提出道德教育应该是一种"唯理教育"。所谓唯理教育，就是只以理性所承认的理念、情感和实践为基础的教育，是非宗教的道德教育。宗教和道德最初同源，随着社会发展，道德将摆脱神学的束缚而独立存在。排除宗教之后的道德体系，需要用"社会"填补其"真空"，即将道德教育与社会生活紧密关联起来。

第三节
近代德国的教育

17 世纪的德国尚未统一，境内邦国林立，政治经济发展远落后于英、法等国。但由于宗教改革运动的影响，新旧教派都非常注重学校教育，形成德国历史上重视教育的优良传统。19 世纪上半叶，借鉴英、法两国的经验，德国开始向工业化社会过渡，各级教育事业发展迅猛，具有人文主义和民主主义特征的先进教育思想不断涌现，对世界各国教育发展产生深远影响。

一、17—18 世纪的德国教育

在数百个大小邦国中，普鲁士实力最强，且在教育领域中多有作为，是德意志各邦效仿的榜样。因此，教育史上 17—18 世纪的德国教育一般以普鲁士教育为主。

（一）各级教育发展概况

1. 初等教育

德国是世界上最早实施普及义务教育的国家。从 16 世纪末开始，德国各邦国陆续颁布强迫义务教育法令，使学校由教会管理改为国家管理。其中，普鲁士国王腓特烈二世颁布的《普通学校规章》(1763)最为著名，该法令规定：5～14 岁儿童需要接受强迫义务教育，违者将对家长进行罚款。此外，1794 年，《普鲁士民法典》规定学校为国家机关，学校设立须经国家允许，所有公立学校都要接受国家政府监督。尽管受到现实限制难以充分执行，但这些法令的颁布与实施，标志着德国国民教育体制的初步确立。

2. 泛爱学校

1774 年，泛爱主义教育家巴西多(J. B. Basedow，1724—1790)按照自己的教育理想创办了一所新型学校，命名为"泛爱学校"(Philanthropinum)。泛爱主义是一种强调人类博爱和人道主义的社会教育思潮，反对经院主义和古典主义教育，倡导培养掌握实际知识和健康乐观的人。泛爱学校遵循适应自然的教育原则，注重激发儿童的学习兴趣；课程内容广泛，以实科知识和现代语言为主，重视体育和劳动教育；注重直观教学，鼓励儿童主动学习。巴西多的泛爱学校有效地传播了资产阶级人文主义教育思想，尽管只存在了 19 年，但随着类似学校的相继开办，影响遍及欧洲各国。

3. 中等教育

17—18 世纪德国的中等教育机构主要有文科中学、骑士学院、实科中学三种类型，以文科中学为主。文科中学专为王公贵族子弟开办，以升学预备教育和培养上层职业者(医生、律师、牧师、官吏等)为重要任务，古典色彩浓厚，与初等学校没有衔接关系。骑士学院是专为贵族子弟开办的一种特殊的中等教育，以培养文武官员和外交人才为目标。现代语言和自然科学在课程中占首要地位，重视军事工艺、手工艺(如建筑、机械)、体育运动、社交能力等方面的学习。实科中学是一种兼具普通教育和职业教育性质的新型学校。1705 年，虔信派牧师席姆勒(Zemler)提出建立实科中学的设想。1747 年，虔信派牧师赫克(Hecker)创办德国第一所真正意义上的实科学校——"经济、数学实科学校"。这类学校注重自然科学和实用知识的学习，教学内容与实际生活、国民经济部门直接联系，为德国工业发展培养了大批人才。实科中学具有很强的进步色彩，但社会地位低于文科中学，毕业生只能进入职业领域，不能升入大学。

4. 高等教育

德国大学在 17 世纪发展迟滞，被视作陈腐过时、趋于消亡的教育机构。17 世纪末，随着自然科学的发展和哲学新思潮的涌现，德国出现了大学革新运动。大学革新发端于 1694 年哈勒大学(Halle University)的创立。自创立之始，哈勒大学就奉行两条新原则：①采纳近代哲学和近代科学；②以思想自由和教学自由为基本原则。[1] 此后，哥廷根大学、埃尔兰根大学等相继创立。这些新大学传播近代思想、追求学术自由、崇尚科学探究，成为德国所有大学竞相仿效的范本。改革后的德国大学充满活力，在学术研究和民族兴亡中发挥了重要作用。

(二)康德的教育思想

康德(Immanuel Kant，1724—1804)是德国古典唯心主义哲学的奠基人。他的教育思想深受法国启蒙运动、泛爱学校实践及卢梭教育思想的影响，集中体现在《论教育》(On Education，1803)一书中。康德的教育学说直接影响了裴斯泰洛齐和赫尔巴特教育思想的形成。

1. 论教育作用

康德高度肯定教育对于个人发展所具有的重要作用。他认为"人是唯一必须受教育的被造物"[2]，人完全是教育的产物。人性中善恶并存，教育的任务在于去恶扬善，使人获得知识和道德，实现自然禀赋的和谐发展，成为有理性的文明人，从而推动个人和社会不断向前发展。

2. 论教育过程

康德认为，人既有感性认识能力又有先验理性，经验提供认识的材料，理性提供认识的结构，二者共同促成了知识的获得。教育过程不是灌输和管束的过程，要给学生自由发展的空间，让学生充分运用自己的感官，"人的教育不能只是简单地、机械地接受训练，最重要的是要使儿童学会思考"[3]。

3. 论教育内容

康德将教育分为保育、体育、心理训育和道德陶冶四个部分。保育，主要针对婴幼儿的健康和习惯养成。康德借鉴卢梭的自然主义教育思想，提出母乳喂养、饮食适度、养成耐寒习惯等主张。体育，目的在于养成儿童健康的体魄和积极进取的精神，

---

① 周采：《外国教育史》(第二版)，142 页，上海，华东师范大学出版社，2020。

② ［德］伊曼努尔·康德：《论教育学》，赵鹏、何兆武译，3 页，上海，上海人民出版社，2005。

③ 赵祥麟：《外国教育家评传》(第 1 卷)，721 页，上海，上海教育出版社，1992。

培养儿童的独立意识和自助能力。心理训育，目的在于提升儿童的心理素质和智力品质，促进记忆力、想象力、理解力、判断力和思维力的发展。道德陶冶，目的在于实现"自然人"向"道德人"的转变。康德认为，"道德教育的第一要务是确立一种品格，即按照准则来行动的能力"，教育应着力培养服从、诚实、合群和坦荡等道德品格。

二、19 世纪的德国教育

在 1806 年普法战争中，普鲁士战败，割地赔款，激起了民众改革教育、挽救危亡的民族主义热情。普鲁士国王腓特烈三世决心"用精神弥补物质损失"，任命洪堡主持改革，各级教育呈现欣欣向荣的发展态势。在思想领域，19 世纪的德国极为活跃，诞生了许多杰出的教育学者，极大地推动了德国教育理论与实践的发展。

(一)洪堡的教育改革

洪堡(W. V. Humblot，1765—1835)，德国新人文主义教育家。1809—1811 年，洪堡在担任普鲁士公共教育部部长期间，推行了一系列富有成效的教育改革。在初等教育方面，注重提高基础教育质量，加强师资培训，初步构建了师范教育体系。在中等教育方面，改造文科中学，削弱古典学科；由国家进行师资考核和选择，保证了中学教师质量。在高等教育方面，创建新型大学，力主将大学办成哲学、科学和学术研究的中心。1810 年创建的柏林大学，被誉为"现代大学之母"，其办学模式为世界各国所仿效。洪堡改革虽然历时较短，但完善了德国近代教育制度，为德国教育的发展奠定了坚实基础。

(二)各级教育发展概况

1. 初等教育

19 世纪初，巴伐利亚公国率先颁布《初等义务教育法》，其他公国紧随其后，有效地促进了初等教育的发展。1872 年，统一后的德意志帝国颁布《普通学校法》，规定实施 6～14 岁的强迫义务教育。这种八年制义务教育分为两个阶段，前四年为基础学校，后四年为高等国民学校。到 19 世纪末，德国完全实现了普及初等教育。初等学校在学科内容上减少了宗教神学课程，增设了博物、史地、自然常识等实用学科；在教学方法上学习借鉴裴斯泰洛齐的教学主张，推行实物教学和直观教学等方式。

2. 中等教育

这一时期的中等教育机构主要是文科中学和实科中学两类。洪堡改革时期，对各种名称不一的古典中学进行了整顿，统称为文科中学；规定只有文科中学毕业生才能升入大学或充任国家官吏；文科中学推行新的课程体系，把古典学科与现代学科结合起来，在保留文化传统的同时适应社会发展要求。实科中学在 19 世纪发展迅猛，地位有所提升，经过长期斗争获得了毕业生可以升入大学的权利。改革之后的德国学校呈现出鲜明的双轨制特征：初等学校与中学不相衔接，课程体系各自独立。平民子弟进入初等学校接受 6～14 岁的免费义务教育，毕业后只能升入工商业中等专业学校；中上层子弟进入文科或实科中学接受中等教育，毕业后升入高等学校。

3. 职业技术教育

职业技术教育是德国中等教育的重要组成部分。1817 年，普鲁士开始在各行政区设立手工业学校，学制 1 年。1821 年，手工业学校改称工业学校，学制 2 年，学生毕业后可以升入柏林中央工业学校。此类学校开设课程不一，除基础课程外，一般包括绘画、工具制图、模型制作等。各城市当局负责提供用地和设备，国家负担部分开支。1850 年，政府对工业学校进行改革，增设力学、建筑等科目，教学水平有所提高，相当于正规的中等教育机构。19 世纪后半期，德国的职业技术教育已经在欧美国家中居于领先地位。

4. 师范教育

为提高初等教育质量，1809 年，德国创办第一所师范教育机构——柏林师范学校。师范学校招收小学毕业生，修业 3 年，课程内容设置相当宽泛，师资训练极为严格。洪堡改革期间，颁布考核中等学校教师规程，规定考试及格者才能获得教师资格和称号。此外，洪堡还指派包括赫尔巴特、福禄培尔在内的青年教师赴瑞士向裴斯泰洛齐学习，这些青年教师回国后，按照裴斯泰洛齐的办法开办了许多师范学校，为德国中小学教育培养了大批质量较高的教师。

5. 高等教育

19 世纪的德国开创了世界高等教育发展的新时代，具体体现为洪堡的大学理念和柏林大学的创办。洪堡认为，大学不仅是一个教育实体，而且是一种精神象征；大学的使命在于提高学术研究水平，服务于国家的长远发展；大学的基本准则是学术自由、教师自治、教学与科研相统一。基于上述理念，洪堡在哲学家费希特等人的协助下于1810 年创建柏林大学。这所寄托着民族复兴希望的大学采取了全新的办学思路：提倡纯科学研究，排斥职业性和功利性学科；鼓励学习自由和教学自由；设置研讨班和研究所，坚持教学与研究相统一；聘用学术造诣精深的著名学者任教（如黑格尔、谢林、费希特等）。柏林大学的创办，是德国高等教育发展史上的一个里程碑，确立了以研究为核心的现代大学制度，深刻影响了世界高等教育的发展。在柏林大学的影响下，德国出现了大批重视学术研究的新大学，如布莱斯劳大学(1811)、波恩大学(1818)、慕尼黑大学(1826)等。

(三)19 世纪的教育思想

1. 费希特的国民教育思想

费希特(Johann Fichte，1762—1814)，德国哲学家，以宣扬国民教育而著称于世。为了振奋民族精神，将德意志民众从普法战争的阴影中解放出来，1807－1808 年，费希特在柏林科学院发表了 14 次题为《对德意志民族的演讲》。他认为，"能够拯救德意志的独立性的，绝对仅仅是教育"[①]，国民教育是实现德意志民族复兴的重要手段。费希特的基本教育主张是：第一，国民教育是培养个人具备崇高民族情感的教育，是面向每一位国民的教育，应由国家创办；第二，国民教育的目标在于培养智力聪慧、品德高尚的"全人"；第三，国民学校是实施国民教育的机构，不仅为学生提供一般性知识教育，还要为学生未来参与职业劳动和职业生活打下基础。

2. 第斯多惠的全人教育思想

第斯多惠(Friedrieh Diesterweg，1790—1866)，德国民主主义教育家。曾任柏林师范学校校长，被誉为"德意志教师的教师"，其教育代表作是《德国教师教育指南》(1835)。第斯多惠的基本教育主张是：第一，提出"全人教育"的理想。全人教育包含两层含义，一是反对封建等级和民族主义教育，使所有人都能受到同样的教育；二是用全面的教育内容促进人的全面发展。教育的目的在于充分发展人所固有的自动性，培养能自由思考的、身心和谐发展的人。第二，提出教育的两个基本原则，即自然适应性原则和文化适应性原则。他强调教育必须适应儿童自然本性的发展规律，同时还必须适应社会文化的状况和要求，培养爱国主义情感、适应现代科学发展。第三，提出系统的教学论思想，包括教学的形式目的与实质目的之间的相互依存关系、教学的一般原则及方法等。第四，对教师提出具体要求，包括崇高的职业责任感、良好的教育素养和教学技能、良好的教学精神状态、持续不断的自我教育。

第四节
近代俄国的教育

17 世纪的俄国是一个保守的封建农奴制国家，文化教育起步较晚。为了改变俄国的落后状况，沙皇彼得一世推行社会改革，奠定了俄国教育近代化的基础。18 世纪末，以法、德等国的教育制度为蓝本，俄国正式建立起国民教育制度。1861 年，俄国废除

---

① ［德］费希特：《对德意志民族的演讲》，梁志学等译，141 页，北京，商务印书馆，2010。

农奴制，知识界随之掀起一场公共教育运动，进一步促进了俄国的教育变革。

一、17—18 世纪的俄国教育

17 世纪的俄国教育主要由教会控制，受拜占庭传统文化和俄罗斯世俗文化的影响，具有重视实用知识的传统。进入 18 世纪，世俗王权将教育视为富国强兵的重要手段，通过政令和法令逐步干预教育。

(一)彼得一世的教育改革

18 世纪初，俄国沙皇彼得一世效仿欧洲先进国家推行社会改革。教育领域的改革举措有：第一，设立实科专门学校，培养军事和科技人才。1701 年开始，陆续开办炮兵学校、数学及航海学校、外国语学校、工程学校等。第二，开办普通学校，改造教会学校。1714 年，在各教区开办计算学校，以读写知识和算术、几何学为主要教学内容，招收 10～15 岁的官吏子弟。这是俄国最早的国立初等学校，打破了教会对教育的垄断。第三，筹建科学院，发展科学事业，培养本国专家学者。科学院附设大学和预备中学，聘请欧洲著名学者担任院士。彼得一世改革以大规模引进西方先进科技为基本特征，强化教育的实科倾向，扩大教育的普及范围，使俄国教育开始步入近代化的道路。

(二)创建莫斯科大学

在俄国高等教育史上，第一所高等学校是创建于 1632 年的基辅莫吉拉学院(后更名基辅学院)，影响最大的高等学校则是创建于 1755 年的莫斯科大学。这所大学是俄国第一所世俗的高等学校，由著名学者罗蒙诺索夫(M. B. Ломоносов，1711—1765)倡议建立。莫斯科大学具有鲜明的世俗性和民主化倾向，其特点体现为：第一，大学由政府直辖，教授会管理，设法律、哲学、医学三个系和两个文科中学，不设神学系。第二，可以招收农奴以外的所有子弟入学。第三，注重俄语和科学知识在教学中的地位，注重知识传授与生产实际的结合。

(三)颁布《国民学校章程》

18 世纪中后期，叶卡捷琳娜二世在启蒙思想影响下签署《俄罗斯帝国国民学校章程》(1786)。该章程规定：第一，在各地设置国民学校，包括县城设立的初级国民学校(两年制)和省城设立的中心国民学校(五年制)。办学经费由国家和地方共同承担，学生免费入学。第二，中心国民学校以培养初级国民学校教师为目标，前两年课程与初级国民学校相同，后三年开设机械、建筑、物理、自然、历史等课程。第三，各地的国民学校由当地政府管理，在中央设"学校总管理处"，领导全国的学校教育工作。这是俄国历史上第一部关于国民教育的法令，规定了全俄统一的学制，标志着俄国国民教育制度的建立。

二、19 世纪的俄国教育

19 世纪初，俄国确立了中央集权的教育管理制度，并通过政令不断加强集权。19 世纪中叶，俄国公共教育运动广泛宣传西欧教育家思想，推动沙皇政府颁布了一系列新的教育政策。

(一)教育管理制度的建立

1802 年，俄国首次建立全国教育行政机构——国民教育部，管辖全国所有的世俗学校。1803 年颁布《国民教育暂行章程》，确立起中央集权的教育管理体制和四级学校教育体系。该章程规定：第一，全国划分为六个学区，每个学区设立一所大学。大学不仅是高等学府，而且是学区的教育行政领导机构。第二，大学下属三类学校，分别是教区学校(学制 1 年)、县立学校(学制 2 年)、文科中学(四年制)。第三，大学由大学委员会管理，大学下属各类学校由大学委员会附设的学校委员会管理。这是俄国历史上第一个彼此衔接、上下沟通的统一学制，各级学校均不收学费，招收对象也不受出身和宗教信仰的限制，具有明显的进步性。但不久之后，它的进步性就被剔除殆尽了。

1815 年，俄国与奥地利、普鲁士缔结"神圣同盟"，保守力量复苏，对教育的管控日益加强。具体体现为：第一，1817 年，成立"宗教事务与国民教育部"，加强了东正教对学校的控制。第二，1819 年，教区学校和县立学校改收学费。第三，1828 年，取消了各级学校之间的衔接，严格限定各级学校的招收对象。教区学校招收社会最底层子弟，县立学校则招收商人、工匠等城市平民子弟。第四，1835 年的《大学规程》正式废除大学的自治权和领导各级学校的权利，由学区督学直接管辖。

(二)公共教育运动

19 世纪 60 年代，是俄国历史上的一个重要转折点，迫于各方面压力，沙俄政府废除了农奴制。在此时期，进步学者通过组织团体、出版书籍、发表文章等方式，广泛宣传西欧教育家思想、倡导教育改革，在俄国掀起一场声势浩大的公共教育运动。这场运动的基本主张是：反对等级教育，要求开展男女平等的普及教育；提高实科教育的地位，扩大实科教育的范围；给予大学自治权，尊重师生人格等。在公共教育运动的推动之下，1860—1864 年，俄国先后颁布了一系列教育法规。

1860 年的《国民教育部女子学校章程》，在俄国第一次明确规定设立女校，分为三年制和六年制两种，侧重宗教、道德和知识教育。

1863 年的《俄罗斯帝国大学普通章程》，一定程度上恢复了大学的自治权。校长和各级管理人员由校内学术机构选举产生，教授以竞选方式推举。大学设置历史文学系、数理学系、法学系、医学系。

1864 年的《文科中学和中学预备学校章程》，规定中学分古典中学和实科中学两种类型，学制七年，招收各阶层儿童入学，不问身份和宗教信仰。古典中学毕业生可以升入任何高等学校，实科中学毕业生则只能升入高等技术学校。

1864 年的《初等国民学校章程》，规定政府、地方自治机关、社会团体、教会、私人都可开办初等学校；招收社会各阶层子弟，学制三年；地方政府建立学校委员会管理学校事务；教会学校自成体系，对非教会学校有监督权。

19 世纪 60 年代的教育改革具有显著的民主色彩，促进了俄国教育的近代化发展。但是进入 70 年代，为了限制和镇压工人阶级运动，沙皇政府颁布了新的教育法令，力图维护贵族子弟的受教育权。俄国教育发展再一次出现倒退，各级教育勉强维持，发展缓慢。

(三)师范教育的发展

(1)初等师范教育。鉴于小学教师严重不足，1870 年沙皇政府颁布《师范学校章程》，确定国家开办四年制的师范学校，学生除学习普通科目外，还学习教育学、低年级俄语和算术教学法。自 1872 年开始，建立三年制寄宿的师范专科学校，招收市立学校和师范学校的毕业生，为市立学校培养教师。

(2)高等师范教育。19 世纪初俄国进行国民教育改革时，先后在莫斯科大学、哈尔科夫大学、喀山大学、基辅大学等综合大学里建立了师范学院。综合大学毕业生在师范学院接受三年师范教育之后，就可以担任中学教师或大学教师。与此同时，在彼得堡师范学校的基础上建立起中心师范学院，这是俄国历史上第一所独立的高等师范学校。但随着沙皇专制统治进一步走向反动，1859 年，所有的师范学院都被关闭。废除农奴制后，俄国开始重建高等师范学校。彼得堡文史学院（1867）和涅仁文史学院（1875）是这一时期仅有的国立高等师范学校。19 世纪 60 年代，高等女子师范教育获得了迅速发展，在彼得堡、莫斯科等城市建立了相当于大学的高等女子师范学校。这些学校主要靠私人资助，学生需缴纳学费，招收女子中学或女子贵族学校的毕业生，毕业后在中学任教。

总体而言，17—19 世纪俄国的教育与西欧、北美国家相比落后很多，带有更鲜明的军事封建等级制和宗教神学的性质。俄国的学校教育制度与其他国家相比也更加复杂、紊乱，呈现显著的双轨制特征，中等教育和高等教育主要为特权阶级和资产阶级服务，下层民众接受教育、求取知识的权利被长期剥夺。

三、乌申斯基的教育思想

乌申斯基(К. Д. Ушинский，1823—1870)，俄国教育家，俄罗斯教育科学奠基人，其教育代表作为《人是教育的对象》(1867)。乌申斯基倡导建立具有俄国特色的国民教育制度，为俄国教育理论的科学化作出了重大贡献，被誉为"俄国教育科学之父""俄国教师的教师"。

(一)论教育学的科学基础

乌申斯基相信，教育学不是科学，是艺术。因为科学研究已存和现存的东西，而艺术则创造尚未出现的东西。他把教育学分为广义和狭义两种，前者是教育工作所必需的或有用的知识的汇集，后者是教育活动规则的汇集。在乌申斯基看来，狭义的教育学对教育工作意义不大，甚至可能有害。教育的核心问题是作为教育对象的"人"，而不是教育规则。"如果教育学希望全面地去教育人，那么它就必须首先全面地去了解人。"[1]为此，教育学应该吸取广泛的人类科学知识，其中，生理学、心理学和逻辑学是教育学的"三个主要基础"，心理学尤其重要。

(二)论教育的民族性原则

乌申斯基指出，教育的目的在于培养全面和谐发展的人。这种全面和谐发展不仅包括身体、智力、道德等方面的全面发展，还包括把民族和个人利益相结合的爱国主义情感。教育的民族性，应该成为贯穿全部教育活动的基本原则。民族性教育主要体现为：第一，建立适合本国、本民族特点的国民教育制度。国民教育由人民来管理和领导。第二，重视本民族语言教学，将优秀的民族文化作为教育的重要内容。第三，使学生了解本国的历史和文化，培养儿童热爱祖国的崇高情感。

(三)教学论思想

乌申斯基认为，教学是传授知识、形成技能、熟悉技巧的过程，包括教师的传授和学生的学习两个方面。"过去经验式的学校把全部学习劳动推卸到儿童身上，交给教师手中的知识成为了督促懒惰者的鞭子；以后学校又陷入了另一极端：它把全部劳动

---

① ［俄］乌申斯基：《人是教育的对象——教育人类学初探》(上卷)，郑文樾等译，10 页，北京，人民教育出版社，1989。

放到教师身上，迫使他们这样来发展儿童，即要使这种发展对他们是不费任何劳动的。"①学习是一种劳动，教师最主要的职责就是引导学生养成脑力劳动的习惯。

针对俄国出现的"形式教育"与"实质教育"的争论，乌申斯基指出，教学具有双重目的，一是形式目的，即发展学生的智力；二是实质目的，即传授给学生知识。两个目的相互结合、缺一不可。任何将发展智力与传授知识对立起来的观点，都具有片面性。在课程设置上，他重视本民族语言学习，强调实科课程的重要性，主张把实科课程与古典课程相互结合，开设多样化的、反映现代社会生活的课程。基于儿童智力发展的特点，乌申斯基还提出一系列教学原则，如直观性原则、自觉性和积极性原则、系统性原则、巩固性原则等。

第五节
近代美国的教育

17 世纪初，受政治和宗教等因素的影响，大批欧洲移民进入北美，在大西洋沿岸相继建立起 13 个殖民地。北美殖民地的教育以移植欧洲教育模式为主，同时兼顾社会生活实际，宗教色彩显著。美国独立以后，教育管理权主要掌握在地方政府手中，各州都有自己独立的教育体系。19 世纪，美国建立地方分权的教育领导体制，并在公立学校运动的助推下逐步构建起面向全体国民的、免费和世俗的公立学校体系。

一、17—18 世纪的美国教育

北美殖民地时期的教育基本是对宗主国教育的模仿，一方面具有鲜明的宗教性和等级性特征，另一方面又呈现出多元化和开放性的特点。独立战争（1775—1783）是美国历史发展的重大转折点，随着政治的稳定与经济的繁荣，各级教育事业都得到较快发展。

（一）殖民地时期的教育

北美 13 个殖民地大致可分为北部、中部和南部三个地区，教育发展各不相同。北部是英国清教徒的聚集地，主要移植英国的教育模式。在初等教育阶段，颁布了强迫

---

① ［俄］乌申斯基：《乌申斯基教育文选》（第 2 卷），转引自单中惠：《西方教育思想史》，244 页，北京，中国人民大学出版社，2017。

义务教育法令，设立公办的初等读写学校和私立的妇女学校；在中等教育阶段，开设拉丁文法学校；在高等教育阶段，仿照牛津、剑桥，创建了哈佛学院(1636)和耶鲁学院(1702)。中部教派混杂，不同群体模仿各自宗主国的教育模式，主要的教育机构是针对平民子弟的堂区学校。南部是英国国教会的聚集地，等级性明显，轻视公众教育；初等教育和中等教育通常是在家庭里完成，然后在欧洲大学或公学继续接受教育；在高等教育阶段，1693年建立了威廉—玛丽学院。

18世纪前期，随着北美殖民地的发展，以升大学为目标的拉丁文法学校难以满足民众需求。北部和中部殖民地城市兴起各种设在家中的私立学校。1751年，本杰明·富兰克林(Benjamin Franklin)在费城创办美国第一所文实中学，其课程兼顾古典和实用，满足学生就业与升学的不同需求，是美国中等教育新发展的标志。

(二)建国初期的教育

独立战争后，教育百废待兴，在经历最初的低谷之后，美国各级教育事业均呈现良好的发展态势。在初等教育领域，广泛引进英国各种具有慈善性质的初等学校形式，如星期日学校、导生制学校等，教会学校数量大增。在中等教育领域，文法中学仍然是主要的教育机构，但富兰克林式的文实中学发展迅速，呈现逐步取代文法中学的趋势。在高等教育领域，为振兴地方文化教育事业，政府拨款创办州立大学。1795年，北卡罗来纳州创立美国历史上第一所州立大学。到18世纪末美国已有27所学院或大学。

二、19世纪的美国教育

19世纪的美国教育发展十分迅猛。在管理制度层面，自下而上地发展起地方分权的教育领导体制；在各级教育层面，从幼儿教育至高等教育都取得相当显著的进步，并逐渐形成美国教育的独有特色。

(一)教育领导体制的确立

1. 学区制

学区是殖民地时期出现的一种办学形式，由社区组织和管理学校。1789年，马萨诸塞州最先确立学区制的法律地位，授予学区自主办学、学校管理、教师聘任以及监督学校等权力。作为美国教育管理的基层单位，学区适应民众的自治要求，便于适龄儿童就近入学，有利于教育的普及，一度成为美国主要的教育管理制度。但是，在不断变革的新环境中学区制日益暴露出大量问题。19世纪中后期，各州政府采取多种措施进行学区制改革，如削弱学区的职能和权限、合并学区学校等。

2. 州教育领导体制

1791 年，美国宪法修正案第十条规定："凡是宪法未曾给予联邦而又未曾限制给予各州的权利，都是保留给各州或人民的。"由此，确立了州对教育的管理权。1812 年，纽约州设立州教育督察长，是美国最早在州一级设的教育官员。1837 年，马萨诸塞州设立教育委员会，负责州教育行政事务，是美国教育史上的第一个州教育委员会。委员会首任秘书贺拉斯·曼，推行公立教育运动，为州教育事业发展作出卓越贡献，被称为"州教育领导体制的开拓者"。美国各州都有独立的教育立法权和教育行政权，其管理权限包括：制定州教育发展规划；制定最低程度的学校标准；管理联邦资助的项目；促进教育机会均等；分配地方教育经费；收集和交流教育信息，提供咨询服务等。

3. 联邦政府教育管理机构

南北战争以前，美国没有中央一级的教育领导机构。根据美国宪法，联邦政府无权干涉各州的教育。战后，为促进全国教育的均衡发展，联邦政府开始介入教育管理。1867 年，联邦政府设立教育署，署长由总统直接任命，标志着联邦教育管理机构的正式建立。为避免教育走向集权，1870 年，教育署改称教育局，隶属联邦内务部，其权限有所削弱。联邦教育局的主要职能包括：教育事业的调查、统计；传达各州教育情况；管理联邦教育经费；对各州教育系统提供咨询和帮助等。

(二)各级教育发展概况

1. 学前教育

19 世纪初，纽约和费城最先建立了幼儿学校，对 2～6 岁的贫困儿童进行知识和道德教育。随着福禄培尔幼儿教育思想在美国的广泛传播，各地开始设立私立幼儿园。1873 年，路易斯安那州将幼儿园教育纳入公立学校教育体系。这是美国公立幼儿教育的开端，学前教育由此成为美国公立教育中的第一阶段。

2. 初等教育

19 世纪初美国兴起"公立学校运动"(Common School Movement)，以建立公立初等学校、实施普遍的国民初等教育为宗旨，贺拉斯·曼是这场运动的主要领导人。在公立学校运动的推动下，美国各州先后建立地方税收制度，兴办公立小学，实施强迫入学和免费教育。1832 年，纽约市首先实行免费教育制度。1852 年，马萨诸塞州率先颁布强迫义务教育法，规定 8～12 岁儿童每年必须入学 12 周。到 19 世纪末，全国三分之二的州颁布了义务教育法。公立学校运动加快了美国教育公共化、世俗化和普及化的进程，为美国统一公共教育制度奠定了牢固的基础。

3. 中等教育

19 世纪上半叶，拉丁文法中学由于实用性不强，数量不断减少，文实中学(Academy)取而代之成为中等教育的主要机构。文实中学的显著优势在于适应社会需求，既为升学服务又为就业做准备，是美国中等教育从古典中学向实科中学过渡的重要桥梁。19 世纪下半叶，公立中学（Public High School）普遍设立，成为美国普通中等教育的主要机构。美国最早的公立中学创建于 1821 年的波士顿，学制 3 年，它摒弃古典语言和宗教课程，以为青年就业服务为宗旨。南北战争后，公立中学获得迅速发展。这类中学的基本特征为：面向所有阶层的儿童，免费入学，男女同校或分校；学校由学区征税设立，公共管理；课程设置富有时代气息，注重结合现实需要。公立中学是公立学校运动在中等教育领域的延伸，与小学紧密衔接，标志着美国中等教育的世俗化和民主化进入一个新的阶段。

4. 高等教育

19 世纪是美国高等教育蓬勃发展的阶段，在办学形式、办学规模、课程设置等方面都呈现出诸多变化。主要表现为：第一，广泛开设农工学院。1862 年，美国国会通过《莫里尔法案》（Morrill Act，也称《赠地法案》），规定各州凡有国会议员一人，便由联邦政府拨给 3 万英亩土地，各州利用赠地收入开办农业和机械工艺学院。赠地学院是美国从本国实际出发创建的高等教育机构，开创了高等教育为工农业生产服务的新方向，著名的赠地学院如麻省理工学院（1865）。第二，发展研究型大学。受柏林大学理念的影响，1876 年，约翰·霍普金斯大学创立，这是美国历史上第一所研究型大学。该大学以从事高深学术研究为主旨，在全国首设研究生院。此后，哈佛、耶鲁等传统学院都以德国大学为榜样，向学术型方向发展。研究型大学的兴起，极大地提升了美国高等教育的研究实力和学术声誉。第三，创建初级学院。初级学院（Junior College）是 19 世纪末美国首创的二年制高等学校。芝加哥大学校长哈珀（Harper）最先提出把四年制大学分为两部分，其中 1~2 年级称为"初级学院"，被誉为"初级学院之父"。初级学院拉近了普通民众与高等学校之间的距离，使低收入家庭子弟有了接受高等教育的机会，为美国高等教育大众化发展铺设了道路。

三、贺拉斯·曼的教育思想

贺拉斯·曼（Horace Mann，1796—1859），美国教育实践家，19 世纪美国公立学校运动领袖，被誉为"美国公立教育之父"。贺拉斯·曼的教育思想主要反映在 12 份年度报告和一些演讲稿中。

（一）论普及教育

贺拉斯·曼高度重视普及教育对于国家生存所具有的重要价值。他认为，普及教育的目标在于培养优秀的美国公民。通过普及教育，既能够提高民族文化水平，提高生产力，促进社会经济发展，还能够解放人的智力，培养具有更多学问和更高德行的人；进而促进社会变革。因此，国家政府必须注重教育的普及，建立免费的公共教育制度。进而，贺拉斯·曼提出，由公众支持和管理的公立学校是实施普及教育的最好途径。不得到全体人民的支持，普及教育永远不可能真正实现。

(二)论教育内容

关于体育。合格公民首先要拥有一个健康的身体。身体健康与否与个人幸福感直接关联，而个人幸福感又关系到社会的发展。学校应设置关于人体生理、健身知识及卫生知识的课程，设计体育运动和竞赛促进学生的体能，同时为学生创造良好的卫生条件和学习环境。

关于智育。智育是创造财富的主要途径，可以消除贫富差距、富国强民。教育的目的就是要培养有知识和能力的公民。公立学校应该开设语文、地理学、音乐、人体生理学等实用科目，科目不宜过多过深；在学习方法上，应注重培养学生的主动性。

关于德育。道德教育对儿童的成长发展与社会的安定和谐具有关键性作用。公立学校的教师应该了解学生的身体与心理发展的规律与特点，及早进行道德教育，培养学生形成正确的道德意识和良好的道德习惯。

此外，贺拉斯·曼还提出要对儿童进行政治教育和宗教教育。学校应开设有关宪法、历史、地理等课程，使学生习得基本的政治知识与政治观念，了解公民自身的基本权利与义务。教会不能干预和控制学校教育，但在学校中可以进行一定的宗教教育，有助于学生道德、信念和精神的养成。

(三)论师范教育

贺拉斯·曼认为，教师是所有职业中最崇高的一种职业。教师不仅要精通教材，而且要精通教学艺术，而"教学在所有艺术中是最困难的，在所有科学中是最深奥的。"[①]为了掌握这种艺术，教师必须经过专业的培养和训练。1839年，贺拉斯·曼在马萨诸塞州建立了美国第一批公立师范学校，开创美国师范教育之先河。他提出，师范学校是推动民族前进的重要手段。没有师范学校，公立学校就会失去活力。师范学校不仅要使师范生熟知未来执教的课程内容，而且要注重教学方法的训练；师范学校应附设模范学校或实验学校，使师范生有机会进行教学实习。

---

① 贺拉斯·曼：《第十二年度报告》，转引自单中惠：《西方教育思想史》，254 页，北京，人民教育出版社，2017。

第六节
近代日本的教育

17—19世纪的日本教育以明治维新为界,分成两个时期。明治维新前,日本处于德川幕府的封建军事统治之下,学校教育带有鲜明的封建性和等级性。明治维新期间,代表大地主和大资产阶级利益的明治政府推行了一系列教育改革,在广泛吸收欧美国家教育经验的基础上,日本建立起切合本国实际的近代教育制度。

一、明治维新前的日本教育

明治维新前,日本的教育主要分为幕府教育、藩国教育和民众教育三个等级。与此相应,逐渐发展起三类主要的教育机构:第一,幕府直辖的学校机构。主要有昌平坂学问所、和学讲习所、开成所、医学所等。其中影响最大的是昌平坂学问所(1631),它是当时最重要的儒学传播中心和教育中心。和学讲习所是传授日本国学的中心。开成所是传授西方文化科学知识和西方语言的中心。医学所主要教授荷兰医学。第二,藩学。日本的封建主称"大名",其领地称为"藩"。藩学以培养藩国的武士为目的,教授汉学书籍和习武。第三,民众教育机构。包括寺子屋、乡学、私塾等学校,学生来自社会各个阶层,主要学习读、写及一些实用常识。

幕府直辖学校和藩学只招收上层社会的男性子弟,以培养幕府统治所需人才为目标,以儒学、佛学、兰学①、国学为主要学习内容,封建等级色彩鲜明。19世纪上半叶,日本教育出现了一些积极的变化,如藩学开始准许平民子弟旁听,增加西方自然科学知识、医学、航海、军事技术课程等,为明治维新教育改革做了思想准备和人才准备。

二、明治维新时期的日本教育

明治维新是一场自上而下的资产阶级改革运动,教育作为文明开化、富国强兵的有力手段,得到明治政府的高度重视。通过颁布一系列教育改革法令,日本成功地实

---

① 西方文化最初是通过荷兰传入日本的,故称"兰学"。兰学在初期主要包括语言和西方医学,后来逐步扩展到自然科学、军事技术、西方哲学和政治思想。

现了对封建教育的改造，确立起中央集权的教育管理制度和近代化的学校教育体系。

(一)中央集权的教育管理制度

明治维新前，日本尚未建立统一的教育管理体制。为了加强对教育的领导，1871年，明治政府在中央设立文部省，主管全国的文化教育事业，同时兼管国家宗教事务。文部省的设立，标志着中央集权教育管理制度在机构层面得以实行。

1872年，日本颁布《学制令》，这是日本近代史上的第一个学制。该法令规定：①仿效法国，在全国设立八个大学区，每学区设一所大学；每个大学区分为32个中学区，各设一所中学；每个中学区又分为210个小学区，各设一所小学。②小学6岁入学，分上下两等，修业各4年；中学分上下两级，修业各3年；大学分理、化、法、医、数理5个学科。③大学区属文部省统一管辖。《学制令》建立起不同层级学区之间的隶属关系，学区的教育管理又统一到文部省管辖之下，由此中央集权的教育管理体制真正得以确立。

1879年日本颁布《教育令》，废除大学区制，改行美国式的地方分权制。由于这种倾向自由化的制度削弱了文部省的教育权限，而且在实践中产生了诸多负面影响，日本政府于1880年重新修订《教育令》，恢复大学区制。

1886年，文部大臣森有礼(Mori Arinori)借鉴德国的国家主义教育，制定《师范学校令》《小学校令》《中学校令》《帝国大学令》和《学位令》等一系列教育法令，统称为《学校令》。《学校令》具体规范了日本的学校教育制度，建立起前后连贯的以普通教育为直系、以师范教育为旁系的两大学校系统。

(二)初等教育概况

《学制令》颁布后，日本废除了先前的寺子屋和乡学，普遍设立小学，规定儿童6岁入学，接受8年的初等义务教育。由于当时日本社会发展难以支持8年的义务教育，《教育令》将义务教育年限缩短为4年。1886年颁布的《小学校令》规定：初等教育年限为8年，分两个阶段实施，前4年为寻常小学，实施义务教育，后4年为高等小学，实行收费制。寻常小学的课程主要为修身、国语、作文、算术、自然科学知识、体操、图画等内容，高等小学除以上科目之外，增设外国语课程。随着教育法令的逐步完善，日本初等教育的普及程度快速提升，教育水平和质量显著提高，为日本社会整体步入近代化提供了良好基础。

(三)中等教育概况

明治维新初期，日本的近代中学多由藩学和私塾改建而来，以私立为主，学制年限不一，发展比较缓慢。为了规范和促进中等教育，1886年颁布的《中学校令》规定：

中学主要承担两大任务，一是提供实业教育；二是为升入高等学校做准备。中学分为寻常中学和高等中学两类。寻常中学修业 5 年，由地方政府设置和管理，每府县设立 1 所；高等中学属于大学预科性质，修业 2 年，直接受文部省管辖，每学区设立 1 所。在课程设置上，寻常中学服务于就业，主要以实用知识为主，科学知识以及与生产劳动关系紧密的实科知识所占比重日益增大；高等中学服务于升学，主要实施分科教育，一般分为文、法、理、医、农商五科。

19 世纪末，日本政府相继颁布《实业补习学校令》(1893)、《实业学校令》(1899) 和《高等女子学校令》(1899)，进一步丰富了日本中等教育的类型和结构，形成了以中学、中等技术学校和女子中学为主干的中等教育学校体系。

(四)高等教育概况

明治政府十分重视专门技术人才和科学研究人才的培养，一方面向欧美派遣大量留学人员，另一方面基于原有教育基础创办新式大学。1877 年，明治政府将昌平坂学问所、东京开成学校和东京医学校合并，创建东京大学，拉开了日本高等教育近代化的序幕。1886 年，日本政府颁布《帝国大学令》，将东京大学更名为帝国大学。效法德国大学教学与科研并举的经验，帝国大学由大学院及分科大学组成。大学院侧重学术和科学研究；分科大学包括文、法、理、工、医五科，主要传授专门知识，培养应用型人才。《帝国大学令》确立了日本近代高等教育的基本框架，是日本新大学运动的开端。

19 世纪末 20 世纪初，为了适应经济与社会发展对人才的需求，日本政府相继成立了京都、东北、九州、北海道等帝国大学，原帝国大学更名为东京帝国大学。与此同时，社会上出现了一些颇具影响力的私立大学，著名的如庆应大学、早稻田大学、日本大学等。此外，日本各地方还创办了一些培养科技专门人才的高等专科学校。各类高等教育机构的建立，使日本接受高等教育的人数迅速增长，为日本近代工业化发展培养了大批科技和管理人才。

(五)师范教育概况

明治维新之初，日本政府在优先发展初等教育的同时，也把开办师范学校、培训小学师资的工作置于重要地位。1872 年，首先开办了东京师范学校；1874 年，每个大学区均设一所师范学校，全国共有 7 所；各地方设立师资训练中心。同年，还出现了女子师范学校。尽管如此，明治之初的 10 年内，教师仍然供不应求。

1886 年，日本政府颁布《师范学校令》，确定师范学校分为寻常和高等两级。寻常师范学校由地方设立，招收高等小学毕业生，培养公立小学教师和校长；高等师范学校属于中等教育学校，由国家设立，招收寻常师范学校毕业生，培养寻常师范学校及各类中学的教师和校长。《师范学校令》还规定，师范生一律公费，享受助学金，实行寄宿制；师范生必须服从国家的安排选择学科，接受兵营式训练与管理，毕业后服从国家统一分配；政府根据各地教师的需求情况对师范学校的招生数量与质量进行严格把控等。《师范学校令》完善了日本的师范教育体制，为日本师范教育的规范发展提供了有效的政策支撑。

总体而言，日本近代教育的发展历程是在经济落后条件下优先发展教育的一个成功范例，在近代资本主义竞争中探索并积累了"教育先行"的宝贵经验。明治政府在教育领域中的诸多举措值得今人深思和借鉴。

三、福泽谕吉的教育思想

福泽谕吉（Fukuzawa Yukichi，1835—1901），日本启蒙思想家、教育家，一生致力于日本的"文明开化"事业，积极传播西方近代资本主义文明，被誉为"日本近代教育之父"。其教育思想集中体现在《劝学篇》等著作中。

（一）论教育作用

福泽谕吉坚信，知识富人，教育立国，实施教育及文明开化的政策是国家独立富强的前提和保障。他反复强调个人独立的重要性，指出人如果没有独立精神就不能伸张国家独立的权利，进而鼓励日本人发扬独立自尊的精神，吸取西方文明之长，补本国文化之短。福泽谕吉认为，"人，学则智，不学则愚，人的智慧取决于教育如何"[1]，因此极力主张普及学校教育，使全国适龄儿童都能入学受教，同时倡议政府大量投资教育事业，促进学术繁荣。

（二）论和谐教育

福泽谕吉提倡三育并重，将德、智、体均衡发展作为教育的根本宗旨。关于德育，福泽谕吉认为德育的目的在于培养学生的独立意识与国家观念，一个人道德观念和道德习惯的养成受到多方面因素的影响，需要家庭、社会和学校的共同努力；教育者要加强自身修养，为学生树立道德榜样，反对空洞的道德说教。关于智育，福泽谕吉认为智育的目标在于提高学生的智慧水平，提升个人思考、分析、理解事物的一般能力。学校应广泛开设实学科目，传授与社会实际紧密联系的经世致用之学。关于体育，福泽谕吉确信，健康的国民必先有健康的身体，对儿童的教育应从体育开始。体育的目标在于使人健壮无病、精神愉快，如此才能在社会上克服种种艰难，实现独立生活。

---

[1] 赵祥麟：《外国教育家评传》（第二卷），423页，上海，上海教育出版社，1992。

学校是开展体育活动的主要场所，应把体育列为必修课程。体育活动的开展没有定法，要根据本国传统和地方习俗进行选择。

福泽谕吉积极倡导西学，强调教育富国强民的积极作用，倡导学习实学知识，培养学生独立自尊、言行一致的品质，这些教育主张为明治维新时期的教育改革提供了强有力的思想武器，多次成为日本政府教育改革的重要主题。

自测题 >

一、单项选择题

1. 1870 年《初等教育法》的通过，标志着英国（　　）制度的正式建立。

　A. 国民教育　　B. 义务教育　　C. 公立教育　　D. 免费教育

2. 确立法国国民教育义务、免费、世俗化三原则的教育法案是（　　）。

　A.《塔列兰法案》B.《基佐法案》　C.《费里法案》　D.《中等教育法》

3. 1810 年成立的（　　）大学，确立了以研究为中心的现代大学制度。

　A. 波恩　　　　B. 柏林　　　　C. 慕尼黑　　　D. 布莱斯劳

4. 有"俄国教师的教师"之美誉的是（　　）。

　A. 乌申斯基　　B. 第斯多惠　　C. 罗蒙诺索夫　D. 福泽谕吉

二、简答题

1. 简述 19 世纪英国新大学运动及其意义。

2. 简述贺拉斯·曼的教育思想。

三、论述题

试述 19 世纪法国中央集权式教育管理体制的确立及其演变的基本过程。

四、资料分析题

1810 年建立的柏林大学在处理科学研究和行政两方面享有完全的自由。大学教师自由讲课和从事科研，学生根据自己的爱好选修各种课程和钻研方向；学校聘用了很多学有专长的理论家、科学家。黑格尔、谢林、爱因斯坦等都曾在这里任教；学校还创建了各种实验室、研究所，学术活跃，培养了很多人才。第二次世界大战前，德国有 16 名科学家在柏林大学任教时取得了重大科研成果，获得诺贝尔奖。

从这段历史事实中你能得到哪些启示？有哪些仍然值得我们今天的大学人借鉴？

拓展阅读推介 >

1 [英]斯宾塞：《教育论：智育、德育和体育》，王占魁译，中国轻工业出
版社，2016

从 1854 年开始，斯宾塞连续发表了四篇论文，即《智育》《德育》《体
育》和《什么知识最有价值》，积极投身于科学教育与古典教育之间的论
战。此书就是这四篇教育论文的合集，围绕着教育的目的任务、课程理
论和教育方法，提出了非常独到的见解。此书冲破了传统观念的羁绊，
对近代科学教育的发展影响深远。

2 [法]涂尔干：《教育思想的演进》，李康译，上海人民出版社，2006

史学界公认的社会史开山之作，根据涂尔干 1904—1905 年在巴黎
大学开设的"法国中等教育史"课程整理而成。此书考察了长达十几个世
纪的教育制度和教育观念的演进历程，运用多元历史方法解释社会群体
及其教育话语的形成，创造性地勾勒出教育思想体系的生产和选择机
制，在社会学、史学、教育学、文化史等学术领域中都占有重要地位。

1. 了解各个思想家的重要教育著作;
2. 明确各个思想家的主要教育思想;
3. 重点掌握夸美纽斯、赫尔巴特的教育思想。

泛智论　自然教育　要素教育　统觉　恩物　人的全面发展学说
自然主义教育思潮　教育心理学化思潮　科学教育思潮　国家主义教育
思潮

17 世纪是西方教育思想史上承前启后的重要过渡时期。新兴的资本主义制度为欧洲社会的思想解放和科学发展铺设了土壤，也为教育思想变革提供了动因。18 世纪以"理性时代""革命时代"著称，启蒙运动所倡导的理性、自然、自由等观念为国民教育思想和自然主义教育思想提供了理论支撑。19 世纪西方社会的政治、经济、科学、文化层面均发生了巨变，对教育提出了方向、理想、目标及内容上的新要求，由此引发各种新思想、新思潮纷纷涌现。在这充满历史转折意义的三个世纪里，夸美纽斯、卢梭、裴斯泰洛齐、赫尔巴特、福禄培尔、马克思和恩格斯等教育家，为近代教育事业的发展作出了卓越的贡献。

第一节
夸美纽斯的教育思想

夸美纽斯(J. A. Comenius，1592—1670)是 17 世纪捷克著名教育理论家和教育实践家。他继承了文艺复兴和宗教改革时期兴起的人文主义教育思想，系统论述了教育的理论和实际问题，为近代教育理论的形成奠定了基础，被后世誉为"教育学之父""教育科学的奠基人"。夸美纽斯一生著作颇丰，有《语言和科学入门》(1632)，《母育学校》(1633)，《论天赋才能的培养》(1650)，《泛智学校》(1651)，《组织良好的学校的准则》(1653)，《世界图解》(1654)等。教育代表作《大教学论》标志着教育学科的独立。

一、论教育目的和作用

夸美纽斯认为，现世的人生通过形成"永生所需的理性的灵魂"而为永生做准备，即形成"博学、德行、虔信"等良好品德，而这种"形成"的工作应该由教育来实现。因此，教育的最终目的是为永生做准备，教育的现实目的是给人以知识、德行和虔信，培养具有广博知识以及献身祖国精神的人。这种人能够认识和利用万物，能够管束自己并最终皈依上帝。诚然，这种教育目的论保留着浓厚的宗教色彩，但是透过宗教语言进行剖析，他的教育目的论反映了新兴资产阶级努力从封建主义的桎梏和天主教会的精神枷锁下解放出来，力图在智力、体力、道德、思想等方面都得到发展，以享受现世幸福生活的强烈要求。

夸美纽斯高度评价了教育的作用。首先，教育是改造社会、建设国家的手段。夸美纽斯希望通过改造旧教育建立新教育，从而改革社会、富强国家。他说，要是青年通过接受教育全部都能"懂得科学，纯于德行，习于虔敬"，社会就会少些黑暗与烦恼，多些光明与宁静；一个有教养的民族就会充分利用自然资源，生活得富裕和幸福。其次，教育在人的发展中发挥着巨大作用。夸美纽斯认为，人生来都具有一定的天赋，这些天赋发展得如何，关键在于教育。只要接受合理的教育，"一切儿童都可以造就成人"，一切人的智能都可以得到发展，即人人通过接受教育都可以获得一定的发展。在此基础上，夸美纽斯提出普及教育的主张，他认为所有的男女儿童，不论贫富贵贱，都应该进入学校接受教育。

二、自然适应性原则和"泛智论"

教育适应自然的原则和"泛智论"是夸美纽斯的两种教育哲学思想。

(一)自然适应性原则

教育适应自然的原则也称"自然适应性原则"，包括两方面含义：

第一，教育要遵循"自然法则"。夸美纽斯接受了当时在欧洲各国业已普及的形而上学的机械唯物主义观点，把世界看成是一架"巨大的机器"，认为世界上的一切都是按照机械的原则运行的。教学如果也按照机械的原则加以组织安排，就可以产生人们所希望的良好效果。他说："秩序是把一切事物教给一切人们的教学艺术的主导原则"[①]。他常常引用园丁、画家、建筑师等模仿自然取得成就的事例来说明教育活动必须遵循自然的"秩序"。

第二，教育要依据人的自然本性和身心发展规律。夸美纽斯认为人是自然的一部分，其发展自有其本身的法则。在他看来人生存的目的就是要成为"理性的动物""一切造物中的主宰"；人的头脑、心智和各种感官是达到人生目的的器官与工具，而"求知的欲望""忍受劳苦"并且"爱好劳动"则是人借以迅捷、愉快地达到人生目的的自然倾向。他指出人类这种区别于其他宇宙万物的自然本性应该成为安排教育工作的出发点，基于此，他详细研究了儿童身心发育成长的过程与条件，强调教育必须符合儿童的年龄特征和个性差异。

(二)"泛智论"

夸美纽斯曾以极大的热情和毅力去研究"泛智论"。所谓"泛智"是指广泛的、全面的智慧，包括两点：一是要求人们应该学习当前和未来生活所必需的一切知识，并且要学得十分完善；二是主张所有的人都可以而且应该掌握知识。简言之，就是要"把一切事物教给全人类"。这是夸美纽斯崇高的教育理想。他接受了培根"知识就是力量"的

[①]　[捷]夸美纽斯：《大教学论》，80 页，北京，人民教育出版社，1984。

观点，主张每个人都应掌握一切有用的知识，同时要求把一切有用的知识教给一切人。

从"泛智论"出发，夸美纽斯认为人人应该通过学校接受一种周全的教育。所谓周全就是要学习关于宇宙万物的知识，包括自然科学、语言、社会、历史等方面的知识，而宗教教育居于首位。周全的教育要求学得完善，将知与行结合起来，在"认识事物"的同时要做到"行动熟练"，即能实际运用知识。夸美纽斯期望培养出来的青年"都是有活力的，对一切事物都能胜任、精练而又勤奋的人"①。

在封建贵族和资产阶级上层独享教育权利以及以《圣经》为唯一学习内容的时代，夸美纽斯提出的"泛智论"思想无疑是一种进步。它是文艺复兴以来时代精神的产物，反映了新兴资产阶级传播科学知识、培养具有实际知识技能的人才以适应和促进社会生产力发展的历史要求，同时也在一定程度上表达了贫苦劳动人民对受教育权利的愿望和要求。

三、论课程与教学

夸美纽斯在《大教学论》和其他教育著作中，对于课程和教学问题提出了相当丰富的见解和主张。

(一)课程理论

在夸美纽斯看来，所谓课程就是指学校中的教学内容，即由教师教给学生的知识内容。以泛智教育思想为出发点，夸美纽斯主张以"有用"及广泛多样作为课程设置的标准，强调"为生活而学习"。他认为"只有那些易于指明用途的事情才应教给学生"，"一切事情除非在这个世界和未来的世界里面无疑地都有用，……否则不必学习"②。在此基础上，他主张改革陈旧的教学内容，增添新兴的自然科学知识，对学生进行一种百科全书式的知识教育。夸美纽斯为各级学校规定了广泛的教学内容，并亲自编写了大量的符合泛智特点的教科书。具体来说，对于学前儿童，教师应以适当方式教给他们天文、地理、算术、几何、自然、历史、政治等方面的知识；国语学校(即初等教育学校)的课程除了读、写、算、教义问答外，还应设置几何测量、自然常识、地理、历史、唱歌、手工技艺等课程。拉丁语学校(即中等教育学校)的课程除了传统"七艺"外，还应设置物理、地理、历史、伦理、神学以及外语等课程，学生要掌握包括国语、拉丁语、希腊语及一门现代外国语在内的四种语言；对于大学阶段的课程设置则要求更加广博周全。这种在泛智思想指导下的百科全书式的课程设置，不仅打破了中世纪"七

① 张焕庭：《西方资产阶级教育论著选》，43 页，北京，人民教育出版社，1979。
② ［捷］夸美纽斯：《大教学论》，117～120 页，北京，人民教育出版社，1984。

艺"课程设置的束缚，也超越了宗教改革以后古典文科中学课程设置的局限，推动着课程设置走向科学化、实际化。

(二)教学理论

在夸美纽斯看来，所谓教学就是由教师教学生学习。夸美纽斯非常重视学校的教学工作，他把自己的著作定名为《大教学论》就可以说明教学理论在其教育思想中的地位。夸美纽斯的教学理论涉及教师、教学用书、教学原则及教学组织形式等多个方面。

(1)教师。夸美纽斯对教师的地位和作用评价极高，他相信教师是"太阳底下最崇高的职业"，教师是高明的塑像家，能塑造出完美的形象。儿童能否成长为一个真正的人，关键取决于教师；学校工作的成败也有赖于教师。鉴于此，他要求教师必须精通自己的业务、完善地掌握教学艺术、激发学生学习的愿望和兴趣、能做学生各个方面的表率等。

(2)教学用书。夸美纽斯非常重视教学用书的作用和编写。他所指的教学用书不仅包括学生使用的教科书，还包括帮助教师进行工作的指导书。教科书是实施"泛智教育"的百科全书式的课本，夸美纽斯对如何编写教科书提出了一系列的要求，如：教材要统一，在编排上要符合直观、循序渐进和量力性原则的要求，知识内容应齐全、简明、正确且有系统，用祖国语言编写并考虑儿童的年龄特征，以便学生在必要时能自学等。夸美纽斯还亲自编写了优秀的教科书——《语言和科学入门》和《世界图解》。

(3)教学原则。夸美纽斯对当时经院主义教学采取强制灌输的方法、教授无用的和不切实际的内容等做法极为不满，主张遵循自然法则改革教学方法，以便使教学工作进行得"迅捷、愉快、彻底"。他提出并论述了一系列的教学原则，例如直观性原则、自觉性和主动性原则、系统性原则、量力性原则、巩固性原则等。这些原则切合实际，顺应教学规律和学生身心发展规律，非常富有启示意义。

(4)教学组织形式。夸美纽斯在《大教学论》中首次从理论上提出并论述了班级授课制及相配套的学年制。夸美纽斯认为当时盛行的个别教学制存在着许多不利于教学的问题。教师教的学生很少，"没有一定的目标，当作学生每年、每月或每天所应达到的目的，并且完全缺乏一种系统"[1]。班级授课制则具有多方面的优越性，用"较少的教导可以教导较多的学生"[2]。因此，夸美纽斯要求根据学生的年龄、知识程度等将他们分成不同的班级，每班专用一个教室，全班学生按照统一的课程表在教师指导下学习同样的功课。夸美纽斯还提议在班级内将学生分成十人一组，每组挑选一人作"十人长"，协助教师管理学生并代替教师主持若干教学活动。

---

① ［捷］夸美纽斯：《大教学论》，131页，北京，人民教育出版社，1984。
② ［捷］夸美纽斯：《大教学论》，242页，北京，人民教育出版社，1984。

为了使班级授课制得到很好的实施，夸美纽斯对学校管理制度提出了一些切实可行的建议，具体包括：①采用招生制度。学校废除全年随时招生的做法，采取全体学校在一个学年里同时开学、同时放假的做法。学校每年秋季举行一次招生，录取学生后，学校和家长签订协议，规定家长中途不得找回学生、学校不得中途勒令学生退学。②实行学年制度，把一年分为四个学季，每年有四次节假日，全体学生在学年终了后，除成绩特别落后者外，同时升级、毕业。③确定授课时间。每个年级都要制订教学计划和课时表，使每年、月、周、日、时都有一定的教学任务。④实行考试制度，每个学期终了时举行学生公开考试。

夸美纽斯提出的班级授课制和学校工作制度，在当时极大地提高了教学工作效率，对普及教育以及推动教育事业的发展具有重大影响。不过，这种教学组织形式也存在一些局限，例如：把班级教学和个别教学绝对对立起来；片面地把教师看作学生获得知识的唯一源泉等。

夸美纽斯开近代教育科学研究之先河，撰写了继往开来、影响深远的教学论专著，奠定了近代教学理论的基础；倡导泛智教育，提出教育自然适应性原理，可谓近代科学教育的先驱；还首次在理论上提出并论证了班级授课制，奠定了西方乃至世界学校教学管理的基础。由于身处时代的限制，他不可能完全摆脱宗教教义的束缚，但是他能够及时敏锐地把握教育与社会之间关系发展的时代脉搏，承前启后，奋力开拓，求实创新。总之，夸美纽斯为近代资产阶级教育乃至整个人类教育事业的发展作出了不可估量的贡献。

第二节
卢梭的教育思想

夸美纽斯和卢梭的比较

卢梭（J. J. Rousseau，1712—1778）是18世纪法国资产阶级启蒙思想家、著名的教育思想家。卢梭的主要著作有：《科学与艺术的进步能使道德改善还是使道德堕落》（1749），《论人类不平等的起源和基础》（1755），《社会契约论》（1762），《爱弥儿》（1762）。其中《爱弥儿》是一部半小说体、半论文体的教育著作，集中反映了卢梭的教育思想。

一、自然教育理论

卢梭在《爱弥儿》中提出了一幅新人教育的图景——"自然教育"。他认为，儿童的教育有三个来源：来自自然、来自人为、来自事物。"我们的才能和器官的内在的发展，是自然的教育；别人教育我们如何利用这种发展，是人的教育；我们对影响我们的事物获得良好的经验，是事物的教育"①。只有这三种教育相互联系、配合一致，趋向同一目的时，儿童才能受到良好的教育。在这三种不同的教育中，"自然的教育完全是不能由我们决定的，事物的教育只是在有些方面才能够由我们决定。只有人的教育才是我们能够真正地加以控制的"②。因此，人的教育和事物的教育必须服从于自然的教育。卢梭所指的"自然"，是指儿童的个性。"自然教育"，就是要按照儿童个性的发展需要来实施教育，教育应考虑到儿童的年龄特征。

卢梭的自然教育理论在教育历史上具有划时代的意义。他针对当时经院主义教育违反自然、戕害天性、摧残儿童等不良做法，号召人们尊重儿童、热爱儿童，依据儿童天性和年龄特点开展教育活动。这种教育思想与当时学校附属于教会、以宗教信条束缚儿童个性发展的封建教育形成了鲜明的对照，同时也有别于夸美纽斯的强调宇宙秩序的自然主义教育，为近代资产阶级教育开创了新纪元。

由于历史条件的局限，卢梭的自然教育理论也存在着一些矛盾或缺陷。卢梭要求发展的所谓"人性"是抽象化的，脱离社会和阶级；他认为儿童的发展完全取决于自然，受社会影响不大，属于生物学的观点；他将儿童的天性过分理想化，在教育上主张儿童有完全的、绝对的自由，可以不加任何约束，这显然不切实际；自然教育理论过高地估计了儿童的个人经验，过低地估计了人类积累起来的文化科学知识，甚至否定教师的主导作用，导致了后世资产阶级的"儿童中心主义"和"自由教育"等思想的产生。

二、教育目标——自由人(自然人)

卢梭认为在专制主义社会中，人民的主权被摧残，人的天赋的自由被践踏，在这种国家中是没有公民的，所有的人都是专制君主的臣民。所以，在专制制度下不可能培养公民，只能以"自然人"作为教育的培养目标。"公民"与"自然人"是两个不同的概念。"自然人完全是为他自己而生活的；他是数的单位，是绝对的统一体，只同他自己和他的同胞才有关系。公民只不过是一个分数的单位，是依赖于分母的，它的价值在于他同总体，即同社会的关系"③。在此，卢梭所说的"自然人"并不是自然状态中的原始人，而是社会状态中的自然人。

要进行自然教育、培养"自然人"，就必须进行自由教育，造就自由人。人的最重

---

① [法]卢梭：《爱弥儿》，李平沤译，3 页，北京，人民教育出版社，1985。
② [法]卢梭：《爱弥儿》，李平沤译，3 页，北京，人民教育出版社，1985。
③ [法]卢梭：《爱弥儿》，李平沤译，5 页，北京，人民教育出版社，1985。

要的自然权利就是自由，自由教育是自然教育的重要组成部分。卢梭认为，教育的目的就是培养自由、完整的个性，即培养独立自由的人，"无限热爱自由，宁肯付出生命，也不肯失掉自由的自由人"。以此为依据，卢梭坚决反对封建专制制度对儿童个性、自由的压制和摧残，反对经院主义学校强迫儿童盲目服从封建专制权威和教会权威，反对强制灌输传统偏见和呆读死记宗教信条，反对严酷的纪律和体罚；提出教育必须符合儿童的本性，把儿童培养成为自由的人。

要培养自由人，教育的方法也应该是自然的和自由的。卢梭主张让儿童有充分自由活动的可能与条件；主张让儿童从生活中、从各种活动中，通过观察获得直接经验，即主动地进行学习；反对让儿童被动地接受成人的说教，或单纯地从书本上进行学习。卢梭否认当时西方盛行的"原罪说"，他相信人的天性是善良的，只是由于腐败的社会才使人堕落，并对儿童产生恶劣的影响。因此，卢梭提出远离腐化的上层社会生活圈子和充满罪恶的城市，要在乡村和大自然的纯朴环境中对儿童进行教育。

卢梭所提倡的教育目的是对封建专制教育和宗教教育的有力批判，对于启发第三等级特别是新兴资产阶级奋起反抗封建专制的斗争具有很大的鼓舞作用。然而，由于卢梭所处的时代和阶级的局限性，他没有认识到自人类划分为阶级以来，教育始终带有阶级性，是为一定阶级服务的工具。事实上，他要打破封建阶级的等级教育，而代替的却是新兴资产阶级的阶级教育；他期望培养的"自由人"，也不过是新兴资产阶级的小资产者。

第三节
裴斯泰洛齐的教育思想

裴斯泰洛齐(J. H. Pestalozzi，1746—1827)是近代瑞士著名的教育实践家和教育理论家。他以毕生精力从事教育工作，无私地为教育事业奉献出自己的一切，代表性著作包括《林哈德与葛笃德》《葛笃德怎样教育她的子女》《母亲读物》等。

一、论教育的本质、目的和作用

关于教育的本质，裴斯泰洛齐用比喻的方式进行了解释：教育应当在巨大而坚固的岩石(人的本性)上来建立自己的大厦(形成人)，它只有永远跟这岩石紧密结合，不可动摇地屹立在它的上面，才能达到它的既定目的。换言之，教育是依据人的本性培养人、发展人或形成人的活动。由此出发，裴斯泰洛齐努力创立各种新的教育方法，以帮助人们按照人的本性去发展人的一切力量。同时，他也强调，对每一个人来说有一定目的的教育是完全必要的，这是因为，一个听其自便的、自行发展的人不可能使他的所有力量达到和谐发展的程度。

基于对教育本质的认识，裴斯泰洛齐认为教育的目的在于发展人的一切天赋能力，而这种发展必须是全面的、和谐的。教育的中心问题在于形成人，而真正的人的教育是通过和谐地发展每个儿童身上的人的本性的力量与才能来完成。他认为人的本性包括智力、精神和身体三个相互联系的方面。教育的目的就是使人成为有道德、有智慧、有劳动能力和身体健康的人。

关于教育的作用，裴斯泰洛齐认为，首先，教育有助于人的发展，只是因为有了教育人才能成其为人。教育可以抑制低等的、动物的本能，发展儿童身上一切天赋的、美好的素质。因此，教育的主要原则就是"遵循自然"。不过，人只是具有潜在的素质，这些素质只有在教育过程中才能不断生长和发展。为了帮助儿童发展他们的力量，必须有合理安排的教育，而且教育者必须掌握儿童的生理和精神的发展规律。其次，教育有助于社会的改造，学校教育是改造社会最重要的杠杆之一。只有当每个人的潜在力量和可能性都被激发出来并得到加强的时候，才可能解决迫切的社会问题，获得根本的社会改造。而这一切只有通过教育过程才能做到。

二、要素教育理论

为了更好地适应儿童的自然本性，使学生的全部力量和能力能够彼此协调和谐发展，裴斯泰洛齐要求简化教育教学工作，简化到使每一个母亲，即使她是没有受过教育的农妇，也能够不费力地去掌握。他说："初等教育从它的本质讲，要求普遍地简化它的方法，这种简化，是我一生所有工作的出发点"[1]。为此，裴斯泰洛齐积极地探索和研究教育活动中最简单的基本因素，他把这种最简单的基本因素作为进行教育教学工作的基础，并称之为"要素教育"。

裴斯泰洛齐认为自然赋予儿童以关节运动的能力，这种能力是进行体育和劳动教育的基础，是体育和劳动教育的最简单要素；儿童对母亲的爱是进行德育的基础，是德育的最简单要素。为了从根本上"救治"当时初等教育无用低效的现实问题，裴斯泰洛齐着重研究了智力教育的最简单要素。他认为人的认识是从感觉器官的观察活动开始的，然后通过观念的加工再转入思维。儿童最初的观察，经常是模糊和混乱的，因此，教学的任务是使儿童的认识"从模糊混乱到较为确定；从确定到清楚；再从清楚到十分明晰"。裴斯泰洛齐确信，"使从感觉得来的一切知识清楚起来的手段来自数目、

---

[1]　张焕庭：《西方资产阶级教育论著选》，207 页，北京，人民教育出版社，1979。

形状和语言"。因此教学有三种最初的基本要素：数、形、词。相应地，教学应致力于培养学生的三种能力：其一，根据外形认识不同物体并认清其内涵的能力；其二，说出这些事物的数目的能力；其三，用语言表达物体，说明它们的数目和形状，并记住它们的能力。由此出发，裴斯泰洛齐要求任何学科的教学都应根据这三个要点来进行。在教学过程中儿童是通过度量来掌握形式，通过计算来掌握数字，借助于语言的发展来掌握词。因此，要素教育首先归结为度量、计算和掌握语言的技能，以及激发儿童去思考的能力。

裴斯泰洛齐试图简化教育教学工作，在要素教育理论的基础上提出了一系列教学原则，研究并改进了初等学校的教学方法，并大大扩充了初等学校的教育教学内容，推动了课程与教学论的发展。但是，儿童的教育是一项十分复杂的工程，如何简化？什么是最基本的要素？值得人们进一步研究和深入探讨。

第四节
赫尔巴特的教育思想

赫尔巴特(J. F. Herbart，1776—1841)是德国著名的哲学家、教育家和心理学家，欧洲教育心理学化运动的重要代表。他将教育理论建立在伦理学和心理学基础之上，提出了一个较为完整的教育思想体系，被称为"科学教育学的创始人"。《普通教育学》是其教育代表作，被视为科学教育学形成的标志，这部著作"不但支配了德意志，而且普及到全世界，改变了千百年来东西洋教育界的趋势"[①]。

一、理论基础

赫尔巴特以伦理学论证教育的目的，以心理学论证教育的方法，而这二者都是以他的哲学思想为前提和依据的。在哲学上，赫尔巴特认为宇宙万物都是由无数不变的、永恒的和绝对的"实在"（精神实体）所构成。人的灵魂同样是一种不变的"实在"，与身体无关。当灵魂与肉体结合时，灵魂便与各种不同的、有组织的物质产生了关系，因此便造成了人的各种不同的心理属性、不同的气质和性格。灵魂通过肉体而经受着许多的感觉，并由此创造出观念。从这个意义上说，"观念"既是以灵魂为主体，又是以往感觉中的某些痕迹。这种"观念"是人的全部心理生活的基础。

---

① 蒋径三：《西洋教育思想史》，251 页，北京，商务印书馆，1933。

在心理学方面，赫尔巴特在"实在论"哲学基础上，建立起观念心理学和统觉心理学。他认为，"观念"是事物呈现于感官，在意识中留下的印象，一切复杂的心理现象都可以用"观念"的活动来加以解释。记忆是各种观念的活动和游戏，曾经被抑制的观念重新呈现在意识阈之上，即为回忆；一种观念被另一些力量较强的观念排挤出去，抑制在意识阈之下，即为遗忘；观念不远离意识阈而可以随时呈现，即为重现。任何观念、任何经验的取得都是统觉的结果。所谓"统觉"，是指人们在原有观念的基础上把一些分散的感觉刺激纳入意识，吸收、融合、同化新观念，并构成观念体系的过程。这个观念体系，则称为"统觉团"。从观念心理学出发，赫尔巴特将学校教学中提供给学生的一切知识也都称之为观念。扩大学生观念的途径主要依靠经验的积累，依靠教学传授知识，并在同时形成和增强学生的情感、意志。儿童的各种心理活动都与统觉密不可分，教育者只有把握统觉的活动状态与趋势，才能成功地教育儿童和完成教学。

在伦理学方面，赫尔巴特认为，命令之所以有其权威，服从之所以有其价值，作恶之所以必须避免，都是由于具备了事先通过教育加以确定的道德信念。道德教育"不是推论出来的，不是学习的，不是经验给予的或者在自然的教导中发现的"①，而是以纯粹理性的"善与正义"的道德观念为基础的。通过道德教育，学生有了这种理性的"善与正义"的道德观念，就可以"在特殊的时刻，在与人们和命运接触时作出适当的判断"②。赫尔巴特将"善与正义"细分为五种道德观念，即内心自由、完善、仁慈、正义和公平。"内心自由"就是能够自觉地按照道德规范行事，使个人的欲望服从理性；"完善"就是在实际活动中要有正确的辨别力和坚强的意志；"仁慈"就是与人为善，使自己的意志与他人意志协调一致；"正义"也就是"守法"的观念，避免不同意志之间的冲突，按照法律或协议解决冲突；"公平"就是善有善报、恶有恶报。这些观念都是永恒不变的，人类如果要过有秩序的生活，必须使有道德的人在他的各种行为中都能遵照这些永恒的真理。

二、论教育目的

赫尔巴特认为，教育目的可以具体分为两个部分，即"必要的目的"（或称"道德的目的"）和"可能的目的"（或称"选择的目的"）③。

所谓"必要的目的"，是指教育所要达到的最高的、最基本的目的。赫尔巴特认为，"教育的唯一工作与全部工作可以总结在这一个概念之中——道德。道德普遍地被认为

① 张焕庭：《西方资产阶级教育论著选》，251 页，北京，人民教育出版社，1979。
② 张焕庭：《西方资产阶级教育论著选》，250 页，北京，人民教育出版社，1979。
③ 张焕庭：《西方资产阶级教育论著选》，271～272 页，北京，人民教育出版社，1979。

是人类的最高目的，因此也是教育的最高目的。"①具体而言，教育的根本目的就在于培养具备内心自由、完善、仁慈、正义和公平五种道德观念的人。这种"受过正确教养的人"是"能将世界导之于正轨"的人②，具有敏锐的认识力和坚强的意志力，随时都能把不利于社会秩序的念头、思想和行动克服和消除掉。不管一个人将来从事什么职业，都必须具有一定的完善的道德品质，这种目的是永恒不变的。

所谓"可能的目的"，是指与儿童未来可能从事的职业有关的目的。赫尔巴特指出，要想实现职业准备的目的，教师必须努力发展学生多方面的兴趣，使他们的各种能力得到和谐发展，这样才能造就出不拘一格的多种类型的人才。

三、论教育过程

赫尔巴特将教育过程划分为三个部分，即儿童管理、道德教育和教学。

(一)儿童管理

在教育史上，赫尔巴特第一次把对儿童的管理作为教育的独立课题加以论述，提出管理先行的思想。所谓管理先行，就是在进行道德教育和教学之前首先必须对儿童进行管理。他认为，管理是实现教育总体目的的一种必要的、强有力的手段。有效的管理是顺利开展教育教学的前提条件，"如果不坚决而温和地抓住管理的缰绳，任何功课的教学都是不可能的"③。不过，儿童管理的价值并不限于维持良好的外部秩序。通过约束儿童当前的行为，管理"要造成一种守秩序的精神"，以预防某些恶行。管理的方法包括威胁、监督、命令和禁止、惩罚，以及使儿童没有空闲时间（即给事做）等。管理的辅助手段是威信和爱。

(二)道德教育

赫尔巴特将道德教育作为教育的最根本的、首要的任务，因此，全部教育活动都应该围绕着道德教育——培养"完善"的人这一根本问题来进行。这里所言的"道德教育"主要是指训育，或称性格训练，以形成"五种道德观念"的伦理学为基础。赫尔巴特提出"道德性格＝控制欲望＋服从观念"的公式，即一个人的道德性格取决于其对主观欲望的控制和对客观观念（道德标准）的服从。他认为，一个具有良好道德性格的人，一方面要具有坚定的"公正""善良""内在自由"等道德观念，严格地受这些观念的支配；

---

① 张焕庭：《西方资产阶级教育论著选》，260页，北京，人民教育出版社，1979。

② ［德］赫尔巴特：《普通教育学》，24页，北京，商务印书馆，1936。

③ 张焕庭：《西方资产阶级教育论著选》，267页，北京，人民教育出版社，1979。

另一方面要善于控制自己的欲望，行善而不作恶。两者的结合过程就是训育过程或道德性格训练的过程。教师的主要注意力应该放在道德观念的形成和发展上。

在道德教育的方法上，赫尔巴特要求"注意防范儿童热情的冲动，避免情绪有害地爆发"，并为此作了许多规定。与此同时，他又指出，道德教育的原则与管理的原则是不同的：管理的意义在于预防恶行，其方法是外在的、强制性的；训育的意义在于形成美德，其方法要建立在道德观念的基础上，必须具有激励儿童心灵的力量。因此，赫尔巴特要求教师应按照心理学规律塑造儿童的性格，特别强调要把心理作为一个整体而保持其安宁与清晰。基于上述观点，赫尔巴特提出了开展道德教育的具体方法：约束学生；限定学生；规定明确的行为规则；使儿童的心灵保持"宁静和明朗"，不容情欲的发展；以奖励和谴责来鼓舞儿童的心灵；劝诫学生；等等。

(三)教学

教育以道德的养成为最高目的，赫尔巴特认为教学是教育的最基本的手段和途径。因为，愚蠢的人是不可能有德行的，知识与道德具有直接的、内在的联系。人只有认识了道德规范，才能形成符合道德规范的行为。鉴于此，他明确提出了"教育性教学"的观点，作为教学的基本原则。他说："我想不到有任何'无教学的教育'，正如在相反方面，我不承认有任何'无教育的教学'"[1]。任何教学过程都必须具有教育作用，教学的最高的、最后的目的和教育的最高目的一样，就是培养德性，"教学如果没有进行道德教育，只是一种没有目的的手段；道德教育如果没有教学，就是一种失去了手段的目的。"[2]

四、课程理论

赫尔巴特以心理学为依据，提出了一套比较完整的课程理论。他的基本主张是：

课程内容的选择要与儿童的经验和兴趣相一致。这里所谓的"兴趣"是指精神的积极性，即学生心理、观念的积极、广泛、大规模的运动，及其对于所学事物所产生的有高度注意力的内部心理状态。只有与儿童的经验相联系的内容，才能引起浓厚的兴趣，而且单一的兴趣在实际生活中不能产生什么作用，多方面兴趣才是人的意识的"内在动力"，是传授新知识、形成新观念的基本条件。因此，教学应该发展学生多方面的兴趣，使学生形成广泛的经验，并最终导向善。赫尔巴特将多种多样的兴趣划分为认识和情感两大部分，认识部分包含三种兴趣，即经验的兴趣、思辨的兴趣、审美的兴

---

① 张焕庭：《西方资产阶级教育论著选》，267 页，北京，人民教育出版社，1979。
② 曹孚：《外国教育史》，172 页，北京，人民教育出版社，1979。

趣，合称为"自然的"或"知识的"兴趣；情感部分也包含三种兴趣，即同情的兴趣、社会的兴趣、宗教的兴趣，合称为"历史（社会）的"或"同情的"兴趣。以上述六种兴趣为依据，赫尔巴特提出了自己的课程主张：根据经验的兴趣，设置自然、物理、化学和地理等课程；根据思辨的兴趣，设置数学、逻辑、文法、自然哲学等课程；根据审美的兴趣，设置文学、音乐、绘画、雕刻等课程；根据同情的兴趣，设置古典语、现代外国语、本国语等课程；根据社会的兴趣，设置法律、政治、历史等课程；根据宗教的兴趣，设置神学等课程。

课程要与统觉过程相适应。根据统觉原理，新知识总是在原有知识基础上产生的。因此，课程的安排应当使儿童能够不断地从熟悉的材料逐渐过渡到密切相关但尚不熟悉的材料。为了保持课程的逻辑结构和知识的系统性，赫尔巴特强调在设计课程时要遵循两个原则：相关和集中。所谓相关是指学校不同课程的安排应当相互影响、相互联系；所谓集中是指在学校的所有课程中选择一门科目作为学习的中心，使其他科目都作为学习和理解它的手段。赫尔巴特认为，历史和数学是学校中所有学科的中心。

课程要与儿童的发展阶段相适应。赫尔巴特认为儿童的发展分为四个时期：婴儿期、幼儿期、童年期、青年期。儿童的每个发展时期都对应着不同的心理特征，因此需要开设不同的课程。婴儿期的重点在于养护身体、训练感官；幼儿期的重点在于发展想象力；童年期和青年期的重点在于发展理性，学习数学、历史等学科。

赫尔巴特关于课程的观点和主张构成了近代教育史上最为完整和系统的课程理论，标志着西方近代课程论研究进入了一个新的发展阶段。他以兴趣、统觉和儿童发展阶段等心理学观点为基础，为课程的选择和编制确立了依据，也为教学工作的有效进行提供了保障。

五、教学理论

如前所述，赫尔巴特认为教育的最根本手段是教学，只有通过教学才能达到教育的"最高目的"和"可能目的"。围绕着教学活动，赫尔巴特进行了深入细致的探索，建立起一个极具影响的教学理论体系。

(一)教学进程理论

以统觉思想为出发点，赫尔巴特系统阐释了他对教学进程的理解，认为统觉的过程包括三个环节，即感官的刺激、新旧观念的分析和联合、统觉团的形成。与此相应，教学有三种不同的方法，即单纯的提示教学、分析教学和综合教学。所谓单纯的提示教学就是直观教学，直接建立在学生的经验基础之上，是对经验的模仿、复制和扩大，其目的在于获得感觉表象，为观念的联合作准备；分析教学建立在单纯提示教学基础之上，其作用在于使儿童对当前刺激的反应更加清晰，为观念的联合做好进一步的准备；综合教学的作用在于形成观念的联合，获得新知识和新概念。这三种教学方法相互联系，教学过程就是从感觉经验开始，经过分析和综合，最后达到概念的过程。

(二)教学形式阶段理论

赫尔巴特认为，儿童的兴趣活动可以划分为四个阶段：注意、期待、探求、行动。儿童在学习活动中的思维状态主要有两种——专心和审思，这两个阶段又可以再细分为"静止"和"运动"两种状态。在此基础上，赫尔巴特提出任何教学活动都必须是井然有序的，都要经历以下四个阶段，即教学的形式阶段。

明了(或清楚)，这是在观念静止状态中对教材的钻研。要求教材的呈现尽可能用分解的形态，尽可能做到明白、确切、实际和详细。在心理学上，符合这一阶段的学生的心理活动是集中的注意。在教学方法上，要求教师尽可能简练、清楚、明白、真实而富有吸引力地讲解新教材，并且应用直观原则。

联想(即联合)，这是在观念运动状态中对教材的钻研。在这一阶段，新的教材应当与学生以往在上课、读书和生活等方面已获得的观念发生联系。由于新知识与原有知识间的联系在开始时尚不清晰，处于一种模糊状态，因此这一阶段学生在心理学上的特征即是获得结果之前一瞬间的期待。在教学方法上，这一阶段最重要的是采用分析教学，教师用谈话的方法引起统觉过程，唤起学生原有的概念，使之与新概念建立联系。

系统，这是在观念静止状态中对教材的理解。经过"联想"阶段后，学生的新、旧观念之间已经产生了联系，但还不系统，需要一种静止的审思活动。这个阶段学生的心理特征是迫切的探求，想象和思维在这一阶段表现得特别活跃，并具有更严密的逻辑性。在教学方法上，这一阶段教师应重点采用综合的教学，将知识形成概念、定义、定理。

方法，这是在观念运动状态中对教材的理解。学生对观念体系的进一步深思，表现为一种动态的审思活动，这时学生会产生把系统知识应用于实际的需要。在心理学上，这一阶段学生的心理特征是行动，即有条理地应用知识。在教学方法上，学生通过做习题、独立作业和按照教师的指示改正作业中的错误等练习，养成有组织地、有逻辑性和创造性地进行思维的习惯与技能。

以上就是教育史上著名的教学"形式阶段理论"。这个教学四阶段理论后来被发展为"五段教学法"。赫尔巴特的学生齐勒尔把"明了"分为"分析"和"综合"两段，而齐勒尔的门徒莱茵则在此基础上将教学阶段分为：预备(提出问题，说明目的)，提示(提出新课程，讲解新教材)，比较(相当于"联想"阶段)，总括(相当于"系统"阶段)，应用(相当于"方法"阶段)。由此形成了19世纪下半叶以后风靡全球的"五段教学法"。

赫尔巴特的教学形式阶段理论严格按照心理过程规律，对教学过程进行系统解释和高度抽象，力图建立一种明确的、规范化的教学模式，这是对裴斯泰洛齐提倡的"教育心理学化"运动的有力推动，对于教学理论和实践的发展都起到了非常积极的作用。不过，该理论的形式主义和机械论倾向相当明显，容易把生动、丰富的教学活动变成刻板的公式，扼杀教师的创造性。另外，这种理论有助于教师按照逻辑编排系统地教，但不适合于学生主动地学，没有为儿童的独立探究提供必需的条件。因此，后来遭到来自各方面的批评和质疑。杜威将赫尔巴特作为传统教育的代表，批评他的心理学是"教师心理学"，而不是"儿童心理学"。

第五节
福禄培尔的教育思想

福禄培尔(F. W. A. Frobel，1782—1852)是 19 世纪上半期德国著名的学前教育家，近代学前教育理论的奠基人。1837 年，福禄培尔创建了一所"发展幼儿活动本能和自我活动的机构"，专门招收 3～7 岁儿童。1840 年，他将这一机构命名为"幼儿园"(Kindergarten)，这是世界上第一所以"幼儿园"命名的公共幼儿教育机构。福禄培尔的代表性作品主要有《人的教育》《母亲与儿歌》《幼儿园教育学》等。

一、论教育的基本原则

福禄培尔接受了谢林的"宇宙精神"的观点，强调上帝为万物的统一体，万物都受上帝的统一法则的支配，同时，万物又都通过自身的存在反映上帝。上帝所创造的一切事物都是上帝这一最大整体的一部分，这体现了事物的普遍性；与此同时，每种事物又都具有区别于其他事物的差异性和自己独特的个体性。因此，人的本质就是神的统一性、自然的差异性和人的个性三方面的统一。教育的实质则在于使人能自由和自觉地表现他的本质，帮助人类逐步认识自然、人性和上帝之间的统一。由此出发，福禄培尔提出了教育的两大基本原则。

(一)教育适应自然原则

福禄培尔相信人生来是善的，他说："青年一代作为自然的产物，仍在创造发展过程中，其本身是非常好的，同时，我们也应适应他的情境、性向和能力。"①此外，福禄培尔还认为，人和自然界都受上帝神圣法则的支配，因此应该把人的发展与自然界的发展相比较，这将有助于理解人的发展与教育的关系。他说："我们对待自然界事物往往遵循了正确的道路，但在对人当中，却不免走入歧途。"②福禄培尔提出，儿童生来就具有四种本能，即活动的本能、认识的本能、艺术的本能和宗教的本能。其中，活动的本能最为重要，它会随着年龄的增长发展为创造的本能。在教育过程中，一定要积极地顺应其本能，坚持"被动的和顺应的"原则，按照儿童的天性进行自然的教育，如此才能促进儿童健康发展。

(二)人的"自动"发展原则

福禄培尔认为由于世间万物都是神创意志的体现，因此人的发展也是"神本源"的发展，是一种"自动"的发展。他说："上帝既不灌输，也不嫁接。他使最低微、最不完善的事物在不断地上升的系列中成长，并且依照永恒的、以自我为基础的、自我发展的法则成长。"③这种自动发展是个体利用自我能动的力量，通过内部表现于外部和外部表现于内部两个阶段实现的。前者指人的内部需要通过外部的形式表现出来，后者指人对外部事物积极认知，从而使外部事物转化为内部的组成部分。既然人的发展是一个自动发展的过程，即人的内部力量主动发展的过程，因此，不应受到外在的压抑和限制。那些强制性的命令和训练，只会使儿童的发展走入歧途。这一原则的提出，尽管带有比较浓重的神学色彩，但对于摆脱旧教育对儿童的束缚具有重要的积极意义。

福禄培尔认为儿童的发展是由"自然儿童"出发，经过"人类儿童"而后成长为"神的儿童"。他将儿童的发展划分为三个阶段：第一，婴儿期，此期儿童的内部本能由睡眠向觉醒过渡，教育应遵循儿童本性，让他们自由地运用体力和能力；第二，幼儿期，此期儿童的内部本能逐渐觉醒，教育应通过游戏、说话等活动实现"内部表现于外部"；第三，少年期，此期儿童的重点活动是学习，通过学习活动使"外部表现于内部"，由此实现学生的"自动"发展。福禄培尔认为，在儿童发展的各个阶段教育都不能采取命令、灌输的方式迫使儿童服从和静听，都应该努力唤起他们的情感和需要，引导他们主动地参与到活动中来。

二、论学前幼儿教育

在福禄培尔看来幼儿期是人的发展中的关键时期，儿童以后的一切发展"主要取决

---

① 张焕庭：《西方资产阶级教育论著选》，313 页，北京，人民教育出版社，1979。
② 张焕庭：《西方资产阶级教育论著选》，313 页，北京，人民教育出版社，1979。
③ 戴本博：《外国教育史》(中)，311 页，北京，人民教育出版社，1990。

于他在这一年龄阶段的生活方式"。如果儿童未来生活之树的胚芽在这个时期受到损害，那么他需要以极大的努力才能克服这种损害所造成的不良影响。儿童通常在三岁左右进入幼儿期，从这时起儿童的自我活动逐渐向外部表现其内在本性，一些最基本的本能开始觉醒，并遵循自然法则逐渐发展。这个时期母亲可以让儿童背儿歌、小诗或讲自己的所见所闻等，借以发展其语言。但有许多母亲没有充足的时间和能力来教育自己的子女，因此福禄培尔号召为3~7岁的儿童建立专门的教育机构作为家庭教育的"补充"而非"代替"，这其中强调了幼儿园教育与家庭教育之间的联系性和一致性。

(一)幼儿园的课程设置

福禄培尔认为，幼儿园的主要任务是：发展儿童的感觉器官；养成儿童在同伴中集体生活的习惯；养成他们守秩序和初步自我照料的习惯；进行初步的道德教育和宗教教育。幼儿园的任务主要是通过幼儿的游戏和各种活动完成的，因此，幼儿园的课程设置也必须以游戏和活动为基本特征，包括宗教教育、体育卫生、语言练习、背诗和唱歌、故事与童话、文法与写字、数与形、自然科学常识、图画与颜色辨别、手工操作、游戏、散步与短距离的旅行等。

(二)幼儿教育的方法

福禄培尔把游戏作为幼儿教育的重要方法，认为游戏是儿童认识世界的工具，是儿童活动的特点，因此也应该成为儿童教育的基础。儿童早期的各种游戏是"整个未来生活的胚芽"，是人在早期发展阶段上最纯洁的精神产物，会给儿童带来欢乐、自由、满足感。在游戏过程中，儿童的体力、智能和品德最能获得发展，儿童的创造性和自动性也最能得到表现。

福禄培尔把游戏分为三类：一是身体的游戏。这类游戏既可以是作为力量和灵活性的练习，也可以是内在的生活勇气和生活乐趣的表达。二是感官的游戏。包括听觉的游戏(如捉迷藏)和视觉的游戏(如辨别色彩)等。三是精神的游戏。主要是为了训练幼儿的思考和判断。为了系统地组织儿童的游戏，福禄培尔发展了一个从简单到复杂、从统一到多样、循序渐进的不可分割的游戏体系。福禄培尔呼吁父母们行动起来，致力于培养儿童游戏的能力并指导他们的游戏。

(三)恩物

福禄培尔主张教育从一开始就应为儿童提供全面而有趣的活动，这些活动应当是系统的、渐进的、统一的。为此，他创造性地设计了一套供儿童活动时使用的教学用具，并称之为"恩物"，意指它们是上帝的恩赐。恩物共有20种，有的是供儿童游戏用的，经过动手操作，儿童逐步认识体、面、线、点，从具体到抽象；有的是供儿童进行手工作业时用的，儿童的认识从中经历了从点、线、面发展到体的过程①。

使用恩物引起儿童自动的活动，这是福禄培尔首创的幼儿教育方法。"恩物"能够启发儿童认识各种最简单的几何图形；按照由易到难、由简单到复杂的顺序安排，具有循序渐进性；还有助于发展儿童的联想力和创造力。不过，"恩物"也存在一些缺陷：首先，"恩物"体系的建立是以唯心主义哲学为基础的。福禄培尔认为儿童必须通过学习"恩物"，才能理解宇宙的统一性和多样性，才能认识宇宙所固有的神的本源。其次，福禄培尔力图用"恩物"来代替儿童与周围生活的直接接触，把儿童的兴趣局限在给他们指定的那些教学用品的范围内，这就同发展儿童的积极性、创造性和自动性的愿望发生了矛盾。

继"恩物"之后，福禄培尔又为儿童创制了积木玩具，还为儿童设计了各种制作活动——"作业"。他为儿童设计和提供了许多作业材料和方法，让儿童用纸、沙、泥、竹、木等制作某种物件。然而，福禄培尔要求儿童按照教养员的指示去做游戏，要求儿童重复教养员对他们所演示的内容，这种教学带有较大的机械性，不利于发展儿童的积极性、主动性和创造性。

作为世界上第一所幼儿园的创立者，福禄培尔推动了世界范围内幼儿园运动的兴起和发展，被誉为"幼儿教育之父"。他所提出的幼儿教育思想具有划时代的意义，标志着西方近代幼儿教育理论开始从教育理论体系中分化出来，成为一门独立的科学。他所开创的幼儿教育方法体系经过实践验证显示出强大的生命力，具有重要的教育价值，被西方各国的幼儿园广泛借鉴，影响深远。当然，福禄培尔是从唯心主义哲学观、宗教观和泛神论出发讨论教育问题，难以避免地使他的教育理论带有宗教神秘主义的色彩。

第六节
马克思和恩格斯的教育思想

卡尔·马克思（K. Marx，1818—1883）和弗里德里希·恩格斯（F. Engels，1820—1895）是马克思主义的创始人、无产阶级革命的伟大导师，同时也是科学教育理论的奠基人。马克思和恩格斯在教育史上的功绩在于他们立足于辩证唯物主义和历史唯物主义世界观，科学地论述了一系列重大的教育问题，形成了一种崭新而独特的教育观。马克思主义教育思想的诞生，使教育学实现了一次质的飞跃，在教育史上开辟了一个新的时代。

---

① 袁锐锷：《外国教育史新编》，184～185页，广州，广东高等教育出版社，2006。

一、论教育的性质

(一)教育具有社会制约性

马克思主义认为，社会存在决定社会意识，经济基础决定上层建筑。教育作为与法律、政治、宗教、艺术、哲学等密切联系的范畴，必然会受到社会物质生活条件和一定的社会关系的制约。因此，要想把握教育的客观发展规律及其作用，就必须从教育所据以存在的社会物质生活条件和社会关系中去探求。需要强调的是，社会关系的性质虽然决定了教育的性质，但教育同时还受到其他多重因素的制约，教育对社会关系具有一定的相对独立性。

(二)教育具有反作用于社会的功能

教育通过对人进行指导与训练，可使其掌握一定的知识与生产技能，而具有一定生产经验与技能的劳动力的再生产是任何社会进行社会再生产的必要条件。首先，教育为社会各类生产部门培养不同层次的人才，这是它具有生产性因素的具体表现。其次，教育具有传递和再生产科学知识的社会功能。通过教育，青年一代可以快速地掌握科学知识，教育是科学知识再生产的一种有效形式。最后，教育可以为社会主义建设培养优秀人才。马克思和恩格斯认为，在无产阶级革命胜利后，群众的觉悟性是建设社会主义社会的必要条件，同时社会主义社会需要通过教育来培养各种专家。

(三)教育具有历史性和阶级性

教育既然取决于社会的物质生活条件和社会关系，而社会本身又在不断发展变化，因此，教育又具体地表现为一种历史性现象。由古至今，随着不同的历史时期的经济基础和社会制度的变化，教育的方针、制度、目标、内容、方法也在不断改变。在阶级社会中，人的社会关系又表现为阶级关系，因此，教育必然具有鲜明的阶级性。教育的阶级性实质上就是教育对掌握它的那个阶级的政治经济发展具有强烈的反作用，由于教育具有这种作用，因此它必然会为一定的阶级所掌握和运用。

二、论教育在人的个性形成中的作用

马克思在《关于费尔巴哈的提纲》中提出了"人的本质不是单个人所固有的抽象物。在其现实性上，它是一切社会关系的总和"的论断。这是对人的本质的科学概括，强调了人的社会性。人直接地是自然存在物，但人的自然属性是受其社会性制约的，个人只有在社会中并通过社会才能获得他们自己的发展。马克思肯定了人是社会的产物，但同时指出，人不是消极的客体，人区别于动物的一个重要特点就是具有实践活动的主观能动性。

以上述人的本质观为基础，马克思和恩格斯论述了影响人的个性形成的三个因素及其相互关系，由此说明教育在人的个性形成中的作用。第一，遗传素质是人赖以发展的物质基础和前提。虽然人的遗传素质的确存在着一定的个别差异，但"这种差异远没有我们所设想的那么大"[①]，遗传素质并非个性形成的决定性因素。第二，社会环境和教育对于人的形成和发展具有重要作用。不过，对于这两个因素的作用也不能任意夸大。爱尔维修等人提出的"教育万能论"和"环境决定论"就犯下了这样的错误，把人视为环境和教育的消极产物。第三，引入实践的观点，解释人的形成和发展。马克思和恩格斯认为，人是在改造客观环境的实践中能动地接受环境和教育的影响，从而改造自己的主观世界实现自身的发展。这种观点科学地解决了环境和教育在人的发展中的作用问题，使人的形成发展理论取得了重大突破。

三、论人的全面发展与教育的关系

在马克思和恩格斯的教育思想体系中，人的全面发展学说是极其重要的一个组成部分。

（一）人的全面发展

马克思和恩格斯系统考察了社会分工的发展与人的发展之间的关系，指出资本主义工场手工业使劳动分工不断细化，工人沦为局部劳动的工具；资本主义机器大工业则使劳动者的境遇进一步恶化，他们的智力和体力受到严重摧残，成为片面发展的"畸形物"。不过，由于大工业建立在现代科学技术的基础之上，科学技术的革新带动着大工业生产不断地把资本和工人从一个生产部门投入另一个生产部门，不断地打破原来的旧式分工。大工业的这一本性决定了"能够适应不同社会职能的全面发展的人"将取代"只是承担一种社会局部职能的局部个人"。全面发展的人是一种"全新的人"，能够通晓整个生产系统，能够适应现代大工业生产的需要，能够轮流从一个生产部门转到另一个生产部门。

马克思和恩格斯所言的"人的全面发展"首先是指劳动者的体力和智力两个方面都得到发展，实现体力劳动和脑力劳动相结合，这是人的全面发展的基础；其次是指人在才能、志趣、品德、个性等方面自由的、充分的发展。只有自由的、充分的发展，

---

① 《马克思恩格斯全集》(第 23 卷)，459 页，北京，人民出版社，1956。

才会有全面发展。而且，全面发展不仅指单个人，而是社会所有成员的全面发展。

(二)全面发展的教育

马克思和恩格斯指出人的全面发展的实现必须依靠全面发展的教育。具体而言，就是使人通过德育、智育、体育、综合技术教育和美育，以及教育与生产劳动相结合的根本途径，摆脱旧式分工所造成的片面性，并在智能、道德和健康诸方面都达到高度的水平。

德育，马克思和恩格斯认为无产阶级对新生一代的德育任务主要是培养同剥削者作斗争的精神、共产主义的爱国主义、无产阶级的国际主义、集体主义、社会主义的人道主义、积极地同宗教作斗争的精神，从而使学生养成社会主义社会成员所特有的各种道德品质，如：团结性、组织性、纪律性、爱劳动、个人利益服从集体利益和人民利益等。

智育，马克思和恩格斯高度重视智育，认为智育是共产主义教育体系中异常重要的部分。智育的任务是用真正的科学知识把新生一代武装起来，并且要在真正的科学知识的基础上，培养青年为建成新的社会主义制度开展有成效的斗争所必需的辩证唯物主义世界观。关于智育的内容，恩格斯认为凡是社会需要的文化科学知识，都应该列入教学计划。关于智育的教学方法，马克思和恩格斯强调遵循各门科学之间的有机联系，保持专门科学的逻辑严整性，掌握每门独立科学的原理，以便学生们在掌握科学知识的过程中能发展科学思维。

体育，马克思和恩格斯认为未来的人务必是一个体格健壮、健全发育的人，因此他们积极倡导要在各年级学生的四肢还很富于弹性和十分灵活的时候，经常而认真地教给他们自由体操和器械操，这是发展青年体力的主要手段，这样做对于青年身体匀称和谐地成长具有重大意义。还应该把学校体育和军事训练结合起来。

综合技术教育，马克思所说的综合技术教育是指要使儿童或少年了解生产各个过程的基本原理，同时使他们获得运用各种生产的最简单的工具的技能。这实际上就是指理论与实践相结合的工艺教育，亦即教育与生产劳动相结合。

美育，马克思和恩格斯认为美育是共产主义社会成员全面发展的必要条件，是能更深刻地认识现实、更明显地去感觉和发现一切美好的东西、去欣赏美的一个强有力的手段。社会主义社会的整个美育应该服从于新生一代共产主义教育的目的。美育的有力手段之一是文艺作品，此外还包括绘画、音乐、戏剧、电影、舞蹈以及专门为新生一代的美育而创造的许多其他内容。

四、论教育与生产劳动相结合的重大意义

马克思和恩格斯认为教育与生产劳动相结合是现代生产、现代科学与现代教育密切联系的反映和要求。首先，机器大工业的本性需要尽可能多方面发展的工人，客观上要求教育与生产劳动相结合，使工人接受能够适应劳动职能变化的教育；其次，机器大工业建立在现代科学技术的基础之上，通过科学这一中介，教育与生产劳动相结合得到了现实的支撑；最后，综合技术教育使儿童得以了解生产过程的基本原理，掌握运用生产工具的基本技能，从而为教育与生产劳动相结合提供了实践平台。

总之，教育与生产劳动相结合不仅是提高社会生产的一种方法，而且是造就全面发展的人的唯一方法。每个有劳动能力的人都应当学会劳动，不仅能够用手劳动而且能够用脑劳动，从而使人的各方面能力得到充分协调的发展。随着社会生产力的高度发展，对于实现普遍生产劳动和普遍教育相结合的要求将会越来越高。与此同时，社会也将从劳动制度和教育制度两方面为二者的结合提供日益完善的条件，使教育与生产劳动相结合的重大作用得以充分实现。

马克思和恩格斯从一定历史条件下的社会出发考察现实中的人的教育，对教育领域中的诸多重大问题作出了科学的解释。他们深刻地揭示了教育的本质及职能，阐述了遗传素质、环境、教育和实践对人的发展的作用，科学地论证了人的全面发展的历史必然性，指明了教育与生产劳动相结合的必然性与必要性。马克思和恩格斯的教育学说在教育史上增添了无产阶级教育理论的新篇章，为无产阶级制定教育纲领和方针、选择教育内容和方法提供了理论依据，为建立社会主义教育体系提供了科学的理论基础。

第七节
欧洲近代教育思潮

工业革命拉开了近代社会的序幕，使西方国家迎来了经济的工业化、政治的民主化和思想的理性化、多元化。这些因素强烈地促动着教育制度和教育实践朝着国家化、世俗化、科学化的方向发展，与此同时，自然主义、教育心理学化、科学教育和国家主义等教育思潮的兴起，也在不同程度上推动了教育由近代形态向现代形态转型。

一、自然主义教育思潮

自然主义教育思潮源于古希腊，酝酿于欧洲文艺复兴时期，形成于 18 世纪，是新兴资产阶级重要的教育理论和教育思潮之一。其主要代表人物有夸美纽斯、卢梭、裴斯泰洛齐等。

（一）时代背景

在教育发展史上，古希腊教育家亚里士多德首次提出了"教育遵循自然"的原则。他认为在教育过程中应当注意儿童心理发展的自然特点，按照儿童的心理发展规律进行分阶段的教育和全面和谐发展的教育。欧洲文艺复兴时期维多里诺等人文主义者倡导"引证自然"，肯定人的尊严，强调教育要依据儿童的自然本性，主张儿童要到大自然中学习关于自然的一切知识。"教育学之父"夸美纽斯明确提出了教育适应自然的原则，并且将其作为贯穿整个教育体系的一条根本性指导原则，这标志着自然主义教育思想的形成。卢梭是自然主义教育思想的典型代表，其教育思想的核心概念为自然教育，主张培养"自然人"。他指出教育有三个来源，即自然、人或者事物，主张以自然的教育为中心，使事物的教育和人的教育服从于自然的教育。裴斯泰洛齐的教育思想深受卢梭自然教育思想的影响，但又有所不同。他进一步将自然教育思想深化，在教育史上首次提出了"教育心理学化"的口号，使教育适应自然的理论有了新的内涵，并引发了西方教育心理学化运动。

（二）基本内容

教育目的。自然主义教育的目的论以人的自然本性为基础，强调保护人的善良天性，反对封建教育的强制和压抑；重视人的生存教育和素质教育，使人适应社会的各种变化；重视人的身心和谐发展，促进人的全面发展；倡导社会改良，增进人类幸福。

儿童发展分期。儿童发展分期是自然主义教育的重要特色。自然主义教育家主张先发展儿童的身体和感官，后发展理性和抽象思维；主张教育教学应建立在儿童身心发展规律之上，并为不同阶段提出了不同的教育目标。

学习观。自然主义教育强调在活动中学习，主张人的存在寓于活动之中。人要生活得有意义，就必须进行活动。因此，学习过程中要让儿童自己多动手、多参与，重视实地观察而不仅是念书本。

（三）影响与评析

自然主义教育思潮的历史意义在于：积极寻求教育的规律，为教育理论科学化奠定了必要的基础；重视儿童特征的研究，确立了儿童的主体性地位，深化了对儿童能动作用的认识；重视教学内容、教学原则和教学方法的研究，初步形成了比较完整、系统的教学原则体系和各科教学法体系。当然，自然主义教育思潮也存在一定的局限性：有些自然主义教育家对于"自然"的概念界定并不清晰；有些自然主义教育家混淆了自然现象和社会现象的区别；还有一些自然主义教育家只用人性解释人的发展，将人性与社会性对立起来，忽视了教育的社会制约性，未能深刻地揭示教育的本质。

二、教育心理学化思潮

教育心理学化思潮有着深厚的历史渊源，早在古希腊时期就已经萌发了早期的思想倾向。文艺复兴后期，在以"尊重人、关注人性"为核心的人文主义思想影响下，教育心理学化思想的幼芽开始快速成长。19世纪前期，教育心理学化思想不仅形成一种教育思潮，而且发展为一场席卷西方世界的教育革新运动。

(一)时代背景

17世纪，夸美纽斯首次从教育学的高度，明确地将"教育适应自然"确立为教育和教学的主导原则，开启了近代教育科学的端倪。18世纪，卢梭从自然主义出发，直接强调教育遵循儿童的年龄和心理特点及其发展的法则，这引发了当时教育观念上的重要转变，为教育心理学化思想的进展开辟了新的道路。19世纪，裴斯泰洛齐首次明确地提出"教育心理学化"的理念，并为此进行了全面、系统的理论阐述，标志着西方近代教育心理学化思想的正式确立。

(二)基本内容

教育心理学化思潮强调教育学必须以心理学为基础，强调将心理学运用于考察和解决教育教学中的问题，强调教学程序要与儿童的认知心理活动相一致。一切教育和教学活动必须真正切实地依据和遵循儿童的身心特点及其发展规律，以达到最有效的教育和教学目标，促进人的完美发展。

同时，教育必须重视儿童个性的发展。人的心理发展既有阶段性又有连续性，不是相互割裂的。儿童心理发展具有"自动性"，教育要遵循人的自然发展规律，教师要充分考虑学生的年龄特征和个性差异，儿童将成为自然赋予他可以而且应该成为的人。

(三)影响与评析

为找到正确实施教育心理学化的关键因素，找到实现教育与心理学相结合的"连接处"和"机制"，众多教育心理学化提倡者进行了大量的实验探索，提供了极为丰富且有益的研究成果。教育心理学化思潮促进了教育理论的科学化,推动了教育过程与方法的研究,宣告单纯以思辨和经验提炼的教育研究时代的终结。此外,教育心理学化思潮推动了心理学和教育学成为训练教师的必修课,有效提高了教师培训的质量。

三、科学教育思潮

科学教育思潮产生于 16 世纪末 17 世纪初,兴盛于 19 世纪后期,是在欧美国家得到广泛传播的一种教育思潮。科学教育思潮抨击传统古典主义教育,强调科学知识的价值,主张建立以科学知识为核心的课程体系。主要代表人物有英国教育家斯宾塞、赫胥黎等。

(一)时代背景

自 17 世纪开始,科学发展的步伐不断加快,无论是著名的三大发现发明(能量守恒和转化定律、细胞学说、进化论),还是各种新发明新创造(如汽船、蒸汽火车头、电报电话等),都决定性地改变了人类社会的基本结构及运行方式。由于传统的经院哲学教育和古典教育难以适应生产力发展的现实需求,近代科学教育以缓慢但稳固的方式不断扩展其影响力。19 世纪 40 年代,英国虽然已基本完成工业革命并在世界市场上占有垄断地位,但是由于保守的、传统的古典主义教育势力特别严重,自然科学的成果未能及时和充分地反映到学校课程中去,这引发了英国思想家和社会人士关于古典教育和科学教育的讨论。在这场讨论中,斯宾塞和赫胥黎猛烈抨击传统的古典教育,积极倡导和宣传科学教育,最终形成一场教育运动。

(二)基本内容

强调科学知识的价值,大力提倡科学教育。科学教育的倡导者明确提出——科学知识最有价值。他们详尽地论证了科学知识在社会生产和个人生活中的巨大作用,并充分肯定了科学教育的重要性,认为学习科学是所有活动的最好准备。

注重学校课程和教学方法的改革。科学教育者不仅提出了以科学知识为核心的课程体系,而且强调用科学知识来改造传统的学校课程,主张自然科学课程和人文学科课程在学校教育中要保持平衡。此外,还详细论述了一系列符合儿童心智发展顺序的教学原则和方法。

在学校教育领域付诸实践,不再带有空想成分。科学实验开始进入各级学校,自然科学在学校课程中逐渐占据了重要位置,化学和物理成为学校里最普通的课程。

(三)影响与评析

1881 年帝国科学与工艺高等学校和 1890 年皇家科学学院的成立，代表了英国高等教育趋于科学学习的变化。至于中等教育和初等教育，所有的学校都开始承认科学知识的地位，并提供科学知识教育。尽管由于历史观和哲学观的局限，斯宾塞和赫胥黎在科学与宗教的关系问题上表现出不彻底性。但是应该指出，19 世纪科学教育思想极大地推动了欧美国家的学校教育特别是课程的改革，实现了早期科学教育思想所阐述的科学教育理想，其中很多观点颇具预见性，给后人以深刻的启迪。

四、国家主义教育思潮

国家主义教育思潮形成于 18 世纪法国启蒙运动时期，19 世纪在德国得到发展并在欧洲广泛传播。主要代表人物有英国的亚当·斯密、法国的拉夏洛泰和孔多塞，德国的费希特等。

(一)时代背景

18 世纪 60 年代工业革命开始，西欧出现了学校教育领导权从教会向国家转移的趋势，国家在教育上的作用日益加强。1764 年法国国王路易十五宣布解散耶稣会，结束了耶稣会垄断教育的局面。1776 年，亚当·斯密在其著作中论证了国家主义教育实施的必要性。在此背景下，英国和法国的众多思想家、社会改革家和教育家纷纷提出国民教育构想，要求建立国家教育体制。尽管这些构想之间存在着差异，但都表达了大致相同的基本原则：学校必须由国家办理，对所有的公民实行一定程度的免费教育，努力按照国家的智力和道德标准去塑造国民。

(二)基本内容

国家必须把教育权集中到手中，并通过各种形式领导和管理教育。教育权属于国家，而不是天主教会，应由国家来承担和推进教育事业的发展，培养资本主义生产发展确切需要的劳动力。国家不仅仅要为教育提供各种条件，而且还要为其制定教育的目标。为维护国家的教育权力，确保国家开办和管理教育，必须建立具有统一性和权威性的国家教育行政机构。

教育要普及。教育是一种对国家社会发展具有重要意义的社会事业，通过实施普及性的国家主义教育，使每个公民获得最低限度的文化知识，保障社会的进步和发展。教育应该是平等的，不论种族、贫富、性别、阶级，全体国民都应该有受到教育的机会。教育应该培养国民对国家的忠诚、团结意识以及报效国家的决心。

(三)影响与评析

国家主义教育思潮在对旧的教育制度和教会教育进行批判的过程中，显现出自身鲜明的特征：一是极其强调教育的社会功能；二是主张普及教育；三是提倡国家开办和管理教育。国家主义教育思潮作为一场持续的教育运动，对欧美国家的教育国家化、国民教育制度的建立与发展产生了深远影响。

自测题 >

一、单项选择题

1.《大教学论》的作者是（　　　）。

    A. 夸美纽斯　　　B. 卢梭　　　　　C. 斯宾塞　　　　D. 赫尔巴特

2. 提出"要素教育理论"的教育家是（　　　）。

    A. 夸美纽斯　　　B. 卢梭　　　　　C. 裴斯泰洛齐　　D. 福禄培尔

3. 奠定了社会主义和共产主义科学教育学理论基础的教育思想家是（　　　）。

    A. 卢梭　　　　　　　　　　　B. 赫尔巴特

    C. 裴斯泰洛齐　　　　　　　　D. 马克思和恩格斯

4. 提出"形式阶段"教学理论的教育思想家是（　　　）。

    A. 卢梭　　　　　B. 福禄培尔　　　C. 赫尔巴特　　　D. 斯宾塞

二、简答题

1. 简述卢梭的自然教育理论。

2. 简述要素教育理论。

3. 简述福禄培尔关于幼儿园游戏的教育思想。

三、论述题

1. 述评夸美纽斯关于班级授课制的理论。

2. 述评赫尔巴特的教学理论。

四、材料分析题

请根据下述材料，分析夸美纽斯关于教育作用的思想。

愚蠢的人需要受教导，好使他们摆脱本性中的愚蠢，这是无人怀疑的。其实聪明人更需要受教育，因为一个活泼的心理如果不去从事有用的事情，它便会从事无用的、稀奇的、有害的事情。正如田地愈肥沃，蒹葭便愈茂盛一样，对一个绝顶聪明的人如果不去撒下智慧与德行的种子，它便会充满幻异的观念。……

拓展阅读推介 >

1　[捷克]夸美纽斯：《大教学论》，傅任敢译，教育科学出版社，1999

　　《大教学论》重点阐述了教学理论问题，书中明确提出并详细论证了一系列教学原则、教学规则和各种教学方法，并拟定了各级学校的课程设置，确定了学校教学工作的基本组织形式，制定了编写教科书的原则要求。此外，该书中还论述了道德教育、宗教教育、艺术教育和体育等问题。《大教学论》的问世为近代教育学的建立奠定了基础。

2　[法]卢梭：《爱弥儿》，李平沤译，商务印书馆，1996

　　此书是一本夹叙夹议的教育小说，共五卷，针对不同年龄阶段的儿童提出了不同的教育原则、教育内容和教育方法，即体育、感官、智育、德育、爱情。每个阶段的重点不同，但五者之间并不明显割裂。全书反映了自然主义教育思想，阐述性善论，在西方教育史上首次系统提出了新的儿童教育观，从而在教育史上掀起了一场"哥白尼式的革命"。其思想对后世许多教育家，如康德、裴斯泰洛齐和杜威都有启发和影响。

第三编　外国现代教育

概　说

　　19世纪末至20世纪前期新教育运动和进步主义教育运动分别在欧美兴起，这场教育改革运动致力于建立不同于传统学校的新学校，以此作为新教育和进步教育的"实验室"。除此之外，还产生了诸多教育思想和教育实验，以杜威的实用主义教育最为著名。英、法、德、苏、美、日等国家也在这个时期形成了现代教育制度，基本以第二次世界大战为分界线体现出战前初露端倪、战后大发展的特点；同时，各国教育还受到教育学的学科基础即哲学和心理学发展的影响，进而沿着这两个方向形成了由诸多流派构成的现代欧美教育思潮。

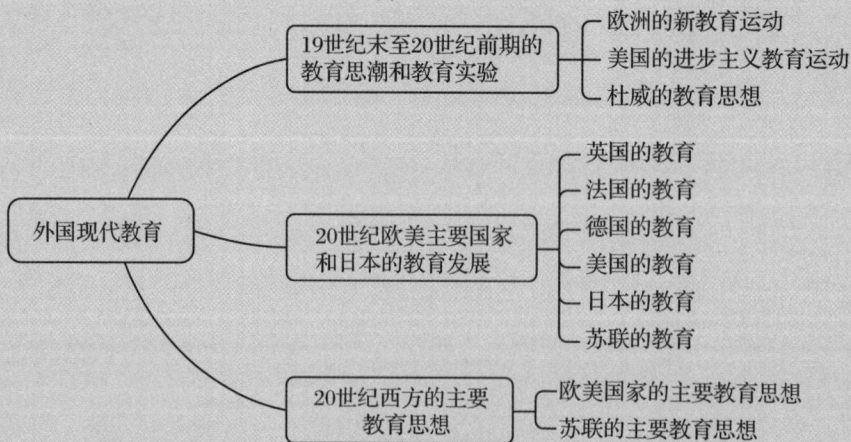

```
                          ┌─ 19世纪末至20世纪前期的 ─┬─ 欧洲的新教育运动
                          │   教育思潮和教育实验      ├─ 美国的进步主义教育运动
                          │                          └─ 杜威的教育思想
                          │
                          │                          ┌─ 英国的教育
                          │                          ├─ 法国的教育
外国现代教育 ──────────────┼─ 20世纪欧美主要国家      ├─ 德国的教育
                          │   和日本的教育发展        ├─ 美国的教育
                          │                          ├─ 日本的教育
                          │                          └─ 苏联的教育
                          │
                          └─ 20世纪西方的主要        ┌─ 欧美国家的主要教育思想
                             教育思想                └─ 苏联的主要教育思想
```

第七章

19 世纪末至 20 世纪前期的教育思潮和教育实验

学习目标

1. 了解新教育运动的形成和发展；
2. 了解进步主义教育运动的始末；
3. 理解新教育运动中的主要理论；
4. 理解进步教育实验；
5. 理解杜威及其实用主义教育思想。

重要概念

新教育运动　新教育实验　进步主义教育运动　实用主义教育学
实验教育学　昆西教学法　有机教育学校　葛雷制　道尔顿制　文纳特
卡计划　设计教学法

19 世纪末 20 世纪初，欧美国家工业和经济迅速发展，新的科学技术广泛应用，引发整个社会生活发生重大变化。与之相伴，一些国家开始出现各种新的教育思潮，并逐步汇集成一场范围宏阔的教育革新运动，对现代欧美教育产生了深远影响。随着初等义务教育的普及，人们日益关注教育质量的提高，为此重视研究儿童的特性。人们热心地开展各种教育研究与实验，力图建立科学的教育学，主张一种与社会生活、儿童生活紧密联系的新教育。

第一节
欧洲的新教育运动

"新教育运动"又称"新学校运动"，始于 19 世纪 80 年代末的英国，后扩展至德、法、瑞士、比利时等其他欧洲国家。这场教育改革运动致力于建立在目的、内容、方法等方面与旧式传统学校完全不同的新学校，作为新教育的"实验室"。新教育运动开始的标志是 1889 年英国教育家雷迪（C. Reddie，1858－1932）创办阿博茨霍尔姆乡村寄宿学校。此后，欧洲各国相继出现了不同形式的新学校，逐渐形成影响广泛的新学校运动。

一、新教育运动简介

1899 年，瑞士教育家费利耶尔在日内瓦建立"国际新学校局"，作为欧洲各国新学校的联络互助中心。随着新学校在欧洲各国的建立，1912 年在瑞士成立国际新教育联盟。1919 年联盟主席费利耶尔撰文总结新学校的基本经验与理论原则，共 30 条，成为新教育理论体系的基础。1921 年在法国成立新教育联谊会并出版杂志《新时期的教育》宣传新教育理论。1942 年，新教育联谊会通过《儿童宪章》，强调教育机会均等以符合世界性的普及教育要求。新教育运动传入美国后，因与当时进步主义教育思想基本相通，从而形成与传统教育对垒的更大势头。1966 年，新教育联谊会改名为"世界教育联谊会"，标志着新教育运动作为一场运动的终结。

新教育运动促进了对西方教育传统的全面反思，推动了对教育现象的重新认识，对 20 世纪欧美乃至亚非国家的教育发展产生了广泛而深刻的影响，构成了 20 世纪西方教育的重要起点。但是，新教育注重精英教育，关注重点在于儿童个人的发展，始终未能解决好教育过程中的一些基本矛盾，如儿童主动性与教师工作的矛盾、活动与系统知识的矛盾、自由与纪律的矛盾、发展个性与社会合作的矛盾等。

二、新教育运动中的著名实验

(一)雷迪的阿博茨霍尔姆学校

1889 年，英国教育家雷迪在英格兰阿博茨霍尔姆城创办了一所乡村寄宿学校，这是欧洲第一所"新学校"，标志着新教育运动的开端，雷迪也因此被誉为"新教育运动之父"。雷迪对当时英国的学校教育尤其是公学的教育状况极为不满，认为这些学校不能承担文明改造的巨大责任，不能适应近代生活的需求。他说："我们的目的是造就人类一切能力的圆满发展。儿童要变成一个完人，使他能成就一切生活的目的。"[①]这所新型公学招收 11～18 岁男孩，致力于把他们造就成为新型的各种领导阶层人士。学校的作息时间分为三段：学生上午主要学习功课，下午从事体育锻炼和户外实践，晚上则是娱乐和艺术活动。

(二)德莫林的罗歇斯学校

法国教育家德莫林(E. Demolins，1852—1907)曾参观过雷迪的学校，盛赞雷迪的实践是在"更能适合社会生活所需求的教育化中开一新纪元"[②]。1899 年，德莫林创办了法国第一所新学校，即罗歇斯学校。这所学校"充满快乐的、自由的空气"[③]，重视"小家庭"式的师生之间的亲密关系；在开设各种正规课程的同时，设置体力劳动和小组游戏，尤其重视体育运动。与此同时，德莫林从理论上论证了"新教育"的概念，主张实际知识与实际能力的训练，让学生在自由活动中得到发展。

(三)利茨的乡村教育之家

德国的利茨(H. Lietz，1868—1919)接受了卢梭、裴斯泰洛齐等人教育思想的影响，在参观雷迪的学校之后，于 1898 年在德国哈尔茨山区创办了一所同类学校，被称为"乡村教育之家"，招收 12～16 岁的学生。利茨认为教育应包括品格教育、宗教道德教育、身心官能力量的发展、公民教育、民族文化教育，使儿童在身体、精神、宗教、道德、知识、情感诸方面都能均衡发展。在利茨的影响下，德国先后出现了许多以他的学校为模式的新学校，形成了"乡村之家运动"，利茨作为这项运动的奠基人而享有盛誉。

上述新创立的乡村寄宿学校注重将学校设在自然环境之中，使儿童了解自然，在

---

① 王天一、夏之莲、朱美玉：《外国教育史》(下册)，223 页，北京，北京师范大学出版社，1993。
② 王天一、夏之莲、朱美玉：《外国教育史》(下册)，225 页，北京，北京师范大学出版社，1993。
③ 华虚朋：《欧洲新学校》，唐现之译，78 页，上海，中华书局，1931。

自然中得到体力和智力的发展。但这些先驱性的乡村寄宿学校也存在着明显的局限性：费用昂贵，主要以具有激进思想的上层社会和高收入阶层的少数学龄儿童为对象，因而规模一般很小，并且独立于国家教育制度之外。可是，它们确实成功地引起世人对新教育的关注和对传统教育的反思，并且由于建立起各国新学校之间的紧密联系而使新教育赢得了国际声誉，为国际交流开辟了道路。

三、新教育运动中的主要理论

(一)爱伦·凯的"儿童教育"

爱伦·凯(E. Key，1849—1926)是瑞典作家、妇女运动活动家和教育家。她深受卢梭、达尔文、尼采和斯宾塞等人思想的影响，积极投身于捍卫妇女和儿童权利的妇女运动之中，被誉为"瑞典的智慧女神"。代表作《儿童的世纪》(1900)被视为新教育的经典作品。

爱伦·凯呼吁保护母亲和儿童。她提出，妇女作为母亲应担负起抚养和教育儿女的责任，并为此而提高自我发展的能力。她重视家庭教育，认为家庭中和谐诚挚的气氛、父母高尚的情操及其以身作则对儿童是最好的教育。她还尖锐地批判家庭和学校教育中对儿童的摧残，主张依据卢梭的自然教育原则改革旧教育，以造就身心健全、自由独立和富于创造精神的新人。为此，她竭力倡导自由教育，主张建立以儿童为中心的理想学校。在这种学校里，教师不是严格的管制者和教训者，而是儿童的伴侣，使儿童在独立自主的活动中获得经验发展自我。为了给理想的学校提供新式教师，她还主张建立新的师范学校。

爱伦·凯在《儿童的世纪》中预言 20 世纪将成为"儿童的世纪"，强调教育者应了解儿童，保护儿童纯朴天真的个性。这一思想在推动 20 世纪欧美教育改革中发挥了重要作用。

(二)德克乐利的"新教育法"

德克乐利(O. Decroly，1871—1932)是比利时教育家、心理学家和医生。1907 年，德克乐利在布鲁塞尔创办了一所实验学校，称为"生活学校"(或称"隐修学校")。其主要著作有《论个性心理学与实验心理学》(1908)、《语言的发展》(1930)等。

德克乐利受卢梭教育思想和格式塔心理学、机能主义心理学的影响，重视儿童的本能与兴趣，将之视为教育的基础。同时，他也重视环境的作用，强调两者的融合，认为儿童的认知具有整体化的特点。他主张学校应循着两条路线进行改革，一是加强教育与生活的联系，二是为儿童的发展提供适宜的有刺激的环境。其基本设想是将班级分解为能力小组，施行主动的、个别化的、适合儿童需要和兴趣的学校课程。他的教学计划在教育史上以"德克乐利教学法"著称。

德可乐利的课程论思想以"兴趣中心"为主要特征。德可乐利认为，兴趣是儿童成长方向的指示器，教育家应该以儿童的兴趣为中心来进行教育。为此，他打破传统的分科体系，把课程分为关于个人的知识和关于环境的知识两大类，以个人生活中的需要为中心，再与属于环境的知识如家庭、学校、社会、动物、植物、矿物、天时和气象等联系起来，组成教学单元，逐年学习。教学方法也根据单元学习分为三段：观察、联想和表达。

(三)罗素的"品质教育"

罗素(B. A. W. Russell，1872—1970)是英国哲学家、数学家和教育家。强调"自由教育""爱的教育"和更多地发展个人主义。主要教育著作有《教育与美好生活》(1926，又译《教育论》)和《教育与社会秩序》。

罗素认为现代教育有四大发展趋势：教育制度民主化、教育内容实用化、教育方法自由化、给幼儿期以更多的注意。罗素明确提出了个人本位的教育目的，他反对现代世界列强把国家的强大作为教育的最高目的，把学生当作实现其目的的工具，主张教育的目的是培养四种理想的品性：活力、勇气、敏感和理智。罗素研究了 6 岁前儿童的品性教育问题，认为在儿童出生后，成人的首要事情是树立正确的儿童观，尊重儿童的人格，及早开始培养其良好的习惯。6 岁以后的学校教育最好把精力放在纯属智力的进步上，并借此促成所需品性的进一步发展。至于品性教育的方法，罗素反对向幼儿讲空洞的道德原则，认为道德教育应具体和直接，起于自然形成的情境。罗素的教育思想以其民主与科学的精神为基本特征，充满了怀疑精神与向旧观念挑战的勇气。其主张与当时的儿童中心主义思潮相吻合，带有模糊的乌托邦色彩。

(四)梅伊曼、拉伊的"实验教育"

实验教育学兴起于 19 世纪末 20 世纪初的欧美，主张用自然科学的实验法研究儿童发展及其与教育的关系，代表人物是德国教育家梅伊曼(E. Meumann，1862—1915)和拉伊(W. A. Lay，1862—1926)。梅伊曼首次提出"实验教育学"的名称并系统论述了实验教育学的性质、方法、研究范围和任务，主要著作是《实验教育学纲要》，拉伊的主要著作是《实验教育学》。实验教育学的主要观点包括：①反对赫尔巴特为代表的概念思辨教育学，认为它无法检验教育方法的优劣；②提倡在教育研究中运用实验心理学的研究成果和方法以实现其真正的科学化；③把教育实验分为三个阶段，即提出假设、根据假设制订计划进行实验、将实验结果应用于实际，以证明其正确性；④认为教育实验与心理实验的差别在于实验地点的不同，一个在实验室里，一个在真正的学校环境中；⑤主张用实验、统计和比较的方法进行教育研究，并将实验数据作为学制、课程和教学方法的改革依据。

实验教育学强调以实验方法为基础建立新的独立科学，拓宽了新教育理论的基础并促进了教育科学化的进程。实验教育学的定量研究模式成为 20 世纪教育研究的一个基本范式，极大地推动了教育学科的发展。但是，当定量方法被夸大为教育科研的唯一有效方法时，实验教育学就走上了"唯科学主义"的迷途，因而受到文化教育学的批判。

(五)凯兴斯泰纳的"劳作教育"

劳作教育思想兴起于 19 世纪后期的德国，流行于欧美，并形成了"劳作学校运动"，主要代表人物是德国教育家凯兴斯泰纳(G. Kerschensteiner，1854—1932)。1905 年，凯兴斯泰纳在题为《小学的改造》的讲演中第一次使用了"劳作学校"一词，以区别于原来的"书本学校"。1908 年，他在瑞士纪念裴斯泰洛齐诞辰大会上强调："将来的学校应该是劳作学校"，一般认为这是"劳作学校运动"的开始。1912 年，凯兴斯泰纳发表的《劳作学校的概念》一书被认为是对劳作教育思想的系统阐述[1]。

凯兴斯泰纳认为劳作是一种身心并用的活动，既有客观目的，又能唤起个人兴趣，还必须经受艰辛，与游戏、运动、活动不同，因此富有教育意义。他指出，国家公立学校的目的是教育"有用的国家公民"，而"有用的国家公民"应具备三项品质：关于国家任务的知识；为国家服务的能力；爱国并为国效力的品质。基于此，劳作学校有三项任务：职业陶冶的预备；职业陶冶的伦理化；职业团体的伦理化。为保证任务的完成，凯兴斯泰纳认为要聘请专门技术教员把劳作教学列为独立科目，还要发展学生的公民意识和利他主义以强调社会利益。由此可见，劳作教育思想与公民教育思想的联系在于公民教育思想是目的，而劳作教育是达到目的的手段。劳作教育思想不仅有力地冲击了传统的学校教育，而且深刻影响了职业技术教育的发展。其局限性在于它与凯兴斯泰纳直接为维护德国专制君主统治服务的公民教育理论紧密相关。

(六)蒙台梭利的"自由教育"

蒙台梭利(M. Montessori，1870—1952)是意大利杰出的幼儿教育家。1907 年，蒙台梭利在罗马创办了一所幼儿学校，招收 3～6 岁的贫民儿童，命名为"儿童之家"。在此实践基础上，她根据自己对儿童的观察和研究，结合生物学、生理学和心理学的理论，提出了热爱和尊重儿童、使儿童的个性在自由和自发的活动中得到发展的思想，并最终形成了蒙台梭利教学法。

---

① 康内尔：《20 世纪世界教育史》，张法琨，等译，303 页，北京，人民教育出版社，1990。

蒙台梭利认为，教育的基本任务在于为儿童提供自由活动的环境，帮助儿童的潜能得到自然发展，因此教育过程应与儿童心智发展阶段和兴趣相适应。根据儿童的心理发展特点，蒙台梭利提出了自己的教学法，包括三个部分：儿童敏感期的利用（内在可能性）；教学材料；作为观察者的教师（有刺激的环境）。在具体实施上，蒙台梭利教学法主要涉及三部分内容：感官教育；读写算练习；实际生活练习。当这些成分以最佳的方式相互作用时，儿童就能自由地参加自发的活动。蒙台梭利认为，自由与纪律密切联系，真正的纪律是主动的而非被动的，只能建立在自由活动的基础之上。蒙台梭利系统地阐述了儿童生理和心理的发展进程，使幼儿教育思想更加多元化和多样化。但是，由于她的教育方法脱胎于低能儿童的教育方法，因此不可避免地带有机械训练的性质和神秘主义的色彩。

第二节
美国的进步主义教育运动

进步主义教育，是美国 19 世纪末出现并持续到 20 世纪 50 年代的一种教育革新思潮。这种教育思潮的性质虽然与欧洲新教育相似，但由于产生地域的差异，其发生背景及发展过程也存在着诸多差异。进步主义教育批判传统教育的主智主义倾向，主张遵从儿童的心理发展规律，以儿童为中心，强调教育与社会、教育与生活、教育与实践的联系，采用以经验、活动为核心的课程设置和教学方式，成为适应工业化、城市化、民主化的现代教育的基础和重要开端。

一、进步主义教育运动简介

19 世纪末美国兴起了一场反对工业社会政治经济弊病的社会改良运动，进步主义教育运动作为其中的一部分由此发端，其核心内容是揭露公立学校中存在的各种严重问题，试图通过改革使学校教育适应美国社会的新需要。进步主义教育理论源自卢梭、裴斯泰洛齐和福禄培尔等人的教育思想，同时还受到现代科学尤其是生物科学和进化论以及杜威教育理论的影响。相对于欧洲的"新学校"而言，进步主义学校更关心普通民众的教育、更强调教育与生活的联系、更注意学校的民主化问题，其"实验室"主要是美国的公立学校。美国进步主义教育运动的发展大致经历了兴起（19 世纪末至

1918)、成型(1918—1929)、转折(1929—1943)和衰落(1944—1957)四个阶段。[①]

(一)兴起阶段

19世纪末,帕克(F. W. Parker,1837—1902)先后在马萨诸塞州昆西市和芝加哥库克师范学校进行教育革新实验,创造了"昆西教学法",被杜威称为"进步教育之父"。1896年,杜威创办芝加哥实验学校,受其影响随后许多进步教育实验以各种形式展开。进步主义教育在兴起阶段主要关注初等教育领域,虽然因接受不同教育理论的影响而方法各异,但早期的进步教育家们都关心通过学校改变社会。

(二)成型阶段

1919年,进步教育发展协会建立,后改称美国进步教育协会。1920年,协会提出了改进初等教育的七点目标,实际上是进步教育的七项原则或七项纲领,使得进步教育运动日益专业化,哥伦比亚大学师范学院成为美国进步教育运动的中心。但问题随之出现,一是运动的专业化倾向使其失去了公众的理解和支持;二是运动内部出现了强调"儿童中心"拉格派和主张"社会中心"康茨派的分化,为下一阶段的转变埋下了种子。

(三)转折阶段

1929年的大萧条从两个方面严重影响了美国进步教育运动的发展。其一,使进步教育运动产生了从强调儿童中心向更加意识到学校社会职能的转向。1932年,康茨发表题为《进步主义教育敢于进步吗?》的演讲强调教育改革的社会因素;此外,"八年研究"(1933—1940)显示了进步教育运动的重心逐步从初等教育转向中等教育。其二,大萧条加剧了进步教育运动内部的分裂,"改造主义"即由此而生。1938年,博德发表的《进步主义教育在十字路口》标志着转折时期的结束和衰落时期的到来。

(四)衰落阶段

20世纪40年代,进步主义教育思想的内在弱点在实践中日益显现,内部观点的分裂也越来越明显,无法适应新的社会变化。同时,30年代斯大林发动的大清洗使社会改造倾向的进步主义教育思潮失去了社会基础,再加上要素主义、永恒主义等新保守主义教育思想的攻击和批判更加速了进步主义教育的衰落。1944年,美国进步教育协会更名为"美国教育联谊会",成为欧洲新教育联谊会的一个分会,尽管它在1953年又恢复了原来的名称,但已经没有实际意义。1957年,《进步教育》杂志停办,标志着美

---

① 张斌贤:《社会转型与教育变革——美国进步主义教育运动研究》,9~17页,长沙,湖南教育出版社,1997。

国教育史上一个时代的结束。

二、进步主义教育运动前期的主要理论与实验

(一)帕克的昆西教学法

帕克是美国进步教育运动的先驱，被誉为"进步教育之父"。1875—1880 年，帕克任马萨诸塞州昆西市教育局长期间领导了昆西学校实验，其教育革新措施以"昆西教学法"著称。后来，帕克创办了库克师范学校的实习学校，被认为是第一所真正意义上的进步主义学校。受裴斯泰洛齐、福禄培尔和赫尔巴特等教育家思想的影响，帕克认识到新教育的核心是儿童的成长，研究儿童应该通过他们的自然活动和倾向来进行，由此在美国教育史上第一次提出了儿童中心论，影响深远。帕克也提出了学校的社会因素，认为学校应该成为促进民主制度的巨大力量。帕克根据自己的教育实验经验总结出版的《关于教学的谈话》和《关于教育的谈话》两本著作成为美国早期向科学教育学过渡的标志。虽然帕克没有解决儿童与社会、教师与儿童、活动与课程之间的关系问题，但他提出了一系列基本问题，并为解决这些问题提供了重要的思想线索，同时也影响了杜威等教育思想家。

(二)约翰逊的有机教育学校

约翰逊(M. Johnson，1864—1938)是美国教育家，进步教育协会的创始人之一。1907 年，她在阿拉巴马州创办了以"有机教育学校"闻名的费尔霍普学校，有机学校的实验被认为较为激进，但也更具创新意义。之所以得名"有机"，源于约翰逊的教育方法遵循学生的自然生长，学校存在的意义在于为儿童提供每个发展阶段所必需的作业和活动。

有机学校的实验主要依据卢梭的教育思想，同时还吸取了亨德森的有机教育概念和杜威的思想因素。约翰逊认为学校教育的目的是促使儿童多方面的发展，尽力使儿童身体健康，最好地发展智力，并保证富有感情的生活的真实和自然。这种促使儿童多方面发展的教育就是有机教育。为了实现这种教育目的，约翰逊主张了解儿童的本性和需要，并据此来改革学校的课程，根据儿童的心理发展特征组织不同的教学内容和形式。她强调学生的主动学习和兴趣，因此在改革中取消了指定作业、分数和各种形式的考试，主张通过各种形式的活动课程、在活动中和做的过程中获得经验，掌握知识。有机教育学校浓厚的儿童中心色彩对于进步主义教育传统的形成相当重要，并通过成功的实验使进步主义教育运动具有了实用的形式。

(三)沃特的葛雷制

沃特(W. A. Wirt，1874—1938)是杜威的学生，美国进步主义教育家。1907 年，沃特被印第安纳州葛雷市教育委员会聘为公立学校的督学，开始推行一种进步主义教育性质的教学制度，史称"葛雷制"。与有机学校、昆西体系等不同，这种制度是对杜威教育思想的一种实验。沃特认为，学校不仅应该进行知识教育，还应该进行体育、手工训练、科学教育和艺术教育，并为所有儿童提供多方面发展的机会。他以杜威的基本思想如"教育即生活""学校即社会"和"从做中学"为依据，把学校分成四个部分：体育运动场、教室、工厂和商店、礼堂；还以具有社会性质的作业为学校的课程，也分成四个方面：学术工作，科学、工艺和家政，团体活动以及体育和游戏。为了减少学校经费开支、充分利用现有的设施以提高办学效率，沃特在教学中将全校学生一分为二，一部分在教室上课，另一部分则在体育场、图书馆、工厂、商店以及其他场所活动，上下午对调，解决了葛雷地区学校少、供不应求的矛盾。"葛雷制"也因此又被称为"双校制""二部制"或"分团学制"。

葛雷制重视社会与集体的观念体现了将教育与社会、学校与社会联系起来，将学校办成一个雏形社会做法的意义，实现了进步主义所倡导的教育促进社会进步的精神。正因如此，这种制度受到了杜威的重视，被认为是"进步主义教育运动早期最有代表性、最为完整地反映了进步主义教育思潮的基本精神和特征的实验"[1]。

三、进步主义教育运动后期的主要理论与实验

(一)帕克赫斯特的道尔顿制

帕克赫斯特(H. Parkhurst，1887—1873)是美国教育家，道尔顿制的创始人。帕克赫斯特批评班级授课制使学生处于被动地位，学生的个别差异得不到应有的照顾。1920 年，她应邀去马萨诸塞州道尔顿市实施一项名为"道尔顿实验室计划"的教育革新计划，这是一种强调个别差异和个性发展的个别教学制度。道尔顿制的实施有四个基本要素：指定作业、工作合约、实验室和表格法。指定作业，是指学生必须学习的内容，这是道尔顿制成败的关键。教师必须以书面形式把指定作业明确无误地确定下来，时间单位通常为一个月。工作合约，是指学生以合同形式认领学习任务，自由支配时间并自由确定学习的进度。实验室，是学生学习的场所，它是按照学科划分的综合场所，配备指导教师，学生可以自由进出。表格法，用于记录学生完成指定作业的情况，

---

① 张斌贤、王保星：《外国教育思想史》，384 页，北京，高等教育出版社，2007。

以帮助学生考查学习进度，掌握时间。道尔顿制在改造课程表的同时保留了班级授课制、教学大纲和课程计划，而且遵循自由、合作、个性三项原则。

道尔顿制最早对班级教学进行改造，使学习者能按照自定的步调学习；同时还克服了传统方法中各科课程表不分优劣全部一样的弊端，主张依据每个儿童学习各学科的难易度适当分配课程时间。其局限性主要是过于强调个体差别，对教师要求过高，在实施时容易导致放任自流。

(二)华虚朋的文纳特卡计划

华虚朋(C. W. Washburne, 1889—1968)是美国教育家，帕克的学生。1919—1945年，他在出任伊利诺伊州文纳特卡教育官员期间，推行了以"文纳特卡计划"著称的个别教学实验，试图使用促进个体发展的方法来实现儿童的全面发展，发展他们的创造能力和社会意识。"文纳特卡计划"将课程分为两个部分：共同知识或技能(包括读、写、算等工具性学科)和创造性的、社会性的作业(如木工、金工、织布、绘画、雕刻等)。前者以学生按计划自学某学科为主，有教师的适当辅导，最后以考试来检验学习结果；后者则以小组为单位展开活动，不考试。具体包括五个步骤：针对每个儿童的特殊情况制定个别训练的特殊目标；进行全面的诊断测验以明确儿童的能力；编写儿童自我学习与自我订正的教材；学习进度个别化；集体活动和创造活动。

文纳特卡制反映了儿童中心的基本取向，但与道尔顿制相比，它更强调培养儿童社会活动仪式和合作精神，以及基本知识和技能在儿童个性发展中的作用。文纳特卡计划在 20 世纪三四十年代得到迅速而广泛的传播，但也有人认为它影响学科的深入学习，且实施困难。50 年代开始逐渐趋于衰落。

(三)克伯屈的设计教学法

克伯屈(W. H. Kilpatrick, 1871—1965)被公认为杜威教育哲学的主要诠释者和推广者，致力于研究学习理论。他继承了杜威的实用主义教学哲学并使之通俗化，变成一种广义的教学法。同时，他在研究桑代克学习理论的基础上创造出一种狭义的教学法。1918 年，克伯屈因发表《设计教学法》一文而赢得很大声誉，被称为"设计教学法之父"。

克伯屈认为，广义教学法将教育看作与整个生活相关的整体，以生活为中心，确定教育目的、课程和教学法方法；狭义教学法则是指一般意义上传授知识和技能的方法。在二者的基础上，克伯屈提出了独特的设计教学法。所谓"设计"是指有明确目标、涉及整个身心的活动或有目的的行为。根据目的不同，设计教学法包括四种类型：生产者设计、消费者设计、问题设计、练习设计，以生产者设计为重点，它最能体现教育的社会化。事实上，一个具体的学习单元经常可以包含两个或两个以上的设计。根据杜威的"思维五步法",克伯屈提出了设计教学法的四个步骤:决定目的、制订计划、实施计划和评判结果。四个步骤的实行以学生为主,由学生自己找材料,自己研究。

克伯屈具有温和的儿童中心倾向,力求使教学符合儿童的心理发展规律,同时加强了教学与儿童实际生活的联系。但设计教学法的四个步骤是针对生产者设计而言的,克伯屈本人也承认没有为学习知识的设计教学确定明确的步骤。

第三节
杜威的教育思想

约翰·杜威(J. Dewey, 1859—1952),美国著名的哲学家、社会学家和教育家,也是美国实用主义教育理论和进步主义教育运动的主要代表人物。1894—1904 年,杜威在芝加哥大学任教,其间发表了三部重要的教育著作《我的教育信条》《学校与社会》《儿童与课程》。1896 年,他创办了芝加哥大学附属实验学校,对教育问题展开了为期八年的实验研究(1896—1903),由此构成了其全部教育理论的实验基础。1904 年,杜威转任哥伦比亚大学哲学教授,其研究领域扩大到社会、政治、心理、伦理等更多方面,并与教育研究相互结合,相继发表了《我们怎样思维》《明日之学校》和《民主主义与教育》等重要的教育理论著作。其中,1916 年发表的《民主主义与教育》一书,最集中、最系统地表述了杜威的教育思想。

一、论教育的本质与目的

(一)教育本质

什么是教育的本质?杜威用三个命题对此做出了回答:教育即生长、教育即生活、教育即经验的不断改造。

"教育即生长"。这是杜威针对当时的教育无视儿童天性、不考虑儿童的需要和兴趣、消极对待儿童等现象,提出的一种新的儿童发展观和教育观。杜威认为,儿童心理活动的基本内容就是以本能活动为核心的心理机能的不断生长和发展的过程,教育的作用就在于促进儿童的本能得到生长。他说:"因为生长是生活的特征,所以教育就是生长……学校教育的价值,它的标准,就看它创造继续生长的愿望到什么程度,看它为实现这种愿望提供方法到什么程度。"①杜威提出"教育即生长",就是要求学校摒除压抑、阻碍儿童成长的不良因素,给儿童提供一个优良的环境,让他们充分、自由地生长和发展。

"教育即生活"。在杜威看来,一切事物的存在都是人与环境相互作用而产生的,儿童本能的生长总是在生活过程中才能得以展开。因此,人不能离开环境,学校也不能脱离现实的生活,最好的教育就是"从生活中学习"。与斯宾塞倡导的观点不同,杜威提出教育就是生活本身,而不是为未来的生活做准备。因此,学校应该利用现有的生活情境作为主要的教育内容,而不是依赖书本教材。杜威提出"教育即生活"旨在使学校生活成为儿童生活和社会生活的契合点,从而使教育既合乎儿童需要亦合乎社会需要,其实质是要改造不合时宜的学校教育和学校生活使之更有益于儿童发展和社会发展。

"教育即经验的不断改造"。杜威所言的"经验"并非是那些与理性认识相对的通过感官获得的肤浅、庞杂、混乱的感性认识,他认为经验是机体与环境相互作用的过程。理性不是凌驾于经验,而是在经验中不断得到修正。杜威相信一切学习都来自个体的直接经验,在经验过程中儿童不仅会获得知识,而且将形成能力养成品德。经验是一个连续发展的过程,因此教育过程实际就是使儿童不断取得个人的直接经验并使经验不断得到改造的过程。

(二)教育目的

在《我的教育信条》和《民主主义与教育》中,杜威阐述了他的"教育无目的"论。杜威反对制定外在的、固定的、终极的教育目的,他说:"总的来看,人们有一种倾向,考虑成年人所喜爱的事情,不顾受教育者的能力,把它们定为教育的目的。还有一种倾向,就是提出千篇一律的目的,忽视个人的特殊能力和需要,忘记了一切知识都是一个人在特定时间和特定地点获得的。"②那种外在强加的教育目的不仅会使教师的智慧无法自由发挥,而且常常使学生处于两难的矛盾冲突之中。杜威认为,在非民主的社会里,教育目的是外在于、强加于教育过程的,饱含权威与专制色彩;在民主社会里,教育目的应内在于教育过程之中,尊重儿童的本能和需要。总之,教育除了过程之外并无另外的目的,过程本身就是目的。

杜威的"教育无目的"

---

① 赵祥麟、王承绪:《杜威教育论著选》,158页,上海,华东师范大学出版社,1981。
② 赵祥麟、王承绪:《杜威教育论著选》,171页,上海,华东师范大学出版社,1981。

二、论教育的基本原则

杜威认为，传统教育的最大缺点就是不尊重儿童，对儿童实行强迫教育；教授以知识为中心的学科课程，违反儿童天性。与此相对，他提出了学校即社会、儿童中心、做中学等基本原则，为课程与教学改革提供了坚实的理论基础。

(一)"学校即社会"

杜威的"学校即社会"意在使学校生活成为一种经过选择的、简化的、净化的、理想的社会生活，使学校成为一个合乎儿童发展的雏形的社会。在杜威看来，教育既然是一种社会生活过程，那么学校就是社会生活的一种形式。"学校即社会"是对"教育即生活"这一命题的进一步引申，代表社会生活的活动性课程的引入是使学校与社会生活相联系的基本保证。从"教育即生活"到"学校即社会"再到课程的变革是层层递进的。

(二)"儿童中心"

杜威批评传统教育强调教师和教科书的权威地位而忽视儿童的错误做法，他确信儿童是教育的起点和中心，更是目的，儿童的生长和发展就是教育理想之所在，因此学校生活应该以儿童为中心，一切必要的教育措施都是为了促进儿童的生长。他说："现在我们教育中将引起的改变是重心的转移。这是一种变革，这是一种革命，这是和哥白尼把天文学的中心从地球转到太阳一样的那种革命。这里，儿童变成了太阳，而教育的一切措施则围绕着他们转动。"[①]与此同时，杜威也指出教师在学校生活中不应该因此而采取放任政策，不能放弃教师的指导责任。

(三)"从做中学"

"从做中学"是杜威全部教学理论的基本原则。杜威认为，以教师、教科书、课堂为中心的传统教学方法忽略了教育的真正中心——儿童，忽略了儿童所具有的寻找机会、主动表现自己的能力。那么，应该怎样开展教学呢？杜威说："人们最初的知识，最能永久令人不忘的知识是关于'怎样做'的知识。"因此，教师应当设法为儿童提供一定的环境和条件，让他们在做事中学习。杜威还指出，人具有四种本能，即制作、交际、表现和探索。四者之中制作的本能和探索的本能尤为突出，因此，"从做中学"符合人的本能要求。由于儿童生来就有要做事的自然愿望，在做事中求学问，比专靠听来的学问要牢靠得多。

---

① 赵祥麟、王承绪：《杜威教育论著选》，53页，上海，华东师范大学出版社，1981。

三、论课程与教学

为了切实改造传统教育，杜威在儿童中心、做中学等基本原则的指引下，提出了关于课程设置、教材编制、教学的方法与步骤等问题的多方面主张。

(一)经验性课程

杜威要求以活动性的、经验性的主动作业取代以知识为中心的学科课程。这种活动性的、经验性的课程包括园艺、烹饪、缝纫、印刷、纺织、油漆、绘画、唱歌、表演、阅读、书写等形式。在杜威看来，这些活动既能满足儿童的心理需要，又能满足社会性需要，还能使儿童对事物的认识具有统一性和完整性。需要强调的是，杜威并没有把个人直接经验与人类间接经验对立起来，他看到了直接经验的局限性，并致力于使儿童最终获得系统的知识。

在教材方面，杜威提出教材心理化的主张。他明确反对以成人和专家编写的具有完整逻辑体系的教材为教育起点，认为教学必须以儿童个人的直接经验为起点，进而对直接经验加以组织、抽象和概括。所谓教材心理化，就是把各门学科的知识恢复为它被抽象出来之前的原来的经验，即把间接经验转化为直接经验，然后再把直接经验组织化，以避免经验的破碎与混乱。

(二)五步教学法

杜威反对让学生坐在教室里静听死读的教学方法，将活动作为教学的基本方法，即"做中学"。具体来说，就是通过主动作业，使学生在经验的情境中思维的方法。杜威非常重视对学生思维能力的培养，认为"思维就是明智的学习方法"。基于思维的基本过程，他提出了教学的五个具体步骤：第一，学生要有一个真实的经验的情境；第二，在这个情境内部产生一个真实的问题，作为思维的刺激物；第三，占有知识资料，从事必要的观察；第四，有条不紊地展开所想出的解决问题的方法；第五，有机会通过应用来检验自己的想法，使这些想法意义明确，并发现它们是否有效。杜威强调，能否"引起思维"是传统教学方法与五步教学法的根本区别所在。在杜威的教学过程理论中，教师不再是知识的传授者，而是学生从事活动的指导者、参谋和助手。教师在教学过程中作用的变化，并不意味着他们地位的下降，事实上，角色的转变使教师的任务变得更加复杂和富有挑战性。

四、论道德教育

杜威特别重视道德教育，把道德作为解决社会问题，增进人们幸福的决定性因素，总结和提出一套完整的道德教育理论。

(一)提倡"道德价值论"

杜威指出，按照行为的结果是否有用作为道德准则，并不是"对我有用即是善"那种满足个人的享乐主义，而是对全社会人有用。道德判断的标准是对公众的结果，人们是在行为的社会背景和公众的效果中发现正确的道德行为。在学校，应该教给学生那些能促进人类福利的价值观，学生应该学习如何作出道德方面的决定，不是依靠严格规定的准则，而是通过选择哪一种明智的行为方针可能在人类限定的规章中产生最好的结果。

(二)学校道德教育的目的

杜威说："一切教育的最终目的是形成人格。"学校道德教育必须对学生进行人格训练，形成社会所需要的品德，以适应社会生活。据此，学校生活不能脱离社会，道德教育也不能只靠直接传授道德知识，而主要靠间接通过学校生活来进行。他所强调的是，间接地通过学校生活进行道德教育，也就是把道德教育同他的"教育即生活""学校即社会"的原则联系起来，强调学校教育的道德性与社会性的统一，学校的道德价值只能以社会的利益为标准。

(三)学校道德教育的内容

第一，道德教育内容寓于学校生活和各科教学之中。杜威主张对学生进行道德教育应通过学校生活和各科教学来训练，因为学校生活和各科教学都包含着丰富的道德教育内容。第二，学校道德教育内容应反映社会生活。杜威认为学校是一种社会组织，教育是一种社会过程，学校生活便是社会生活的简化，学校应当把现实的社会生活缩小到一个雏形状态。

(四)学校道德教育的方法

杜威主张，教师应以探究、商量和讨论的方法代替强制和灌输。人在适应环境的过程中会遇到各种道德疑难问题，解决道德问题不能靠灌输，要靠学生的智慧，通过探究和讨论来解决。教师给学生设计或呈现现实生活中的道德两难问题，以激发学生的思考和讨论。讨论问题的目的不是使学生知道"去做什么"，而是使学生"如何决定去做什么"。组织儿童直接参加社会生活，让儿童在社会生活中受到应有的道德训练。他要求学校生活不能与社会生活脱节，知和行要统一。

杜威的教育理论突破了以往教育理论中的形式论和实质论、个人与社会、主体与客体等二元论的限制，试图探索一种新的教育思想，在很大程度上影响了进步主义教育思潮，对现代教育思想作出了巨大贡献。与此同时，由于杜威的教育理论过分强调儿童中心、活动中心和经验中心，在教育实践中有轻视系统理论知识传授的倾向，引发了自由和纪律、教师与学生等诸多矛盾。加之后来学者有意无意地曲解和绝对化，曾导致学校教育中知识质量的下降，杜威的理论因此受到批判，本人也成为20世纪美国影响最大、争议最多的教育家。

自测题 >

一、单项选择题

1. 新教育运动之父是（　　）。

   A. 雷迪　　　　　B. 德莫林　　　　　C. 利茨　　　　　D. 爱伦·凯

2. 设计教学法之父是（　　）。

   A. 克伯屈　　　B. 杜威　　　　　C. 帕克　　　　　D. 康茨

3. 蒙台梭利创办了（　　）。

   A."儿童之家"　B."劳作学校"　C."罗什学校"　D."贫儿之家"

二、论述题

1. 试述欧洲新教育运动的主要代表人物及其观点。

2. 试述美国进步主义教育运动的主要代表人物及其观点。

3. 试评杜威教育思想中某一主要观点。

4. 试述进步教育运动始末。

三、材料分析题

生活就是发展，而不断发展，不断生长，就是生活。

生长是生活的特征，所以教育就是生长，在它自身之外，没有别的目的。

试就此并结合自身的背景知识分析杜威的"教育无目的论"。

拓展阅读推介 >

1　[美]杜威：《民主主义与教育》，王承绪译，人民教育出版社，2001

此书的副标题是《教育哲学概论》，书中全面地阐述了作者在芝加哥实验学校以及当时教育改革理论研讨中基本形成的实用主义教育理论，其中教育超经济超政治、教育即生活、学校即社会、从做中学、儿童中心主义等一系列思想和主张对当时美国新教育体制的产生和确立起到了指导作用。时至今日，它依然被誉为了解美国新教育运动的理论与实践的一把钥匙。曾被译成多国文字，产生了世界性的影响，对中国教育也产生过重要影响。

2　王承绪、赵祥麟：《西方现代教育论著选》，人民教育出版社，2001

此书选择了现代西方教育理论中有代表性的、影响较大的著作，包括：实用主义教育（杜威、克伯屈、布拉梅尔德），新教育（蒙台梭利、怀特海、罗素、尼尔），要素主义教育（巴格莱、科南特、贝斯特、里科弗），永恒主义教育（赫钦斯、艾德勒、阿兰、利文斯通），新托马斯主义教育（马里坦），存在主义教育（布贝尔），新行为主义教育（斯金纳），结构主义教育（皮亚杰、布鲁纳）和分析哲学与教育（奥康纳）。

1. 了解 20 世纪欧美主要国家和日本的现代教育制度；
2. 了解各国现代教育制度形成的过程及彼此之间的差异；
3. 了解各国重要的教育文件内容并评价其影响。

《巴尔福教育法》《哈多报告》《巴特勒法案》《国家与私立学校关系法》《富尔法案》《哈比改革》《改组和统一公立普通学校教育的总纲计划》《高等学校总纲法》"八年研究"《教育敕语》《大学令》《俄罗斯联邦教育法》

经过与文艺复兴、科学革命、启蒙运动和工业革命的互动之后，教育逐渐确立了与现代社会发展相适应的新观念、新方法和新体系。由此，现代教育得以起源。现代民主平等的内在要求使得综合中学运动成为第一次世界大战后教育改革的重点，而苏联社会主义教育制度的确立表明出现了新的教育思想与实践道路。第二次世界大战后的世界历史进入了一个新的发展阶段，为不同国家的教育恢复重建带来了不同的发展机遇。尤其是冷战开始以后，尽管意识形态、军事和科技的较量是冷战的核心，但教育被视为维护国家利益、实现社会理想的手段之一。20 世纪 90 年代以后由于经济的发展，教育改革又进入新一轮热潮。

第一节
英国的教育

一、第二次世界大战之前的英国教育

英国在西欧最早进行了资产阶级革命和工业革命，其经济的发展也促进了教育发展。由于英国教育的精英主义传统和自由主义政策，直到 19 世纪末英国还没有建立对教育的有效管理体制。1899 年英国通过教育法成立了教育委员会，其主要职责是管理和检查初等、中等和职业教育，分配教育补助金。这一中央级教育管理机构的成立，为英国初等和中等教育制度统一管理奠定了基础。

(一)《巴尔福教育法》与教育行政管理体制的变化

1870 年，英国颁布《初等教育法》即"福斯特法案"，奠定了国民教育制度的最初基础。之后英国初等教育发展较快，但也存在初等教育不免费与中等教育不衔接等问题。1902 年，为了公平分配教育补助金和加强对地方教育的管理，英国通过了《巴尔福教育法》，主要内容包括：设立地方教育委员会保证初等教育的发展；地方教育委员会享有设立公立中等学校的权力，并为其提供资金；地方教育委员会有权对私立学校和教会学校提供资助和控制等。该法案使中等学校数量大增，同时也加强了教育管理机构对中等学校的控制。《巴尔福教育法》形成了既有中央权力又有地方分权并以后者为主的英国教育行政体制，对后来英国的教育领导体制与中等教育的发展有着重要影响。该法第一次把初等教育和中等教育相提并论，把中等教育纳入地方管理，这些做法提供了建立国家公共教育的基础。但是，由于当时中学学费并未取消，再加上小学和中学课程之间的巨大差异，中等教育依旧是少数人的特权，初等教育与中等教育仍然是双轨制。

　　第一次世界大战之后，受德国实施国民教育成果的影响，英国也对国民教育中普通民众受教育权不足的问题进行改革。1918年，英国国会通过了教育大臣费舍提出的初等教育法案，也称《费舍教育法》。该法案规定：加强地方当局发展教育权力的同时也加强国家教育委员会对地方当局的制约，地方当局负责全面组织和发展本区教育，但须向中央教育委员会备案；地方当局为2～5岁的儿童开设幼儿学校，5～14岁的义务教育阶段一律免费；地方教育当局应建立和维持继续教育学校，并向入学的14～16岁青年提供一定的免费课程等。《费舍教育法》在建立完整的国家教育制度方面向前迈进了一步，在英国教育史上首次确定教育立法的实施要考虑到建立面向全体国民的全国公共教育制度。法案对中央和地方教育当局关系的调整在一定程度上增加了实行全国统一计划的可能性。不过，法案中正式提出地方政府必须资助开办幼儿园以利于从小发展儿童的体质和智力的要求，直到第二次世界大战结束都未能真正实现，也没有解决面向所有儿童的中等教育问题。

(二)中等教育的变化

　　(1)《哈多报告》。《巴尔福教育法》的颁布促进了英国中等教育的发展，但并没有解决英国教育的双轨制问题。第一次世界大战后英国民众强烈要求中等教育向大众开放，英国政府也认识到必须衔接初等教育和中等教育。1924年执政的工党提出了"人人有权受中等教育"的口号，并任命以哈多爵士为主席的调查委员会对英国的初等教育进行调查，提出发展中等教育的建议。这个委员会在1926—1933年提出了三次《关于青少年教育的报告书》，一般称为"哈多报告"。其中影响最大的是1926年的报告，主要内容包括：小学教育应当重新称为初等教育；儿童在11岁时进行选择性考试以使其进入最适合的学校，11岁以后所受到的各种形式的教育均称为中等教育，包括文法学校、实科现代中学、职业中学、高级小学四种类型；义务教育的最高年龄为15岁。《哈多报告》第一次从国家角度阐明中等教育应当面向全体儿童，还从儿童发展的角度明确提出初等教育后应进行教育分流以适应儿童不同的能力和需求。该报告的局限性在于把中等教育分为传统文法学校和各种形式的现代中学两种轨道，鲜明地显示出英国教育传统的影响。

　　(2)《斯宾斯报告》。随着第一次世界大战期间对开展国民教育重要性的认识以及战后经济发展对技术人才的需求不断提高，1938年英国政府又提出《斯宾斯报告》。这是以斯宾斯为首的教育调查委员会提出的关于文法学校和技术中学的报告，是在对英国当时的公立学校进行调查后提出的建议，包括：为切合社会的实际需要在中学课程中应增加更多的有用与有趣的学科；为适应技术科学的发展在中等学校中应加强技术教育，同时开办针对 11～16 岁学生的普通中等技术学校；支持在哈多教育改革基础上建立一些现代中学；明确提出成立兼有文法中学、现代中学和技术中学特点的多科中学，这是第二次世界大战后英国发展起来的综合中学的最初提议。值得一提的是，《斯宾斯报告》在提出建立各种中等学校的建议的同时，又明确提出应让不同的儿童依据智力水平从 11 岁开始分别在不同类型的中学里接受不同的教育。

(三)《1944 年教育法》

1944 年，丘吉尔政府通过了以巴特勒为主席的教育委员会提出的教育改革方案，即《1944 年教育法》，又称《巴特勒法案》。这一法案是英国战后教育改革总的指导文件和法律基础，主要宗旨在于继承并集中自 19 世纪末以来英国历次重要教育法令所提出的教育改革要求，并把它们与战后对教育的实际需要结合起来。主要内容包括：废除1899 年设立的督导性质的教育委员会，设立统一领导全国教育的教育部加强国家对教育的控制和领导，设立中央教育咨询委员会负责向教育部长提供咨询和建议；加强地方行政管理权限，设立公共教育系统来全面负责本区的初等、中等和继续教育；实施5～15 岁的义务教育，父母有义务保证子女正常上学；地方教育当局应向义务教育超龄者提供全日制教育和业余教育；法案还提出了宗教教育、师范教育和高等教育改革等方面的要求。《1944 年教育法》结束了第二次世界大战前英国教育制度发展的不平衡状况，决定了英国战后教育发展的基本方针与政策。该教育法提出的向所有学生提供免费中等教育的原则，使中等教育成为连接初等教育和继续教育或高等教育的中间环节，基本形成了现代英国国民教育制度。

二、第二次世界大战后的英国教育

第二次世界大战使老牌资本主义国家英国的综合国力明显下降，早在战前和战争进行过程中英国的有识之士就呼吁要为将来英国恢复昔日在世界的霸主地位而改革教育。

(一)高等教育的改革

(1)《罗宾斯报告》。这是以罗宾斯为主席的英国高等教育委员会于 1963 年提交的一份调查报告，主要探讨英国高等教育如何为社会服务这一重大问题。报告建议应为所有在能力和成绩方面合格并愿意接受高等教育的人提供高等教育课程，这个建议被称为"罗宾斯原则"，成为 20 世纪 60 年代高等教育大发展的政策依据。《罗宾斯报告》中关于高等教育的原则主要包括：高等教育的课程应该向所有能力上和成绩上合格并希望接受高等教育的人开放；坚持同等成绩同等报酬的原则，即给予学生的报酬应当依据其成绩而不是其毕业的院校；排除任何在具有同样职能的高校之间造成差异的名称和限制，强调在同类高校之间不应存在差异；学生应该有因为学业成绩和教育需要而从一所学校转学到另一所学校的机会；高等教育的体制必须允许高校的自由发展，高等教育需要某种协调和遵循某种方针原则，需要对稀有资源进行合理分配，但不应因此而阻碍高校自由地创造性地发展；强调成绩和标准，高等教育的数量发展和质量保证不是一对不可调和的矛盾。《罗宾斯报告》在英国近代高等教育向现代高等教育发展的过程中具有里程碑式的意义，是英国高等教育发展的分水岭和现代高等教育的奠基石，也为英国高等教育的发展指明了方向。

(2)《雷弗休姆报告》。为了向高等院校和决策机构提供20世纪八九十年代主要战略抉择的依据和最新研究成果，英国高等教育研究会在雷弗休姆基金会的赞助下从1980年至1982年进行"雷弗休姆研究规划"，其间共发表11篇报告。雷弗休姆研究范围甚广，探讨了如何扩大高等教育途径、克服过分专业化、维持教育与科研质量、开展科研活动、切合实际制订规划、提高资源效用率、加强大学积极响应外部变革的适应性以及设立一个管理与政策研究中心等问题。[①]《雷弗休姆报告》具有相当鲜明的开放性和综合性，对英国高等教育发展的内外制约因素，以及英国高等教育在目前和未来与社会政治、经济、科技、文化发展等方面的关系作出了分析和探讨。《雷弗休姆报告》在《罗宾斯报告》的基础上针对英国高等教育发展到20世纪80年代所面临的现实窘境为未来英国高等教育发展前景绘制了一幅蓝图，为1988年英国推出新的改革法案提供了思想准备。

(二)《1988年教育改革法》

1988年，英国国会在保守党教育大臣贝克提交的议案基础上通过了《1988年教育改革法》。这部法令的主要内容是关于普通中小学教育的改革问题，但也涉及高等教育、职业技术教育、教育管理、教育经费等多方面问题。主要内容包括：①设立全国统一课程，义务教育阶段开设三类课程，即核心课程、基础课程和附加课程；②建立与课程相联系的考试制度，规定在整个义务教育阶段学生需要参加四次全国性考试；③学校管理体制规定所有中学和学生数在300名以上的小学在多数家长要求下可以摆脱地方教育当局的控制直接接受中央教育机构的指导；④赋予家长为子女自由选择学校的权利；⑤效仿美国经验建立一种新型的城市技术学校，致力于培养企业急需的精通技术的中等人才。[②]《1988年教育改革法》涉及的问题广泛而且重要，在一定程度上触动了英国教育的某些传统，强化了中央集权式的教育管理体制，使得当时人们对此

---

① 俞天红：《未来英国高等教育发展的一幅蓝图——雷弗休姆报告述评》，《比较教育研究》，1986(03)。
② 袁桂林：《英国1988年教育改革法案述评》，《外国教育研究》，1989(01)。

次改革持有不同意见和疑虑。[①]

20世纪90年代以后英国基础教育以1988年的教育改革法为依据进行了大刀阔斧的改革，其中"共同化的水准"和"多样化的结构"是这场基础教育改革的两大政策原则。"共同化水准"指的是国家统一课程并统一考试来实现提高全国教育水准的目的。"多样化结构"即是把推进公立学校教育多样化作为基础教育改革的基本策略。多样化的体现包括德育标准多样化（价值澄清模式就是在此基础上发展起来的）、家长自主择校方式多样化、课程多样化和管理方式多样化等。

（三）《1992年继续教育和高等教育法》和《学习社会中的高等教育》

《1992年继续教育和高等教育法》是英国高等教育体制结构变革的分水岭，标志着英国高等教育"双重制"的彻底终结与新型英国高等教育大众化框架的形成。其内容主要包括：赋予多科技术学院学位授予权；同意多科技术学院改名为大学，具有和大学相等的地位；建立了新的高等教育质量保证体系，主要包括质量控制、质量审查和质量评估；统一拨款结构，将教学和科研拨款分开。

1997年，英国政府发表题为《学习社会中的高等教育》的咨询报告，又称《迪尔英报告》，这是自20世纪60年代之后第一个全面回顾与反思英国高等教育并对未来发展做出战略构思的纲领性文件。其主要内容包括：①当下问题：规模小，教育入学机会不尽人意；拨款多，人均少；教育一元化，而学生多样化；未充分培养学习能力。②未来规划：为终身学习理念服务；为社会各方面服务；加强高等教育对国家回报率；扩张规模。③措施：筹借经费新机制；加强质量评估；加强企业与大学互动，促进地区经济发展；加强信息技术、通信的应用；加强高等教育在地方和区域发展中的作用。

第二节
法国的教育

一、第二次世界大战之前的法国教育

法国于19世纪初期加强了国家对教育的控制，确立了中央集权的教育管理体制，但仍在很大程度上受教会和传统势力的影响。至第二次世界大战期间，法国的教育制

---

① 王璐：《重在提高基础教育质量——英国〈1988年教育改革法〉评介》，《外国教育动态》，1990(05)。

度经历了多次变化，不平等的双轨制不得不朝着统一学校制度的方向努力发展，原来浓厚的纯学术倾向和宗教色彩也不得不逐步向重视实用技术的学习和削弱宗教控制的方向发展。可以说，法国这一时期的教育情况始终极其复杂，由此而展开的教育改革独具特色。

(一)《费里教育法》

19世纪末法国逐步形成了双轨制，儿童入学需依据他们所属的阶级与门第。1881年和1882年，教育部长费里提出两项教育法案，不但确立了法国国民初等教育普及、义务、免费和世俗化的原则，而且将其贯彻实施予以具体化。法案的具体内容包括：①学前教育和初等教育一律免收学费，免除师范学校的学费与膳食、住宿费用；②公立学校不允许装饰宗教标志，不开设宗教课程，改设道德与公民教育课，但允许学生家长在校外按各自的宗教信仰安排宗教活动；③6~13岁的所有儿童要接受强迫的义务初等教育，对不送孩子入学的父母处以罚款、监禁等处分；④增设手工课和各种主要手工业工具的用法课；⑤取消教会、教士监督学校的权力，由职业教育家领导学校理事会。《费里教育法》标志着法国近代资本主义教育制度初步确定，该法案所确定的教育原则及实施办法不但促使法国普及义务教育发展到一个新的水平，而且为以后近百年间法国国民教育的发展奠定了坚实的基础、确定了前进的方向。

(二)"统一学校运动"与学制改革

19世纪末法国实行典型的双轨制，其中为劳动人民子女设立的初等教育和为资产阶级子女设置的中等教育互不衔接。第一次世界大战后，这种制度作为一种不平等的形式受到抨击并成为20世纪前期法国教育改革的重点。1919年，法国掀起了"统一学校运动"。在运动中，具有自由主义色彩的激进组织"新大学同志会"批评法国社会"人一出生就分为两个阶级，通过不同的教育而永远固定之"，[①] 主张建立统一学校以实现教育民主化。统一的教育应当使初等教育和中等教育相互衔接，高等教育向一切中学毕业生开放。

1923年，法国政府决定在初等教育阶段实施统一的学校制度，1925年以后法国初步实现了小学阶段的统一学校。1930年，法国的公立中学实行免费。1933年为使学生享有平等的入学机会，法国政府决定在中学设立统一的入学考试制度。1937年，法国教育部长让·扎伊提出了在初中阶段实行统一学校制度的方案：①把中学的初级阶段改为独立的公立学校，与初等统一学校衔接；②升入中学第一阶段的11~12岁学生设立"方向指导班"，以指导和培养学生的兴趣和能力；③依学生的能力和表现在第二年

---

① 张人杰：《教育学文集·法国教育改革》，11页，北京，人民教育出版社，1994。

实行分流，分别进入古典中学、现代中学和技术中学。1937 年法国教育部正式发布命令设置"方向指导班"作为学制改革的开始，但不久爆发的第二次世界大战中止了这一改革。"统一学校运动"所引发的教育改革，有力地冲击了法国的双轨学制，极大地推动了法国教育民主化的进程。

(三)中学课程的改革

19 世纪末，法国中学的课程体系是古典课程与现代课程并行但以古典课程为主，没有学过古典课程的学生明显处于不利地位。1902 年，法国教育部门对中等教育课程进行改革，规定中学课程的前四年有古典课程和现代课程两种选择；在后三年学生可以从拉丁语和希腊语、拉丁语和现代语言、拉丁语和自然科学、自然科学和现代语言四类专业课程中任选一类；最后一年所有专业的学生都集中学习哲学或数学，以准备大学入学考试。这次改革强调古典学科和现代学科分别具有的传统和实用价值，以及二者的相互补充，确立了法国中学的基本模式。但此次改革并不彻底，法国的中等教育课程仍以古典语言为主。

1923 年，雷昂·贝哈赫出任法国教育部长以后又使古典学科占据了中等教育的主导地位，他认为古典课程与现代课程并列的做法是一个"有背于真正文化意识的错误"[1]，中等教育应当以拉丁语和希腊语教育作为法国文化教育的核心，中等教育则是传播这种文化传统精髓的最好场所。贝哈赫的改革以旧的统一课程代替了 1902 年的各种平行课程。贝哈赫的这次改革未能使法国的中等教育出现顺应历史潮流和社会发展需要的变化，反而加重了其古典主义色彩。

(四)《阿斯蒂埃法》与职业技术教育的发展

19 世纪后半期，法国的职业技术教育主要是由企业、社会机构或私人开办。第一次世界大战后，社会各界要求发展职业技术教育、改变职业技术教育现状的呼声不断高涨。1919 年，法国议会通过了阿登省议员阿斯蒂埃提出的职业技术教育方案，即《阿斯蒂埃法》。该法案的主要内容为：由国家而不是个人承担职业教育的任务，教育部设置主管职业技术教育的部门，各省也要设立专门负责职业技术教育的机构；全国每一市镇均设立一所职业学校，经费由国家和雇主各负担一半，私立职业技术学校必须接受教育部的有关规定才能得到国家的承认和补助金；18 岁以下的青年有义务接受免费职业教育，雇主必须保证每周四小时的学习时间；职业技术教育的内容包括补充初等教育的普通教育、作为职业基础的各门学科、获得劳动技能的劳动学习三个部分。《阿斯蒂埃法》是法国职业教育史上第一次颁布有组织形式的法律，职业教育由此成为一种

---

[1] 滕大春：《外国教育通史》(第 5 卷)，221 页，济南，山东教育出版社，1993。

国家管理的事业。该法案第一次明确指出职业教育的强制性和免费性原则，对后来职业教育的发展起到了纲领性作用，因此被称为"技术教育的宪章"。

二、第二次世界大战之后的法国教育

第二次世界大战结束前，流亡在阿尔及利亚的法国政府建立了一个委员会，制定战后法国教育的发展目标。该委员会提出为所有 15 岁以下儿童提供同样程度的普通义务教育；所有儿童在结束了初等教育之后都应进入中等教育第一阶段，即定向阶段，直到 15 岁为止；定向阶段教育之后，学生可以进入特殊方向教育阶段或职业教育阶段。这一教育改革设想为战后法国的教育改革揭开了序幕。

(一)《郎之万—瓦隆教育改革方案》

1945 年，第二次世界大战结束之初，法国议会组建了一个以法国物理学家郎之万为主席、儿童心理学家瓦隆为副主席的"教育改革委员会"，研究并制订全国性的长远教改计划。该委员会于 1947 年正式向议会提交了《教育改革方案》(又称《郎之万-瓦隆教育改革方案》)。该方案在前言中批评了战前法国教育与现实生活脱节的弊端，认为整个教育为旧传统所支配，不能与社会结构的迅速改变相适应，学校日益封闭，不能在经济、科学的成长中得到发展。该方案对各级各类学校的组织和制度以及教育内容和方法提出了具体的改革意见，这使它成为战后初期法国教育改革的依据。《郎之万-瓦隆教育改革方案》凸显了民主、正义、平等、多样化等原则，但由于战后法国政局屡屡变动以及其对越南及阿尔及利亚的战争，这些原则和方案在法国并未付诸实施。不过，在其影响下，法国后来开始大力扩充初等教育，同时把较好的初等学校升格为中学，极大地促进了中等教育的普及，基本实现了初等和中等教育的衔接。

(二)中小学教育改革

1959 年，戴高乐政府在被搁置的《郎之万—瓦隆教育改革方案》的基础上重新制定并公布了新的教育改革方案《教育改革法》。《教育改革法》规定：义务教育年限由战前的 6～14 岁延长为 6～16 岁，到 1969 年完全实现这一目标。十年的义务教育分三个阶段完成：6～11 岁为初等教育，所有儿童享有同等机会；初等教育之后除个别被确定不适于接受中等教育的儿童外其余儿童都可进入中等教育的第一阶段，即两年的"观察期"教育(11～13 岁)；所有学生在此期间学习相同课程，但对每个儿童的能力和倾向进行观察，并给予升学与就业方向的指导。两年后学生进入中等教育的第二阶段即"完结期"教育(13～16 岁)，学生经过观察指导后，分别进入短期或长期普通中等教育学校和各种技术教育学校。短期型均为三年制，长期型为四年和五年制，在国立中学实施，实际上是为大学做准备。

1959 年的教育改革由于不够灵活难以操作，所以在实践中并未完全实施。两年制观察期被指责时间太短，作为中等教育的第一阶段不能达到预期目标。因此，教育界呼吁建立四年制普通初级中学，以实现战后初期郎之万-瓦隆委员会提出的四年方向指导性教育。1962 年，一种称之为市立初级中学的新型中等学校面世。到 20 世纪 70 年代中期，四年制初级中学已经在学制结构中被确定下来。

1959 年，《国家与私立学校关系法》出台。法国存在着大量的私立学校，其中天主教会办的学校占绝大多数，这个法案就是为了调解国家与宗教团体及个人在办教育问题上的矛盾。法案规定对私立学校进行两种经济资助形式：一是"简单契约"，这些学校只要在学制、教师资历、班级人数、卫生条件等方面符合国家规定，就由政府按公立学校标准支付教师工资；二是"联合契约"，这类学校国家不但支付教师工资，而且还按学生人数支付办学所需费用，但是这类私立学校必须采用公立学校的教学大纲和生活规则，接受国家监督。通过这个法案，政府的主要目的是在教育问题上得到教会组织和社会团体的支持与合作，利用宗教和社会力量办学，为国家教育事业作出贡献。

20 世纪 90 年代以后，基础教育课程改革在法国备受重视。1992 年，"国家课程委员会"公布了《课程宪章》，作为指导全国制定课程大纲的纲领性文件。该宪章确立了建立学科大纲所依据的原则和课程大纲颁布的方式，以及在其有效期限内的协商方式，是法国教育史上第一次对全国教育体系的课程编排建立规范性文件。《课程宪章》保证了大纲编写机构的透明度，从而可以保证制定大纲的严肃性和科学性；规定有效期限至少五年，避免了课程改革之大忌即变动过频；规定课程大纲是指导全国教学的官方文件，突出强制性有利于协调和统一全国的中小学教育，这也反映了法国中央集权制教育体系的特点。

(三)高等教育改革

1968 年，法国爆发了中学生反抗高考制度的学潮，迅速引起全国大学生反抗旧教育制度的民主运动，并获得了工人的支持，被称为"五月风暴"。受此触动和影响，法国议会通过并颁布了《高等教育方向指导法》，又称《富尔法案》。《富尔法案》确立了法国高等教育"自主自治、民主参与、学科相通"的办学三原则。《富尔法案》颁布于戴高乐政府后期，其理想的美好值得肯定，但在实行几年之后并未产生多大实效。1980 年，在五月风暴中建立的新型大学万森大学即巴黎第八大学宣告关闭。这所大学是按照《富尔法案》的新原则组建起来的，由于校内无政府主义思潮泛滥，受到政府批评并迫使学校迁址和缩减人数，以及学生与校长之间发生冲突导致校长辞职等诸多原因，学校最终关闭。这充分反映了法国战后高等教育民主化改革与实验的困难状况。

(四)职业教育改革

1975年，法国议会通过了《法国学校体制现代化建议》，又称《哈比改革》。此次改革的重点是提高职业教育的地位，多方面培养劳动力和技术人才，标志着法国职业教育改革达到了高潮。《哈比改革》是戴高乐教育改革的继续，为了加强职业教育，对普通中小学校教育管理体制、教学内容、教学方法等都提出了一些改革措施。具体来说，在教育管理体制方面，规定中学校长由教育部长任命，学校内成立各种组织，参与学校的行政管理、教育与教学工作；在教学内容方面，要求在小学课程中加强自然、社会环境及科学技术基础知识综合性教育的"启蒙课"，初中加强实验科学和技术教育；在教学方法方面，要求运用最新的心理学研究成果指导教学，开展各种教学实验，注重学生的个性特征和能力差异，采用现代化教学手段等。《哈比改革》的目的在于使法国教育向现代化方向迈进，并力图体现"机会均等"的精神，但实质上法令施行后又引起许多新矛盾，可以认为这是一个方向正确，但要求过高、步子过大、难于在实践中完全落实的改革法案。

第三节
德国的教育

一、第二次世界大战之前的德国教育

自1871年统一至第二次世界大战，德国的教育史大致可分为三个时期：德意志帝国时期(1870—1918)、魏玛共和时期(1919—1933)和纳粹统治时期(1933—1945)。19世纪末德国加快了经济发展的步伐，"为国家服务"的民族主义精神成为教育改革的基本指导思想。第一次世界大战以后，德国开始改革学校教育制度，德国社会和教育中长期存在的军国主义和极端民族主义逐步演变为法西斯专制主义。在纳粹统治时期，德国教育成为法西斯专制统治的重要工具。

(一)德意志帝国时期的教育

德意志帝国时期，德国的教育已经形成了典型的三轨制，并在这种制度下产生了国民学校、中间学校和文科中学三种学校类型，其中文科中学地位较重。德国这一时期的教育与欧洲其他国家一样具有明显的等级性和阶级性。19世纪末受新人文主义的影响，德国开始了对中等教育的改革：一是减少文科中学古典语言的分量，并在其他中学增加自然科学和现代语言课程；二是出现了两类学术性中学，即实科中学和文实中学。进入 20 世纪，德国加快了教育改革的步伐。1901 年，德国召开教育工作者大会，宣布文科中学、实科中学和文实中学的地位相等，三所中学的毕业生具有同样的权利投考大学和其他高等学校，从而有机会被培养成为上层官吏和高级统治人才。此外，大会还规定文科中学注重古代语言，实科中学注重现代语言和现代自然科学，文实中学则三者并重。

(二)魏玛共和时期的教育

1919 年，德国废除君主政体，建立了魏玛共和国并通过了《魏玛宪法》。为了贯彻《魏玛宪法》的精神，1920 年政府颁布了《关于基础学校和撤销预备学校的法令》，决定设立对所有儿童进行国民教育的国民学校，并在此基础上设立中间学校和高级中学。1920 年，德国召开全国教育会议，内务部部长科赫的开幕词强调了德国教育改革的基本任务，强调要建立和扩充统一学校，保证德国教育事业的统一性；改革学校教育，使与学校关系密切的团体和教育工作者更多地参与学校的管理。科赫的报告反映了德国第一次世界大战后民族主义思潮的高涨。这次大会讨论了学校系统组织、师资培训和教学方法等问题，推动了这一时期德国教育的改革，对以后德国教育的发展产生了重要的影响。

20 世纪 30 年代初，德国在初、中、高等教育和师范教育等几个方面都发生了重要变化。在初等教育方面，废除双轨制，在全国实施了建立四年制统一初等学校制度，为接受八年义务教育后的人提供职业继续教育的补习机会。在中等教育方面，一是取消了中学预备学校阶段，使中学开始建立在统一的基础学校之上；二是新增了两种学校，即德意志学校和上层建筑学校。在高等教育方面，强调坚持洪堡改革时期大学自治、教学与科研相结合的原则，提出教育面向大众的要求，使高等教育焕发出生机。

二、第二次世界大战之后的德国教育

第二次世界大战之后，清算法西斯主义教育成为联邦德国面临的重要任务。20 世纪 50 年代末 60 年代初，联邦德国开始实施重大的教育改革。1949 年和 1953 年，先后成立了联邦各州教育部长常务会议和德国教育委员会，这两个机构的建立为协调各州的教育事业、采取统一的教育改革措施、使教育最终走向全国统一规划和统一管理的体制奠定了基础。1964 年，联邦各州的总理在汉堡签署了《联邦共和国关于实行教育统一的协定》，简称《汉堡协定》。该协定基本上形成了战后联邦德国统一的教育制度。1969 年，联邦政府为进一步加强对教育的统一领导，首次成立了全国教育科学部。该机构的任务是制订并调整联邦与各州的计划，对全国教育经费进行预算。至此，德国建立起全国统一的教育领导体制。

(一)《改组和统一公立普通学校教育的总纲计划》

1959年，德国教育委员会公布《改组和统一公立普通学校教育的总纲计划》，简称《总纲计划》。《总纲计划》主要探讨如何改进普通初等教育和中等教育等问题。它赞同保留中等学校三分制，提出所有儿童均接受四年基础学校教育，然后再接受两年促进阶段教育，以便使学生享有充分发展的机会，从而能够通过考试遴选进入不同类型的中等教育机构。《总纲计划》建议设置三种中等教育机构：①主要学校，培养学生掌握初步的文化知识和生产技能，为接受职业教育作准备；②实科学校，使学生熟悉科学知识及其在实际中的应用，培养学生具备科学思维能力和掌握科学方法；③高级中学，包括完全中学和学术中学。完全中学接收经过促进阶段教育符合其入学条件者，而学术中学则吸收基础学校毕业生中的优秀者，经考试合格方可入学。《总纲计划》是受苏联1957年卫星上天的冲击，继美国1958年《国防教育法》之后，联邦德国做出的一个重要反应。该计划设置的三类中学与英国的现代中学、技术中学、文法中学三种类型有诸多相似之处。这种学校教育结构既体现了德国传统的等级性，又适应了战后社会分工对学校培养人才规格和档次的不同要求，在一定程度上也有助于儿童个性才能的发展。

(二)《高等学校总纲法》

第二次世界大战以后，联邦德国高等教育的发展始终由以竞争和自治为主导的高等教育管理观念所推动。20世纪60年代，大学生运动席卷欧洲，使联邦德国政府及高校内部管理层产生了极大震动。1976年，联邦政府颁布《高等学校总纲法》。该法案规定正规高等学校修业年限为四年，无特殊情况不得延迟毕业；规定了大学的任务、入学许可、学校内部人员机构构成、学校组织和管理、校长任期、学历认定等；此外，还正式确认了德国应用科技大学在德国高等教育中的法定地位。《高等学校总纲法》是联邦德国第一部运用于各州有权威的高等教育纲领性法律，其精神实质是既保留传统大学民主自治的特色，又注重发掘大学潜力以适应国际竞争的需要。1985年，联邦德国对《高等学校总纲法》进行了修订，删去了高等教育机构统一模式的内容，仍坚持高等学校多层次、多样化的办学原则。

(三)德国统一以来的教育改革

1990年民主德国并入联邦德国，德国统一，首先对东德的5个州的教育体制按照西德的教育模式进行全面而深刻的教育改革。德国绝大部分学校都是半日制的，2003

年，联邦教育与研究部推出"未来教育和关怀"工程，决定在 2003—2007 年将全德三分之一的学校新建或改建为全日制学校。

双元制的职业教育制度是德国经济繁荣的重要支柱，为了使传统的双元制职业教育更好地适应社会和科技的发展，联邦教育部在《2001 年职业教育报告》中提出要致力于建立一个专业化、个性化、面向未来、机会均等、体制灵活且相互协调的高质量的职业教育体系。这实际上也是德国职业教育的改革指针和发展方向。德国于 2005 年通过了《联邦职业教育法》取代了 1969 年颁布的《职业教育法》，这标志着德国新一轮职业教育改革拉开了序幕。这次职业教育改革的主要目标是确保并增加每位青年接受培训的机会，保证所有青年都能获得高质量的职业培训。

1999 年，德国签署了《博洛尼亚宣言》。2000 年，联邦教育与研究部颁布《21 世纪德国高等学校服务法》改革方案，对高校的工资制度和人事结构进行了调整。自 20 世纪 60 年代以来，德国一直实行高等教育免费。1998 年，巴登－符腾堡州开始引入收费制，对在校超过 6 年仍未获得学位的学生每学期收取一定的费用。到 2007 年，下萨克森、汉堡、巴符、巴伐利亚和北威等州已实行全面收费。2006 年，联邦与州签订了《2020 年高校公约》，重新划分联邦与州在高等教育领域的职责范围及承担的任务，以增加地方对高等教育的自主权。

第四节
美国的教育

一、第二次世界大战之前的美国教育

20 世纪初期，美国基本上完成了初等义务教育的普及任务，中等教育成为学校教育发展的主要任务。在此时期，美国中学中原有的强调选择性和突出智力的教育模式开始受到来自社会各个方面的批评。人们指责中学只注重为学生升学做准备，很难满足社会对有一定文化知识和熟练技能的劳动力的需求，这在很大程度上促进了初级学院的形成和职业教育的发展。

(一)中等教育的改革和发展

1913 年，美国教育协会成立"中等教育改组委员会"，重新研究中等教育的职能和目的以提高中等教育的社会效益。该委员会于 1918 年提出报告《中等教育的基本原

则》，指出美国教育的指导原则应当是"民主"，应当使每一个成员通过为他人和为社会服务来发展其个性。为了落实这些目标，该报告建议改革学制，并指出中等教育应当在组织统一、包含所有课程的综合中学进行。这份报告很有影响，被称为美国中学教育史上的里程碑。它不仅肯定了六三三学制和综合中学的地位，而且提出了中学是面向所有学生并为社会服务的机构的思想。

1930年，美国进步教育协会成立"大学与中学关系委员会"，试图通过加强中学与大学的合作来解决高中长期存在的问题。委员会在主席艾肯的领导下制订了一项为期八年(1933—1941)的大规模高中教育改革实验研究计划，即"八年研究"。该研究主要涉及四个方面的问题：教育目的、教育管理、课程教学、评估工作。[1] 由于有30所中学参加了这项实验研究，因此也称"三十校实验"。[2] 委员会还与全美300所学院签订了两个协议，商定参加实验的学院对参加实验的中学不进行入学考试，参加实验的中学有权自行决定学科开设和学习分量。"八年研究"的结果证实了进步主义教育思想下的中学教育，既能很好地完成中学为大学培养人才的传统职责，又能促进中学生的多方面发展，而后者本是原有中学教育难以达到的。"八年研究"通过对高中教育和高等教育关系的实验揭示了高中教育发展的许多问题，对于美国大学入学要求和中学课程产生了深远影响，有利于美国教育改革向纵深发展。

(二)初级学院运动

19世纪后期，美国中等教育的发展使得中学生毕业压力加大，但四年制大学年限长、学费高，而且容量有限。1892年，芝加哥大学校长哈珀建议，将大学的四个学年分为两个阶段：前两年为"初级学院"，后两年为"高级学院"；同时也将课程进行相应划分。同年，加利福尼亚大学也进行了改革并建立了"初级证书"制度，规定学生在读完第一阶段并取得"初级证书"后才能继续下一阶段的学习。1902年，美国创立了第一所两年制的初级学院，作为从中等教育向高等教育的过渡阶段。学生在学完两年课程后，既可作为中等专门人才直接参加工作，也可不经升学考试进入四年制大学的三年级继续完成正规高等教育。初级学院在产生之初并不为人重视，但由于学费低、就学方便、无年龄限制也无入学考试、课程设置多样等优势而很快发展起来。1920年，为了协调初级学院的发展，美国联邦教育总署成立了"美国初级学院协会"。第二次世界大战以后，随着美国教育的发展更倾向于面向地方经济发展的需要，公立初级学院一般改称为社区学院。简言之，初级学院运动是为适应美国社会发展而创立的一种新的教育形式，作为高等教育体系中的一个重要层次，有力地促进了美国高等教育的普及

---

① 胡庆芳：《美国高中课程发展研究——从失衡发展到基础振兴》，上海，华东师范大学博士论文，2004。
② 程可拉、胡庆芳：《美国高中百年发展轨迹的原因分析及启示》，《比较教育研究》，2005(02)。

和发展。

（三）职业技术教育的发展

早在 19 世纪，美国的农业和工程职业技术教育就已经获得了一定的发展。20 世纪以后，随着美国经济发展加速，职业技术教育更加受到重视。1906 年，美国成立了由普里切特任主席的"全国职业教育促进会"，主要工作是推动制定能对全国职业教育提供财政补助的法律，为国会草拟职业教育法案。美国职业教育因此得到一定的发展。但是，到 1914 年在美国从事农业和工业的人员中实际上只有不到 1% 的人受过较好的职业教育。为了更好地推动职业技术教育的发展，1914 年美国国会任命"职业教育国家补助委员会"，专门研究补助职业教育问题。

1917 年，美国国会通过了由史密斯和休斯联合提出的议案，即《史密斯－休斯法案》。该法案要求联邦政府拨款补助各州发展大学程度以下的职业教育，并开办职业学校；要与州合作进行师资培训，职业教育师资培训机构也应获得联邦政府的资助；公立学校要设立职业科，朝着兼具升学和就业职能的综合中学方向演进。《史密斯－休斯法案》的颁布使普通教育开始由单一升学目标转向升学和就业的双重目标，加强了普通教育与社会的联系，同时也为美国职业教育的发展提供了有利条件。同年，美国成立了联邦职业教育委员会，随后各州也相继成立分会，形成了全国性的职业教育系统。从此以后，美国职业教育蓬勃发展，建立起比较完整多样的中等职业学校体系。

二、第二次世界大战之后的美国教育

1944 年美国国会通过了《退役军人重新适应法》，1954 年美国联邦最高法院否决了 1896 年开始在美国学校实施的黑人学生和白人学生"分离但平等"的原则，废除学校的种族隔离，这两项措施对美国战后初期教育的发展产生了积极影响。20 世纪 50 年代以后，美国社会各界对美国教育质量的批评越来越多，1957 年苏联卫星上天后，美国朝野改革教育的呼声更加高涨。

（一）20 世纪五六十年代的教育改革

受苏联发射人造卫星的影响，美国把教育改革与"国防"密切联系在一起，于 1958 年颁布《国防教育法》。这项法案的中心内容是由联邦政府增拨大量教育经费以加强科技方面的教育，训练人才以应对人造卫星的

美国的国防教育法

挑战。具体内容包括：加强普通学校的自然科学、数学和现代外语，即"新三艺"的教学；加强职业技术教育，要求各地区设立职业技术教育领导机构，有计划地开展职业技术训练；强调"天才教育"，鼓励有才能的学生完成中等教育升入高等教育机构，以

便培养拔尖人才；增拨大量教育经费。1964 年国会通过《国防教育法修正案》，决定将《国防教育法》的有效期延长到 1968 年，对内容作了新的补充，范围也有些扩大。1982 年，国会讨论并补充了《国防教育法》，以应付国际社会的"新挑战"。

1959 年，美国科学院邀请 35 位专家会商中小学课程改革问题，为 20 世纪 60 年代的课程改革指出了方向。1965 年，美国国会通过《中小学教育法》，肯定了自 20 世纪 50 年代末开始的教育改革，重申了黑人和白人学生合校教育的政策，制定了对处境不利儿童的教育措施。该法使黑人教育的面貌得到改变，促进了整个中小学教育的发展。

(二)20 世纪 70 年代的教育改革

20 世纪 70 年代的美国教育从数量上已跃居世界领先地位，但一些新的弊端也日益暴露出来，例如，中小学生缺乏社会适应能力、普通教育缺乏基础训练等。对此，美国教育界提出了两个新概念，即生计教育和返回基础。生计教育，是美国教育总署署长马兰于 1971 年开始倡导的一种教育，又称生涯教育。其实质是为适应瞬息万变的社会而以职业教育和劳动教育为核心的一种教育思想。生计教育强调学校的责任是要给学生们提供种种生计的技能、动机及机会。具体而言，就是将工作状况和工作机会的情况告知学生，并帮助其做出正确生计选择和养成职业技能的一种努力。1974 年，美国国会通过了《生计教育法》，许多州也相继颁布法令采取实际步骤推行生计教育，并迅速发展成为影响深远的教育改革运动席卷全国。

随着 20 世纪 70 年代生计教育运动的兴起，就业和经济利益的实现日益成为首要的教育目的，客观上使中学教育分化为"天才教育"和"生计教育"两轨，学术性课程被削弱，教育的公平性受到挑战。考虑到生活适应课程泛滥的前车之鉴和学生学术性基础令人堪忧的事实，1976 年，在美国基础教育委员会的倡导和推动下，美国开展了"返回基础"的教育运动，针对的就是中小学在基础知识教学和基本技能训练方面出现的问题，强调严格管理，提高教育质量。返回基础实质上是一种恢复传统教育的思潮。但是，由于对"基础"的认识没有达成一致，所谓的回归被理所当然地理解成"回归基础学科"。其结果是基础学科的教学时间被延长，作业量被加大，学生成为"装知识的容器"。如此种种最终导致这场运动雷大雨小，呼声高于实效。

(三)20 世纪八九十年代的教育改革

1983 年，美国教育改革的纲领性文件《国家在危机中：教育改革势在必行》出台，联邦教育部要求各州按报告精神进行教育改革。具体内容包括：加强中学数学、英语、自然、社科、计算机五门现代核心课程的教育；从小学到大学各级学校都要对学生的学业成绩和行为表现采用更高更严格的可测量标准；提高师资的教育专业训练标准以及社会地位和物质待遇；各级政府官员以及校长和学监都必须发挥领导作用，同时提供必要的财政支持。

20世纪80年代以后，美国教育改革的重要特征仍然是政府的积极介入，特别是"教育总统"布什在任期间，不但组织召开了各州州长参加的教育最高级工作会议，还在1991年正式出台了《美国2000年教育战略》。该文件是美国教育走向未来的纲领性文件，提出了2000年全美六大教育目标和四项保障措施，对美国教育改革起到了重要的指导作用。1994年克林顿总统签署了《2000年目标：美国教育法》。它提出了一个全国性的教育改革计划，包括四部分：国家教育目标；全国教育的领导、标准和评价；州和地方教育体系的改革；国家技能标准委员会及其成员、经费和职责。该法为美国教育改革提供了组织上和经费上的保证，进一步强化了联邦政府在教育改革中的主导作用。

第五节
日本的教育

明治维新以后，日本的教育得到了较大发展。1890年天皇颁布《教育敕语》，规定了日本教育发展的准则，同时也加重了日本教育中浓厚的封建军国主义色彩。20世纪30年代后期开始，为适应对外侵略战争的需要，日本的学校教育纳入了战时体制的轨道。第二次世界大战结束后，日本开始了自明治维新以后的第二次教育改革，将兴办教育作为"立国之本"，各级各类教育都得到了快速发展，处于世界前列。

一、第二次世界大战之前的日本教育

(一)《教育敕语》

19世纪末，西方文化开始影响日本。为继承日本传统文化、抵御西方文化影响，1890年天皇颁布《教育敕语》，重申忠孝为日本国体之精华，日本教育之渊源。《教育敕语》自颁布到第二次世界大战结束止，起到了规定日本教育方向的基本法的作用，日本教育也从此转向强调民族主义和加强国家控制。《教育敕语》一方面是日本天皇制国家确立君主立宪制政体的结果，另一方面也是思想战线上儒教的德育论和军国主义思想战胜欧化思想及民权论思想的产物。与此同时，文部省修改《小学校令》，公布《改正小学校令》，特别强调小学教育的任务是"道德教育"和"国民基础教育"。根据《改正小学校令》，文部省在1891年公布了小学的各种规章制度，强调贯彻"敕语"的精神，各科都要进行"尊王"与"爱国"的教育。

(二)《大学令》

为了提高培养专门人才的质量，1918 年日本颁布《大学令》，强调大学教育的目的在于传授国家需要的学术理论及其应用，同时注意陶冶人格和灌输国家主义观念。其主要内容包括：大学原则上由法、医、文、理、农、工、商等几个学部组成，必要时可独立设置单科大学；除国立大学外允许设立私立大学和地方公立大学，以扩大和发展大学教育；招生对象主要是预科或高级中学高等部的毕业生，经过考核以后方可录取；大学在校三年以上的学生(医科四年以上)经一定考试合格授予学士学位。[①]《大学令》颁布以后，综合性大学、单科大学、私立大学都得到了发展。据统计，1918—1929年日本大学由 5 所增加到 46 所。[②] 同时，高等专科学校也得到一定发展，培养了大批实用技术人员。大学教育的多形式办学，既调动了地方政府和财界人士办学的积极性，推动了大学教育的发展，又培养出多科专门人才，设置大学预科也为提高大学教育质量创造了有利条件。

(三)军国主义教育体制的形成和发展

1926 年裕仁天皇即位后，把国家置于军事控制之下，逐步完成了侵略战争的准备。为培养"忠臣良民"，日本教育开始趋于军国主义化和法西斯化，从培养目标到教育内容以及教育方法皆纳入了战争轨道，成为日本战争机器的工具。20 世纪 30 年代以后，为了配合军事扩张的需要，日本加强了学校的军国主义教育。1937 年，教育委员会印制了《日本民族实体的基本原则》一书，证明日本民族和帝国与天皇的同一本源及其绝对的优越性。1941 年日本文部省发表了题为《臣民之道》的小册子，强调日本臣民的主要职责是追随天皇为天皇效力。《教育敕语》《臣民之道》和《日本民族实体的基本原则》是战前日本军国主义教育的三个重要文件，对日本学校教育的发展产生了重要影响。随着日本军国主义教育的不断升级，军事训练也开始学校化和社会化，许多日本军人被派到学校去主持军事训练课程。1937 年以后，日本更将学校变成了军营，培养恪守诺言、绝对服从的品质，兜售武士道精神和为天皇"灭身切腹"感到光荣的精神。

二、第二次世界大战之后的日本教育

1946 年，美国派遣的教育使节团向占领军总司令部提交了《美国教育使节团报告

---

① 胡剑虹：《日本高等教育制度评介》，苏州，苏州大学学位论文，2003。
② 王桂：《日本教育史》，211 页，长春，吉林教育出版社，1987。

书》，为日本教育改革规定了方针、指明了方向，但它毕竟不是法律。战后日本教育改革的法律依据是 1947 年公布的《教育基本法》《学校教育法》，以及后来公布的一系列教育法令。

(一)《教育基本法》

《教育基本法》由前言、十一项条款和附则三部分组成。主要包括：教育必须陶冶人格；实行全民九年义务教育；政治教育是培养有理智的国民；国立和公立学校禁止宗教教育；男女同校；教师受到社会尊重享有良好待遇；鼓励家庭教育和社会教育。[①]《教育基本法》以和平民主的教育取代了军国主义教育，以法令取代了敕令，具体地体现了日本宪法所规定的国民受教育的权利，并为实现这种权利从教育制度和行政管理基本原则作了具体规定。同时，《教育基本法》实质上是教育方面的根本法即教育宪法，为了实施该法相继又制定了一系列教育法令法规，不仅使教育基本法具体化，而且还使教育法制化，具有划时代的意义。

(二)《学校教育法》

第二次世界大战结束前，日本的学校体系带有明显的阶级性和教育机会不平等性。战后初期，日本政府开始了学制改革的酝酿和准备。1947 年，国会颁布实施《学校教育法》。其主要内容包括：废除中央集权实行地方分权，新设教育委员会管理各地学校事务；采用六三三四单轨学制，义务教育延长至九年，实行男女同校；将原来多种类型的高等教育机构统一为单一类型以学术为中心的大学，一般为四年制，实行学分制；大学基础上设研究生院。《学校教育法》是《教育基本法》的具体化，也是新学制改革的依据和学校体系改革的重要支柱。这两项法令的颁布，否定了战时军国主义主义教育政策，为战后日本教育的发展指明了方向，使日本教育系统有了法律保障。

(三)20 世纪 70—80 年代的教育改革

1971 年，日本中央教育审议会发布《关于今后学校教育综合扩充、整顿的基本措施》咨询报告，其中的许多精神被文部省采纳并实施，成为教育改革的纲领性文件，也成为日本继明治初期和战后初期改革之后的"第三次教育改革"的主要依据。该咨询报告内容广泛，涉及各级各类教育，其中对于中小学教育和高等教育的改革影响较大。1977 年，日本文部省颁布《关于改善中小学教学计划的标准》和《小学初中教学大纲》，第二年又颁布了《高中教学大纲》。这些文件的基本精神是：重视德育和体育，培养协调发展的儿童；精选教学内容，培养儿童的创造能力；减少教学时数，增加儿童的课

---

① 　王桂：《日本教育史》，293～294 页，长春，吉林教育出版社，1987。

外活动，使儿童在轻松、愉快的学习生活中健康成长。在高等教育方面，主要是创建了筑波大学(1973)、长冈和丰桥技术科学大学(1976)、图书情报大学(1979)，以及兴建专修学校、教育大学、广播大学等。

20世纪80年代以后，日本的教育改革基本上延续了70年代的做法，只是更加深入与具体。1984年成立的"临时教育审议会"和1987年成立的"教育改革推进本部"（后改称"教育改革实施本部"），二者成为推进80年代日本教育改革的领导机构。临时教育审议会陆续出台了多个咨询报告并提出具体的改革建议，以1987年的报告最具权威性。该报告提出了教育改革的基本原则，即重视个性化、国际化、信息化和向终身教育体制过渡。"教育改革实施本部"则按照"临时教育审议会"提出的改革方向进行推进与实施。

(四)20世纪90年代以来的教育改革

日本基础教育改革体现在文部科学省于2001年正式制订并实施的"教育改革计划"和"21世纪教育新生计划"的改革报告中。首先是学校制度的弹性化和制度改革。根据《学校教育法》部分修正条款的规定，决定创设中等教育学校即初、高中一贯制，自1998年起实施。为保护受到欺负的弱小儿童及满足其家长要求转校的希望，文部科学省决定在对公立中小学的上学区域实行弹性化举措、废止公立高中就学区域的限制、学校经营允许民间机构参与。其中较为引人关注的是关于初、高中六年一贯制中等教育学校的创设，不仅进一步推动中等教育的多样化，同时以一种新型学校的形态打通初中与高中之间的壁垒。

20世纪90年代初，日本全面修改《大学设置基准》，放宽对大学的限制，提高了大学的自主性。在大学获得自主性之后，日本的政府和大学主动实施了一系列旨在提高大学教育个性化的改革。入学考试改革本科生课程改革和研修制度的实施使各个大学在个性化之路上迈出了一大步。2003年，文部科学省为了巩固现有的改革成果，支持和鼓励各个大学的个性化，以巨额资金援助的方式实施了"高质量教育推进计划"。

第六节
苏联的教育

一、第二次世界大战之前的苏联教育

十月革命以前，俄国的学校教育是地主资产阶级的统治工具，具有鲜明的等级性、阶级性和宗教性。十月革命以后，为了使教育适应新的政治经济发展的要求，苏维埃政府采取了一系列果断措施，对旧教育进行根本性的改革，并试图建立新的无产阶级教育体制。

(一)建国初期的教育改革

苏联建国后，列宁提出在国民教育方面把学校由资产阶级的阶级统治工具变为摧毁这种统治和完全消灭社会阶级划分的工具①。列宁的意见成为这一时期苏联教育改革的指导思想。1917 年，教育人民委员部建立，并成立了国家教育委员会作为全俄教育的领导机构。相继颁布的《教育人民委员部关于国民教育的宣言》等一系列法令，向全国人民阐明了苏维埃教育工作的总方针和基本原则，清除了教会对学校的影响，加强了教育管理的统一性，推动了面向全体民众的普及教育的快速落实。

为建立新的学校制度，1918 年全俄教育工作者第一次代表大会公布《统一劳动学校规程》，规定苏俄除高等学校外的一切学校一律命名为"统一劳动学校"。所谓"统一"，是指从幼儿园到大学的所有学校是一个不间断的阶梯，所有儿童都应进同一类型的学校并有权沿着这个阶梯升入高一级学校学习；所谓"劳动"，是针对旧的"读书学校"而言，强调"新学校应当是劳动的"，使学生通过劳动去认识世界，劳动被列入学校课程之中。作为苏联教育史上第一个重要立法，《统一劳动学校规程》在世界教育史上第一次贯彻了非宗教的和真正民主的社会主义教育原则，具有积极和进步的意义。但它也存在着很多明显的问题，如取消一切必要合理的教学制度，取消教学计划，完全废除考试和家庭作业，不正确地解释教师的作用，过高估计了劳动在学校中的地位。

(二)"综合教学大纲"和"劳动教学法"

新的学校制度实现了从"读书学校"到"劳动学校"的转变，但"劳动学校"究竟应该教什么、怎么教，这些问题困扰着苏联整个 20 世纪 20 年代的普通教育改革。1923 年，苏联国家学术委员会公布《国家学术委员会教学大纲》，也称"综合教学大纲"。这个大纲打破了学科界限，把各科教材按照生活中的重要事件划分为若干"生活单元"作为教学单元，每单元的知识按照自然、劳动、社会三项内容进行教学。在实施综合教学大纲的同时，教学方法也相应地改变为"劳动教学法"，即在自然环境中、在劳动和其他活动中进行教学，主张废除教科书甚至"打倒教科书"，广泛推行"工作手册""活页课本"和"杂志课本"等。此外，还要求充分发挥学生自己掌握知识与技能的主动创造精神，避免使用"教学方法"这一概念，认为教学过程与其说是教师的教不如说是学生的学。事实表明，这些做法人为地贬低了教学中教师的主导作用，学生只能获得片段零

---

① 列宁：《列宁论教育》，185 页，北京，人民教育出版社，1990。

碎的知识，导致了教育质量的下降。

(三)《关于小学和中学的决定》

从 1929 年开始，苏联的社会主义建设进入新时期，需要大批熟练工人和各行各业专家。然而，苏联当时中学毕业生量少质差，高等教育也存在很多问题。1931 年颁布的《关于小学和中学的决定》是苏联整顿普通教育工作的纲领性文件，是 20 世纪 30 年代关于教育工作的一系列决定中最重要的决定。该文件明确规定普通教育阶段一定要培养学生具有足够的读、写、算的能力；对于学校的基本任务，教学方法、干部、中小学的物质基础以及学校管理等方面均提出了明确要求和具体改进措施；要求立即组织对普通学校各科教学大纲进行研究，保证各科教学大纲要有范围精确的系统知识。《关于小学和中学的决定》是彻底整顿苏联教育的开始，也是此后一系列有关教育决定的主要依据，对克服苏联普通学校中存在的缺点，进一步改进学校的教育教学工作提高教学质量具有重要意义。但在实际执行过程中，由于过分强调学生的知识教育而导致学校工作走上了忽视劳动教育的另一极端。

二、第二次世界大战后苏联的教育改革

第二次世界大战以后，世界格局出现了社会主义和资本主义两大阵营的对峙。苏联各项事业的发展都是在与美国相抗衡的国际竞争背景下进行的。战后苏联的教育主要经历了恢复时期和 1958 年、1966 年、1977 年等几次重要的教育改革。

(一)1958 年教育改革

1958 年，赫鲁晓夫提出《关于加强学校同生活的联系和进一步发展全国国民教育制度的建议》(以下简称《建议》)，正式拉开了战后苏联大规模教育改革的序幕。《建议》经苏共中央和苏联部长会议讨论之后，将题目中的"建议"二字改为"提纲"；最高苏维埃主席团正式通过该文件，又将"提纲"二字改为"法律"。[1] 这充分表明，苏联决策机关自上而下开展这场教育改革的决心，并且以立法的形式为这次教育改革确定了基调。该法律对普通教育、职业技术教育和高等教育改革提出了很多具体要求，在各地陆续得到落实。不过，从整体上看还存在很多问题，例如：生产教育与劳动活动占用了过多的学时而且组织不善；优先招收有从事实践工作经历的人等做法给高等学校的招生与教学工作造成了很大的困难等。[2] 1964 年《关于改变兼施生产教学的劳动综合技术普通

---

① 焦应达：《苏联法学教育研究》，上海，华东政法大学博士论文，2011。
② 李华：《论赫鲁晓夫时期的苏联教育改革》，《扬州师院学报》(社科版)，1995(12)。

中学的学习期限的决定》颁布，建立在八年制学校基础上的中学学习年限由三年改为两年，这标志着 1958 年开始的教育改革告一段落。

(二)1966 年教育改革

20 世纪 60 年代中期，面对西方教育改革运动的冲击，同时也为了消除 1958 年教育改革的消极影响，苏联开始强调文化知识和技术知识的重要性，提出头等任务是提高专家培养质量。1966 年，苏联制定通过《关于进一步改进普通中学工作的措施》。这次改革强调在科技迅速发展时代，学校的主要任务是使学生获得牢固的科学基础知识和具有高度民主的觉悟，培养青年面向生活并能自觉地选择职业。中学教学内容要符合科学、技术和文化发展的要求；各年级科学基础知识的学习要有衔接性；删除教学大纲和教科书中过于烦琐和次要的材料，减轻学生的负担。1972 年，苏联通过《关于完成向青年普及中等教育的过渡和进一步发展普通学校的决议》《关于进一步改进职业教育体系的决议》《关于进一步改进全国高等教育的措施的决议》。这三个文件是对 1966 年以来教育改革的进一步深化，分别对普通教育、职业教育和高等教育提出了要求，也为 1973 年新的教育立法作了准备。1973 年，苏联通过《苏联和各加盟共和国国民教育立法纲要》，以法律形式对 20 世纪 60 年代中期以来的教育改革进行了肯定。

(三)1977 年教育改革

1977 年，苏共中央通过了《关于进一步完善普通学校学生的教学、教育和劳动训练的决议》(以下简称《决议》)，确定了普通中学是统一的劳动综合技术学校，与 1973 年《立法纲要》的提法一致。《决议》指出普通学校存在着重大的缺点，学生负担过重且缺乏劳动训练；普通中学的主要任务是使学生深入掌握科学基础知识和在国民经济部门工作的劳动技能，规定增加劳动教学时间，九至十年级的劳动时数从每周两小时增加到四小时；加强对职业选择指导；根据学生年龄特点安排其参加公益劳动。《决议》虽然否定了《立法纲要》的有关精神，但并不是要恢复 20 世纪 50 年代末 60 年代初的那种生产教学，而是要使劳动教育和教学在广泛的综合技术教育的基础上进行。《决议》特别强调并重视劳动教育和职业教育，职业教育成为中学的一个重要教育项目。

(四)1984 年教育改革

1984 年，苏共中央通过《普通学校和职业学校改革的基本方针》。与 1977 年主要针对普通学校的教育改革相比，这次改革的范围扩大了，同时指向普通学校和职业学校。两次改革的基本出发点都是强调加强劳动教育和职业技能训练，但后者更加全面，提出要促进学生全面发展。《基本方针》对基础教育的学制进行了调整。中小学由 10 年改为 11 年，1～4 年为小学，5～9 年为不完全中学(即九年制学校)；10～11 年级为中等学校(包括普通中学、中等职业技术学校和中等专业学校)。九年制学校是进一步接受中等教育和职业教育的基础,然后,通过普通中学、中等职业技术学校和中等专业学校三种渠道对青年实施完全的中等普通教育、劳动训练和职业训练。

总体看来,20世纪50年代以后苏联的三次教育改革呈现出一条曲折前进的道路。最初,改革指向于解决教育脱离生活和生产的偏向,结果导致忽视基础知识、忽视系统学习的新问题;继而,为纠正新问题开始过度重视知识学习,结果导致忽视劳动、忽视实际生活的弊端。在注意总结前两次改革经验教训的基础上,第三次教育改革取得了一定的进步和提高。

三、俄罗斯联邦的教育改革

苏联解体后,社会动荡不安,经济持续滑坡,国家教育不可避免地受到冲击。处在转型期的俄联邦一方面继承了苏联的教育传统,另一方面开始探索与新的社会经济体制相适应的教育模式。

(一)《俄罗斯联邦教育法》与俄罗斯国民教育管理体制

1992年俄罗斯联邦颁布《俄罗斯联邦教育法》。该法主要包括三部分内容:其一,重新构建了国民教育体制的组成部分;其二,确立了创办教育机构主体的开放机制,确立了创办教育机构的程序和细则,使非国立教育机构的创办有法可依;其三,扩大了教育机构的自主权和经营自主权,允许教育机构在一定范围内从事经营性活动及获取补充资金的非经营性活动。

管理体制方面,俄罗斯采取联邦、联邦主体、地方(市)管理机构三级管理,各层级都有自己的权限。无论何种体制的教育机构都要通过国家有关教育管理部门的审批,获得办学许可证方可办学,办学过程中接受相应的教育管理部门或独立的国家鉴定委员会的鉴定或评估。

(二)俄罗斯的学校制度

学前教育。主要包括托儿所、幼儿园以及托幼混合一体三类机构。托儿所接收2个月至3岁的儿童,幼儿园接收3~7岁的儿童,一体化机构接收2个月至7岁的儿童。除大多数私立幼儿园收费以外,国立和公立学前教育机构基本都是免费的。所有学前教育机构都要接受定期的评估和鉴定。

初等和中等教育。初等教育(小学阶段教育)的主体机构是8~9年制基础学校(即小学和初中)和10~11年一贯制的普通中学(包括小学、初中、高中)。中等教育的学校主要包括全日制普通教育学校、文科中学、理科中学、夜校、特殊教育学校等类型。

文科中学和理科中学是改革中新兴的学校类型，实施英才教育。文科中学通过入学考试选拔学生，被认为是生源质量最好的学校类型。理科中学大多与理工科高校建立联盟关系，学生毕业后可以免试直升该高校，因此被称为"大学预科学校"。

职业教育。初等职业教育的目标是培养普通技术工人和职员，主要包括两类学校，一是传统的职业技术学校；二是新型的初等职业学校，即技术专科中学。技术专科中学整合了初等职业教育和中等职业教育的内容，学生毕业后可以进入大学深造。中等职业学校的目标是培养具备中等职业教育程度的、有熟练技能的专门人才，包括三种类型：一是传统的中等技术学校和中等专业学校；二是高等专科学校；三是企业（机关）技校。

高等教育。共分三个层次：第一层次为不完全高等教育，学制 2 年，结业者授予不完全高等教育毕业证书。第二层次为基础高等教育，学制一般为 4 年，结业者授予学士学位。第三层次为完全高等教育，学制 2～3 年，毕业后授予硕士学位。在第三层次教育的基础上，还设有博士研究生院。目前俄罗斯的高等教育体制实行双轨制，一轨是文凭专家－副博士－博士（与苏联时期相同），另一轨是学士－硕士－副博士－博士。根据专业的设置数量，俄罗斯高等教育院校分为三个类别：综合性大学、专业大学、专业学院。苏联高等学校的专业设置是以"窄口径"著称的，现在俄罗斯高等学校的专业设置开始往"宽口径"的方向发展，从培养"专才型"人才向"通才型"人才转变。

自测题 >

一、单项选择题

1. 法国职业教育史上的"技术教育宪章"是指（　　）。

A.《阿斯蒂埃法》　　　　　　　　　B.《哈多报告》

C.《罗宾斯报告》　　　　　　　　　D.《1988 年教育改革法》

2. 世界教育史上第一次贯彻了非宗教的社会主义教育原则的立法是（　　）。

A.《统一劳动学校规程》

B.《关于苏俄高等学校的招生问题》

C.《关于小学和中学的决定》

D.《关于苏联中小学结构的决定》

3. 肯定了六三三学制和综合中学地位的美国中学教育史上的里程碑是指（　　）。

A.《中等教育的基本原则》　　　　　B.《莫雷尔法案》

C.《国防教育法》　　　　　　　　　D.《中小学教育法》

二、论述题

1. 评述英国第二次世界大战后的教育改革。

2. 分析美国初级学院运动的前因后果。

3. 分析苏联第二次世界大战后教育改革的规律。

三、材料分析题

根据材料并结合自己的背景知识，分析《教育敕语》为什么会成为日本军国主义的教典。

一旦缓急则义勇奉公以扶翼天壤无穷之皇运，如是者不独为朕忠良臣民，又足以显彰尔祖先之遗风矣。

拓展阅读推介 >

1　王桂：《日本教育史》，吉林教育出版社，1987

第二次世界大战后日本迅速发展成经济强国和科技强国，其国际地位的重大变化引起了国内外的广泛关注。而教育被认为是非常重要的推动力。那么，日本的教育究竟是什么样子？其来龙去脉如何？又是怎样在社会经济发展中释放功能的？其教育发展本身具有什么特点？本书用一种客观的、冷静的思考，依据翔实的教育史料和坚实的理论功底，对日本的教育问题进行了独到阐述，对于了解和研究日本并借鉴其教育成功经验大有裨益，值得一读。

2　滕大春：《美国教育史》，人民教育出版社，2001

此书叙述到第二次世界大战之前为止，共分四编。前三编分别阐述美国在殖民地时期的教育、独立建国后的教育和南北战争以后的美国教育。各编都在提示社会历史背景之后，叙述该时期的教育方向或重大变革，然后分别叙述其各级各类学校教育、家庭教育、社会教育、教育行政领导、教育家和教育思想。其中第三编还涉及教育专业的成长及其少数民族教育的演进。第四编为结论，指出了美国教育发展的特点和存在的问题。

第九章

20 世纪西方的
主要教育思想

学习目标

1. 了解 20 世纪西方主要教育思想产生的原因、主要观点及其评价；
2. 能够分析不同教育思想之间的演变和差异。

重要概念

要素主义教育　永恒主义教育　新托马斯主义教育　改造主义教育
存在主义教育　新行为主义教育　结构主义教育　分析教育哲学　终身
教育　现代人文主义教育　多元文化教育

20世纪前半期爆发两次世界大战，国际秩序发生重大调整。20世纪后半期，社会全面复苏，经济迅速发展、知识不断更新、科学技术高歌猛进，但各种社会矛盾此起彼伏、错综复杂。在此背景下，西方国家涌现出多种教育思想和教育思潮，形成教育思想史上一个极为繁盛的发展时期。与此同时，苏联以马克思主义方法论为基础，总结各个时期的教育经验，探索出独具特色的教育理论体系。

第一节
欧美国家的主要教育思想

"二战"期间的澳大利亚大学

在20世纪欧美国家出现的各种教育思潮中，较有影响的有：新传统教育（包括要素主义、永恒主义和新托马斯主义）、改造主义教育、存在主义教育、新行为主义教育、结构主义教育、分析教育哲学、终身教育、现代人文主义教育和多元文化教育等。这些教育思潮以不同的哲学、经济学、政治学、心理学等理论为基础，提出了各不相同的教育主张，对西方国家乃至世界各国教育的发展产生了广泛影响。

一、新传统教育

新传统教育是产生于20世纪30年代力主恢复西方教育传统的教育思潮。该思潮由要素主义、永恒主义和新托马斯主义等不同思想流派构成，其中以要素主义为主要代表。作为实用主义教育和进步主义教育的对立面，新传统教育严厉批评进步主义教育的理论缺陷，认为进步教育思想不仅导致中小学教育质量下降，而且干扰了学校教育的发展方向。

（一）与进步主义尖锐对立的要素主义教育

1938年，"要素主义者促进美国教育委员会"成立，标志着要素主义教育的形成。同年，巴格莱（W. C. Bagley，1874—1946）发表《一个要素主义者促进美国教育的纲领》，首次全面阐述了要素主义教育思想的基本观点。20世纪50年代中期以后，要素主义教育在美国日渐兴盛，《国防教育法》（1958）的颁布进一步扩大了其对美国教育改革的影响。60年代，要素主义教育的主要代表人物是科南特（J. B. Conant，1893—1978）和里科弗（H. G. Rickover，1900—1986）。代表性论著有巴格莱的《教育与新人》、科南特的《教育与自由》和《知识的堡垒》等。

要素主义教育的主要观点有以下几个方面。

(1)把人类文化遗产的"共同要素"作为学校教育的核心。要素主义者认为人类文化遗产中存在着永恒不变的、共同的、超时空的要素，这是种族文化和民族文化的基础，学校教育应该使每一代人保持并向每一代人传授这种要素。所以，要素主义者认为重视知识传统和教师作用的传统教育是理性的教育体系，普通中小学应该重审课程计划以保证学生学到基础知识和基本技能，尤其要重视"新三艺"（即数学、自然科学和外语），重视按逻辑系统编写教材和进行教学。

(2)教学过程必须是一个训练智慧的过程。要素主义者认为，真正的教育就是智慧的训练，经过训练的智慧才是力量的源泉。因此，学校要提高智力标准，注重对思维的严格训练。那些要求严格和具有特殊心智训练价值的科目应该在学校课程中占据重要地位。另外，要素主义者重视培养天才人物，提出学校的一项重要责任就是开发蕴藏在儿童身上的智力和道德力量，发现最有能力的学生并激发他们最大的潜力。

(3)重建严格的学术标准，加强对学生的严格训练。学习不能只强调儿童个人的兴趣和自由，应该坚持严格的学业标准促使学生刻苦专心地学习。在要素主义者看来，向学生提供严格的基础知识训练比关心学生的个人经验和实际活动更为重要；学习是一种学习者通过努力才能取得成效的过程。因此，学习应有一定的难度。巴格莱说："自由必须与责任携手并进，而有责任的自由总是经过努力得来的，不是白送的。"[1]

(4)教师在教育教学过程中的核心地位。要素主义者反对"儿童中心论"，主张树立教师的权威，要求重建教师在教学过程中的主导地位。这是因为，仅靠学生自己的活动无法获得具有永恒价值的文化共同要素，只有在教师的引导下这一切才能实现。教师在知识、能力、道德、人格等方面都已发展成熟，由他们来指导儿童学习，自然比儿童自己探索的效果要好得多。

要素主义教育从形成之初就是一个有组织、有纲领的运动，对美国学校教育产生过很大影响。要素主义者的很多教育主张，如加强基础知识教学、实行天才教育等，都被美国当时的教育改革所采纳。科南特在大规模教育调查的基础上撰写的《今日美国中学》和《美国师范教育》成为20世纪60年代美国公共中等教育和师范教育改革的指导性文献，要素主义也由此进入巅峰时期。后来，随着美国教育改革的深入进行，要素主义的影响逐渐衰落，但在70年代的"恢复基础"运动和80年代美国政府倡导的教育改革运动中又有复苏的迹象。

(二)提倡名著运动的永恒主义教育

永恒主义教育是20世纪30年代产生于美国的教育思想流派，主要代表人物是赫

---

[1] 华东师范大学、杭州大学教育系编译：《现代西方资产阶级教育思想流派论著选》，158页，北京，人民教育出版社，1980。

钦斯(R. M. Hutchins，1899—1977)、阿德勒(M. J. Adler，1870—1937)等。永恒主义者坚持自亚里士多德以来的理性主义的人性观和绝对真理论，把教育理解为对人之为人的永恒不变的理性、道德和精神力量的培养，试图从人类历史文化遗产中选择永恒学科内容，强调教育的永恒原则。该流派的代表性著作有：赫钦斯的《美国高等教育》《为自由而教育》，阿德勒的《教育宣言：派迪亚建议》《教育改革：走向开放的美国精神》等。

永恒主义教育的主要观点有以下几个方面。

(1)教育的性质永恒不变。"如果人是理性的动物，在全部历史的时代中，其本性是永恒不变的话，那么不管处在什么文化和时代，每一种健全的教育方案中都必须具有某些永恒不变的特点。"①永恒主义者认为，人性表现为理性，理性是人性中共同的最主要的永恒不变的特性，不因任何时间、任何地方、任何政治经济条件而改变，因此建立在这种永恒人性基础上，并表现和发展这种永恒人性的教育也不应随意改变。

(2)教育的目的"是要引出我们人类天性中共同的要素"。永恒主义认为既然在人类天性中存在共同要素即以理性为特征的人性，那么教育的首要目的就应该是通过实施人性教育引出这种共同要素，充分发展人的理性、道德和精神力量，从而最终达到人性的自我实现。与此相反，教育一个人在特殊时间或特殊地点适应特殊环境的理论不是人性教育，而是"个性的纵容"。显然，这个观点针对的是进步主义教育思想。

(3)永恒的古典学科应该在学校课程中占有中心地位。永恒主义者认为，从永恒真理中引申出来的永恒学科是发展理性、培养智力、掌握真理的最好途径，应当成为普通教育的核心。所谓"永恒学科"，是指历代尤其是古代伟大思想家的伟大著作，其中包含着对人生和事物本质最深刻的见解，涵盖了一切知识领域并揭示了一切学科的基础。

(4)提倡通过教学进行学习。永恒主义者认为，教育的目的在于开发学生的潜能，发展其理性，因此教学应着力于激发学生的思维并开展理智训练。学生只有在教师的指导下进行阅读和讨论，才能深入理解那些传世名著，并学会理性思考。永恒主义者反对单纯追求兴趣、任意降低知识深度的教学，提出要以能够启发学生的抽象思维能力和能够引导学生努力学习为原则，合理地选择教学方法。

永恒主义教育试图从有关宇宙和人类的共性方面寻找教育的真谛，强调共同的人性、共同的教育目的、共同的课程和共同的教育原则，为解决教育实践中某些共同存在的问题提供了有益的思路。永恒主义者倡导的自由教育和经典名著学习以及对绝对真理和知识的确信，在一定程度上弥补了进步主义带来的种种弊端，使教育能够在一种更为平衡的道路上寻求发展。永恒主义和其他教育思想结合起来转变了西方一些国

①　陈友松：《当代西方教育哲学》，65页，北京，教育科学出版社，1982。

家实用、功利、职业化的教育倾向，开始注重人文教育或通才教育，尤其影响了大学通识课程的实施。但永恒主义教育所具有的复古、保守和绝对论的色彩，使其与社会发展脱节，从而陷入绝对主义的思维定式。

(三)复古经院哲学的新托马斯主义教育

新托马斯主义是现代西方哲学中影响颇大的一个宗教哲学流派，是中世纪天主教神学家托马斯·阿奎那经院哲学在现代的复活。新托马斯主义教育思想兴起于20世纪30年代，庇护十一世发布《青年的基督教教育》通谕，全面论述基督教的教育观，奠定了新托马斯主义教育的基本思想。此后，以法国天主教神学家马里坦(J. Maritain, 1882—1973)为代表的一批学者依据新托马斯主义哲学，对当时广为盛行的实用主义和进步主义教育提出批评，并建立起基于宗教哲学的教育理论。马里坦的主要著作有《教育处在十字路口》《托马斯主义教育观》《人的教育——马里坦的教育哲学》等。

新托马斯主义教育的主要观点有以下几个方面。

(1)教育应以宗教为基础。新托马斯主义认为，每个人都是上帝的后嗣，所以应该培养统一于神性之下的共同人性。针对第二次世界大战后的世界文明危机以及宗教与生活之间的分裂，新托马斯主义强调，宗教教育是道德教育的最高形式，应该通过宗教教育使人的精神在神性感召下获得解放。教育应该以神性为最高原则，把宗教教育作为核心和最高目标。

(2)教育的目的是培养真正的基督教徒和有用的公民。新托马斯主义强调，学校教育的目的首先是培养虔信、热爱和服从上帝的人，学校是自然和上帝为了培养人而提供的一种机构。基督教徒和公民两者之间并不矛盾，"一个好的天主教徒，正因为他的天主教原则，使他成为更好的公民，爱护他的国家，效忠于每一个合法的政府所构成的政治权威。"[①]

(3)教育应该属于教会。新托马斯主义相信，教会具有上帝专赐的使人们灵魂得救的超自然的权力，人一生下来就要接受以宗教教育为核心的包括家庭教育和社会教育在内的完整教育体系的影响。教会有权利、有义务、有责任监护上帝的后嗣在所有不论公立或私立的教育机构中学习，不仅包括宗教教育而且包括一切课程的学习。

新托马斯主义致力于解决的问题与永恒主义大致相同，都是对现代人缺乏确定的理性、道德和精神力量这一困境的突围。但它们各自有着不同的哲学基础：永恒主义教育的哲学基础主要是亚里士多德的思想，而新托马斯主义教育则是新托马斯主义。表现在教育上，前者更倾向于对学生的思维训练，后者则更注重神启。由于该学派积极地与其他教育思想观念进行交流对话，强调世俗化和现代化，因此其影响不限于天

---

① [美]白恩斯、白劳纳：《当代资产阶级教育哲学》，瞿菊农译，94页，北京，人民教育出版社，1964。

主教学校，也包括欧美的一些大学和世俗性的中小学校。但是，这种带有浓郁宗教色彩的教育学说与现代西方以科学技术为特征的文化价值观在本质上存在着尖锐冲突，限制了其在现代社会中的作用和影响力。

二、主张"改造社会"的改造主义教育

改造主义教育是20世纪30年代从进步主义教育阵营中分化出来一个教育思想派别。早期的代表人物是康茨（G. S. Counts，1889—1974）和拉格（H. O. Rugg，1886—1960）。1929年资本主义世界爆发经济危机，一些原来坚持"儿童中心"的教育家要求学校更加注意它的社会责任。1932年，康茨发表的著名演说《学校敢于建立一个新的社会秩序吗?》为改造主义者提供了理论信条。20世纪50年代，布拉梅尔德（T. Brameld）发表的《教育哲学的模式》《趋向改造的教育哲学》等著作，奠定了改造主义教育思想的理论基础。

(一)主要观点

(1)教育应该以"改造社会"为目标。改造主义教育家认为，美国社会正处在一个人类历史上最大的危机时期，不仅面对着"经济危机"，而且面对着"文化危机"。他们相信，改造主义教育作为"危机时代"的教育理论能够指导"社会改造"并描绘未来社会的蓝图。教育的职责是设计并实现美国式的"理想社会"，进而通过教育建立世界民主制度，实现全世界的和谐秩序。

(2)教育要重视培养"社会一致"的精神。所谓"社会一致"，是指通过共同协商消除阶级分歧，实现不分阶级的人与人之间的合作关系。"社会一致"具有巨大的力量，如果人们能培养起"社会一致"的精神，就能实现未来的"理想社会"。改造主义教育家强调，教育应有清楚明白而又切合实际的社会目的，以培养"社会一致"精神，反对实用主义教育只重视"教育即生长"的个人目的。

(3)教学应该以社会问题为中心。改造主义教育家强调课程与教学应以社会问题为中心统一于"理想社会"的目标。为此，布拉梅尔德设计了一种与未来理想社会相对应的内容广泛的课程体系。在他看来，以社会问题为核心的课程应体现三个特点：第一，围绕中心，每学年各有侧重。课程围绕的中心题目就是"我们能有哪一种世界，我们需要哪一种世界?"第二，各学科的内容突出"社会改造"问题。学习应围绕当代社会问题展开，避免选择那些过时或肤浅的问题。第三，课程的实施突出解决问题的活动。教学过程中，教师应该运用适合学生年龄和环境的问题解决方法，而不是传统的知识灌输方法。

(二)评价与影响

改造主义教育渊源于进步主义和实用主义教育思想，但对它们以"儿童中心"为基调的理论和方法提出了批评。改造主义教育家敏锐地看到了社会和时代对学校教育提出的新挑战，认为学校教育最迫切的职责就是要教育年青一代怎样去迎接这种挑战，试图使学校教育更好地适应社会和时代的需求。然而，尽管改造主义试图为社会改造提供良策，强调教育是实现未来理想社会的主要手段，但它并没有对培养美国社会所需要的人才起到指导作用，在教育实践中的影响也不大。

三、实现学生"自我生成"的存在主义教育

存在主义教育哲学形成于 20 世纪 50 年代，是从存在主义哲学中引申出来的一种教育理论，并未形成统一而完整的理论体系。以存在主义哲学阐释教育问题的著名代表是美国教育家奈勒(G. F. Kneller，1908—1999)，《存在主义与教育》是他的重要代表作。

(一)主要观点

(1)教育的本质和目的在于使学生实现"自我生成"。存在主义教育家认为人作为教育的对象从根本上说不外乎是按照他自己的意志而造就他自身，因此教育的本质和目的在于人的"自我生成"或"自我创造"。教育应该使学生通过自我表现和自我肯定意识到自我存在，进而作为自由的人更好地生活并实现"自我完成"。

(2)强调品格教育的重要性。存在主义教育家认为一个品格高尚的人的行动应该是出于他的整个品质，不在于他具有一系列准则或一系列习惯。进行有效的品格教育应遵循以下基本原则：不进行空泛的说教；不带有明显或隐含的目的和动机，品格教育的力量在于教师对学生的无意影响；师生之间应该信任。

(3)提倡学生"自由选择"道德标准。存在主义教育家反对客观的道德标准，认为外界规定的道德标准会损害学生对"自我"的认知。他们相信人的自由其实只是个人的"自由选择"，即个人对自己所做的一切负责。道德教育的基础应该是让享有充分自由的学生有权自己选择道德标准，并承受自己行动的后果，而不是去接受一些永恒的道德原则。

(二)评价与影响

存在主义教育哲学是资本主义社会危机的产物，它强调个人意识、个人选择、个人责任感和承诺感等观点，对于社会危机下精神苦闷的人群有一种自然而然的吸引力，

曾对20世纪60年代欧美国家的青年学生产生了很大的影响。作为一种教育理论，它的很多观点不同于传统教育和实用主义教育，具有积极的启示意义。然而，存在主义教育哲学并没有形成较为完整的理论体系，也没有进行系统和独立的教育实践，再加上其教育理论本身较为偏激，带有鲜明的极端个人主义色彩，因此，在教育实践中的影响极为有限，20世纪70年代后逐渐衰落。

四、主张程序教学的新行为主义教育

新行为主义教育思想以新行为主义心理学为理论基础。20世纪30年代，美国心理学家斯金纳(B. F. Skinner，1904—1990)在动物实验基础上提出了操作主义学习理论，为新行为主义教育思想的产生铺平了道路。1954年，斯金纳发表的《学习的科学和教学艺术》一文被认为是新行为主义教育的宣言书。随后，斯金纳在《教学机器》(1958)和《教学技术学》(1968)中提出程序教学理论，并设计了教学机器，因而被称为"教学机器之父"。新行为主义教育在20世纪60年代达到鼎盛。

(一)主要观点

(1)教育就是塑造人的行为。斯金纳以他对鸽子、白鼠和猴子的实验研究成果为依据，提出有机体的一切行为都是由反射构成的，反射可分为基于刺激性条件反射的应答性行为和基于操作性条件反射的操作性行为。在斯金纳看来，人的一切行为几乎都是操作性条件反射和积极强化的结果，因此任何行为包括学习都是能够设计、塑造和改变的。

(2)程序教学。新行为主义教育家认为，包括人和动物在内的一切有机体的学习过程都表现出非常相似的属性，因此对人的行为训练可以达到与训练动物同样的严密程度。由于课堂中学生的学习行为也是可操纵的因素的函数，教师为了提高教学效果应该在积极反应、小步子、及时强化、自定步调和最低错误率五项原则指导下，按程序进行教学。

(3)让学生在学习中运用教学机器。新行为主义教育家主张通过工具的帮助提供强化条件，改进教学的方法和技术，从而使学生的学习得到及时和足够的强化。这种工具就是依据程序教学理论设计的机械装置，即教学机器。其优点在于，能及时强化正确答案并强化足够的次数、解脱教师批改作业的烦琐等。

(二)评价与影响

新行为主义者既保留了早期行为主义以行为而不是意识为研究对象的根本特征，又不像前辈那样忽视对有机体内部条件的研究。斯金纳在行为科学方面的研究产生了广泛而深远的社会影响，被广泛应用于行为治疗和行为矫正中，其理论的生命力一直延续至今。新行为主义的局限性在于：第一，学习理论研究仅局限于外部行为的控制，忽略了对学习的内部过程和内部条件的研究；第二，强调人类学习与动物学习过程的相似性，抹杀了二者之间的本质差别。20 世纪 60 年代初，随着认知心理学的迅速崛起，一部分新行为主义者试图在行为主义和认知心理学之间开辟一条新道路，"新新行为主义"由此而产生。

五、重视智能发展的结构主义教育

20 世纪 30 年代，瑞士心理学家皮亚杰(J. P. Piaget，1896—1980)将结构主义哲学引入心理学研究领域创立了"发生认识论"①。第二次世界大战后，美国心理学家布鲁纳(J. S. Bruner，1915—2016)将皮亚杰和自己的认知结构发展理论应用于美国中小学的课程改革，对创立结构主义教育作出了杰出贡献。布鲁纳在《教育过程》一书中阐述了认知、发展和教学统一的教育观，是结构主义教育思想的代表作。

(一)主要观点

(1)重视学生的智能发展。皮亚杰认为："一个教师最应做的事不是纠正儿童的格式，而是向儿童提供他可以自我改正它们的情境。"②他反对用"刺激—反应"来解释学习，强调学习必须建立在业已发展的智慧结构的基础之上，激发儿童重组自己的认知结构实现智慧的新发展。布鲁纳也指出：才能使人的心理能力得到最大的发展，教学理论必须探讨学生学习的心理发展变化过程。

(2)注重教授各门学科的基本结构。结构主义教育家认为，任何一门学科都可以归结为一系列由基本概念和基本原理组成的基本结构。教授任何一门学科，主要是使学生理解和掌握该学科的基本结构及该学科特有的研究方法。知识结构的学习能够使学生对所学学科产生深刻的理解，进而依靠自己的力量继续探索。学生越是注重学习各门学科的基本结构，就越容易掌握整个学科，并有助于知识的记忆与迁移。因此，课程应以各门学科的基本结构为核心。

(3)关注儿童的早期学习。结构主义教育家认为，任何年龄阶段的儿童都有其认识和理解世界的独特方式，教育不应消极地等待儿童"学习准备"状态的到来，而是应该创造条件，以适合儿童认知发展的方式尽早开始学习。布鲁纳曾自信满满地宣称："任

---

① [瑞士]皮亚杰：《结构主义》，仉连生、王琳译，2 页，北京，商务印书馆，1986。
② [美]R. W. 科普兰：《儿童怎样学习数学——皮亚杰研究的教育含义》，李其维、康清镳译，31 页，上海，上海教育出版社，1985。

何学科都能够用在智力上是诚实的方式，有效地教给任何阶段的儿童。"①在他看来，只要设法把学习材料转化成儿童能够理解的形式，儿童在生命的早期就可以打下良好的学习基础。

（4）提倡"发现学习法"。为激发儿童的智力发展，布鲁纳建议在提出基本的学科结构时尽可能保留一些令人兴奋的部分，并引导学生自己发现它，因为成功学习包括对于发现的兴奋感和与之相随的自信感。"发现不限于寻求人类尚未知晓的事物，而应包括人们用自己的头脑亲自获取知识的一切方式。"②发现学习是一种由一般到个别的学习策略，取决于对知识结构的理解，并不排斥其他的学习方法。

（二）评价与影响

结构主义教育理论是20世纪60年代美国课程改革运动的指导思想，对于世界各国课程改革运动都产生了重大影响。结构主义教育思想的提出适应了现代信息化社会的需要，开创了对儿童认知结构发展问题的研究，还为现代条件下教育与心理的结合提供了有益启示。然而，结构主义教育思想也面临着诸多挑战，其中最富有挑战性的是关于认知阶段能否通过适当的环境而加速发展的问题。美国60年代后期，以布鲁纳等人的教育思想为指导的学科结构运动并没有取得应有成果，教育改革的方向转向"恢复基础"。到70年代则被人文主义课程所取代。

六、主张"清思"的分析教育哲学

分析教育哲学是将分析哲学的方法应用于教育领域的一种教育哲学思潮。分析哲学是20世纪以来西方最主要的哲学思潮之一，其源流可追溯到苏格拉底的"谈话法"，包括逻辑实证主义和日常语言学派两个主要分支。分析教育哲学形成于20世纪50年代，主张运用分析哲学的方法对教育领域的概念和命题进行澄清，以提高教育理论科学化的水平和教育实践的效率。60—70年代，分析教育哲学一度成为西方教育哲学的主流。代表人物有美国的索尔蒂斯（J. F. Soltis）和谢夫勒（I. Scheffler）、英国的奥康纳（D. J. O'conner）和彼得斯（R. S. Peters）等。

（一）主要观点

（1）主张教育哲学抛弃形而上学和伦理学的命题陈述。分析教育哲学认为传统教育哲学中的许多命题都属于形而上学或价值判断，具有先验性假设的特点，无法用确定

---

① 邵瑞珍、张渭城：《布鲁纳教育论著选》，42页，北京，人民教育出版社，1989。
② 吴杰：《外国现代主要教育流派》，175页，长春，吉林教育出版社，1989。

的经验或科学实验证实。分析教育哲学试图用分析哲学的方法把无法用经验实证的形而上学和价值判断等传统教育哲学的核心内容从教育理论中驱逐出去。只有经过实验的验证而不仅仅是实践的假设，才能称之为"真正的理论"。

（2）教育哲学的任务是对教育的基本概念和命题进行逻辑和语言的分析。分析教育哲学认为教育问题的纷争和混乱是由于语言的误解、误用和表达不准确造成的，教育哲学家不应致力于教育理论体系的建构，而是应用分析哲学的方法对教育理论中的概念和命题进行检验。检验标准包括逻辑和日常语言两个方面，前者要求逻辑陈述的连贯性，后者要求概念的意义要与日常语言的用法保持一致。

（3）教学哲学的作用在于澄清教育观念和解决教育分歧。分析教育哲学家一致认为对教育似是而非、含混不清的语言要予以澄清，使人们对教育思想的表述建立在科学的、清晰准确地语言基础上，避免理解上的含混和无谓争论。分析教育哲学除了对教育理论陈述进行逻辑上的考察外，还对大量来自教育实践的术语、概念、口号和隐喻进行了严格的分析。

（二）评价与影响

分析教育哲学厘清了自杜威以来教育理论界长期争论不休的理论和概念问题，强调语言意义的明确，重视对语言形式的研究，使教育理论朝着科学化和实践化的方向前进了一步。但分析教育哲学只重视对教育问题进行逻辑和语言的分析，很容易走向支离破碎或咬文嚼字，成为烦琐哲学的一种新形式，不仅制约教育理论本身的发展，也无助于教育实践的提高。这是它从辉煌一时最终走向衰落的主要原因。

七、"学会生存"观念下的终身教育

终身教育是形成于 20 世纪 60 年代并在世界范围内产生广泛影响的一种教育思潮。1965 年，法国教育家朗格朗（P. Lengrand，1910—2003）在国际成人教育促进委员会上首次以"终身教育"为题作了总结报告，这次会议被认为是终身教育走向世界的开始。[①]1970 年，朗格朗出版《终身教育引论》，该书成为终身教育思想发展的里程碑。1972年，联合国教科文组织出版的报告《学会生存——教育世界的今天和明天》，明确建议将终身教育作为发达国家和发展中国家在今后若干年内制定教育政策的指导原则。1996 年，联合国教科文组织出版的另一个报告《教育——财富蕴藏其中》，明确指出终身教育是进入 21 世纪的关键所在，并提出了终身教育的四个支柱，即学会认知、学会做事、学会共同生活和学会生存。

---

① 王正东：《终身教育思潮的历史脉络和现实影响》，《国家教育行政学院学报》，2007(07)。

(一)主要观点

(1)终身教育是现代社会的需要。现代人所面临的诸多来自生存环境改变的挑战向人们提出了一系列新问题。这些新问题具有前所未有的广泛性、复杂性和不可预见性，要求人们在智力、体力、情感等各个方面做好准备。而能够使人在各方面做好准备以应付新问题新挑战的教育模式和教育观念，就是终身教育。

(2)终身教育没有固定的内容和方法。终身教育的任务是养成学习的习惯、获得继续学习所需的各种能力(即"学会学习")以更好地应付挑战。终身教育没有固定内容也没有固定方法。它把教育看作一个过程，并由此提出了一些规则：强调学生而非课程；教育作为过程不只是传授知识；使每一个人都能发挥其才能并运用其经验；儿童不能被当成小大人；尽可能将教育与生活联系起来；采用适当方法实施早期教育。

(3)终身教育是未来教育发展的战略。终身教育家认为教育的整个未来与建立并实施终身教育制度紧密联系，其整体和自我更新的能力取决于终身教育。终身教育对实现教育机会均等和建立学习化社会意义重大。每个国家都应根据自身情况提出其终身教育模式，具体原则包括：保证教育的连续性以防止知识过时，大规模地调动和利用各种训练手段和信息等。

(二)评价与影响

终身教育理论自20世纪60年代兴起后逐渐成为学习化社会的象征，70年代以后许多国家把"终身教育"作为教育改革和发展的战略重点。终身教育思想具有明显的时代性和进步性，它有助于推进教育民主化，实现社会对每个人受教育权利的终身保障；有助于冲破传统学校的僵化体制，使学校毕业不再是教育的终结，而成为新教育的开始。尽管有关终身教育的基本思想已经明确下来，但如何按照这些原则对教育改革进行总体规划依然是个复杂的问题。

八、提倡培养"完人"的现代人文主义教育

现代人文主义教育是20世纪六七十年代盛行于美国的一种教育思潮，是人本主义心理学在教育领域中的直接应用。现代人文主义教育崇尚心智潜力的自由运用和个体的和谐发展，弘扬理性，肯定人的价值和尊严；同时它也吸收了存在主义哲学思想，把追求"人的存在"作为核心内容，认为"人的存在"是人的潜能得以实现的一种能动过程，教育的目标就在于促使人的潜能得以实现。现代人文主义教育的代表人物有马斯洛(A. H. Maslow，1908—1970)、罗杰斯(C. Rogers，1902—1987)、弗罗姆(E. Fromm，1900—1980)等。

(一)主要观点

(1)重视人格教育，强调教育的目标是培养"完整的人"。所谓"完整的人"，首先，是整体的人，就是不但实现了身体、精神、理智和情感各方面的整体化，而且在其内部世界与外部世界的联系方面也达到了和谐一致；其次，是一种形成过程中的动态的人，他们不断产生前所未有的强烈的成长需要，不断探求新事物；最后，是具有创造性的人，他们总是处于创造过程之中，具有创造性地做任何事情的倾向和人格。

(2)主张人本化的课程。现代人文主义教育家批判传统的课程模式、教学大纲、记分标准和考试制度，认为这些做法忽视了学生作为整体的人的本性以及个人潜能的不断实现，不利于学生的成长和发展。因此，他们提出"一体化"的课程，主张课程内容应建立在学生的需要、生长的自然模式和个性特征的基础上，应体现出思维、情感和行动之间的相互渗透作用。

(3)强调学校应该创造自由的心理气氛。现代人文主义教育家认为教育的作用在于创造利于学生"自我实现"的自由气氛，唯有如此教育才能名副其实。影响学校气氛的因素主要有三个方面：第一，教师和管理者。他们可以通过鼓励关怀和提供选择机会等方式，促进学生的充分发展和潜能实现。第二，人际关系。在学校中应该建立以尊重相联系的互帮互助的人际关系。第三，学习过程。提倡"以人为中心的教学""非指导性教学""自我学习和评价"等学习方式，鼓励师生共同参与学习过程。

(二)评价与影响

现代人文主义教育试图纠正20世纪以来教育领域中"主知主义"和"主情主义"两种偏向，强调认知和情感两个方面在教育过程中的作用；围绕着人的"自我实现"这一教育目标，强调人的发展的整体性，突出教学过程中学生的主体性，主张在学校形成自由的心理氛围。诸多耳目一新的见解给20世纪的教育理论带来了观念上的革新，对美国20世纪70年代的学校教育产生了重大影响。人本主义教育的局限性在于过分强调个人的价值观和"自我实现"，忽视了社会环境和学校教育对个体发展的重要影响。

九、多元文化教育

美国是多元文化教育的发起和倡导国。多元文化教育源于20世纪60年代，70年代末逐渐被当今美国主流社会所接受，成为美国教育中的一个重要组成部分。该理论主要经历了五个发展阶段：单一种族课程阶段、多种族研究课程阶段、多种族教育阶段、多元文化教育阶段、多元文化教育制度化阶段。代表人物为美国的班克斯(James A. Banks)。

(一)主要观点

(1)核心价值。①对世界团体的责任。美国的在校学生在构成上具有鲜明的异质结构。而且这个比例有增无减，因为不断从世界各地的移民流入。②接受和欣赏文化差异。所有共在的文化群体以平等和相互尊重原则，在多元文化社会里少数民族成员有权自由地保留其特有的文化方式。③爱护地球。人们越来越充分认识到人类只有一个地球。④尊重人的尊严和人的权利。尊重人们的生活选择，让所有人享有平等的机会以使其在智力、社会能力和个人成长等方面的潜力都得到最充分的发挥。

(2)六大目标。①理论多元历史观。对自己文化群体的成就意识将有助于增强自我和自我群体的尊严。②发展文化意识。文化意识的培养是一个渐进的过程，应从观念意识和跨文化意识两个维度去理解。③发展文化能力。文化能力的培养意味着对特定民族的世界观、遗产以及其对世界的贡献的研究和学习的超越。④反抗种族主义、性别偏见和一切形式的歧视。破除与性别、不同民族、民族群体相关的迷信和陈见，强调人类的基本相近性。⑤提高全球意识。要增强对现存的世界状况和发展意识。⑥发展社会行动技能。强调对地球公民发展全球责任感，如个人意义、政治作用、参与态度、局部行动和全球思维。

(3)教学方法。美国的多元文化教育在具体实施上，相当丰富且不拘一格，具有综合性特点。教师可根据上述核心价值与目标，设计跨学科教学单元，搜集相关信息资料，选择学科内容，确定教学目标、教学策略和学生的学习活动。在教学中注重文化之间关系的处理，综合运用个别教学、掌握学习、实验学习、双语教学、独立研究和合作学习、混合年龄的同伴互教等多种教学方法与手段。

(二)评价与影响

多元文化教育是时代进步的产物，美国在丰富和发展该领域的理论和实践方面作取得了诸多成就。当然也存在着许多尚未解决的问题。例如，它尚未很好解决价值取向和实际结果之间的矛盾，而且过分强调文化相对主义、文化价值的独立取舍等。因此，它至今尚未得到社会各界的一致接受，甚至遭到部分人的抵制，担心它会导致美国的分裂和崩溃。

第二节
苏联的主要教育思想

十月革命胜利后，苏维埃政府以列宁的教育学说为依据展开教育改革，建立了完整而独特的教育体系，并发展出具有鲜明风格的教育理论。20 世纪代表性的苏联教育家主要有马卡连柯、凯洛夫、克鲁普斯卡娅、赞可夫、巴班斯基和苏霍姆林斯基。

一、列宁的社会主义教育思想

列宁（Vladimir Ilyich Ulyanov Lenin，1870—1924），是世界上第一个社会主义国家的缔造者，也是世界上第一个无产阶级执政党的创建者。主要代表作有《帝国主义是资本主义的最高阶段》《怎么办》《国家与革命》《唯物主义和经验批判主义》等。

（一）主要观点

（1）无产阶级对教育的领导。列宁认为无产阶级的学校只能由共产党领导才能保证其无产阶级的性质，学校是不是实际上接受党的领导和监督是决定学校性质的根本问题。列宁首次明确地揭示了无产阶级教育必须为无产阶级革命和社会主义建设服务的原理，要求无产阶级教育必须贯彻无产阶级的精神，把学校由资产阶级的阶级统治工具变为摧毁这种统治和完全消灭社会阶级划分的工具。

（2）进行文化革命。列宁针对当时俄国工农群众文化水平很低的问题，提出了进行文化革命的任务。文化革命最重要的任务是扫除文盲、提高群众的政治和文化水平，普及义务教育，培养和造就建设社会主义的干部，发展民族文化。在无产阶级专政时期，学校教育的目的在于培养能够为共产主义而奋斗的一代新人。

（3）教育与生产劳动相结合和实施综合技术教育。列宁根据马克思主义关于教育与生产劳动相结合的原理，强调普遍生产劳动同普遍教育相结合是人全面发展的重要条件，并针对当时俄国的实际情况，创造性地提出实施综合技术教育的要求：从理论上和实践上熟悉一切主要的生产部门。此外，他提出要高度尊重教师：在提高教师思想意识和各方面素养的同时，最重要的是提高他们的物质生活条件。

（二）评价与影响

马克思、恩格斯运用辩证唯物主义与历史唯物主义的基本原理，对教育本质、人的全面发展等一系列问题作了精辟论述，为科学教育学奠定了基础。列宁根据马克思恩格斯关于教育的基本原理，结合苏联社会主义革命和建设的实践，提出了一套比较完整的教育学说，阐述了教育具有鲜明的阶级性、必须为无产阶级的利益服务、培养共产主义一代新人的理论，丰富和发展了马克思主义的教育理论。

二、马卡连柯的集体主义教育思想

安·谢·马卡连柯（A. S. Makarenko，1888—1939），是苏联早期的教育家和作家，主要致力于青少年流浪者和违法者的教育。1920年他被委派组织一所"少年违法者工学团"（后改称"高尔基工学团"），其大胆而卓有成效的教育实践将数百名犯罪儿童改造为社会新人。1927年他组织并领导"捷尔任斯基儿童劳动公社"，创造了在集体中把教学与现代工业生产相结合的教育形式，引起了国内外广泛的注意。马卡连柯的主要著作有《教育诗》《父母必读》《塔上旗》等。

（一）主要观点

（1）关于教育目的。马卡连柯认为教育目的反映着社会在其发展阶段上的各种要求，"集体"既是教育的目的，又是教育的手段；既是教育的主体，又是教育的客体。他提出社会主义教育应该培养"充满爱憎分明的阶级意识的爱国者"和"集体利益高于一切，会领导也会服从的苏维埃公民"。

（2）关于劳动教育。在解决劳动教育问题时，马卡连柯首先力求消灭脑力劳动与体力劳动之间的脱节。在捷尔任斯基公社中，脑力劳动与体力劳动之间没有鸿沟，每个学员既学习也参加劳动。此外，马卡连柯认为不创造价值的劳动，就不是良好的教育因素。以具有一定目的的一定方式组织起来的那种劳动才可以成为教育的手段，劳动乃是教育过程的一部分。

（3）关于集体主义教育。集体主义教育是苏联教育的基本特征之一，也是马卡连柯教育思想体系的核心。在社会主义社会，每个人都不能离开集体而单独存在，同时每个人的创造性和力量也只有在集体中才能得到充分发挥。所以，苏维埃教育的任务只能是培养集体主义者。基于此，马卡连柯创立了一套行之有效的集体主义教育的原则和方法，其中以"平行教育影响"和"前景教育原则"最为著名。

（二）评价与影响

马卡连柯的教育思想是在马克思列宁主义思想指导下形成的，总结了苏联教育实践的丰富经验，既具有深刻的理论基础又有积极的现实意义。他深入研究了苏联早期的各种教育理论和实践问题，提出了大量具有独创性的见解，特别是集体主义教育理论和方法，在实践中取得了巨大成功，产生了世界性的影响。需要注意的是，马卡连柯的教育思想是在十月革命后形成和发展起来的，教育对象是流浪儿童和少年违法者，因而不可避免地带有时代的局限性和理论的片面性。

三、克鲁普斯卡娅的多主体教育思想

克鲁普斯卡娅（N. K. Krupskaya，1869—1939），是苏联杰出的教育家，列宁的夫人和亲密战友。一生致力于研究马克思主义的教育科学，并担任苏维埃教育领导工作，作出了突出贡献。代表性著作《国民教育和民主主义》（1917），是第一部用马克思主义观点写成的教育专著。

（一）主要观点

克鲁普斯卡娅多的主体教育思想包括：共产主义教育思想、全面发展的教育思想及教学理论研究这三个主要主体部分，这三个主体部分各有侧重。

（1）关于共产主义教育思想。克鲁普斯卡娅曾在《对共产主义教育的几点意见》中指出："我国的学校根本不同于资产阶级学校。我们希望并且力求在学校培养出一代新人，这代人要具有共产主义道德，他们对待一切问题不是从个人的利益出发，而是从公众的利益出发。"①

（2）关于全面发展教育思想。克鲁普斯卡娅全面发展的教育思想主要包括劳育、德育、美育和体育这四个方面，其中劳育和德育是最核心的部分。她认为教育与生产劳动相结合不仅是改造旧社会强有力的工具，而且也是培养全面发展的人的方法。她指出，要让儿童从小参加一定的劳动，受系统的劳动教育，培养劳动观点和劳动技能，最好是参加集体劳动（贯彻集体主义教育思想）。

（3）关于教学理论研究。她区分了分科教学与传统单元教学的差别，认为分科教学容易使学生系统地研究各种现象，有助于形成完整的唯物主义世界观。她肯定学科教学与社会主义建设的关联性，提出苏联的教学大纲必须以辩证法为指导思想。

（二）评价与影响

克鲁普斯卡娅的教育活动是与她的革命活动、政治活动紧密联系在一起的。她在历史上首次运用马克思主义观点阐述了教育学和教育史；此外，系统阐述了集体主义教育思想，对综合技术教育进行了卓有成效的实践探索，对学前教育、少先队教育、校外教育等重大问题都有论及，为后世留下了一笔宝贵的精神财富。

---

① ［苏］克鲁普斯卡雅：《克鲁普斯卡雅教育文选：下卷》，卫道治译，417页，北京，人民教育出版社，2006。

四、凯洛夫的马克思主义教育学

伊·安·凯洛夫((N. A. Kaiipob，1893—1978)，是苏联著名教育家，20世纪四五十年代苏维埃教育学的代表人物之一。出身于教师家庭，毕业于莫斯科大学，获教育学博士学位。先后任教于莫斯科大学和莫斯科列宁师范学院，并担任《苏维埃教育学》杂志主编。凯洛夫一生著述甚多，流传最广、影响最大的代表性著作是《教育学》，该书曾对新中国成立初期的教育理论建设产生过很大影响。

(一)主要观点

(1)关于教学过程本质的论述。凯洛夫认为，教学首先是指教师在学生自觉与自动参与下以知识、技能和熟练技巧的体系武装学生的过程，但它同时还担负着以科学原理和共产主义世界观武装学生以及有计划地发展学生智力、培养学生道德品质的任务。因此，教学在整个复杂的教育过程中是主要的一面，教学是教育的基本途径。

(2)关于教学原则。根据教学过程的基本环节，凯洛夫提出了五条指导教学工作的原则，即直观性原则、自觉性与积极性原则、巩固性原则、系统性与连贯性原则、通俗性与可接受性原则。

(3)关于德育。凯洛夫指出德育的任务主要包括培养苏维埃爱国主义精神、社会主义的人道主义精神、集体主义精神、对劳动和社会公共财产的社会主义态度、自觉纪律以及布尔什维克的意志与性格特征六个方面。关于德育的途径与方法，凯洛夫首先强调的是教学，其他方法还包括说服法、练习法、儿童集体组织法、奖惩法等。

(二)评价与影响

凯洛夫成长于十月革命后的苏维埃社会，在斯大林时期为贯彻联共党的教育路线做了一定努力，取得不少成绩。1948年出版的《教育学》在阐述和传播马列主义的教育基本原理方面作出了贡献。不过，该书中的教育学思想体系是苏联特定历史时期的产物，西方现代的教育理论与实践经验以及苏联20世纪20年代教育改革的经验都未能为凯洛夫的教育学所吸取。

五、赞科夫的一般发展教育思想

列·符·赞科夫(L. V. Zankov，1901—1977)，是苏联心理学家和教育家。青年时代曾在乡村担任过小学教师、儿童教养员。他长期专注于研究教育与发展的关系问题，1957年开始主持俄联邦教育科学院的"教育与发展实验室"(后改名为"学生教学与发展问题实验室")的研究工作。在教学与发展实验的基础上，赞科夫出版了代表性著作《教学与发展》，详细阐述了他的"发展性教学理论"。其他重要作品有《论小学教学》《教学论与生活》《和教师的谈话》等。

(一)主要观点

(1)关于一般发展。赞科夫指出一般发展是与单方面的、片面的发展相对立的概念，指儿童个性的所有方面的发展，包括智力、情感、意志、道德品质、个性特点和集体主义精神的发展，也包括身体的发展。一般发展既不同于特殊发展(如数学、语言、音乐等某一方面才能的发展)，又有别于智力发展。一般发展是特殊发展的牢固基础并在特殊发展中表现出来，而特殊发展又在促进一般发展。

(2)关于教学原则。赞科夫的"发展教学论"包括教学原则、教学大纲、教学法等各个方面的观点，其中以教学原则最为重要。在长期的教育实验过程中，赞科夫最终将教学原则确定为五条：①以高难度进行教学的原则。难度是指学生必须通过努力克服障碍。高难度并不意味着越难越好，困难程度应控制在学生的"最近发展区"的范围内。②在学习时高速度前进的原则。高速度的目的在于克服多余的重复、烦琐的讲解和机械的练习，使教学不断向前运动，节约时间、加快进度。③理论知识起主导作用的原则。本原则要求学生在一般发展的基础上，尽可能深入领会有关概念和规律性的知识，使理论知识在教学内容结构中占主导地位。④使学生理解学习过程的原则。教学不仅要使学生掌握知识，而且要让他们了解所学知识之间的联系，总结学习方法，学会学习。这样才能发展学生的思维能力，提高学习的主动性和创造性。⑤使班上所有的学生(包括最差的学生)都得到一般发展的原则。对待学困生，不宜采取补课和大量布置作业的方法，而应该设法增强他们的学习信心，培养求知欲，发展他们所缺乏的心理品质。以上五条原则各有不同的作用，彼此之间相互联系、相辅相成。

(二)评价与影响

战后的苏联政府支持关于教育、教学与发展之间的关系研究，在诸多的心理学家和教育家中赞科夫独树一帜，提出了独到且富有创见的思想。他所开展的教育实验研究时间之长、规模之大、成绩之突出，在教育界都非常罕见。赞科夫的教育实验成果对苏联的教育发展产生了很大影响，他的发展性教学理论也被苏联教育理论界广泛接受。其局限性表现在，他的研究主要针对当时教学理论中只论教师如何教、不管学生怎样学等现实缺陷而展开，很少考虑建立教学过程的社会政治与道德要求；另外，他的许多概念如"高难度""高速度"等都缺乏严密的科学性，在教育工作实践中令人难以掌握。

六、巴班斯基的教学过程最优化理论

尤里·康斯坦丁夫·巴班斯基(Y. K. Babanski，1927—1987)，是苏联著名教育家，教育学博士，苏联科学院院士。主要著作有《教学过程最优化(一般教学论观点)》《教学教育过程最优化(方法原理)》等。

(一)主要观点

(1)评价最优化的基本标准。评价教学过程最优化的基本标准有两条。一条是效果标准，即每个学生在教学、教育和发展三个方面都达到他在该时期内实际可能达到的水平(但不得低于规定的及格水平)。另一条标准是时间标准，即学生和教师都遵守规定的课堂教学和家庭作业的时间定额。教学过程最优化可分为总体最优化和局部最优化。总体最优化要求以综合地解决教学、教育和发展任务为目标，局部最优化是根据总体目标的一部分或按照个别标准进行最优化。

(2)教学过程最优化的方法体系。巴班斯基将教学方法分为三大类：一是组织学习认识活动的方法；二是激励学习和形成学习动机的方法；三是检查和自我检查教学效果的方法。各种方法必须配合使用，优选教学方法的基本要求是：综合教学任务，注意全面发展。了解研究学生，具体落实任务。选择教学内容，使教学内容具体化。根据具体情况，选择合理方法。采用合理形式，实行区别教学。确定最优速度，节省师生的时间。优化教学条件，提供教学保证。控制学生的学习过程，调整教学过程。分析教学效果，研究和改善教学。

(3)优选教学内容的标准与工作程序。优选教学内容的七条标准是：教学内容的完整性；教学内容的科学价值和实践价值；突出主要的、本质的东西；教学内容必须符合各年级学生的可能性；教材安排必须符合规定给该教材的时数；考虑教学内容的国际水平；内容应符合当前教师的可能性和学校教学物质设备的可能性。优选教学内容时的工作程序是：深入分析教科书内容，判断它能否完成特定课题的教学、教育和发展任务，从教学内容中划分出最主要的、最本质的东西；考虑学科之间的协调；按照分配给本课题的教学时数安排教学内容；保证区别对待学困生和优生。

(二)评价与影响

巴班斯基毕生致力于教育科学研究，他的教育过程最优化理论在苏联和世界各国引起了强烈反响。其理论的局限性主要在于，对教学规律的揭示还不够深入，对教学方法的分类略显烦琐；对教师教的最优化的论述较多，对学生学的最优化的论述不够深刻等。①

七、苏霍姆林斯基的全面和谐发展教育思想

瓦·亚·苏霍姆林斯基((B. A. Cyxomjnhcknn，1918—1970)，是苏联著名的教育实践家和教育理论家。1948 年，他担任一所农村完全中学——帕夫雷什中学的校长，历时 23 年，直至去世。在长期从事教育实践工作的同时，苏霍姆林斯基取得了相当辉煌的学术成就，获得了教育界的极高评价。主要著作包括《帕夫雷什中学》《给教师的一百条建议》《把整个心灵献给孩子》等。

(一)主要观点

(1)学校教育的理想和奋斗目标。20 世纪 60 年代中期苏联进行的教育改革规定学校的主要任务是使学生具有高度的共产主义觉悟，培养青年面向生活并能自觉地选择职业。在这种背景下，苏霍姆林斯基更明确地提出了普通学校教育的培养目标，亦即他的学校教育理想："培养全面和谐发展的人，社会进步的积极参与者。"

(2)全面和谐发展教育。这是苏霍姆林斯基教育理论的核心内容。他认为教育应致力于使全体学生都得到全面和谐的发展，而要想培养全面和谐发展的人，就必须实施和谐的教育。所谓和谐的教育，就是使人的活动的两种职能配合起来，取得平衡。一种职能是认识和理解客观世界，另一种职能是人的自我表现。学校要创造条件和相应的环境使学生的天赋才能和业已形成的内在精神财富得以充分表现，要把学生认识世界的过程与参与改造世界的表现和自我教育过程有机地结合起来。

(3)从德智体美劳相互联系、相互渗透的整体观点出发进行教育。苏霍姆林斯基明确指出，实施全面和谐发展教育，就要使智育、体育、德育、劳动教育和审美教育深入地相互渗透和相互交织，发挥各种教育活动的综合作用，使教育过程成为统一的、完整的过程。

(二)评价与影响

苏霍姆林斯基的教育思想扎根于丰富的教育实践，具有强大的生命力。他将理论研究与教育教学实践密切结合，同时还注意总结历史经验并进行分析比较，从而使自己的思想观点既有现实基础又有理论高度。苏霍姆林斯基的教育思想不仅标志着苏联教育理论发展进入一个新的阶段，而且还把全面发展教育理论推进到一个新的高度，因此被誉为"教育思想的泰斗"。

---

① 朱镜人：《外国教育思想简史》，300 页，合肥，安徽教育出版社，2011。

自测题 >

一、单项选择题

1.《一个要素主义者促进美国教育的纲领》是谁的作品？（　　）

　　A. 巴格莱　　　　B. 科南特　　　　C. 里克弗　　　　D. 赫钦斯

2. 主张把宗教教育作为教育的核心和最高目标的是哪家教育思想？（　　）

　　A. 新托马斯主义教育　　　　　　　B. 改造主义教育

　　C. 要素主义教育　　　　　　　　　D. 现代人文主义教育思潮

3.“教学机器之父”是（　　）。

　　A. 斯金纳　　　　B. 托尔曼　　　　C. 赫尔　　　　D. 加涅

二、论述题

1. 试述要素主义与永恒主义的异同。

2. 试述结构主义和人本主义的基本观点。

三、材料分析题

这些书历经若干世纪，获得了经典性。经典著作乃是在每一个时代都具有当代性的书籍。这些乃是我们知道的最好的书籍。没有读过这些书的人就是没有受到过教育。

请就以上材料谈谈你对“名著运动”的理解。

拓展阅读推介 >

1　[法]保尔·朗格朗：《终身教育引论》，周南照、陈树清译，中国对外翻译出版公司，1985

　　1965 年，在联合国教科文组织召开的“第三届促进成人教育国际委员会”的会议上，法国成人教育家保尔·朗格朗以“education permanent”为题作了学术报告，该报告引起参会者的反响。在此基础上，保尔·朗格朗于 1970 年写成并出版了《终身教育引论》。本书对终身教育作了比较系统的阐述，提出了明确的战略目标和建议，为推动教育理论的发展和世界各国教育改革的开展提供了参考价值；同时，也标志着终身教育思想的真正确立。

2　毕淑芝、王义高：《当今世界教育思潮》，人民教育出版社，1999

　　此书跨学科地选取了对各国教育改革决策影响最大的、最贴近教改实际的七个宏观教育思潮，即教育的经济主义思潮、教育的科技取向思潮、教育个性化思潮、终身学习思潮、全民教育思潮、"被压迫者教育学"思潮、女童教育思潮等。此书内容全面、条理清晰、结构合理，具有较高的科学性、系统性、理论性。尤其是注意到七种教育思潮不是彼此孤立地存在，而是相互联系地汇成了一个有机整体。

参考文献

[1] 陈青之. 中国教育史（上、下）[M]. 合肥：安徽人民出版社，2019.

[2] 陈峰津. 杜威教育思想与教育理论[M]. 福州：福建教育出版社，2015.

[3] 陈学恂. 中国近代教育史教学参考资料[Z]. 北京：人民教育出版社，1986.

[4] 陈永明. 主要发达国家教育[M]. 天津：天津教育出版社，2006.

[5] 戴本博，张法琨. 外国教育史[M]. 北京：人民教育出版社，1996.

[6] 杜成宪，王保星. 中外教育简史（上、下）[M]. 北京：北京师范大学出版社，2015.

[7] 高时良，黄仁贤. 教育名著评介（中国卷）[M]. 福州：福建教育出版社，2012.

[8] 郭齐家. 中国教育思想史[M]. 北京：教育科学出版社，1987.

[9] 胡金平. 中外教育史纲[M]. 南京：南京师范大学出版社，2010.

[10] 教育部人事司. 中外教育简史[M]. 北京：北京师范大学出版社，2002.

[11] 金忠明. 中外教育史汇通[M]. 上海：上海教育出版社，2006.

[12] 李泽厚. 论语今读[M]. 北京：中华书局，2015.

[13] 李桂林. 中国现代教育史教学参考资料[Z]. 北京：人民教育出版社，1987.

[14] 李华兴. 民国教育史[M]. 上海：上海教育出版社，1997.

[15] 李弘祺. 学以为己：传统中国的教育（上、下）[M]. 上海：华东师范大学出版社，2017.

[16] 李申申. 简明外国教育史[M]. 开封：河南大学出版社，1997.

[17] 毛礼锐，沈灌群. 中国教育通史[M]. 济南：山东教育出版社，1988.

[18] 王保星. 外国教育史[M]. 北京：北京师范大学出版社，2013.

[19] 王保星. 西方教育十二讲[M]. 重庆：重庆出版社，2008.

[20] 王炳照. 中国教育史专题研究[M]. 北京：北京师范大学出版社，2009.

[21] 王承绪，赵祥麟. 西方现代教育论著选[C]. 北京：人民教育出版社，2001.

[22] 王天一，夏之莲，朱美玉. 外国教育史[M]. 北京：北京师范大学出版社，2013.

[23] 王天一. 外国教育史[M]. 北京：北京师范大学出版社，1993.

[24] 单中惠，朱镜人. 外国教育经典解读[M]. 上海：上海教育出版社，2004.

[25] 单中惠. 西方教育思想史[M]. 北京：中国人民大学出版社，2017.

[26] 施克灿. 中国教育思想史[M]. 北京：高等教育出版社，2008.

[27] 舒新城. 近代中国教育思想史[M]. 合肥：安徽人民出版社，2019.

[28] 孙培青. 中国教育史（第三版）[M]. 上海：华东师范大学出版社，2009.

[29] 田景正，刘黎明. 中外教育名家思想[M]. 上海：华东师范大学出版社，2016.

[30] 吴式颖. 外国教育史教程[M]. 北京：人民教育出版社，1999.

[31] 喻本伐，熊贤君. 中国教育发展史[M]. 武汉：华中师范大学出版社，1991.

[32]袁桂林. 外国教育史[M]. 长春：东北师范大学出版社，1995.

[33]袁锐锷. 外国教育史新编[M]. 广州：广东高等教育出版社，2006.

[34]张斌贤，褚宏启. 西方教育思想史[M]. 成都：四川教育出版社，1994.

[35]张斌贤. 西方教育思想史[M]. 北京：高等教育出版社，2021.

[36]张法琨. 古希腊教育论著选[M]. 北京：人民教育出版社，1994.

[37]张焕庭. 西方资产阶级教育论著选[M]. 北京：人民教育出版社，1979.

[38]张雪蓉，马渭源. 中国教育十二讲[M]. 重庆：重庆出版社，2008.

[39]赵厚勰，陈竞蓉. 中国教育史教程(第二版)[M]. 武汉：华中科技大学出版社，2020.

[40]赵厚勰，李贤智. 外国教育史教程(第二版)[M]. 武汉：华中科技大学出版社，2019.

[41]周采. 外国教育史(第二版)[M]. 上海：华东师范大学出版社，2020.

[42]中国史学会. 中国近代史资料丛刊·洋务运动[Z]. 上海：上海人民出版社，1961.

[43]中国史学会. 中国近代史资料丛刊·戊戌变法[Z]. 上海：上海人民出版社，1957.

[44][爱尔兰]弗拉纳根. 最伟大的教育家：从苏格拉底到杜威[M]. 卢立涛，安传达，译. 上海：华东师范大学出版社，2009.

[45][法]卢梭. 爱弥儿[M]. 李平沤，译. 北京：商务印书馆，1978.

[46][法]涂尔干. 教育思想的演进[M]. 李康，译. 上海：上海人民出版社，2006.

[47][古希腊]柏拉图. 理想国[M]. 郭斌和，张竹明，译. 北京：商务印书馆，2019.

[48][捷]夸美纽斯. 大教学论[M]. 傅任敢，译. 北京：教育科学出版社，1999.

[49][英]帕尔默. 教育究竟是什么？100位思想家论教育[M]. 任钟印，诸惠芳，译. 北京：北京大学出版社，2008.